La planificación familiar en el Perú del siglo XX

RAÚL NECOCHEA LÓPEZ

LA PLANIFICACIÓN FAMILIAR EN EL PERÚ DEL SIGLO XX

IEP
INSTITUTO DE ESTUDIOS PERUANOS

UNFPA
Fondo de Población de las Naciones Unidas - Perú

Serie: Salud y Sociedad, 4

A History of Family Planning in Twentieth Century Peru, de Raúl Necochea López, fue publicado en inglés por la Universidad de Carolina del Norte en 2014.

Horacio Urteaga 694, Jesús María, Lima 11
Telf.: (51-1) 332-6194
www.iep.org.pe

Av. Guardia Civil 1231, Corpac, San Isidro, Lima 27.
Telf. (51-1) 226-1026
www.unfpa.org.pe

ISBN: 978-9972-51-571-2
ISSN: 1996-9813
Impreso en Perú

Primera edición: mayo 2016
1000 ejemplares

Hecho el depósito legal en la Biblioteca Nacional del Perú: 2016-06643
Registro del proyecto editorial en la Biblioteca Nacional: 11501131600496

Traducción:	Melissa Philipps
Corrección:	Óscar Hidalgo
Carátula:	Gino Becerra
Cierre de edición:	Silvana Lizarbe / Gino Becerra
Cuidado de edición:	Odín del Pozo

Necochea López, Raúl
La planificación familiar en el Perú del siglo XX. Lima, IEP; UNFPA, 2016. (Salud y Sociedad, 4)

1. PLANIFICACIÓN FAMILIAR; 2. HISTORIA; 3. SIGLO XX; 4. SALUD; 5. PERÚ

W/15.04.01/S/4

Contenidos

Para mi familia, planificada y no planificada.

Presentación

Para el Fondo de Población de las Naciones Unidas (UNFPA) resulta muy alentadora la oportunidad de coeditar la versión en español del libro del doctor Raúl Necochea López, *La planificación familiar en el Perú del siglo XX*, junto con el Instituto de Estudios Peruanos (IEP). Volvemos a colaborar con esta prestigiosa institución, tal como sucedió entre 2008 y 2009 cuando realizamos un estudio referido a los impactos que sobre la salud reproductiva tenía el programa Juntos en algunas de sus áreas de intervención.

En aquel entonces se trataba de una investigación en torno a ciertos mitos sobre los supuestos incentivos que tendría dicho programa para inducir las decisiones reproductivas de las mujeres más pobres. Mitos que se generaban en un contexto de prejuicios y desinformación que limitaban el acceso a derechos por parte de las poblaciones más pobres y excluidas. Según puede inferirse del libro del doctor Necochea, a pesar del tiempo transcurrido entre el periodo cubierto por su investigación y los tiempos actuales, aún circulan argumentos basados en prejuicios y desinformación.

La publicación ofrece no solo un pormenorizado recuento y un análisis histórico de lo ocurrido en el Perú respecto a la planificación familiar en el siglo XX, sino también un enfoque que mantiene su vigencia, en tanto que el derecho a decidir libre e informadamente cuándo y cuántos hijos tener constituye una posibilidad relativamente reciente en el país. No obstante, sigue siendo una expectativa irrealizada para millones de mujeres, principalmente para las más pobres.

En el libro se describe y analiza un periodo largo de la historia del Perú, desde los años de la República Aristocrática hasta el fin del siglo XX, el cual cierra con dos importantes hitos que marcan un antes y un después en cuanto a las políticas y programas de población: la Conferencia Internacional de Población y Desarrollo de El Cairo (1994), y la Cuarta Conferencia Mundial de la Mujer en Beijing (1995) organizadas por las Naciones Unidas. A partir de ambas conferencias se supera el enfoque demográfico de las políticas de población para enfatizar su rol en la promoción y protección de los derechos reproductivos, condición y posibilidad para un pleno y libre ejercicio de los derechos humanos.

A lo largo de este libro se presentan en mayor detalle los avatares y personajes de la política nacional, de la Academia y los activistas de la sociedad civil, así como el panorama político e ideológico a escala mundial que no estaba exento del tema. Este contexto irá configurando la agenda de los derechos reproductivos, lo mismo que las primeras respuestas que desde la sociedad civil y desde el Estado se organizan para hacerla viable.

Otro aspecto que nos parece importante destacar es que este libro da cuenta de una temática relativamente poco atendida por los estudios históricos y sociales del país. A la larga, los cambios en la fecundidad de la mujer peruana y su acceso al uso de métodos de planificación familiar no son sino correlatos de otros grandes cambios registrados desde el siglo XX: las grandes migraciones hacia las ciudades, la urbanización, la mayor cobertura educativa, los cambios socioeconómicos, etc. Procesos que a la larga van de la mano con otros fundamentales en la sociedad peruana: la creciente autonomía e incorporación al mundo del trabajo por parte de las mujeres, que irán estableciendo nuevas relaciones y posibilidades para la igualdad de género.

En las últimas décadas se han realizado avances en la posibilidad de ejercer dichos derechos, aunque sigue pendiente la superación de grandes brechas. No obstante el importante crecimiento económico registrado desde principios de este siglo, el Perú sigue siendo uno de los países con los más bajos niveles de uso de métodos modernos de planificación familiar entre mujeres unidas en América Latina. Los índices alcanzados a fines del siglo XX, estudiados en este libro, prácticamente no se han movido. Y como ya está bien establecido en la literatura internacional, pocas intervenciones son tan costo-efectivas para prevenir las muertes maternas y los abortos como el uso de métodos modernos y eficaces; estos son instrumentos necesarios para cristalizar las preferencias reproductivas y el ejercicio libre y sin coerción del derecho de toda persona a decidir sobre el número y calendario de su descendencia.

Finalmente, solo nos queda agradecer al autor y al Instituto de Estudios Peruanos por su confianza e interés en compartir esta iniciativa editorial, que estamos seguros alimentará el debate y la posibilidad de hacer realidad los derechos humanos, principalmente el de las mujeres más pobres.

Elena Zúñiga Herrera
Representante de UNFPA en el Perú
Directora para Chile y Paraguay

Agradecimientos

Varias instituciones financiaron el presente trabajo: los Associated Medical Services, Inc., el Social Sciences and Humanities Research Council de Canadá, así como el Institute for the Study of the Americas y el departamento de Medicina Social de la Universidad de Carolina del Norte en Chapel Hill. A todas ellas, mi más sincero agradecimiento.

Un gran número de archivos e individuos me facilitaron sus colecciones. La lista completa de estos magníficos colaboradores e instituciones aparece en la sección de notas, al final del libro. En particular, agradezco la ayuda de la doctora Carmen Delgado de Thays, el doctor Miguel Ramos Zambrano, la señora Graciela de Leidinger, la doctora Irene Santolalla Silva, el doctor Joseph Kerrins y la señora Helen Kerrins por compartir materiales privados. Asimismo, cada conversación con mis entrevistados me hizo ver lo mucho que hay aún por decir sobre el tema. Algunas reuniones fueron clave para dar con las pistas necesarias para contar esta historia; otras casi me sacan de quicio por lo escandaloso de sus revelaciones. Al final, muchas de ellas me llevaron al inicio de una amistad. Gracias a este proyecto cuento ahora entre mis amigos a la señora Consuelo Castillo, el padre John Coss, la señora Helen, el fallecido doctor Joe Kerrins y la doctora Marie-Françoise Hall.

Escribir este libro supuso un intenso tráfico intelectual. Steve Vallas y Marcos Cueto me animaron a introducirme de lleno en esta tarea. Fue un privilegio gozar de las enseñanzas de Andrea Tone, Catherine

LeGrand y George Weisz en McGill en Montreal, así como de las de los encantadores bribones del sótano del departamento de Estudios Sociales de Medicina, entre los que debo mencionar a Noémi Tousignant, Loes Knaapen, Hannah Gilbert, Pierre Minn, Dörte Bemme, Ari Gandsman, Jennifer Cuffe, Wilson Will, Hanna Kienzler y Karine Peschard. Muchos otros me ayudaron a aclarar mis argumentos y, al mismo tiempo, me dieron ideas, en especial Stephanie Olsen, Lucho van Isschot, Lynn Morgan, Vinh-Kim Nguyen, Myron Echenberg, Jorge Lossio, Nuntxi Iguíñiz, Roger Guerra-García, Luis Sobrevilla, René Cervantes, Luz Jefferson, Tasha Kimball, Anne-Emanuelle Birn, Barbara Brookes, Maren Klawiter, Nathan Moon, Hannes Toivanen, Hyungsub Choi, Maggie Zegarra, Gisela Delgado, Michael McVaugh y Gabriela Soto Laveaga. Chelly Richards se volvió mi asistente de investigación en una emergencia. Cees van Dijk tradujo algunos materiales claves del latín. Melissa Philipps tradujo el manuscrito con esmero y yo lo edité. Ludwig Huber del Instituto de Estudios Peruanos y Walter Mendoza del Fondo de Población de las Naciones Unidas creyeron en la valor de este proyecto lo suficiente como para considerarlo con fines editoriales. Su publicación en mi país es un honor.

Me siento afortunado de trabajar en la Universidad de Carolina del Norte en Chapel Hill por muchos motivos, en especial por mis talentosos y entretenidos colegas en el departamento de Medicina Social. Las conversaciones con Barry Saunders, Mara Buchbinder, Gail Henderson, Jon Oberlander, Sue Estroff, Eric Juengst, Annie Lyerly, Jeffrey Sonis, Deborah Porterfield, Stuart Rennie, Rebecca Walker y el difunto Alan Cross me hacen ver constantemente la historia como el comienzo de una empresa mucho mayor y socialmente transformadora. Me llena de optimismo la seriedad con la que la facultad de Medicina de la Universidad de Carolina del Norte (UNC) aborda su misión de cuidar de la salud de las personas de este estado y de formar médicos comprometidos. A todo esto hay que agregar la cordial bienvenida que me han dado el departamento de Historia y la facultad de Salud Pública en la UNC. Muchas gracias a Lloyd Kramer, Fitz Brundage, Miguel La Serna, Jerma

Jackson, Kathryn Burns, Cynthia Radding, Michelle King, Lou Perez, Clare Barrington, Krista Perreira y Trude Bennet.

Mi familia es la mejor del mundo, y ellos saben que yo nunca exagero. No hay palabras para agradecer y expresar mi cariño a Lucy, Edgar, Alejandro, Lauren, Elsy, Flora, Raúl el Visigodo, Antuco, Ginucha, mis primos y primas, mis tíos y tías, mis sobrinas y sobrinos, todos imprescindibles e impresentables. El alfa y el omega de todo esto son Érica, Tomás y Ansel. Me rindo ante ustedes y me ufano de estar en sus vidas.

Introducción

Cuando el presidente Alberto Fujimori dio un discurso en la IV Conferencia Mundial de la Mujer en Beijing en 1995 y, al mismo tiempo, fue el único Jefe de Estado masculino presente, yo aplaudí.[1] En ese momento, Fujimori elogió los inteligentes métodos a través de los cuales las mujeres eran capaces de organizarse para vencer sus dificultades económicas. Ante una ovación de pie, también anunció la reciente legalización de la esterilización quirúrgica como un método anticonceptivo en el Perú.[2] Unos pocos años después, la prensa empezó a publicar una serie de acusaciones desgarradoras e indignantes sobre la esterilización quirúrgica forzada de cientos de mujeres en diversas áreas de mi país. Los reportes involucraban a trabajadores del Ministerio de Salud, directores de centros de salud rurales e incluso a la Agencia de los Estados Unidos para el Desarrollo Internacional (USAID, por sus siglas en inglés), y condujeron a investigaciones realizadas por la Defensoría del Pueblo del Perú y la Cámara de Representantes de los Estados Unidos.[3]

---

1. Fujimori, Alberto. «Discurso del Presidente en la IV Conferencia de la Mujer en Beijing, 15 de setiembre de 1995». *Boletín del Consejo Nacional de Población* 4 (setiembre de 1995): 13-14.
2. Perú. Modificación 155/95 a la Política Nacional de Población (decreto ley 346), aprobada el 7 de setiembre de 1995.
3. Véase Perú. *Informe de la Defensoría del Pueblo 01-98* (26 de enero de 1998); U. S. House of Representatives Committee on International Relations. «Hearing on the

Sin embargo, el péndulo osciló una vez más cuando se hizo evidente que había más en la historia que una serie de poderosos organismos y médicos que habían victimizado mujeres pobres, analfabetas e indígenas de las zonas rurales. Los mismos periódicos que sacaron a la luz los abusos publicaron detalles que hicieron que la culpa pareciera menos que directa. La Iglesia católica, hoy opositora de todos los métodos anticonceptivos, había estado detrás de muchas de las acusaciones de esterilización forzada. ¿Eran las acusaciones menos creíbles a causa de tal relación? Además, algunos políticos locales lamentaron que las esterilizaciones ocurrieran en un país que ellos consideraban poco poblado. ¿Cómo calcularon tal falta de habitantes? Los mismos médicos estaban perplejos con las acusaciones de abuso, ya que ellos consideraban que habían actuado según los estándares de su profesión y, por lo tanto, se habían asegurado de tener el consentimiento informado de las mujeres al realizar las cirugías. Por último, al menos algunas mujeres que se habían sometido a la cirugía estaban satisfechas con los resultados. Dichas mujeres no solo habían aceptado voluntariamente someterse a las cirugías, sino que incluso habían viajado buscando cirugías gratuitas cuando estas no se realizaban cerca del lugar donde vivían.[4]

La planificación familiar ha sido por mucho tiempo un asunto polémico en el Perú, y el libro que está leyendo trata de por qué ello ha sido así. Incluso ahora, la tasa de uso de anticonceptivos modernos ronda en alrededor del 50%, una de las más bajas de las Américas, seguida de Guyana (40%), Guatemala (34%), Bolivia (34%), Belice (31%) y Haití (24%).[5] La implementación de los primeros programas de planificación familiar en países en vías de desarrollo a mediados del siglo XX llevó a

---

Peruvian Population Control Program». Washington, D. C., 25 de febrero de 1998; y Reyes, Esperanza. «"No somos bultos para ser tratados así": el programa de planificación familiar, 1996-1998». *Allpanchis* 31, 56 (2000): 107-128.

4. Véanse las ediciones especiales de los siguientes diarios: *El Comercio* (12 de julio de 1996), *La República* (31 de mayo de 1998) y *Expreso* (31 de mayo de 1998).

5. Fondo de Población de las Naciones Unidas. «By Choice, Not by Chance: Family Planning, Human Rights, and Development: State of World Population 2012». El método del ritmo es, aún hoy, el más usado por las mujeres peruanas. Véase

una rápida y comprensible ocupación del campo por parte de legisladores, demógrafos y activistas de la salud y la educación. Después de todo, la planificación familiar suponía cambios en los sistemas de salud, la adopción de nuevas tecnologías, el perfeccionamiento de los recursos humanos, conflictos con las instituciones religiosas existentes y, además, la posibilidad de ganarse la confianza de una población para la cual la anticoncepción era una novedad. En los países desarrollados, la planificación familiar prometía darle a la gente un mayor control sobre su vida sexual y reproductiva, y a los países oportunidades para incrementar su riqueza económica a través de la administración del crecimiento demográfico. No es de extrañar que los primeros y más conmovedores escritos sobre la planificación familiar estuvieran dirigidos a defender y atacar tecnologías, ideas y personas específicas, tal como veremos en este libro. Lo que estaba en juego —el futuro de las relaciones entre hombres y mujeres, la autonomía individual y las economías nacionales— era importantísimo.

Cincuenta años después de la implementación de esas primeras iniciativas de planificación familiar, el fin de la Guerra Fría y la disponibilidad de nuevas fuentes de archivos han permitido una mayor perspectiva histórica sobre los fundamentos y las implicaciones mundiales de la planificación familiar. Recientes trabajos de historiadores de Sudáfrica y la India, y de las relaciones internacionales, por ejemplo, reconocen el papel que tuvo la Guerra Fría en agudizar los debates sobre el crecimiento demográfico, pero no consideran la planificación familiar como una simple consecuencia de sus antagonismos. Más bien, esta historiografía remonta los orígenes de la planificación familiar a cambios en los roles de género, la estratificación racial, los debates científicos y el activismo político anteriores a la década de 1950.[6] Los investigadores

---

Rodríguez, Gustavo y Sandro Venturo. *¡Ampay mujer! Lo mínimo que debemos saber sobre las peruanas de hoy*. Lima: Aguilar, 2009.

6. Klausen, Susanne. *Race, Maternity, and the Politics of Birth Control in South Africa, 1910-39*. Nueva York, NY: Palgrave Macmillan, 2004; Hodges, Sarah. *Contraception, Colonialism, and Commerce: Birth Control in South India, 1920-1940*. Aldershot:

en América Latina también han sido protagonistas en este campo y han abordado los vínculos entre planificación familiar e imperialismo, los derechos de las mujeres, el desarrollo de nuevos anticonceptivos y la ambición gubernamental por el crecimiento demográfico.[7] La regulación de la fertilidad se convirtió en un aspecto importante de la vida pública en América Latina durante el siglo XX, un tema social y médico que está presto a hacerse aún más relevante con la creciente conciencia de que lo prometido por los programas de planificación familiar, un mayor desarrollo económico, más autonomía para las mujeres y mejor salud materna e infantil, se ha cumplido de manera desigual en el mundo.

A diferencia de las primeras historias sobre la planificación familiar global, la mía no solo aborda la creación de políticas.[8] Este libro trata sobre el gran reparto de actores y organizaciones que, al menos desde fines del siglo XIX, han lidiado públicamente con la necesidad y las consecuencias de regular la fertilidad en América Latina: los médicos, el movimiento eugenésico, las activistas sociales, las organizaciones

---

Ashgate, 2008; y Connelly, Matthew. *Fatal Misconception: The Struggle to Control World Population*. Cambridge, MA: Harvard University Press, 2008.

7. Warren, Adam. *Medicine and Politics in Colonial Peru: Population Growth and the Bourbon Reforms*. Pittsburgh, PA: University of Pittsburgh Press, 2010; Rohden, Fabiola. *A Arte de Enganar a Natureza: Contracepção. Aborto e Infanticídio no Início de Século XX*. Rio de Janeiro: Fiocruz, 2003; Solo Laveaga, Gabriela. *Jungle Laboratories: Mexican Peasants, National Projects, and the Making of the Pill*. Durham, NC.: Duke University Press, 2009; Felitti, Karina. *La revolución de la píldora: sexualidad y política en los sesenta*. Buenos Aires: Edhasa, 2012; Pieper Mooney, Jadwiga. *The Politics of Motherhood: Maternity and Women's Rights in Twentieth-Century Chile*. Pittsburgh, PA: University of Pittsburgh Press, 2009; Zárate, María Soledad (ed.). *Por la salud del cuerpo*. Santiago de Chile: Universidad Alberto Hurtado, 2007; y Briggs, Laura. *Reproducing Empire: Race, Sex, Science and US Imperialism in Puerto Rico*. Berkeley, CA: University of California Press, 2002.

8. Véase, por ejemplo, Mass, Bonnie. *Population Target: The Political Economy of Population Control in Latin America*. Toronto: The Latin American Working Group and the Women's Press, 1976; Hartmann, Betsy. *Reproductive Rights and Wrongs: The Global Politics of Population Control and Contraceptive Choice*. Nueva York, NY: Harper & Row, 1987; Symonds, Richard y Michael Carder. *The United Nations and the Population Question, 1945-1970*. Londres: Sussex University Press, 1973; y Silva Colmenares, Julio. *No... más... hijos! Genocidio preventivo en los países sudesarrollados*. Bogotá: Paulinas, 1973.

transnacionales de control de la natalidad, los hombres y mujeres que buscaban anticonceptivos y abortos, las compañías farmacéuticas, los líderes militares y la Iglesia católica. La planificación familiar ha sido de interés constante y crucial para todos los actores mencionados. El siglo XX fue testigo de cambios bruscos y controvertidos en la opinión popular y profesional: de considerar a las familias numerosas y al crecimiento demográfico como beneficioso para el progreso nacional se pasó a considerar dichos fenómenos como políticamente desestabilizantes, culturalmente primitivos, moralmente irresponsables y dañinos para la salud de las mujeres en diversos Estados-nación.

Entre estos últimos, el Perú destaca hoy en día como el más injusto de las Américas en cuanto a la provisión de atención médica. Desde el año 2001, el crecimiento de su PBI ha sido uno de los más robustos de América Latina y se ha mantenido positivo incluso durante la crisis mundial del periodo 2008-2009.[9] Al mismo tiempo, la tasa de mortalidad materna del Perú, un indicador clave de la salud y factor decisivo en el largo plazo del ahora envidiable desempeño macroeconómico del Perú, se situó en 93 por cada 100.000 nacidos vivos en el año 2011, por detrás de la mayoría de países en la región, a excepción de los mucho más pobres Paraguay, República Dominicana y Guatemala.[10] Si se quiere ser justo, el índice suponía una mejora respecto del de 2005, cuando la tasa se situaba en 185 muertes por cada 100.000 nacidos vivos.[11] En aquel año, solo las tasas de mortalidad materna de Bolivia y Haití fueron más altas que la del Perú, y aún así, el ingreso per cápita del Perú en

---

9. Taft-Morales, Maureen. *Peru in Brief: Political and Economics Conditions and Relations with the United States* (CRS Report for Congress). Washington, D. C.: CRS, 7 de junio de 2013. Recuperado de <https://www.fas.org/sgp/crs/row/R42523.pdf>. Véase, también, <http://www.worldbank.org/en/country/peru.>.

10. Organización Panamericana de la Salud. «Health Situation in the Americas: Basic Indicators 2012». Recuperado de <http://ais.paho.org/chi/brochures/2012/BI_2012_SPA.pdf?ua=1>.

11. Organización Panamericana de la Salud. «Gender, Health and Development in the Americas: Basic Indicators 2005». Recuperado de <http://www.unfpa.org/sites/default/files/pub-pdf/genderbrochure_eng.pdf>.

el año 2005 era más del doble que el de Bolivia y más del triple que el de Haití para el mismo año. Con tales cifras, el Perú ilustra bien los límites del punto de vista optimista que ve una mayor riqueza económica como preludio de unas relaciones sociales más equitativas.[12]

Al mismo tiempo, muchas de las fuerzas e ideas que han forjado las creencias, recursos y los sistemas de salud en América Latina, también lo han hecho con los del Perú. La región comparte vastas similitudes lingüísticas y religiosas; instituciones médicas antiquísimas; una fusión de poblaciones indígenas con numerosos inmigrantes de Europa, África y Asia; una historia de choques violentos de intereses políticos; un desbalanceado crecimiento económico; y una mala distribución de sus riquezas y oportunidades educativas. Mucho de lo analizado en estas páginas tiene correlatos en países vecinos, y eso hace que la comparación y el contraste sean necesarios. En ese sentido, este libro es una invitación a quienes nos ocupamos de América Latina para pensar en las dimensiones regionales de la atención médica y a los historiadores para considerar nuevos aspectos de la relación entre salud y población, específicamente a través del lente de la planificación familiar.

Para enriquecer la teoría de transición demográfica

Por casi un siglo hasta ahora, la teoría de la transición demográfica ha moldeado nuestro conocimiento de por qué el tamaño de la población cambia con el tiempo dentro de un determinado territorio y, aún más importante para este libro, de cómo la planificación familiar ha tenido un papel importante en la reducción de las tasas de fertilidad en los países en vías de desarrollo en la segunda mitad del siglo XX.[13] Los teóricos

---

12. Arana, Marie. «The Kids Left behind by the Boom». *New York Times* (21 de marzo de 2013): A27.

13. Thompson, Warren. *Danger Spots in World Population*. Nueva York, NY: A. A. Knopf, 1929; Carr-Saunders, Alexander. *World Population: Past Growth and Present Trends*. Londres: F. Cass, 1936; Blacker, Charles. *Voluntary Sterilization*. Londres: Oxford University Press, 1934; Landry, Adolphe. *La Révolution Démographique: Études et Essais sur les Problèmes de la Population*. París: Institut Nationale d'Études Démo-

de la transición demográfica responsabilizaron a procesos como la urbanización y la industrialización por el debilitamiento de convenciones sociales pro natalistas, y usaron diversos nombres para referirse al proceso de completar la transición desde las sociedades «tradicionales» hasta las «industriales», sobre todo el nombre de «modernización». Según la teoría, en sociedades «modernas», tener muchos hijos, una posible ventaja en un escenario preindustrial, puede convertirse en una carga. Esto era presuntamente así porque en las sociedades «modernas» eran necesarios mayores gastos en la educación y el mantenimiento de la salud, y porque las personas en las sociedades «modernas» tenían aspiraciones individualistas más ambiciosas por mejorar su salud y adquirir mayor riqueza y educación para sí mismos, y veían al hecho de tener muchos hijos cada vez más como un obstáculo para lograr esos objetivos.[14]

Desde la década de 1960, los demógrafos han intentado aclarar las condiciones bajo las cuales la teoría de la transición demográfica es aplicable a los países en vías de desarrollo, particularmente a los de

---

graphiques, 1934; Notestein, Frank. «Population: The Long View». En Theodore Shultz (ed.). *Food for the World*. Chicago, IL: University of Chicago Press, 1945. Véase, también, Teitelbaum, Michael. «Relevance of Demographic Transition Theory for Developing Countries». *Science* 188, 4187 (1975): 420-425; Demeny, Paul. «Social Science and Population Policy». *Population and Development Review* 14, 3 (1988): 451-479; Caldwell, John. «Toward a Restatement od Demographic Transition Theory». *Population and Development Review* 2, 3-4 (1976): 321-366; y Szreter, Simon. «The Idea of Demographic Transition and the Study of Fertility Change: A Critical Intellectual History». *Population and Development Review* 19, 4 (1993): 659-701.

14. Ariès, Philippe. *Centuries of Childhood: A Social History of Family Life*. Nueva York: Vintage Books, 1962; Coale, Ansley y Susan Cotts Waskins (eds.). *The Decline of Fertility in Europe*. Princeton, NJ: Princeton University Press, 1986; Reher, David y Pedro Iriso-Napal. «Marital Fertility and Its Determinants in Rural and Urban Spain, 1887-1930». *Population Studies* 43 (1989): 405-427; Schneider, Jane y Peter Schneider. *Festival of the Poor: Fertility Decline and the Ideology of Class in Sicily, 1860-1980*. Tucson, AZ: University of Arizona Press, 1996; y Fisher, Kate. «Uncertain Aims and Tacit Negotiation: Birth Control Practices in Britain 1925-1950». *Population and Development Review* 26 (2000): 295-317.

América Latina.[15] Tres aspectos son notables en esta literatura: primero, fecha el inicio de la transición demográfica de América Latina en la primera mitad de la década de 1960, una época durante la cual la región presuntamente empezó a valorar las familias más pequeñas; segundo, sostiene que la reducción de las tasas de natalidad en América Latina no ocurrió a través de los medios que los europeos occidentales usaron más comúnmente durante su transición demográfica en el siglo XIX (*coitus interruptus*, aborto y aplazamiento del matrimonio), sino a través de tecnologías biomédicas usadas principalmente por las mujeres; y tercero, supone que fueron los Estados Unidos quienes de forma hegemónica extendieron el ideal de la familia nuclear pequeña y los sistemas de conocimiento técnico necesarios para conseguir ese ideal.[16]

Curiosamente, los partidarios de la teoría de la modernización en la década de 1960 argumentaban que la industrialización, el mayor uso de la tecnología, la urbanización, la generación de riqueza y la extensión de las oportunidades educativas eran requisitos para la sustentabilidad de las instituciones democráticas.[17] Siguiendo con el mismo estilo, los expertos en salud pública de las décadas de 1970 y 1980 criticaron la oposición al uso de anticonceptivos y la consideraron una actitud

---

15. Véanse las ediciones especiales del *Milbank Memorial Fund Quarterly* 43 (1965) y 46 (1968). También Kiser, Clyde. «Population Trends and Public Health in Latin America». *Milbank Memorial Fund Quarterly* 45 (1967): 43-59; y Davis, Kingsley y Ana Casis. «Urbanization in Latin America». *Milbank Memorial Fund Quarterly* 24 (1946): 186-207, 292-314.

16. Hartmann, Betsy. Ob. cit.; Crane, Barbara. «The Transnational Politics of Abortion». *Population and Development Review* 20 (suplemento de 1994): 241-262; Guzmán, José Miguel; Susheela Singh, Germán Rodríguez y Edith Pantelides (eds.). *The Fertility Transition in Latin America*. Oxford: Clarendon, 1996; y Yon Leau, Carmen. *Hablan las mujeres andinas: preferencias reproductivas y anticoncepción*. Lima: Manuela Ramos, 2000.

17. Lipset, Seymour Martin. «Some Social Requisites of Democracy: Economic Development and Political Legitimacy». *American Political Science Review* 53, 1 (1959): 69-105; y Rostow, Walt. *The Stages of Economic Growth, a Non-Communist Manifiesto*. Cambridge: Cambridge University Press, 1960. Véase, también, Latham, Michael. *Modernization as Ideology: American Social Science and Nation Building in the Kennedy Era*. Chapel Hill, NC: University of North Caroline Press, 2000.

desinformada o, peor, irracional, y un obstáculo para el desarrollo que debía ser superado. En este contexto, la limitación del tamaño de la familia ya no era solo un fenómeno que debía monitorearse y medirse, sino uno que debía fomentarse activamente por el bien de la estabilidad democrática. Los mismos expertos ensalzaban las tecnologías anticonceptivas biomédicas por su rol en reducir el crecimiento demográfico, facilitar el desarrollo económico y cambiar las mentalidades pro natalistas de América Latina. En otras palabras, vincularon el control médico de fertilidad con cambios importantes en la población, la economía y la cultura de la región.[18]

Lejos de cuestionar el importante papel que las tecnologías biomédicas, las redes de conocimiento y los actores políticos transnacionales han tenido para facilitar cambios sociales en los países en vías de desarrollo, pretendo mejorar y enriquecer los conocimientos demográficos con nueva evidencia histórica. La distribución masiva de anticonceptivos como la píldora y los dispositivos intrauterinos, por ejemplo, dependían sin duda de la existencia de organizaciones de planificación familiar financiadas por los Estados Unidos. Sin embargo, como mostraré, estas organizaciones no justificaban su existencia en América Latina únicamente como promotoras de desarrollo económico, sino también como baluartes de la integridad de la familia y la domesticidad de las mujeres, valores que coincidían con los intereses de poderosos actores patriarcales locales entre los que se incluía Iglesia católica. En otras palabras, las organizaciones extranjeras de planificación familiar tenían que negociar sus intereses con aquellos de las instituciones locales preexistentes para poder asentarse en la región y contribuir en el proceso de consolidación de la relación entre industrialización y familias católicas pequeñas.

---

18. Kessler, Alexander, y C. C. Stanley. «Human Reproduction and Family Planning: Research Strategies in Developing Countries». *Nature* 251 (1974): 577-579; Maynard-Tucker, Gisele. «Barriers to Modern Contraceptive Use in Rural Peru». *Studies in Family Planning* 17, 6 (1986): 308-316; Finkle, Jason y Alison McIntosh. «The New Politics of Population». *Population and Development Review* 20 (suplemento de 1994): 3-34; y Maynard-Tucker, Gisele. «Haiti: Unions, Fertility and the Quest for Survival». *Social Science & Medicine* 43, 9 (1996): 1379-1387.

Figura 1: «Maternidad incontrolada» frente a «maternidad controlada». En Robles, Salvador. Ramírez. *Páginas de la vida real: guía matrimonial, control de la natalidad, para qué?* Lima: Ediciones Luz, 1967, pp. 4-5.

Un segundo desafío para la teoría de la transición demográfica tiene que ver con las fuentes de conocimiento biomédico usado para el control de fertilidad. No todo este conocimiento empezó a aplicarse a inicios de la década de 1960, ni todo se originaba en los Estados Unidos o estaba orientado hacia la restricción de las tasas de fertilidad. Por ejemplo, existe en América Latina, al menos desde el periodo colonial, una tradición rica y generalmente oral sobre las propiedades de algunas plantas para aumentar o restringir la fertilidad, un tema al que me refiero en el capítulo tres. Asimismo, la puericultura francesa, una subespecialidad médica dedicada a la protección de mujeres embarazadas y niños que enfatizaba el aumento de la cantidad y calidad de la población, empezó a hacerse popular entre médicos y otros trabajadores de salud en América Latina a fines del siglo XIX. Además, el conocimiento sobre el control de la fertilidad generado por médicos de América Latina se divulgó en conferencias regionales desde principios del siglo XX e influenció la opinión de los legisladores respecto de la importancia de aumentar y también limitar la fertilidad.[19] Los últimos dos son temas esenciales en el capítulo uno. Igualmente, a inicios del siglo XX, los reformadores sociales católicos locales, no extranjeros, dedicaron muchísima atención a la calidad del trabajo que los padres (especialmente las madres) realizaban al criar y mantener a sus hijos, señalando que este esfuerzo era el deber humano más importante, uno que hacía que valiera la pena aliarse con el, para ellos, detestable mundo protestante del «control de la natalidad». Ese es el tema del capítulo dos.

Una tercera crítica a la teoría de la transición demográfica está relacionada con su suposición de que los intereses económicos individuales fueron la razón principal de la tendencia hacia la prevención o espaciamiento de los embarazos. Si bien es cierto que los hijos demandan tiempo, energía y una gran inversión financiera, las mujeres peruanas que tuvieron abortos nos enseñan que la limitación de la fertilidad muchas

19. Almeida, Marta de. «Circuito Aberto: Idéias e Intercâmbios Médico-Científicos na América Latina nos Primórdios do Século XX». *História, Ciências, Saúde* 13, 3 (2006): 733-757.

veces tiene más que ver con otras razones, tales como las problemáticas relaciones interpersonales en una pareja. Asimismo, el argumento del cálculo financiero individual de las usuarias de anticonceptivos ignora la influencia de los trabajadores de salud, quienes fueron los primeros en proponer la prevención y el espaciamiento entre embarazos. Este grupo heterogéneo trabajó mucho para vender una idea muy novedosa, y poco se hubiera logrado sin su esfuerzo para cambiar la mentalidad de la población (y mucho menos su comportamiento). Estos trabajadores entraron en el campo por diversos motivos: en algunos casos, para detener el incremento de los inmigrantes no blancos y pobres en zonas urbanas; en otros, para progresar en sus carreras probando nuevas tecnologías anticonceptivas; y otros tantos, por supuesto, para atender el pedido del público. Las historias de las mujeres que tuvieron abortos y aquellas de los primeros trabajadores de salud que apoyaron la planificación familiar son las principales en los capítulos tres y cuatro, respectivamente.

Todo esto corresponde a la necesidad de abordar la planificación familiar como algo que apareció en el pasado, definitivamente antes de la década de 1960, cuando distintos actores sociales empezaron a reflexionar públicamente acerca de las implicaciones de la fertilidad. El número de hijos que una mujer tiene no es la única dimensión importante de la fertilidad. La infertilidad masculina y femenina, y los cambios físicos en el cuerpo de una mujer como resultado de un embarazo, por ejemplo, nos recuerdan que la fertilidad es también un fenómeno biológico y no solo uno estadístico. Diversos eventos pueden afectar la fertilidad y alejarla de lo que las sociedades consideran biológicamente normal, hecho del cual se deriva el antiguo vínculo entre fertilidad, salud y curación que dio lugar a los conocimientos de las parteras y los sanadores espirituales en múltiples contextos. Estos especialistas desarrollaron formas de tratar dolencias como la impotencia, las hemorragias durante el parto y la transmisión de defectos genéticos.[20] Sin embargo, la alteración

---

20. Schwartz, Ronald. «The Midwife in Contemporary Latin America». *Medical Anthropology* 5, 1 (1981): 51-71; Shorter, Edward. *A History of Women's Bodies*. Nueva

de una función orgánica no debe ser automáticamente considerada una enfermedad: algunos cambios relacionados con la fertilidad, como la menopausia, apuntan menos a una pérdida o a un aumento en la salud, que a aquello que Georges Canguilhem llamó «nuevas dimensiones de la vida», que permiten o anteceden nuevos comportamientos y experiencias, a la vez que excluyen otras.[21] Para complicar aún más las cosas, la fertilidad incluye no solo dimensiones estadísticas y biológicas, sino también sociales y culturales. El estatus socioeconómico de los padres; el momento y la ubicación geográfica de los nacimientos; la asistencia de ciertos individuos antes, durante y después del parto; así como las razones del espaciamiento entre nacimientos, entre otras consideraciones, hicieron y hacen de la fertilidad un fenómeno socialmente significativo y la atan al aumento y la disminución de la riqueza y el prestigio.[22]

York, NY: Basic Books, 1982; Leavitt, Judith. *Brought to Bed: Childbearing in America, 1750-1950*. Nueva York, NY: Oxford University Press, 1986; Jeffery, Roger y Patricia Jeffery. «Traditional Births Attendants in Rural North India: The Social Organization of Childbearing». En Shirley Lindenbaum y Margaret Lock. *Knowledge, Power, and Practice: The Anthropology of Medicine and Everyday Life*. Berkeley, CA: University of California Press, 1993; Vargas, Rosana y Paola Naccarato. *Allá, las antiguas abuelas eran parteras*. Lima: Flora Tristán, 1995; Renne, Elisha. «The Pregnancy That Doesn't Stay: The Practice and Perception of Abortion by Ekiti Yoruba Women». *Social Science and Medicine* 42, 4 (1996): 483-494; Davis-Floyd, Robbie y Carolyn Sargent (eds.). *Childbirth and Authoritative Knowledge: Cross-Cultural Perspectives*. Berkeley, CA: University of California Press, 1997.

21. Canguilhem, Georges. *Le Normal et le Pathologique*. París: Presses Universitaires Françaises, 1966; Lock, Margaret. *Encounters with Aging: Mythologies of Menopause in Japan and North America*. Berkeley, CA: University of California Press, 1998.

22. Martin, Emily. *The Woman in the Body: A Cultural Analysis of Reproduction*. Boston MA: Beacon, 1987; Ginsburg, Faye y Rayna Rapp (eds.). *Conceiving the New World Order: The Global Politics of Reproduction*. Berkeley, CA: University of California Press, 1995; Sherwin, Susan (ed.). *The Politics of Women's Health: Exploring Agency and Autonomy*. Filadelfia, PA: Temple University Press, 1998; Ram, Kalpana y Margaret Jolly (eds.) *Maternities and Modernities: Colonial and Postcolonial Experiences in Asia and the Pacific*. Cambridge: Cambridge University Press, 1998; Fisher, Kate. *Birth Control, Sex, and Marriage in Britain*. Oxford: Oxford University Press, 2006; Summers, Carol. «Intimate Colonialism: The Imperial Production of Reproduction in Uganda, 1907-1925». *Signs* 16, 4 (1991): 787-807; Lock, Margaret y Patricia

Desde la década de 1990, un creciente conjunto de trabajos históricos conecta la fertilidad con proyectos de élite cuyo fin es «civilizar» a la población de América Latina conforme a un modelo occidental.[23] Este proceso coincide, no por casualidad, con la aceleración de la inserción de los Estados-nación de América Latina en los sistemas capitalistas transnacionales durante el siglo XIX. Los países de América Latina participaron en dichos sistemas mayormente como productores de materias primas, y eso generó una nueva prosperidad (para una minoría), atrajo nuevos inmigrantes, fomentó el crecimiento demográfico y promovió la urbanización.[24] En este contexto, las élites de América Latina aceptaron la ciencia, el positivismo y los gustos europeos como símbolo

---

Kaufert (eds.). *Pragmatic Women and Body Politics*. Cambridge: Cambridge University Press, 1998; Hunt, Nancy Rose. *A Colonial Lexicon of Birth Ritual, Medicalization, and Mobility in the Congo*. Durham, NC: Duke University Press, 1999; Inhorn, Marcia. *Local Babies, Global Science: Gender, Religion, and In Vitro Fertilization in Egypt*. Nueva York, NY: Routledge, 2003; Few, Martha. *Women Who Live Evil Lives: Gender, Religion and the Politics of Power in Colonial Guatemala*. Austin, TX: University of Texas Press, 2002.

23. Mannarelli, María Emma. *Limpias y modernas: género, higiene y cultura en la Lima del novecientos*. Lima: Flora Tristán, 1999; Carrillo, Ana María. «Nacimiento y muerte de una profesión: las parteras tituladas en México. *Dynamis* 19 (1999): 167-190; Ruggiero, Kristin. *Modernity in the Flesh: Medicine, Law, and Society in Turn-of-the-Century Argentina*. Palo Alto, CA: Stanford University Press, 2004; Agostoni, Claudia. «Las mensajeras de la salud: enfermeras visitadoras en la Ciudad de México durante la década de los 20». *Estudios de Historia Moderna y Contemporánea de México* 33 (2007): 89-120; Zárate, María Soledad. *Dar a luz en Chile, Siglo XIX: de la «ciencia de hembra» a la ciencia obstétrica*. Santiago de Chile: Universidad Alberto Hurtado, 2007; Reber. Vera Blinn. «Blood, Coughs and Fever: Tuberculosis and the Working Class of Buenos Aires, Argentina, 1885-1915». *Social History of Medicine* 12, 1 (1999): 73-100; Stern, Alexandra. «Buildings, Boundaries, and Blood: Medicalization and Nation-Building on the US-México Border, 1910-1930». *Hispanic American Historical Review* 79, 1 (1999): 41-81; Needell, Jeffrey. «The Revolta Contra Vacina of 1904: The Revolt against "Modernization" in Belle-Epoque Rio de Janeiro». *Hispanic American Historical Review* 67, 2 (1987): 233-269.

24. Halperin Donghi, Tulio. *Historia contemporánea de América Latina*. Madrid: Alianza Editorial, 1970; Abel, Christopher. *Health, Hygiene and Sanitation in Latin America c. 1870 to 1950*. Londres: University of London Press, 1996; Bulmer-Thomas, Victor. *The Economic History of Latin America since Independence*. Cambridge: Cambridge University Press, 2003.

de alta cultura y como requisito para el progreso nacional.[25] Mi historia empieza en este periodo.

El tema del género es especialmente importante en esta historiografía. Como diversos investigadores han señalado, las mujeres latinoamericanas tuvieron varios roles en los siglos XIX y XX: fueron jefas de familia, activistas, vendedoras, trabajadoras domésticas y agrícolas, soldados y escritoras, entre otras cosas.[26] También sabemos que las mujeres latinoamericanas participaron comúnmente en la distribución de pociones para aumentar la potencia sexual y en la obtención de abortos, y que muchas mujeres usaban regularmente pociones anticonceptivas y tenían múltiples compañeros sexuales antes y después de casarse.[27]

---

25. Hale, Charles. «Political Ideas and Ideologies in Latin America, 1870-1930». En Leslie Bethell (ed.). *Ideas and Ideologies in Twentieth-Century Latin America*. Cambridge: Cambridge University Press, 1996.

26. Véanse Weismantel, Mary. *Cholas and Pishtacos: Stories of Race and Sex in the Andes*. Chicago: University of Chicago Press, 2001; Águila, Alicia del. *Los velos y las pieles: cuerpo, género y reordenamiento social en el Perú republicano*. Lima: IEP, 2003; Lavrin, Asunción (ed.). *Latin American Women: Historical Perspectives*. Westport, CT: Greenwood, 1978; Macias, Anna. «Women and the Mexican Revolution». *The Americas* 37, 1 (1980): 53-82; Guy, Donna. «Women, Peonage, and Industrialization: Argentina, 1810-1914». *Latin American Research Review* 16, 3 (1981): 65 89; Graham, Sandra Lauderdale. *House and Street: The Domestic World of Servants and Masters in Nineteenth-Century Rio de Janeiro*. Cambridge: Cambridge University Press, 1988; Chassen-López, Francie. «A Patron of Progress: Juana Catarina Romero, the Nineteenth-Century Cacica Tehuantepec». *Hispanic American Historical Review* 88, 3 (2008): 393-426; O'Phelan, Scarlett y Margarita Zegarra (eds.). *Mujeres, familia y sociedad en la historia de América Latina, siglos XVIII-XXI*. Lima: CENDOC-Mujer, 2006.

27. Bolton, Ralph y Enrique Mayer (eds.). *Andean Kinship and Marriage*. Washington, D. C.: American Anthropological Association, 1977; Millones, Luis y Mari Pratt. *Amor brujo: imagen y cultura del amor en los Andes*. Lima: IEP, 1989; Ortiz Rescaniere, Alejandro. *La pareja y el mito: estudios sobre las concepciones de la persona y de la pareja en los Andes*. Lima: PUCP, 1993; Hunefeldt, Christine. *Liberalism in the Bedroom: Quarreling Spouses in Nineteenth-Century Lima*. University Park, PA: Pennsylvania State University Press, 2000; Dore, Elizabeth y Maxine Molyneux (eds.). *Hidden Histories of Gender and the State in Latin America*. Durham, NC: Duke University Press, 2000; Caulfield, Suann. *In Defense of Honor: Sexual Morality, Modernity, and Nation in Early-Twentieth-Century Brazil*. Durham, NC: Duke University Press, 2000; Bliss, Katherine. *Compromised Positions: Prostitution, Public Health, and Gender Politics in Revolutionary Mexico City*. University Park, PA: Penn State

Nada de esto es consecuente con las exhortaciones de algunos profesionales e intelectuales del siglo XIX de que lo mejor para las mujeres civilizadas y decentes era ser mantenidas dentro del ámbito doméstico católico, para evitar que arruinaran su valioso potencial reproductivo y, en consecuencia, dañaran a la nación.[28] Restringir la participación femenina al ámbito de la familia o ejecutar estrictos códigos de honor femenino habría sido el equivalente de encerrar a un genio que nunca había estado en la lámpara. A inicios del siglo XX emergieron conflictos causados por nuevos intentos (de parte del Estado, profesionales y activistas laicos) de manejar este potencial reproductivo a pesar de que factores materiales, legales y culturales, apuntaban en distintas direcciones.

Esta literatura rica y en aumento sobre la historia de género relaciona el proceso de la formación de naciones con la fertilidad. Sin embargo, hay algunos vacíos que recién empiezan a ser llenados. Entre estos está el periodo después de la Segunda Guerra Mundial. El tamaño de la población se convirtió en un factor estratégico durante la Guerra Fría. En ese contexto, los Estados Unidos respaldaron a una serie de paladines de la idea de restringir el crecimiento poblacional, algo que afectó desproporcionadamente a las mujeres en diversos países tercermundistas a través de la promoción generalizada de anticonceptivos femeninos. Este sistema dependía del ingenio de los trabajadores y organizaciones de salud para la producción a gran escala de métodos anticonceptivos y su distribución, así como del prestigio y poder político de diversos expertos para implementar políticas gubernamentales que limitaran

---

University Press, 2001; Rosemblatt, Karin. *Gendered Compromises: Political Cultures and the State in Chile, 1920-1950*. Chapel Hill, NC: University of North Carolina Press, 2000; y Hutchinson, Elizabeth Quay. «Add Gender and Stir: Cooking Up Gendered Histories of Modern Latin America». *Latin American Research Review* 38, 1 (2003): 266-287.

28. Stevens, Evelyn. «Marianismo: The Other Face of Machismo en Latin America». En Ann Pescatello (ed.). *Female and Male in Latin America*. Pittsburgh, PA: University of Pittsburgh Press, 1973; Chaney, Elsa. *Supermadre: Women in Politics in Latin America*. Austin, TX: University of Texas Press, 1979

el crecimiento demográfico. Las campañas médicas transnacionales no eran nuevas en América Latina a inicios de la Guerra Fría. De hecho, los recursos técnicos y financieros dedicados a estas campañas venían ayudando a los médicos desde finales del siglo XIX a convertirse en fuertes agrupaciones de cabildeo en diferentes países. Los médicos latinoamericanos se beneficiaron con innovaciones extranjeras tales como las vacunas, la anestesia, los rayos X y la teoría del germen de la enfermedad, así como con el apoyo de organizaciones filantrópicas como la Fundación Rockefeller, que brindaba ayuda para combatir diversas enfermedades, entre las que se incluían la fiebre amarilla y la anquilostomiasis.[29] Estas contribuciones de afuera aumentaron el prestigio y, hasta cierto punto, la eficacia de la ciencia médica en casa, y fortalecieron sus relaciones con las cada vez mejor organizadas agencias gubernamentales.[30]

En parte, los médicos en América Latina se interesaron en la fertilidad gracias a los avances en las tecnologías médicas europeas, específicamente la introducción de la anestesia en la asistencia en el parto en

---

29. Cueto, Marcos (ed.). *Missionaries of Science: The Rockefeller Foundation and Latin America*. Bloomington, IN: Indiana University Press, 1994; Birn, Anne-Emanuelle. *Marriage of Convenience: Rockefeller Foundation Health and Revolutionary Mexico*. Rochester, NY: University of Rochester Press, 2006; Quevedo, Emilio; Catalina Borda, Juan Carlos Eslava, Claudia García, María del Pilar Guzmán, Paola Mejía y Carlos Noguera. *Café y gusanos, mosquitos y petróleo: el tránsito desde la higiene hacia la medicina tropical y la salud pública en Colombia, 1873-1953*. Bogotá: Universidad Nacional de Colombia, 2004; Cueto, Marcos. *El regreso de las epidemias*. Lima: IEP, 1997; Zulawski, Ann. *Unequal Cures: Public Health and Political Change in Bolivia, 1900-1950*. Durham, NC: Duke University Press, 2007; Palmer, Steven. *Launching Global Health: The Caribbean Odyssey of the Rockefeller Foundation*. Ann Arbor, MI: University of Michigan Press, 2010; Hochman, Gilberto. *A Era do Saneamento: As Bases da Política de Saúde Pública no Brasil*. São Paulo: HUCITEC-ANPOCS, 1998. Véase, también, la edición especial del *Canadian Bulletin of Medical History* 25, 1 (2008).

30. Para buenos ejemplos de los vínculos entre medicina y consolidación del poder estatal en América Latina véanse Stepan, Nancy. *Beginnings of Brazilian Science: Oswaldo Cruz, Medical Research, and Policy, 1890-1920*. Nueva York, NY: Science History Publications, 1981; y los ensayos de Hochman, Gilberto y Diego Armus (eds.). *Cuidar, controlar, curare: ensaios históricos sobre saude e doença na America Latina*. Río de Janeiro: Fiocruz, 2004.

1863, la invención de la antisepsia en 1867 y el desarrollo de la dilatación y el legrado para inducir abortos y tratar aquellos incompletos en 1874.[31] Sin embargo, la inclinación médica a intervenir en embarazos y partos no significó necesariamente cirugías o partos más seguros. De hecho, antes del uso generalizado de las sulfas a mediados de la década de 1930 y la penicilina a mediados de la de 1940, los médicos en todo el mundo andaban preocupados por las altas tasas de mortalidad materna causadas por sepsis, hemorragia y eclampsia. Esta situación fortaleció las propuestas para incrementar la vigilancia médica de la salud materna y prohibir actividades peligrosas (entre las que se incluían la actividad física y el trabajo extenuante), así como ofrecer mayor apoyo en el periodo posparto (a través de clínicas neonatales y leyes de licencia por maternidad). Dichas iniciativas también se volvieron populares en América Latina.[32]

Durante la Guerra Fría, diversos científicos sociales y actores gubernamentales radicados en los Estados Unidos, al igual que instituciones como la Milbank Memorial Fund, el Population Council y la Federación Internacional de Planificación Familiar, aportaron conocimiento y financiamiento para tratar lo que ellos consideraban una tendencia dañina y peligrosa: el rápido crecimiento demográfico en América Latina. Su solución favorita para esta amenaza era técnica y se ofrecía en la forma de promoción masiva de anticonceptivos como la píldora y los dispositivos intrauterinos para disminuir la tasa de fertilidad. Debemos prestar más atención de la que hemos dado hasta ahora a los expertos estadounidenses que presentaban a América Latina en la década de 1960 como una zona de peligro demográfico, así como a sus aliados latinoamericanos. Su predilección por simples soluciones

---

31. David, Henry. «Abortion in Europe, 1920-91: A Public Health Perspective». *Studies in Family Planning* 23, 1 (1992): 1-22; Brouwere, Vincent de. «The Comparative Study of Maternal Mortality over Time: The Role of the Professionalization of Childbirth». *Social History of Medicine* 20, 3 (2008): 541-562.

32. Birn, Anne-Emanuelle. «No More Surprising Than a Broken Pitcher? Maternal and Child Health in the Early Years of the Pan American Sanitary Bureau». *Canadian Bulletin of Medical History* 19 (2002): 17-46.

técnicas a complejos problemas sociales sugiere continuidades entre las campañas de restricción de la población y las campañas mundiales para erradicar enfermedades infecciosas transmitidas por insectos por medio del uso del dicloro difenil tricloroetanol (DDT), que, a su vez, prestaban relativamente menor atención a los contextos sociales y ambientales en los cuales las enfermedades surgían y se propagaban.[33] Asimismo, la incapacidad y negativa de los expertos demográficos de la Guerra Fría de ver las actitudes neocoloniales y los hábitos de consumo de los ciudadanos estadounidenses o latinoamericanos adinerados como parte de los problemas que buscaban abordar es siniestramente parecida a la estrategia antinarcóticos que se da en la región en el presente y que sanciona principalmente a los pobres. Por consiguiente, mi incorporación analítica de la época de la Guerra Fría, hasta la transición del régimen militar al civil a fines de la década de 1970, se debe tanto a la ampliación de nuestro alcance historiográfico, como a mi interés en esclarecer un cierto tipo de intervención que ha caracterizado las relaciones entre los Estados Unidos y América Latina desde fines de la década de 1940.

Por otro lado, la biomedicina occidental no ha sido la única forma de intervenir en los asuntos de la fertilidad en América Latina. Sanadores espirituales, herboristas y parteras tradicionales han participado con éxito en este ámbito también y continúan ejerciendo un poder considerable entre los consumidores.[34] Además de las crónicas limitaciones

---

33. Stepan, Nancy. *Eradication: Ridding the World of Diseases Forever?* Ithaca, NY: Cornell University Press, 2012.

34. Chambi, Néstor; Walter Chambi, Víctor Quiso, Sabino Cutipa, Valeriano Gordillo y Jorge Apaza. *Así nomás nos curamos: la medicina en los Andes*. Puno: Asociación Chuyma, 1997; Few, Martha. *Women Who Live Evil Lives: Gender, Religion and the Politics of Power in Colonial Guatemala*. Austin, TX: University of Texas Press, 2002; Palmer, Steven. *From Popular Medicine to Medical Populism: Doctors, Healers, and Public Power in Costa Rica, 1800-1940*. Durham, NC: Duke University Press, 2003; Sowell, David. «Contending Medical Ideologies and State Formation: The Nineteenth-Century Origins of Medical Pluralism in Contemporary Colombia. *Bulletin of the History of Medicine* 77 (2003): 900-926; Castañeda, Xochitl; Cecilia García y Ana Langer. «Ethnography of Fertility and Menstruation in Rural Mexico».

financieras y organizativas de las instituciones públicas de salud, este pluralismo médico de larga data ayuda a explicar por qué el conocimiento biomédico no es el único al que apelan los legos. El entendimiento lego de nuestro propio cuerpo es también un recurso importante, uno que enfatiza la importancia desde tiempos inmemoriales del cuidado personal cuando se siente dolor o incomodidad. Tal como lo nota Arthur Kleinman, los seres humanos ven a sus propios cuerpos como objetos de manipulación (por uno mismo o por otros) y como organizadores de experiencias que ayudan a producir y procesar conocimientos.[35] Con frecuencia accedemos a este conocimiento de nuestros propios cuerpos para cuidar de nosotros mismos y para explicar nuestras limitaciones fisiológicas en formas que podemos compartir con personas en situaciones similares a la nuestra. Dichas formas de producción de conocimiento personal y local lego pueden estar y muchas veces han estado en desacuerdo con el conocimiento biomédico.[36]

El tema del capítulo tres, el aborto, nos permite aproximarnos a este conocimiento lego de forma dramática y visceral. Buscar o realizar un aborto no solo era ilegal sino también un tabú en gran parte de América Latina durante los siglos XIX y XX. Sin embargo, indudablemente, los abortos han sido y siguen siendo buscados y realizados hoy en día, a menudo usando un lenguaje sutil y ambiguo para solo llamar la atención de los clientes interesados.

Social Science and Medicine 42, 1 (1996): 133-140; Sainz de la Maza Kaufmann, Marta. «Contraception in Three Chibcha Communities and the Concept of Natural Fertility (Guaymi, Hueter, Bribri, and Cabecear Indians)». *Current Anthropology* 38, 4 (1997): 681-687.

35. Kleinman, Arthur. *The Illness Narratives: Suffering, Healing, and the Human Condition*. Nueva York, NY: Basic Books, 1988. Véanse, también, Polanyi, Michael. *Personal Knowledge: Towards a Post-Critical Philosophy*. Chicago, IL: University of Chicago Press, 1958; y Good, Byron. *Medicine, Rationality and Experience: An Anthropological Perspective*. Cambridge: Cambridge University Press, 1994.

36. Brown, Phil y Edwin Mikkelsen. *No Safe Place: Toxic Waste, Leukemia, and Community Action*. Berkeley, CA: University of California Press, 1990; Epstein, Steven. *Impure Science: AIDS, Activism, and the Politics of Knowledge*. Berkeley, CA: University of California Press, 1998.

Entender más el porqué y cómo las mujeres buscaban ayudarse a sí mismas librándose de embarazos no deseados nos permite adentrarnos en las redes de apoyo social de las personas, así como en las relaciones tormentosas que tenían con sus amantes, vecinos y médicos, al igual que con la policía. Esto significa ver a las mujeres que buscan abortos no solo como criminales o víctimas de la injusticia, sino también como personas que hacen lo que pueden para lidiar con una mala situación en su camino, una que, por supuesto, incluía, a veces, su vergüenza e ira frente a su fracaso para manejar la maternidad en formas que ellas mismas considerasen moralmente adecuadas. También significa reconocer que el significado del término «aborto» es muy discutido.[37] Esto nos lleva a considerar asuntos escasamente abordados, que incluyen la forma en la que las mujeres que buscaban acabar con sus embarazos encuentran sentido para lo que hicieron, la reacción de la gente ante sus acciones y los vínculos entre las que buscan un aborto, los que lo proveen y los que legislan sobre la planificación familiar.

Para escribir una historia sobre la planificación en América Latina, uno tiene que ser consciente de las lecciones que la teoría de la transición demográfica nos ha dejado, especialmente respecto del papel que las tecnologías biomédicas y los actores políticos transnacionales han tenido como catalizadores de cambios sociales. Por otro lado, algo de la sabiduría recibida necesita ser revisada, sobre todo la suposición de que la lógica para la prevención o el espaciamiento de los nacimientos es principalmente individual y económica, así como la implicación de que los intereses y las disposiciones de los actores locales son menos importantes que los de los actores extranjeros. Incluso, algunos otros elementos de la teoría de la transición demográfica se han vuelto obsoletos, al menos para aplicarlos a América Latina. Los cambios en la mentalidad que llevaron a la gente a reflexionar sobre el valor de un gran número de hijos, la «variable independiente» en el modelo de

37. Morgan, Lynn. «Imagining the Unborn in the Ecuadorian Andes». *Feminist Studies* 23, 2 (1997): 323-350.

transición demográfica, databa de antes de la década de 1960. En el contexto de la inserción acelerada de los Estados-nación latinoamericanos en los sistemas capitalistas transnacionales a finales del siglo XIX, el control de cada uno sobre su propia fertilidad y la habilidad del Estado para dirigir a su población le dio mayor visibilidad pública a las intervenciones biomédicas orientadas a la fertilidad, a las tradiciones alternativas de curación y al cuidado personal. Los mismos problemas eran evidentes durante la Guerra Fría. Así, durante el siglo XX, el manejo de la fertilidad ha sido clave en los debates sobre el concepto de la nación moderna y sobre las formas apropiadas e inapropiadas de ser padres. De esta manera, las nociones de ciudadanía de América Latina han sido enfáticamente conformadas por las cualidades de cada ciudadano mismo como padre.

Ya es tiempo también de alejarse de la asociación entre mentalidades «pro natalistas» y sociedades «tradicionales», inspirada en la teoría de la transición demográfica, opuesta a la igualmente falsa asociación entre mentalidades «antinatalistas» y sociedades «modernas». Dicho lenguaje se usó para analizar transformaciones reales y conflictivas, dada la forma en la que el control de la fertilidad alteró las relaciones entre expertos y legos, entre hombres y mujeres, y entre Estados-nación. Sin embargo, es también un lenguaje que simplifica fenómenos que son mejor entendidos a través de estudios empíricos, y que no puede explicar por qué mentalidades «pro natalistas» persisten en sociedades «modernas», ni cómo mentalidades «antinatalistas» surgen en sociedades «tradicionales».[38] Este lenguaje también oculta las motivaciones específicas de los actores sociales al usar y promover la planificación familiar. El trabajo de Jennifer Johnson-Hank y Caroline Bledsoe en África nos enseña, por ejemplo, que el «control de la fertilidad» no puede reducirse a las estrategias usadas para tener menos hijos y que, de hecho, las mujeres podrían usar la planificación familiar para aumentar la cantidad

---

38. Nótese, por ejemplo, el sutil análisis de estas diferencias en Anderson, Jeanine. *Tendiendo puentes: calidad de atención desde la perspectiva de las mujeres rurales y de los proveedores de los servicios de salud*. Lima: Manuela Ramos, 2001.

de hijos que engendran.[39] Tal como mostraré en el capítulo seis, por ejemplo, cuando la Iglesia católica en el Perú aceptó el uso de la píldora en la década de 1960, lo hizo bajo sus propios términos, es decir, para alimentar el crecimiento de las familias católicas, no para reducir las tasas de fertilidad ni para dar a las mujeres más opciones anticonceptivas.

Plan del libro

Cada capítulo subsecuente profundiza en los problemas que la planificación familiar plantea desde el punto de vista de los expertos médicos a inicios del siglo XX, las primeras activistas sociales en el tema de fertilidad, las mujeres y los hombres que buscaron abortos, los trabajadores de salud y los consumidores de anticonceptivos que apoyaban las iniciativas de planificación familiar, las agencias gubernamentales (tanto las civiles como las militares) y sus aliados extranjeros, y la Iglesia católica, respectivamente. Cada tema entreteje las historias de actores peruanos, latinoamericanos y estadounidenses.

El capítulo uno, «El potencial reproductivo de la nación», se enfoca en el legado de la eugenesia en las leyes y reformas para regular la sexualidad femenina y masculina, así como para maximizar la fertilidad del tipo «correcto» de población, con la intención de desatar el gran potencial económico del país. El capítulo dos, «Irene Silva de Santolalla y la familia bien constituida», trata de cómo la opinión de los expertos y las intervenciones descritas en el capítulo uno fueron un aspecto esencial del primer movimiento de mujeres en el país que planteó expresamente el tema de la reproducción como políticamente problemático. El capítulo tres, «Abortos y acusaciones: expertos y legos entre crimen y costumbre», contrasta claramente con el capítulo dos, ya que los personajes principales no son mujeres defendiendo la maternidad,

---

39. Johnson-Hanks, Jennifer. «On the Modernity of Traditional Contraception: Time and the Social Context of Fertility». *Population and Development Review* 28, 2 (2002): 229-249; y Bledsoe, Caroline. *Contingent Lives: Fertility, Time and Aging in West Africa*. Chicago, IL: University of Chicago Press, 2002.

sino mujeres recurriendo a actos ilegales para evitar tener hijos, en ambientes médicos, legales y sociales que permitieron a estas mujeres (y hombres) protegerse a sí mismos de acusaciones a través de un conjunto de estrategias. El capítulo cuatro, «Los trabajadores de salud y sus encuentros con la anticoncepción», explica cómo una combinación de la devaluación dañina de los nuevos inmigrantes de las zonas rurales a las zonas urbanas y la preocupación benigna por la salud materna, afectada negativamente por el uso del aborto como anticonceptivo, causó un cambio entre los trabajadores de la salud, quienes empezaron a aceptar el valor de las familias pequeñas para todos y el uso de la planificación familiar para conseguir este objetivo entre las décadas de 1930 y 1960. El capítulo cinco, «Entra el gobierno (y sale): inicios de las políticas de población», analiza cómo la planificación familiar se convirtió en un aspecto de las políticas gubernamentales civiles y militares que tenían por objetivo un mayor desarrollo socioeconómico y una mejor salud para las mujeres y los niños en medio del miedo al rápido crecimiento demográfico en los países en vías de desarrollo durante la Guerra Fría. El capítulo seis, «Curas y píldoras: planificación familiar a la católica», retoma el tema de cómo, en la década de 1960, las autoridades católicas, sin creer que la doctrina religiosa estaba en conflicto con el control de la fertilidad de cada uno, ni estar dispuestos a tratar el control de la fertilidad como un derecho individual, fundaron un programa para proporcionar píldoras anticonceptivas mientras enfatizaban las dimensiones comunitarias y nacionales del uso de la planificación familiar.

Capítulo uno

El potencial reproductivo de la nación

En el verano de 1933, el Rotary Club se preparaba para la Semana de los Niños, un evento que el club patrocinaba en el Callao, la ciudad portuaria más importante del Perú. Bajo la entusiasta dirección del doctor Alberto Sabogal, este acontecimiento consistía en una serie de actividades para despertar el interés en todo lo relacionado con los pequeños. Luisa Arróspide ganó el concurso del niño con las mejores «características vitales». Con dos años, once meses y diecisiete días, Luisa tenía, según los jueces, proporciones físicas extraordinarias: un poco más de un metro de altura, veintiún kilos y sesenta y dos centímetros de perímetro torácico. Además, había sido exclusivamente amamantada durante sus primeros dos meses de vida. El artículo celebraba las decisiones inteligentes y cuidadosas que la madre de Luisa había tomado para cuidar a su hija, así como la completa dedicación del padre a su familia. Luisa, desnuda, miraba fijamente a la cámara con una mirada vacía, haciendo obvio lo que la revista *La Reforma Médica* no hizo: era una niña blanca, de cabello castaño y regordeta. El mensaje del artículo, explícito en sus últimas líneas, era que los niños como Luisa, de tez blanca, padres que la adoraban y un desarrollo científicamente monitoreado, eran urgentemente necesarios para el progreso de la nación.[1]

---

1. «El culto de la raza». *La Reforma Médica* 20, 183 (15 de marzo de 1934): 290.

Este capítulo trata de expertos como el doctor Sabogal y su pasión por el progreso eugenésico. ¿Cómo fue que sus ideas e iniciativas dieron forma a los primeros enfoques nacionales en planificación familiar? Los médicos de principios del siglo XX creían que la población del país estaba sitiada por muchos enemigos: las altas tasas de mortalidad infantil, el atraso de la cultura indígena, las enfermedades venéreas, el alcoholismo, la ignorancia de las mujeres que descuidaban sus deberes maternos y la indiferencia de los hombres que concebían hijos sin casarse. Pocos de estos expertos consideraban al crecimiento demográfico como una amenaza antes de la década de 1950. De hecho, una de sus principales preocupaciones desde el siglo XVIII había sido cómo aumentar dicho crecimiento.[2] Desde posiciones estratégicas dentro de círculos universitarios y gubernamentales, los médicos ayudaron a popularizar la idea de que los comportamientos sexuales y reproductivos, tanto de hombres como de mujeres, eran un tema de alta importancia social, dado que estos comportamientos podían determinar el bienestar de la nación a largo plazo, más contundentemente que las elecciones nacionales. Igual de notable fue, sin embargo, su voluntad de restringir su atención a zonas urbanas, una inclinación que ejerció una poderosa influencia sobre los futuros debates sobre la planificación familiar.

La medicina académica regresa

Los expertos médicos que destacaron en proponer la relación entre el pro natalismo eugenésico y el progreso nacional a principios del siglo XX estaban todos vinculados con la Facultad de Medicina de Lima, fortalecida desde la década de 1890 después de un periodo de estancamiento y deterioro. Hasta 1961, el entrenamiento en medicina en el Perú solo estaba disponible en la Universidad Nacional Mayor de San Marcos. La universidad había sido fundada en 1551, cuando el Perú era aún una

2. Warren, Adam. *Medicine and Politics in Colonial Peru: Population Growth and the Bourbon Reforms*. Pittsburgh, PA: University of Pittsburgh Press, 2010.

colonia española, y sus primeros cursos en medicina empezaron en 1571, mientras que sus primeras disecciones se realizaron recién en 1711, en el hospital San Andrés.[3] Sin embargo, el doctor Hipólito Unanue, catedrático de Anatomía en 1792, consideró el entrenamiento de su época muy desactualizado. Unanue fue uno de los primeros promotores de la adaptación de la ciencia europea a las necesidades peruanas, a través de organizaciones como la Sociedad de Amantes del País, de la cual fue miembro fundador, y el periódico *Mercurio Peruano*, que él mismo publicaba.[4] La presión que ejerció sobre el virreinato finalmente resultó en la construcción de un nuevo anfiteatro anatómico y en una modificación curricular que imitaba a la respetada Facultad de Medicina de París.

La renovada Facultad de Medicina, llamada ahora Real Colegio de Medicina y Cirugía de San Fernando, fue inaugurada en 1811, pero sufrió la turbulencia propia de la década de 1810. La agitación a favor de la independencia había empezado en América Latina, con el consiguiente menor presupuesto para la Facultad de Medicina, así como la disminución de las matrículas de alumnos y del número de profesores. El general José de San Martín, comandante de una de las armadas independistas de América del Sur y autoproclamado Protector del Perú, renombró la Facultad de Medicina como el Colegio de la Independencia en 1821. Sin embargo, debido a los muchos problemas financieros del país, la Facultad de Medicina experimentó frecuentes periodos de inactividad después de la independencia en 1824.[5]

---

3. Iza, Agustín y Oswaldo Salaverry. «El Hospital Real de San Andrés». *Anales de la Facultad de Medicina* 61, 3 (2000): 247-252.

4. Woodham, John. «The Influence of Hipólito Unanue on Peruvian Medical Science, 1789-1820». *Hispanic American Historical Review* 50, 4 (1970): 693-714; Salaverry, Oswaldo. «Los orígenes del pensamiento médico de Hipólito Unanue». *Anales de la Facultad de Medicina* 66, 4 (2005): 375-370.

5. Salaverry, Oswaldo. «El inicio de la educación médica moderna en el Perú: la creación de la Facultad de Medicina de San Fernando». *Acta Médica Peruana* 23, 2 (2006): 122-131.

La medicina como institución empezó a recuperarse a mediados del siglo XIX, cuando el gobierno peruano se volvió, aunque por poco tiempo, más rico gracias a los ingresos generados por la exportación del guano. El presidente Ramón Castilla garantizó el pliego presupuestario a la Facultad de Medicina en 1856, renombrándola como Facultad de Medicina de San Fernando y designando al doctor Cayetano Heredia, catedrático de Anatomía, como su decano. Tal como lo había hecho Unanue antes que él, Heredia se fijó en Europa cuando reorganizó la pedagogía médica para que incluyera más entrenamiento en áreas como la bioquímica y la patología.[6] La difusión de este tipo de conocimiento fue el objetivo de la *Gaceta Médica de Lima*, el primer periódico publicado por médicos académicos peruanos y editado por el propio Heredia.[7]

Gracias a las reformas de 1856, la medicina se convirtió en la primera profesión del Perú en establecer un currículo unificado para sus estudiantes, acabando con la distinción entre médicos y cirujanos, y creando en su lugar un nuevo tipo de especialista híbrido, el médico-cirujano. Inspirado por el trabajo de científicos como Claude Bernard y Louis Pasteur, Heredia financió viajes de estudio al extranjero para algunos de sus estudiantes más prometedores, con otros médicos peruanos que seguían su ejemplo y usaban su propio dinero para viajar a Europa a continuar su educación.[8] Estos viajes no solo eran importantes por la formación avanzada adquirida, sino también porque los jóvenes médicos se esforzaron por enviar libros y material pedagógico para la biblioteca de la universidad. Quizá aún más importante fue que

---

6. Paz Soldán, Carlos Enrique. *Heredia y sus discípulos*. Lima: Instituto de Medicina Social, 1956; Zárate, Eduardo. *Los inicios de la Escuela de Medicina de Lima: Cayetano Heredia, el organizador*. Lima: Asamblea Nacional de Rectores, 2005; Arias Stella, Javier. «Anatomía patológica en el Perú: un enfoque histórico». *Revista Médica Herediana* 9, 2 (1998): 81-83.

7. Pamo Reyna, Óscar. «Estado actual de las publicaciones periódicas científicas médicas del Perú». *Revista Médica Herediana* 16 (2004): 65-73.

8. Cuba, Juan Manuel. «Influencia de la medicina francesa en la medicina peruana». *Revista Peruana de Neurología* 8, 1 (2002): 31-40.

estos médicos regresaron para aceptar trabajo enseñando en la Facultad de Medicina.[9]

La Guerra del Pacífico (1879-1883) truncó dichos esfuerzos y dejó al país y a la Facultad de Medicina en la ruina financiera. Aun así, a fines del siglo XIX, el Perú experimentó otra bonanza, esta vez basada en la exportación del cobre, el azúcar, el algodón, el petróleo, la lana, el caucho, el café y la plata: cuatro décadas de crecimiento económico y diversificación de la producción sin precedentes, según el historiador Carlos Contreras.[10] El periodo entre mediados de la década de 1890 y 1919, conocido como la República Aristocrática, estuvo caracterizado por el creciente poder de una pequeña oligarquía muy unida, que defendió el liberalismo económico, el positivismo científico y la modernización burocrática.[11] El Partido Civil era el brazo político primario de esta élite peruana e incluía, como sus miembros más importantes, a los dueños de las haciendas costeras, destacados catedráticos universitarios y ricos comerciantes minoristas urbanos del área de Lima. Bajo el liderazgo del Partido Civil, el gobierno central actuó vigorosamente para mejorar la recaudación de impuestos, el ejército, la educación primaria y la salud pública, y para poner estas actividades bajo su control. Para los civilistas, la mejora del sistema administrativo central era esencial para lograr un todo cohesivo de la diversidad natural y humana del Perú. Aun así, solo las ciudades costeras y sus habitantes, no la mayoría de peruanos en esa época, fueron los mayores beneficiarios de sus iniciativas.

Este nuevo ciclo de prosperidad y centralización gubernamental fue la base para el incremento de cursos médicos, usualmente dictados por

---

9. Bustíos Romaní, Carlos. «Notas sobre la historia de la educación médica en el Perú, primera parte, 1568-1933». *Acta Médica Peruana* 20, 2 (2003): 94-108.

10. Contreras, Carlos. *El aprendizaje del capitalismo: estudios de historia económica y social del Perú republicano*. Lima: IEP, 2004, p. 176.

11. Véase Burga, Manuel y Alberto Flores Galindo. *Apogeo y crisis de la República Aristocrática*. Lima: Rikchay, 1979; Bonilla, Heraclio. *Un siglo a la deriva: ensayos sobre el Perú, Bolivia y la guerra*. Lima: IEP, 1981; McEvoy, Carmen. *La utopía republicana: ideales y realidades en la formación de la cultura política peruana, 1871-1919*. Lima: PUCP, 1997.

especialistas peruanos que regresaban de Europa. Entre ellos se incluyeron Bacteriología y Microscopía, Ginecología y Obstetricia, Pediatría y Oftalmología, todos los cuales empezaron a dictarse en la década de 1890. Constantino T. Carvallo, catedrático de Obstetricia y Ginecología, entrenado en París, introdujo técnicas como la asepsia y el uso de guantes de látex en la práctica quirúrgica, así como la radioterapia para tratar el cáncer en 1896. Incluso, tomó una radiografía de la mano del presidente Nicolás de Piérola, la primera en el país, solo un año después de que Wilhelm Roentgen desarrollara dicha tecnología. Los cursos de Otorrinolaringología y Urología empezaron a dictarse en 1900; y los de Dermatosífilis, Psiquiatría, Medicina Tropical e Higiene, en la década de 1910.[12]

A inicios del siglo XX, además de crear nuevas especialidades, los médicos peruanos empezaron a asistir a conferencias profesionales regionales, tales como los Congresos Médicos Panamericanos y los Congresos Médicos Latinoamericanos.[13] Un acontecimiento relacionado fue la fundación de nuevas revistas, entre las que se incluyeron *La Crónica Médica* (1884), *El Monitor Médico* (1885), *Anales de la Facultad de Medicina* (1915), *La Reforma Médica* (1915) y *La Acción Médica* (1927).[14] Los encuentros internacionales y las revistas no solo ayudaban a los

---

12. Ugarte Taboada, Claudia. «Historia de los servicios de emergencia de Lima y Callao». *Revista Médica Herediana* 11, 3 (2000): 97-106; Vidal Amat y León, Jorge. *Historia de la obstetricia y ginecología en el Perú*. Lima: MAD, 2004; Bazul, Víctor. «El profesor doctor Constantino T. Carvallo y la creación de la cátedra de Ginecología en la Facultad de Medicina». *Anales de la Facultad de Medicina* 57, 2-4 (1996): 40-42; Guevara Chacabana, Gamaniel. «Aspectos históricos de la enseñanza de la Pediatría y la atención de la salud infantil en el Perú». *Paediatrica* 8, 1(2006): 20-26; Mariátegui, Javier. «Hermilio Valdizán y la Facultad de Medicina San Fernando». *Anales de la Facultad de Medicina* 58, 3(1997): 1-4.

13. *Transactions of the First Pan-American Medical Congress, Washington DC, 5-8 September 1893*. Washington D. C.: Government Printing Office, 1895; *Memorias del Segundo Congreso Médico Pan-Americano de México 16-19 de Noviembre de 1896*. Ciudad de México: Hoeck & Hamilton, 1898.

14. Pamo Reyna, Óscar. Ob. cit. Véanse, además, las primeras ediciones de *La Acción Médica* (enero de 1927), *La Reforma Médica* (15 de abril de 1915) y *Anuario de la Academia Nacional de Medicina* 1 (1952-1953). *La Crónica Médica*, publicada hasta 1970, fue la revista médica más duradera en el Perú.

colegas a intercambiar información científica, sino también apuntalaban los esfuerzos de organizaciones profesionales locales. Esto llevaba a la creación de nuevos grupos de interés como la Academia Nacional de Medicina (1888), que empezó a publicar los *Anales de la Academia Nacional de Medicina* en 1897.[15]

Una señal más del poder en ciernes de la medicina académica a inicios del siglo XX en el Perú fue la creación de la Dirección de Salubridad Pública (DSP), institución antecesora del Ministerio de Salud, recién creado en 1935. Médicos venían siendo sido elegidos al Congreso desde la formación de la rama legislativa peruana en 1822.[16] Sin embargo, este hecho demostraba un grado de influencia individual y no colectiva. Esto cambió significativamente en 1903, cuando el Ministerio de Fomento cabildeó para retirarle el control de las iniciativas sanitarias a las municipalidades y entregárselo a la recién creada DSP. Dirigida por Julián Arce, catedrático de Enfermedades Tropicales en la Facultad de Medicina, la alta gerencia de la DSP estaba dominada por médicos académicos.[17] La función principal de esta agencia era coordinar los esfuerzos nacionales contra la tuberculosis, la peste, la fiebre amarilla y la malaria, como una forma de promover el crecimiento demográfico. De hecho, la declaración programática de la DSP de 1905 presentaba a la población como un recurso nacional económico que debía ser cuidado y empleado para producir más riqueza. En sus esfuerzos por proteger este «capital humano», la DSP promovió el control de las epidemias, cursos de higiene en las escuelas, la creación de clínicas de salud y centros de distribución de leche para los recién nacidos, así como la construcción de viviendas higiénicas para los trabajadores.[18]

---

15. Véase *Anales de la Academia Nacional de Medicina de Lima* 1 (1919): 1.
16. De los 87 congresistas elegidos al primer Congreso del Perú en 1822, ocho fueron médicos. Véase *Reseña Histórica del Congreso*, 2008, ACP.
17. *Boletín del Ministerio de Fomento* 1, 5 (30 de noviembre de 1905), AGN.
18. *Boletín del Ministerio de Fomento* 1, 4 (1905): 62-116, AGN; y *Boletín del Ministerio de Fomento* 2, 1 (1906): 53-83, AGN. Véase, además, «¿Por qué se abandona a los niños?». *El Universal* (17 de noviembre de 1936): 7.

De este modo, hacia comienzos del siglo XX, los médicos académicos peruanos, gracias a un nuevo ciclo de prosperidad nacional, se habían convertido en una élite que ejercía una influencia significativa y basada en la expansión y especialización de la Facultad de Medicina, con alumnos y profesores que recibían parte de su entrenamiento en el extranjero y se comunicaban con colegas en las Américas. Estos médicos también fundaron nuevas asociaciones y periódicos, y su experiencia estaba en demanda no solo en el Congreso, sino que había sido institucionalizada en la rama ejecutiva del gobierno. Para esta élite, los comportamientos sexuales y reproductivos estaban surgiendo como un área esencial de intervención, y eran tan importantes como otras preocupaciones ya establecidas en relación con las enfermedades epidémicas y la sanidad. Esto ocurría no solo por la relación entre la reproducción y el antiguo deseo político de aumentar la población mayor, sino también por la presencia de factores que podían afectar negativamente la sexualidad y resultar en el crecimiento del tipo de población calificado como «erróneo», el tipo degenerado.

Degeneración y puericultura a la peruana

La degeneración racial había sido una preocupación de intelectuales europeos y americanos por lo menos desde el siglo XVIII, y su prevención aseguraría la participación discursiva y práctica de los médicos peruanos en asuntos de sexualidad y reproducción hasta bien entrado el siglo XX. Ambiguamente definido, lo que lo hacía bastante versátil, el concepto de la degeneración racial se refería a características tanto individuales como colectivas, transmitidas a través de generaciones, que llevaban a, o que causaban, inmoralidad, idiotez, criminalidad y, finalmente, muerte prematura. Un amplio rango de deformidades físicas, alcoholismo, esterilidad y locura eran sindicados como síntomas patológicos que acompañaban a la degeneración racial, y, de no ser detenidos, podrían hacer naufragar a sociedades enteras. Aunque los individuos degenerados estarían, según esta perspectiva, más allá de cualquier ayuda, la degeneración como fenómeno social avanzaría lentamente, y eso presuntamente les daba a los líderes nacionales oportunidades para intervenir y detener su paso.[19]

A fines del siglo XIX, la degeneración racial alentaba debates nacionales en América Latina. De hecho, el miedo que provocaba estaba implicado en diversas propuestas de reforma de los gobiernos de la región: la inmigración europea, la renovación urbana, las campañas sanitarias, la regulación de la prostitución y la promoción de los deportes, entre otros.[20] Los intelectuales peruanos se sentían indecisos acerca de cual sería la causa de la degeneración insidiosa que, según estuvieron de acuerdo, mellaba el crecimiento poblacional y había llevado a la derrota en la Guerra del Pacífico. El ensayista Manuel González Prada,

---

19. Véase, por ejemplo, Cañizares-Esguerra, Jorge. *Nature, Empire and Nation: Exploration of the History of Science in the Iberian World*. Palo Alto, CA: Stanford University Press, 2006; Pick, Daniel. *Faces of Degeneration: A European Disorder, 1848-1918*. Cambridge: Cambridge University Press, 1993; Nye, Robert. *Crime, Madness and Politics in Modern France: The Medical Concept of National Decline*. Princeton, NJ: Princeton University Press, 1984.

20. Véase, por ejemplo, Borges, Dain. «"Puffy, Ugly, Slothful and Inert": Degeneration in Brazilian Social Thought, 1880-1940». *Journal of Latin American Studies* 25, 2 (1993): 235-256; Bliss, Katherine. *Compromised Positions: Prostitution, Public Health, and Gender Politics in Revolutionary Mexico City*. University Park, PA: Penn State University Press, 2001; Sater, William. «The Politics of Public Health: Smallpox in Chile». *Journal of Latin American Studies* 35 (2003): 513-543; Blake, Stanley. «The Medicalization of Nordestinos: Public Health and Regional Identity in Northeastern Brazil, 1889-1930». *The Americas* 60, 2 (2003): 217-248; Ruggiero, Kristin. *Modernity in the Flesh: Medicine, Law, and Society in Turn-of-the-Century Argentina*. Palo Alto, CA: Stanford University Press, 2004; Stepan, Nancy. *The Hour of Eugenics: Race, Gender, and Nation in Latin America*. Ithaca, NY: Cornell University Press, 1991; Skidmore, Thomas. *Black into White: Race and Nationality in Brazilian Thought*. Durham, NC: Duke University Press, 1998; Graham, Richard (ed.). *The Idea of Race in Latin America, 1879-1940*. Austin, TX: University of Texas Press; Meade, Teresa. *«Civilizing» Rio: Reform and Resistance in a Brazilian City, 1889-1930*. University Park, PA: Pennsylvania State University Press, 1997; Palma, Héctor. *«Gobernar es seleccionar»: apuntes sobre la eugenesia*. Buenos Aires: Jorge Baudino, 2002, pp. 6-9; Suárez Findlay, Eileen. *Imposing Decency: The Politics of Sexuality and Race in Puerto Rico, 1870-1920*. Durham, NC: Duke University Press, 1999; Eraso, Yolanda. «Biotypology, Endocrinology and Sterilization: The Practice of Eugenics in the Treatment of Argentina Women during the 1930s». *Bulletin of the History of Medicine* 81, 4 (2008): 793-822.

por ejemplo, culpó a la negativa de los líderes peruanos de aceptar la influencia de los inmigrantes del norte de Europa por los males nacionales. Por el contrario, José Gálvez lamentó la corrupción de las bienamadas tradiciones de inspiración ibérica debido a la creciente influencia de Europa del norte y los Estados Unidos. Algunos, entre ellos Joaquín Capelo, Carlos Lissón, Alejandro Garland y Francisco Graña, veían poco valiosa la cultura ibérica y la consideraban, más bien, como una que inculcaba pereza y conservadurismo. A la vez, criticaban duramente a España por la catastrófica pérdida de población durante los periodos de la Conquista y la Colonia. Sin embargo, en opinión de Clemente Palma, la raíz de las tendencias degenerativas en el Perú estaba en el Imperio inca y en las culturas andinas.[21]

Los intelectuales peruanos también culpaban a algunos de los nuevos inmigrantes, particularmente a los chinos. Estos empezaron a llegar en grandes cantidades a mediados del siglo XIX como trabajadores agrícolas, recolectores de guano y trabajadores de ferrocarriles, y crearon una sociedad dinámica dentro de la sociedad urbana peruana.[22] Sin embargo, muchos médicos peruanos consideraron que el mestizaje con los chinos debilitaba el linaje nacional hereditario y no dudaron en culpar a sus costumbres por la epidemia de peste en la Lima de 1903.[23] El doctor Julián Arce, quien pronto se convertiría en jefe de la DSP, fue uno de los

---

21. González Prada, Manuel. *Pájinas libres*. Lima: P. Dupont, 1894, p. 38; Gálvez, José. *Una Lima que se va*. Lima: Universitaria, 1913; Capelo, Joaquín. *La despoblación*. Lima: Sanmartín y Cía., 1912; Lissón, Carlos. *Breves apuntes sobre la sociología del Perú en 1886*. Lima: Benito Gil, p. 80; Garland, Alejandro. *Reseña industrial del Perú*. Lima: Imprenta La Industrial, 1905, p. 4; Graña, Francisco. *La población del Perú a través de la historia*. Lima: Torres Aguirre, 1916; Palma, Clemente. *El porvenir de las razas en el Perú*. Lima: Torre Aguirre, 1897.

22. Rodríguez Pastor, Humberto. *Hijos del Celeste Imperio en el Perú, 1850-1900*. Lima: Instituto de Apoyo Agrario; Casalino Sen, Carlota. «De cómo los 'chinos' se transformaron y nos transformaron en Peruanos». *Investigaciones Sociales* 9, 15 (2005): 109-132; Muñoz Cabrejo, Fanni. *Diversiones públicas en Lima 1890-1920: la experiencia de la modernidad*. Lima: Red para el Desarrollo de las Ciencias Sociales, 2001.

23. Olivares, Salvador. «Sobre el mejoramiento de la raza». *La Unión Médica* 1, 2 (1 de febrero de 1932): 7; Cueto, Marcos. *El regreso de las epidemias*. Lima: IEP, 1997

pocos expertos médicos que respaldaron la inmigración china, aunque solo bajo el argumento de que su mano de obra barata podía consolidar el crecimiento económico de las haciendas costeras.[24] El Congreso prestó atención a las actitudes hostiles hacia los chinos y, en dos ocasiones (en 1909 y 1916), trató sin éxito de aprobar leyes para limitar su inmigración al país.[25] Hacia la década de 1930, los dos periódicos en contra de la inmigración china, *Anti-Asia* y *Fuera Chinos*, dejaron de circular.

Por el contrario, la promoción de la migración europea como una forma de fortalecer las cualidades raciales nacionales tuvo más apoyo. El diputado por Lima Matías Manzanilla, por ejemplo, promovió la inmigración italiana a través de un proyecto de ley, introducido a petición de la Sociedad de Inmigración y Colonización Italiana en el Perú.[26] Aun así, aunque muy deseada y publicitada, la inmigración europea no tuvo el efecto ansiado en el crecimiento demográfico del país.[27] Debido a ello, la posición que consiguió más seguidores entre los médicos académicos fue la que buscaba aumentar el crecimiento demográfico endógeno, sin una fuerte dependencia de los inmigrantes. Como lo planteaba Julio Egoaguirre, médico y exministro de Fomento:

> [...] el Perú es un territorio que no está muy poblado y conviene defender las vidas que van lográndose normalmente. [...] El poblador debe ser sano,

---

24. El ensayo de Arce de 1901, «Provisión de brazos para la agricultura», mereció un premio de la Sociedad Nacional Agropecuaria y se cita en Tudela, Francisco. *El problema de la población en el Perú*. Lima: San Pedro, 1908.
25. Catálogo de los Expedientes del Congreso y de la Cámara de Diputados, libro 12, legajo 6, cuaderno 1, expediente 1, «Asuntos de carácter general pendientes en la Comisión Auxiliar de Gobierno: Inmigración china, prohibiéndola en el territorio de la República, 1909»; y libro 12, legajo 7, cuaderno 1, expediente 26, «Asuntos de carácter general pendientes en la Comisión de Inmigración: Inmigración asiática, prohibiéndola en la República, 1916», ACP.
26. Catálogo de los Expedientes del Congreso y de la Cámara de Diputados, libro 12, legajo 4, cuaderno 1, expediente 8, «Asuntos de interés general resueltos por diputados: inmigración y colonización italiana-protección, 1906», ACP.
27. Sobre la inmigración europea al Perú, véase Bonfiglio, Giovanni. *La presencia europea en el Perú*. Lima: Congreso del Perú, 2001; y Riviale, Pascal. *Una historia de la presencia francesa en el Perú, del Siglo de las Luces a los Años Locos*. Lima: IEP, 2008.

robusto, capacitado para procrear hijos sanos, ya que el extenso territorio patrio esta urgido de trabajadores para las faenas del campo y de la mina, de la industria y de la vida ciudadana, y no es lo indicado buscarlo en las corrientes inmigratorias de otras razas que no embonan muchas veces con las características étnicas nuestras, sino que por sus tradiciones, costumbres y otras peculiaridades obligan el incumplimiento de la máxima «gobernar es poblar».[28]

En 1905, la gerencia de la DSP resumió lo que se convertiría en una de sus principales nuevas áreas de intervención por las siguientes cuatro décadas: «en estos últimos años se ha querido restringir la libertad de matrimonio dando al médico la misión de controlar la salud de los que están llamados a propagar la raza humana. Es seguramente uno de los remedios más lógicos contra la degeneración».[29] Para proteger el crecimiento endógeno de una población sana, fuerte y fértil, la élite médica académica consideró que deberían ir más allá de mejorar el ambiente sanitario local, y este convencimiento los llevó a adoptar la retórica e implementar acciones para regular los ámbitos más íntimos de la selección de la pareja y la reproducción. De este modo, el deseo de aumentar la población y el miedo a la degeneración se convirtieron en los lentes a través de los cuales los médicos interpretaban el tema del potencial reproductivo de la nación. Sin embargo, a pesar de que su objetivo era manejar la fertilidad de los peruanos, ideas sobre género afectaron sus enfoques. Mientras los médicos trataban a las mujeres principalmente como madres potenciales que necesitaban protección, veían a los hombres como lujuriosos e irresponsables, seres a quienes

---

28. Egoaguirre, Julio. «La natalidad y la mortalidad general e infantil en el Callao». *La Acción Médica* (2 de febrero de 1929): 5. La máxima «gobernar es poblar» es atribuida al intelectual y estadista argentino Juan Bautista Alberdi, y data de 1852. Véase Alberdi, Juan Bautista. *Bases y puntos de partida para la organización política de la república de Argentina*. Lima: s. l., 1879. Además, Herón Frisancho, Juan. «Mortalidad infantil y movimiento demográfico en la ciudad de Puno». Tesis de grado, Facultad de Medicina de San Fernando, 1905, pp. 27-28; y Quijano, Aníbal. *La emergencia del grupo cholo y sus implicancias en la sociedad peruana*. Lima: IEP, 1967.

29. *Boletín del Ministerio de Fomento* 1, 4 (1905): 106, AGN.

había que contener e incluso intimidar, en lugar de proteger. Distintas estrategias fluyeron de esta caracterización bifurcada. Algunas de estas se llevaron a cabo, mientras que otras fracasaron, pero todas dependían de la adopción de suposiciones puericulturales.

El médico parisino Alfred Caron acuñó el término «puericultura» en 1865 para referirse a las mejoras en la salud de los recién nacidos. Sin embargo, la idea no se hizo popular hasta que Adolphe Pinard, jefe de la Clínica Baudelocque de Maternidad y director de Obstetricia Clínica en la Facultad de Medicina de París, lo recuperó en la década de 1890. Inspirado por la subida de peso de los bebés nacidos de madres que pasaron tiempo en una clínica de maternidad antes del parto, Pinard empezó a proponer un cuidado especial y descanso para las mujeres embarazadas antes del parto. Basado en estos descubrimientos, los pediatras y obstetras franceses apoyaron a Pinard, ya que les preocupaba que el esfuerzo físico y el estrés psicológico provocaran la expulsión prematura del feto. Los bebés prematuros, si sobrevivían, se convertirían, presuntamente, en individuos débiles y propensos a ser enfermizos y degenerados.[30]

---

30. Schneider, William. «Puericulture, and the Style of French Eugenics». *History and Philosophy of the Life Sciences* 8 (1968): 265-277; Lefaucheur, Nadine. «La Puériculture d'Adolphe Pinard». En Patrick Torres (ed.). *Darwinisme et Societé*. París: Presses Universitaires Françaises, 1992; Offen, Karen. «Depopulation, Nationalism, and Feminism in Fin-de-Siecle France». *American Historical Review* 89, 3 (1984): 648-676. Los consejos médicos para la protección de las mujeres antes, durante y después del embarazo han tomado varias formas en el mundo. Véase, por ejemplo, Lewis, Jane. *The Politics of Motherhood: Child and Maternal Welfare in England, 1900-1939*. Londres: Croom Helm, 1980; Bock, Gisela y Pat Thane (eds.). *Maternity and Gender Policies: Women and the Rise of the European Welfare States, 1880-1950s*. Londres: Routledge, 1991; Koven, Seth y Sonya Michel (eds.). *Mothers of a New World: Maternalist Politics and the Origins of Welfare States*. Nueva York, NY: Routledge, 1993; Klaus, Alisa. *Every Child a Lion: The Origins of Maternal and Infant Health Policy in the United States and France, 1890-1920*. Ithaca, NY: Cornell University Press, 1993; Arnup, Katherine. *Education for Motherhood: Advice for Mothers in Twentieth-Century Canada*. Toronto: University of Toronto Press, 1994; Pedersen, Susan. *Family, Dependence, and the Origins of the Welfare State: Britain and France, 1914-1945*. Cambridge: Cambridge University Press, 1995; Apple, Rima. *Perfect Motherhood: Science and Childrearing in America*. New Brunswick, NJ: Rutgers

Desde el inicio, la puericultura se hallaba sumamente ligada al tema de la decadencia nacional y la degeneración en Francia, algo que resonó fuertemente en las prioridades de los intelectuales de América Latina en la década de 1920. En su discurso en el VI Congreso Médico Latinoamericano que se realizó en Lima en 1922, el doctor Leonidas Avendaño, catedrático de Medicina Legal en la Universidad Nacional Mayor de San Marcos, repitió los principios de la puericultura al referirse a cómo la alta mortalidad infantil impedía un crecimiento demográfico endógeno óptimo en el Perú. El trabajo excesivo de las mujeres en fábricas urbanas y la heredabilidad de la tuberculosis, el alcoholismo y la sífilis eran, según Avendaño, los principales culpables de esta mortalidad infantil. Sin embargo, también culpó a los hombres lujuriosos que no se preocupaban por los hijos que concebían, los «despreciables» proveedores de abortos y la práctica voluntaria del *birthcontrol*.[31]

Para la élite médica académica, el potencial reproductivo de la nación se hallaba amenazado por todas partes. Avendaño argumentaba que la madre de todos los riesgos era la relajación de la moral, inducida por la comodidad, que se filtraba a los estilos de vestimenta, los modales, los periódicos e, incluso, a las conversaciones informales, y despertaba indisciplinados apetitos, especialmente entre las mujeres. «No hay madres», declaraba Rómulo Eyzaguirre, jefe de la sección de Demografía de la DSP: «ellas tienen la mente plagada de preocupaciones y ignorancias. [...] ¿Cómo alejarla de añejas rutinas? ¿Cómo apartarla de los consejos de las que se llaman experimentadas?». Para ellos, la mejor manera sería la ayuda estatal a las mujeres embarazadas, una ayuda que debía manejarse científicamente.[32]

University Press, 2006; Hodges, Sarah (ed.). *Reproductive Health in India: History, Politics, Controversies*. Nueva Delhi: Orient Longman, 2006.

31. Avendaño, Leonidas y Guillermo Fernández Dávila. *La despoblación en su aspecto social y médico-legal*. Lima: Sanmartí y Cía., 1922.

32. Ibíd. Véase, además, Archivo Histórico del Ministerio de Hacienda, Dirección de Salubridad Pública, Eyzaguirre, Rómulo. «Demografía sanitaria». *Boletín del Ministerio de Fomento* 2, 1 (1906): 1-22, AGN.

Los médicos habían estado interesados en estos servicios desde finales del siglo XIX, empezando por el control de la calidad de la leche servida en hospitales y orfelinatos. ¿Acaso era obtenida de burras? ¿De nodrizas negras, «conocidas por sus malas costumbres, excesos y poco aseo»? ¿O de mujeres enfermas o estresadas?[33] Solo la supervisión realizada por la profesión médica, en su opinión, podía garantizar la nutrición, higiene y volumen adecuado del suministro de leche dado a los niños por parte de organizaciones caritativas. El doctor Alejandro Lawezzari fue pródigo en elogios en relación con el «trípode saludable» que mantenía la salud de los niños pequeños: leche, médicos y madres (en ese orden).[34] La filántropa Juana Alarco de Dammert tenía en mente consejos como ese cuando fundó la Sociedad Auxiliadora de la Infancia en 1894, una organización caritativa que contrataba médicos para monitorear la salud de los niños menores de siete años y que supervisó la operación de la primera guardería en el país (fundada en 1901) y el primer centro de distribución de leche pasteurizada (fundado en 1908).[35] El doctor Francisco Graña, catedrático de Higiene en la Facultad de Medicina, usó su influencia en la Sociedad de Beneficencia de Lima para crear otro centro de distribución de leche en la ciudad en 1912.[36] El mismo año, la señora María de Piaggio, una filántropa del Callao, fundó una guardería supervisada por médicos en el segundo piso del mercado central del puerto.[37]

Los puericulturistas obtuvieron otra victoria con la legislación de 1918, que establecía licencias de trabajo pagadas para las mujeres

---

33. Deustua, Luis Fidel. «Higiene de la lactancia». Tesis de grado, Facultad de Medicina de San Fernando, 1934, p. 6.

34. Lawezzari, Alejandro. «Algunas consideraciones sobre la protección de la infancia en Lima». Tesis de grado, Facultad de Medicina de San Fernando, p. 52.

35. Guevara Chacabana, Gamaniel. «Aspectos históricos de la enseñanza de la pediatría». *Paediatrica* 8, 1 (2006): 20-26.

36. Paz Soldán, Carlos. *La protección a la infancia en el Perú*. Lima: Centro Editorial, 1914.

37. Román Arredondo, Manuel Salomón. «Contribución al mejoramiento de la asistencia médico-social del niño chalaco». Tesis de grado, Facultad de Medicina de San Fernando, 1940.

embarazadas de entre veinte y cuarenta días después del parto, y estipulaba que recibirían hasta 60% de sus salarios. Además, la ley ordenaba que los lugares de trabajo con más de veinticinco trabajadoras de más de diecisiete años proporcionaran un servicio de guardería para los niños. Esta ley fue impulsada por el diputado por Lima Matías Manzanilla, miembro del Partido Civil y fuerte defensor de la seguridad en los lugares de trabajo, la reducción del trabajo femenino e infantil, y las jornadas de ocho horas para las trabajadoras. Lamentablemente, aun cuando los empleadores obedecían la ley, esta solo se aplicaba a mujeres que trabajaran en el sector industrial de las zonas urbanas y no a las mujeres de zonas rurales o a las trabajadoras domésticas.[38] En otras palabras, excluía a la mayoría de mujeres trabajadoras del Perú.

La administración del presidente Augusto B. Leguía (1919-1930) fue la que convirtió las modestas y fragmentadas iniciativas puericultutistas en proyectos de envergadura nacional. En 1920, Leguía patrocinó al doctor Enrique León García, recientemente designado catedrático de Pediatría en la Facultad de Medicina, cuando este propuso llevar a cabo la primera encuesta nacional sobre la mortalidad infantil hospitalaria. La aleccionadora conclusión fue que, entre 1919 y 1924, 37,4% de todos los bebés nacidos en el hospital Santa Ana, la maternidad más grande del Perú, murió en su primer año.[39] Dicho hospital fue cerrado en 1924. La mayoría de sus operaciones quedó a cargo del recientemente creado hospital Arzobispo Loayza, pero sus salas de obstetricia y ginecología se mudaron a un nuevo hospital especializado, el Hospital de Maternidad, después conocido como la Maternidad de Lima.

Leguía también creó la Junta de Defensa de la Infancia en 1922, la primera agencia estatal dedicada a la protección de las madres y niños de bajos recursos económicos. El catedrático de Higiene, Carlos Enrique Paz Soldán, presionó para su creación después de su elección al

---

38. Ley 2851, «Trabajo de los niños y mujeres por cuenta ajena» (23 de noviembre de 1918), ACP. Véase, además, Barandiarán, J. M. «Descanso y protección de la mujer embarazada». Tesis de grado, Facultad de Medicina de San Fernando, 1922.

39. Guevara Chacabana, Gamaniel. Ob. cit.

Congreso. La junta organizó su primera conferencia en julio de 1922, con Paz Soldán como secretario general y el presidente Leguía como presidente honorario.[40] Una de las principales conclusiones de esta conferencia fue la necesidad de crear un Instituto Nacional del Niño, con más poder y responsabilidades que la junta. Una vez más, el presidente Leguía ofreció su apoyo, y dicho instituto se creó en 1925, con Paz Soldán como director. Para 1930, tal institución había reemplazado a las organizaciones caritativas en el manejo de las clínicas de salud infantil, las guarderías y los centros de distribución de leche. Asimismo, cabildeó para la creación de un hospital especializado. El presidente Leguía también apoyó esta iniciativa, y el Hospital del Niño se fundó en 1929.

La misión del Instituto Nacional del Niño era representar al Estado en todos los asuntos relacionados con la protección de los niños. Tal misión se extendió a lo que fue llamado «puericultura extrauterina». Según esta doctrina, no era suficiente proteger a las mujeres embarazadas para asegurar la salud y abundancia de los hijos; había que involucrarse en el diseño del currículo de educación, la promoción de los deportes, la educación sexual y la economía del hogar para mujeres. Esta misión de divulgación quedó a cargo de un cuerpo de visitadoras sociales, mujeres que tocaban puertas y brindaban información a las mujeres sobre alimentación adecuada y buenos hábitos de higiene, y las animaban a casarse con los hombres con los que convivían. Además de llevar a cabo la misión de transmitir conocimientos en las zonas más alejadas del Perú, las visitadoras también trabajaban en las seis clínicas de consulta de embarazo, los trece centros de distribución de leche, las seis guarderías y los dos hospicios para niños de la mencionada institución, dispersos en distintas ciudades del Perú.[41]

El primer programa de visitadoras sociales empezó en el Instituto Nacional del Niño en setiembre de 1925. Su entrenamiento enfatizaba su rol como adalides de la «demogénesis» de la nación, «el conjunto de

---

40. Paz Soldán, Carlos (ed.). *Actas y trabajos de la Primera Conferencia Nacional sobre el Niño Peruano*. Lima: Unión, 1922.

41. *Boletín del Departamento de Protección Materno Infantil* 1, 1 (1922).

fenómenos biosociales que condicionan, dirigen y llevan a buen término la perduración de la raza en una determinada área geográfica».[42] La forma más común de intervención de las visitadoras consistía en consejos sencillos para mujeres acerca de la importancia de la vestimenta apropiada, la comida nutritiva, el ejercicio físico y el matrimonio. La consejería era una herramienta para concientizar a las mujeres de que su principal misión en la vida era tener muchos hijos dentro de una unión formalizada y de que cada aspecto de su comportamiento y estado físico podía afectar esa misión tan delicada.[43]

Su entrenamiento fue diseñado como un curso de especialización para obstetrices.[44] Sin embargo, el presupuesto disponible era pequeño y, como resultado, la educación del personal se vio afectada. Entre 1927 y 1933, solo diecisiete nuevas visitadoras se graduaron.[45] Mientras tanto, la población seguía creciendo. Entre 1876 y 1940, tan solo la población de Lima aumentó más de cuatro veces, pasando de 129.000 a 595.000 habitantes, mientras que la del país creció en más del doble, pasando de 2,65 millones a más de 7 millones.[46] Tal como lo hacían las

---

42. «La profesión de obstetriz y su papel en la demogénesis peruana». *La Reforma Médica* 33, 492-493 (febrero de 1947): 77-87, 77.

43. Véanse varios números de *La Acción Médica* como, por ejemplo, «La maternidad y la alimentación» (23 de marzo de 1929): 6; «Educación física femenina» (28 de setiembre de 1929): 4-5; Gajardo, Samuel. «Las deficiencias del hogar como factor de delincuencia de menores». *La Acción Médica* (2 de noviembre de 1929): 1-2, 15; «Aspectos sociales de la educación sexual» (9 de noviembre de 1929): 3; y «El papel preponderante de la madre en la educación sexual de sus hijos» (16 de noviembre de 1929): 10-11. Además, *Acción Católica Peruana* (12 de febrero de 1933): 27 y (26 de noviembre de 1933): 191; y «Orígenes, desarrollo y finalidades de la Cruz Roja: a los pueblos de América». *Anales de la Cruz Roja Peruana* 31 (agosto de 1934): 35-44.

44. Sobre la obstetricia en el Perú, véase Rabí Chara, Miguel. *De la casa de maternidad de Lima al Instituto Nacional Materno Perinatal*, 1826-2006. Lima: Hospital Nacional San Bartolomé, 2006.

45. «Acción social de las visitadoras de higiene infantil». *Boletín del Instituto Nacional del Niño* 1, 1 (junio de 1933): 12-14; González, Benigno. «Contribución a la maternología nacional». Tesis de grado, Facultad de Medicina de San Fernando, 1929.

46. Contreras, Carlos. *Sobre los orígenes de la explosión demográfica en el Perú: 1876-1940*. Documento de Trabajo 61, Serie Economía 21. Lima: IEP, 1994, p. 10.

visitadoras, las obstetrices trabajaban siguiendo estrictos estándares de desempeño verificados por los médicos supervisores. La DSP exigió que las obstetrices que trabajaban para el gobierno elaboraran informes de sus actividades cada seis meses, estableció cuánto podían cobrar las obstetrices por sus servicios y, en 1909, estipuló que debían proveer de asistencia sin costo «a las mujeres pobres que necesitaban su ayuda, en cualquier momento del día o la noche».[47]

Esta normativa inflexible y el bajo salario disuadían a las obstetrices de trabajar para el gobierno, fuera atendiendo partos o como visitadoras sociales, y fomentó, creían algunos médicos, que las obstetrices se ganasen el pan realizando abortos.[48] La situación era especialmente preocupante en las ciudades más pequeñas del país: Huánuco, por ejemplo, no pudo atraer una sola obstetriz con formación universitaria en 1917, aun cuando la DSP le exigió que debía hacerlo.[49] Para 1940, si bien la Escuela de Obstetrices tenía 273 graduadas, 210 de ellas trabajaban en Lima. Mientras tanto, no había ni una obstetriz con formación universitaria en Tumbes, Amazonas, San Martín, Áncash, Huancavelica, Apurímac, Madre de Dios o Moquegua. No era sorprendente que la mayoría de nacimientos entre la década de 1910 y 1930 en el Perú ocurriera sin ayuda de una experta con formación universitaria.[50]

Las mayores posibilidades de vivir cómodamente convirtieron a Lima en el mercado central del trabajo de las obstetrices. Sin embargo,

---

47. Ministerio de Hacienda, David Matto, *Memoria del Ministro de Fomento a la Legislatura Ordinaria de 1909*, AGN. Véase punto 228 sobre «Atribuciones de las obstetrices Titulares», 295.
48. «La profesión de obstetriz y su papel en la demogénesis peruana». *La Reforma Médica* 33, 492-493 (febrero de 1947): 77-87.
49. Ministerio de Hacienda, Carta de Abel Olaechea, Dirección de Salubridad Pública, al Ministerio de Hacienda (23 de enero de 1917), AGN.
50. Más aún, de acuerdo con el doctor Hipólito Larrabure, de los 33.124 nacimientos registrados en Lima entre 1914 y 1922, 14.605 no recibieron ninguna atención médica. Por esta razón, insistió en la necesidad de formar más obstetrices. Véase la intervención de Larrabure en Paz Soldán, Carlos. *Actas y trabajos*.... Además, López Cornejo, Félix. «Las realidades de la asistencia del parto en el Perú». Tesis de grado, Facultad de Medicina de San Fernando, 1940.

también debemos considerar los efectos del prejuicio de los trabajadores de salud sobre trabajar en zonas rurales, con poblaciones mayormente indígenas. Desde la época virreinal, los administradores coloniales venían postulando una distinción tajante entre las culturas española e indígena. Aunque el mestizaje complicaba esa simple dicotomía, y eso resultaba en un sistema con muchas categorías fluidas de mezclas de razas, la definición binaria original persistió.[51] Las acciones e inacciones de distintos grupos indígenas durante la Guerra del Pacífico intensificaron aún más las ansiedades que la élite blanca peruana albergaba sobre la cultura indígena como componente no fiable y numéricamente dominante de la nación.[52] Incluso después de la guerra, cuando las amenazas externas disminuyeron, las revueltas civiles indígenas y las rebeliones regionales mantenían preocupadas a la mencionada élite.[53] No sorprende, pues, que para la década de 1890, muchos de ellos estuvieran convencidos de la falta de patriotismo y virtudes civiles de los indígenas.

Las creencias de esta élite respecto a su diferencia política y su superioridad sobre la población indígena fueron legitimadas por el Código Penal de 1924, válido hasta 1991. Este clasificaba a los peruanos en «civilizados», «semicivilizados» y «salvajes», y sancionaba a las personas según el grado de «civilización» de la parte culpable. Aquellos tildados de «salvajes» eran tratados con más indulgencia.[54] Esta actitud

---

51. Véanse Bowser, Frederick. *The African Slave in Colonial Peru, 1524-1650*. Palo Alto, CA: Stanford University Press, 1974; Aguirre, Carlos. *Breve historia de la esclavitud en el Perú: una herida que no deja de sangrar*. Lima: Fondo Editorial del Congreso del Perú, 2005; Cadena, Marisol de la. *Indigenous Mestizos: The Politics of Race and Culture in Cuzco, Peru, 1919-1991*. Durham, NC: Duke University Press, 2000; Chambers, Sarah. *De súbditos a ciudadanos: honor, género y política en Arequipa, 1780-1854*. Lima: Red para el Desarrollo de las Ciencias Sociales, 2003.

52. Alberto Flores Galindo ve las raíces de esta actitud en el periodo posterior a la rebelión de Túpac Amaru II, en la década de 1780. Véase Flores Galindo, Alberto. *Buscando un inca: identidad y utopía en los Andes*. Lima: SUR, 1986.

53. Mallon, Florencia. *Peasant and Nation: The Making of Postcolonial Mexico and Peru*. Berkeley, CA: University of California Press, 1995; Thurner, Mark. *From Two Republics to One Divided: Contradictions of Postcolonial Nationmaking in Anden Peru*. Durham, NC: Duke University Press, 1997.

54. Véase Herzog, Tamar. «Percibir el Otro: El Código Penal de 1924 y la división de los peruanos en personas "civilizadas", "semi-civilizadas" y "salvajes"». En Johannes-

tenía un correlato médico que describía a los indígenas como reacios a aceptar el avance de la ciencia, al conocimiento indígena sobre la salud como inválido, a los dialectos indígenas como obstáculos para el desarrollo intelectual y moral, y a las mujeres indígenas como capaces de experimentar dolor y miedo en formas exclusivamente bestiales.[55] En su forma más benigna, estas actitudes discriminadoras se expresaban usando una retórica paternalista que reconocía a los indígenas del Perú como herederos del poderoso Imperio inca y culpaba a la brutalidad de la Conquista y la Colonia por su postración y pobreza contemporáneas. Algunos médicos sí valoraron el crecimiento de la población indígena del Perú y, además, reconocieron la dependencia del país del trabajo indígena para importantes actividades económicas y geopolíticas, tales como la agricultura, la minería y el ejército. Sin embargo, la élite médica académica de aquel tiempo sostenía que el crecimiento demográfico indígena necesitaba instituciones tales como la medicina, la milicia y contratos de trabajo agrícolas para actuar como fuerzas civilizadoras y disciplinarias que tuvieran la capacidad de moldear la cultura indígena para convertirla en un elemento útil para el progreso nacional.[56]

Michael Scholz y Tamar Herzog (eds.). *Observation and Communication: The Construction of Realities in the Hispanic World*. Fráncfort del Meno: Vittorio Klostermann, 1997.

55. Laborería, Daniel. «El arte de curar entre los antiguos peruanos». *Anales de la Universidad Nacional Mayor de San Marcos* 29 (1902): 59-263; «Vida física de la mujer». *La Acción Médica* (22 de setiembre de 1928): 11; Castro Medina, Lucio. «La obstetricia en la raza indígena». *Actualidad Médica Peruana* 5, 2 (junio de 1939): 44-50; «Medicina y antropología». *Actualidad Médica Peruana* 2, 2 (1936): 1-2; *Actualidad Médica Peruana* 1, 11 (1936): 617-619; «La unificación del idioma como medida de higiene Mental en el Perú». *Actualidad Médica Peruana* 4, 9 (enero de 1939): 310; «La influencia del bilingüismo en la mentalidad del pueblo peruano». *Actualidad Médica Peruana* 6, 5 (setiembre de 1940): 131-133; «Las fantasías médico-sociales del Congreso Indigenista de Pátzcuaro». *La Reforma Médica* 26, 351 (15 de marzo de 1941): 187-189; Kuczynski Godard, Maxime. *La vida en la Amazonía peruana: observaciones de un médico*. Lima: UNMSM, 1944.

56. Paz Soldán, Carlos. «La medicina militar y los problemas nacionales». Tesis de grado, Facultad de Medicina de San Fernando, 1910, pp. 13-14. Véase, además, Tudela, Francisco. Ob. cit.; León García, Enrique. «Las razas en Lima». Tesis doctoral, Facultad de Medicina de San Fernando, 1909; «Un significativo ejemplo de los

Debido a los bajos incentivos económicos para trabajar en áreas rurales y a la existencia de prejuicios entre los trabajadores de salud para atender y entender a las poblaciones indígenas, no es sorprendente que los planes de las décadas de 1920 y 1930 de proteger a las mujeres embarazadas y así asegurar la salud y la abundancia de sus hijos, permanecieran como un fenómeno urbano. Un proceso similar tuvo lugar en América Latina. Tal como Ana María Carrillo, Kim Clark y Soledad Zárate han mostrado para los casos mexicano, ecuatoriano y chileno, respectivamente, fueron principalmente las ciudades las que más se beneficiaron de la presencia de obstetrices con formación universitaria.[57] Además, el deseo eugenésico de clasificar a las personas sobre la base de fenotipos era destacado en la medicina académica de otros lugares de América Latina.

Aun así, en el Perú la hostilidad de la élite médica hacia los no-blancos era especialmente intensa. Esa actitud tan profundamente arraigada se podía percibir todavía en la falta de indignación profesional respecto de las acusaciones de esterilizaciones forzadas a mediados de 1990. Los pocos médicos de inicios del siglo XX que abogaron a favor de las mujeres indígenas, cuya salud estaba siendo puesta en riesgo por negligencia estatal y profesional, fueron, no sorprendentemente, médicos rurales. Sus ruegos y protestas, sin embargo, parecen haber caído en saco roto.[58] Las iniciativas de puericultura, como se mencionó arriba, se desarrollaron con mucha publicidad en Lima, promovidas por médicos académicos como Paz Soldán y Avendaño en la década de 1920. Estos

---

progresos de la higiene rural». *Anales de la Cruz Roja Peruana* 2 (setiembre-octubre de 1934): 19-21.

57. Zárate, María Soledad. *Dar a luz en Chile, Siglo XIX: de la «ciencia de hembra» a la ciencia obstétrica*. Santiago de Chile: Universidad Alberto Hurtado, 2007; Carrillo, Ana María. «Nacimiento y muerte de una profesión: las parteras tituladas en México». *Dynamis* 19 (1999): 167-190; Clark, A. Kim. *Gender, State, and Medicine in Highland Ecuador: Modernizing Women, Modernizing the State, 1895-1950*. Pittsburgh, PA: University of Pittsburgh Press, 2012.

58. Véase, por ejemplo, José B. Jiménez Camacho. «El ejercicio de la profesión médica en provincias: obstetricia rural en la sierra del Peru». *Actualidad Médica Peruana* 6, 3 (julio de 1940): 74-79.

proyectos puericulturales urbanos convergían con las ideas eugenésicas e incluían a los hombres.

¿Cómo contener la sexualidad masculina?

La primera organización peruana de eugenesia fue la Liga Nacional de Higiene y Profilaxis Social (referida en lo sucesivo como la Liga). Muchas instituciones, como la sucursal peruana de la Cruz Roja; individuos como Miguel Aljovín, Leonidas Avendaño y Rómulo Eyzaguirre, catedráticos de la Facultad de Medicina, así como activistas como la educadora de la Universidad Nacional Mayor de San Marcos Esther Festini de Ramos Ocampo, se reunieron para formarla en 1923.[59] Los eugenistas peruanos apoyaron al Instituto Nacional del Niño, ya que este se esforzaba por educar a las mujeres sobre la importancia de la higiene y el matrimonio. Además, los eugenistas lideraron intervenciones en la vida de los hombres. Su primera campaña contra el alcoholismo fue emblemática y se realizó mucho antes de la creación formal de la Liga. En 1896, el Ministerio de Justicia, Religión y Educación patrocinó la formación de una comisión para afrontar el problema de la ebriedad pública. La comisión incluyó a un grupo de distinguidos médicos de la Facultad de Medicina y produjo un proyecto de ley de amplio alcance que instituía charlas sobre los efectos del alcohol en las escuelas, universidades, parroquias, unidades policiales y militares, barcos de guerra, hospitales, prisiones, así como otras dirigidas a todas las personas que registraran nacimientos, muertes y matrimonios.

El proyecto de ley prohibía a los empleadores pagar salarios en bebidas alcohólicas. También prohibía estas en teatros, circos, iglesias, corridas de toros y otros lugares públicos. La iniciativa requería la vigilancia policial de todos los negocios que sirvieran alcohol y exigía que no

---

59. Bambarén, Carlos A. «Labor y finalidades de la Liga Nacional de Higiene y Profilaxia Social». *Anales de la Cruz Roja Peruana* 4 (diciembre de 1934-enero de 1935): 9-11; Arias Schreiber Pezet, Jorge. «Los médicos peruanos en la Guerra del Pacífico». *Acta Médica Peruana* 2 (1979): 1-8.

cubrieran sus ventanas con pintura o cortinas, al mismo tiempo que se reducían los impuestos a los restaurantes que no servían alcohol. También ordenaba a los negocios que vendían alcohol que cerraran los sábados a las 6 p. m. y reabrieran recién los lunes a las 9 a. m. Los días de la semana restantes dichos negocios podían estar abiertos solo hasta las 11 p. m. y prohibir siempre la entrada a menores de edad, miembros de la policía y de las fuerzas armadas, mujeres, miembros del clero y trabajadores del gobierno. El proyecto de ley incluso ordenó el aumento de los impuestos al alcohol importado para producir productos farmacéuticos.

Los promotores de esta legislación draconiana sostenían que el alcohol constituía, junto a la sífilis y a la tuberculosis, una «funesta trinidad» y que causaba una degeneración hereditaria que podía dañar hasta la cuarta generación de alcohólicos. Mencionaban expresamente a los hombres, señalando el triste espectáculo de verlos gastando su salario los sábados por la noche, en lugar de pasar ese rato con sus familias. Los partidarios argumentaban que el alcohol «embrutece a las masas populares, haciéndoles perder el sentimiento de familia, de suyo poco desarrollado en nuestro pueblo, convirtiéndose así en factor importante para la despoblación nacional».[60] El proyecto de ley fue rechazado en el Congreso en 1901. Sin embargo, dos décadas más tarde, durante el auge de la puericultura peruana, el presidente Augusto B. Leguía resucitó dos secciones del mismo proyecto de ley: una de ellas prohibía el consumo de alcohol en los burdeles, ya que era menos probable que sus clientes ebrios exigieran el certificado de salud de las prostitutas; la otra creaba un curso de higiene, enfermedades contagiosas, alcoholismo y puericultura en las escuelas secundarias.[61]

---

60. Catálogo de los expedientes del Congreso y de la Cámara de Diputados, libro 12, legajo 9, cuaderno 1, «Asuntos de interés general pendientes en comisiones: Principal de legislación, exp. 16: Represión del alcoholismo, (1905)», ACP.

61. *La Temperancia* 8, 17 (20 de mayo de 1922): 41-42; ley 4950, «Declarando obligatoria en los colegios y escuelas en general la enseñanza de la higiene, enfermedades infecto contagiosas, alcoholismo y puericultura» (16 de febrero de 1924), ACP.

La Liga Nacional de Higiene y Profilaxis Social también se atrevió a tratar el tema de la prostitución con los hombres por primera vez en el Perú. La prostitución había aumentado durante el ciclo de crecimiento de la producción del guano a mediados del siglo XIX.[62] Las autoridades la tomaban por un mal necesario, ya que creían que la sexualidad masculina era demasiado ardiente como para resistir inactividad.[63] Sin embargo, el gobierno intentó regular el trabajo sexual en 1910 a través del Servicio Sanitario de la Prostitución (SSP). El SSP organizó el cuerpo médico de la policía en mayo de 1914, y este empezó a registrar y someter a las prostitutas a exámenes genitales semanales para detectar enfermedades venéreas.[64] Varios médicos ridiculizaron la campaña policial. Según su punto de vista, dichas tácticas intimidatorias hacían que las prostitutas temieran a los médicos y fomentaban un exitoso negocio de carnés sanitarios falsos. Aún más importante, la campaña solo incluía a las prostitutas que trabajaban en burdeles establecidos y no afectaba a las prostitutas que trabajaban independientemente en las calles. Además de apoyar la creación de nuevas clínicas de tratamiento de enfermedades venéreas, los médicos eran fuertes partidarios del uso de

---

62. Macera, Pablo. «Sexo y coloniaje». En *Trabajos de Historia*, vol. 3. Lima: INC, 1977; Drinot, Paulo. «Moralidad, moda y sexualidad: el contexto moral de la creación del barrio rojo de Lima». En Scarlett O'Phelan y Margarita Zegarra (eds.). *Mujeres, familia y sociedad en la historia de América Latina, siglos XVIII-XXI*. Lima: CENDOC-Mujer, 2006.

63. Gil Cárdenas, José. «El matrimonio civil». Tesis de grado, Facultad de medicina de San Fernando, 1884; Guzmán Rodríguez, Manuel. «Profilaxis de las enfermedades venéreas». Tesis de grado, Facultad de Medicina de San Fernando, 1905; Merkel, Felipe. «Reglamentación de la prostitución en Lima». Tesis de doctorado, Facultad de Medicina de San Fernando, 1908; Casas, Alfonso de las. «La delincuencia infantil». Tesis de grado, Facultad de Medicina de San Fernando, 1913.

64. Archivo Histórico del Ministerio de Hacienda, Juan Manuel García, «Memoria del Ministro de Fomento a la Legislatura Ordinaria de 1912», AGN. Véase, además, Colina, Víctor. «Contribución al estudio de la profilaxia de las enfermedades venéreas y de su tratamiento abortivo». Tesis de grado, Facultad de Medicina de San Fernando, 1917.

condones por parte de todos los clientes de prostitutas, especialmente los miembros de las fuerzas armadas.[65]

A pesar de las críticas, la campaña continuó y las prostitutas fueron sometidas a un acoso cada vez más brutal por parte de la policía en nombre de la salud pública. Aquel duro trato no ocurrió exclusivamente en el Perú. Durante la segunda mitad del siglo XIX, tanto en Europa como en los Estados Unidos y América Latina, las autoridades trataron a la prostitución como una amenaza para la salud pública, la moral y la seguridad de las mujeres, e intentaron regularla.[66] Tal como sucedió en otros lugares, las campañas antiprostitución peruanas no identificaban a los clientes de las prostitutas en un comienzo, pero lo hicieron luego, a instancias de la Liga. De hecho, llamar la atención sobre las vidas sexuales de los hombres fue la contribución más importante para el debate de la regulación de la prostitución que la Liga Nacional de Higiene y Profilaxis Social hizo en la década de 1920. Tal como lo planteaba el doctor Pando Baura, el comportamiento de los hombres no podía quedar exento de responsabilidad. Para ser exactos, «el celibato egoísta de los hombres es, en definitiva, la verdadera causa» de la prostitución.[67]

Además de apoyar la creación de clínicas de enfermedades venéreas, la primera de las cuales abrió en Lima en 1923, la Liga respaldó la investigación acerca de las profesiones, los antecedentes raciales y el estado civil de los clientes de las prostitutas, y lanzó una campaña educativa con folletos y oradores públicos para educar a los hombres acerca

---

65. González, Juan N. «La prostitución reglamentada en Lima». Tesis de grado, Facultad de Medicina de San Fernando, 1918.

66. Véase Guy, Donna. *Sex and Danger in Buenos Aires: Prostitucion, Family, and Nation in Argentina*. Lincoln, NE: University of Nebraska Press, 1990; Bliss, Katherine. Ob. cit.; Levine, Philippa. *Prostitution, Race, and Politics: Policing Venereal Disease in the British Empire*. Nueva York, NY: Routledge, 2003; Donovan, Brian. *White Slave Crusades: Race, Gender, and Anti-Vice Activism, 1887-1917*. Urbana: University of Illinois Press, IL 2006.

67. Pando Baura, J. L. «Editorial». *La Acción Médica* (29 de junio de 1929): 8.

de su papel en la concepción de hijos sanos.[68] La posición de la Liga era que los hombres casados constituían la vanguardia de la ciudadanía saludable, hombres como el padre de la pequeña Luisa Arróspide, cuyo comportamiento virtuoso había sido premiado con una hija modelo. La Liga preconizó la idea de que la misión central de los hombres casados era la protección de los miembros de su familia. Por el contrario, para la Liga, los hombres solteros vivían sin preocuparse por nadie y, en consecuencia, rompían voluntariamente los lazos entre ellos y la sociedad. Según su punto de vista, los solteros sobrevivían atormentados por su libertad, vivían menos y más indisciplinadamente que los hombres casados, y tenían hábitos inusuales de sueño y de alimentación, además de costumbres sexuales que solo las prostitutas toleraban.[69]

El 10 de setiembre de 1926, el presidente Leguía promulgó un decreto que creaba la Liga Nacional Antivenérea (LNA), solo meses después de la I Conferencia Nacional sobre Enfermedades Venéreas, para coordinar todas las iniciativas para la regulación de la prostitución y el control de las enfermedades de trasmisión sexual. De esa forma, Leguía usó su poder para apoyar un nuevo proyecto de corte eugenésico, tal como lo había hecho antes con el Instituto Nacional del Niño. Expertos médicos, promotores de la eugenesia, candidatos políticos y el

---

68. «Sifilicomio». *Boletín de la Academia Nacional de Medicina* (1922-1923): 1-2; Espinosa Palacios, José Nicanor. «La sífilis en las clases trabajadoras». Tesis de grado, Facultad de Medicina de San Fernando, 1936.

69. Alarco, Gerardo. «Programa general para la lucha antivenérea». *Revista de la Sanidad Militar del Perú* 1, 1-2 (enero-junio de 1928): 56-61; Arias Schreiber, Luis. «La profilaxia de las enfermedades venéreas en el Ejército». *Revista de la Sanidad Militar del Peru* 1, 3 (julio-setiembre de 1928): 172-195; Melgar Menéndez, Pedro. «Profilaxia social de las enfermedades venéreas». Tesis de grado, Facultad de Medicina de San Fernando, 1929; Angulo, R. «La profilaxia antivenérea entre nosotros». *Revista Médica Peruana* 5, 58-59 (octubre-noviembre de 1933): 1414-1424; Corrales Díaz, J. «Estadística y profilaxia de las enfermedades venéreas en la Armada Peruana». Tesis de grado, Facultad de Medicina de San Fernando, 1934; Latorre, Rafael. «El preventivo antivenéreo civil en Lima». Tesis de grado, Facultad de Medicina de San Fernando, 1944; Cáceres Silva, Rosa. «Rol de la enfermera en la profilaxia de las enfermedades venéreas». *Boletín del Enfermero de la Sanidad de Gobierno y Policía* 1, 6 (setiembre-octubre de 1946): 15-19.

propio Leguía trabajaron juntos en el Consejo de Asesores y el Consejo Ejecutivo de la LNA.[70] En 1929, Leguía hizo de las actividades de la LNA parte oficial de la DSP, creando dentro de la última una sección de Higiene y Profilaxis Social. Aun tras la caída de Leguía, esta sección de la DSP continuó con su trabajo, fundando el Museo Nacional de Profilaxis Antivenérea en setiembre de 1932, en Huatica, la zona roja de Lima. Este museo, ubicado dentro de la clínica de enfermedades venéreas de La Victoria, estaba orientado a muchachos en edad escolar y su objetivo era que todos conocieran «los horrores que ocasiona el contagio venéreo».[71]

La contención de la sexualidad masculina a través del miedo y la repugnancia continuó siendo una estrategia de salud pública en las décadas de 1930 y 1940. El general Óscar Benavides (presidente desde 1933 hasta 1939) elevó la DSP al nivel de un ministerio en 1935, el Ministerio de Salud Pública, Trabajo y Previsión Social.[72] Su Dirección General de Salubridad (DGS) estaba encargada de los hospitales y postas de salud, entre los que se incluían las clínicas de enfermedades venéreas.[73] En apenas los primeros seis meses de 1935, la DGS organizó treinta charlas sobre el contagio de enfermedades de transmisión sexual. También distribuyó folletos, proyectó la película *El azote de la humanidad* e hizo una exhibición itinerante de las estatuas de cera del Museo Nacional de Profilaxis Antivenérea. La DGS elogió al Ministerio de Educación por su aporte al transportar a 2.460 estudiantes hombres mayores de 16 años para asistir a esta exhibición. Asimismo, declaró haber alcanzado a 1.820 trabajadores masculinos, 900 pacientes masculinos en las

---

70. «Estatutos de la Liga Nacional Antivenérea», *Boletín de la Dirección General de Salubridad Pública* (1927): 213-215.

71. Rubin, Enrique B. «Discurso con motivo de la inauguración del Museo Nacional de Profilaxis Antivenérea». *La Reforma Médica* 18, 147 (15 de setiembre de 1932): 226-228.

72. Ley 8124, «Ministerio de Salud Pública, Trabajo y Previsión Social» (5 de octubre de 1935), ACP.

73. Lip, César; Oswaldo Lazo y Pedro Brito. *El trabajo médico en el Perú*. Lima: Organización Panamericana de la Salud, 1990.

clínicas de enfermedades venéreas y 555 otros varones jóvenes a través de su campaña de educación antivenérea.[74]

Al igual que en el caso de las mujeres, la fuerte campaña dirigida a los hombres tuvo su base en Lima y fue para beneficio de esta. Muestra de este centralismo fue la celebración del Día Antivenéreo Nacional, cuyas preparaciones empezaron en agosto de 1936. El ministro de Salud Pública, Trabajo y Previsión Social, doctor Fortunato Quesada, llegó a apoyar el evento después de cierta presión por parte la Liga Nacional de Higiene y Profilaxis Social.[75] La movilización de recursos fue importante, ya que organizar este día especial el 4 de setiembre de 1938 requería de la participación de los cadetes de la Marina y de los estudiantes de la Facultad de Medicina. Además, el doctor Carlos Bambarén, presidente de la Liga; el doctor Víctor Eguiguren, director médico de la campaña antivenérea; y el doctor Guillermo Almenara, ministro de Salud Pública, dieron discursos ese día acerca de la importancia de los certificados médicos prenupciales, el papel del Estado en la lucha contra las enfermedades venéreas y la promoción de la educación moral y física como forma de frenar la lujuria masculina. Todos estos discursos se transmitieron por radio. Además, la película *El azote de la humanidad* se proyectó al menos en seis oportunidades, y la película *Abramos los ojos*, al menos en cuatro diferentes locales de Lima. En la noche, la compañía teatral del actor Angel Sebratti presentó *El beso mortal*, una obra moralista escrita por el dramaturgo francés Gouredice en el Teatro Municipal de Lima. Las entradas para la obra estuvieron disponibles gratuitamente en las tres clínicas de enfermedades venéreas para hombres en Lima.[76]

El gran despliegue de personal requerido para celebrar el Día Antivenéreo Nacional es un buen indicador de la influencia política ejercida en Lima por la Liga y sus aliados en la Facultad de Medicina a fines de la

---

74. «La lucha anti-venérea en Lima y labor de los puestos de socorro». *Boletín de la Dirección General de Salubridad* 1, 3 (1935): 9.
75. Pilares Polo Escalante, Víctor M.«La profilaxis de la sífilis en el Ejército». Tesis de grado, Facultad de Medicina de San Fernando, 1947.
76. «Día Antivenéreo». *La Reforma Médica* 24, 290 (1 de setiembre de 1938): 672, 706.

década de 1930. Para ellos, el potencial reproductivo de los hombres no podía ser desperdiciado. De hecho, ya que este potencial reproductivo tendía a ser malgastado por los solteros y podía llegar a contaminar a mujeres e hijos si un hombre contraía una enfermedad venérea, el comportamiento de los hombres tenía que ser contenido a través de exhortaciones, repetición e, incluso, maniobras intimidatorias. Por supuesto, las campañas de la Liga contra el alcoholismo, a favor de los certificados prenupciales y las iniciativas contra las enfermedades venéreas, implicaban también a las mujeres. Las mujeres eran vistas, después de todo, como compañeras domésticas que sufrían si los salarios de los hombres eran gastados en bares, como contrayentes involuntarias de enfermedades incapacitantes y como potenciales madres de hijos degenerados. Para ellas, los puericulturistas ofrecían soluciones concretas en forma de guarderías y centros de distribución de leche, así como consejos sobre la importancia de la vestimenta adecuada, la comida nutritiva, el ejercicio físico y el matrimonio.

Los logros y limitaciones de esta forma de proteger el potencial reproductivo de la nación sobre la base del género nos dicen más acerca de los defensores de la puericultura y las intervenciones eugenésicas que del público peruano en general. Sobre todo, nos indican que tipificar y defender un cierto rol masculino era un objetivo eugenésico tan valorado como moldear un apropiado papel femenino. Los hombres y el manejo de sus emociones, tales como el miedo y el asco, han sido aspectos importantes y desatendidos en la historia del control de fertilidad en América Latina.[77] Además, considerando cuán culturalmente arraigados eran comportamientos masculinos como el consumo de alcohol, la infidelidad y la desatención de los hijos, desde la época colonial, uno se sorprende ante la quijotesca Liga y la gente detrás de ella.[78] La meta de estos expertos, lograr que todos los hombres se portaran de una mis-

---

77. Un paralelo importante se encuentra en el culto de la masculinidad de la Revolución mexicana. Véase Bliss, Katherine. Ob. cit.

78. Véase Mannarelli, María Emma. *Pecados públicos: la ilegitimidad en Lima, siglo XVII*. Lima: Flora Tristán, 1993; Hunefeldt, Christine. *Liberalism in the Bedroom:*

ma forma, era tan atrevida como eran graves su desprecio e ignorancia respecto de los peruanos indígenas en áreas rurales.

Una opción urbana duradera

Como la mayoría de élites peruanas, los médicos académicos creían que la nación necesitaba más habitantes para sacarle el mayor provecho a las nuevas oportunidades proporcionadas por su participación como exportadora de materia prima en un sistema económico capitalista transnacional. Esta fue una opinión convincente durante los años de crecimiento económico entre 1890 y 1930. Dentro de este marco, la élite peruana a la que los médicos académicos pertenecían veía a los pobladores indígenas como algo perteneciente a las zonas rurales, donde trabajarían para el bien común de la nación como agricultores o mineros, como soldados o como colonizadores de las áreas más remotas del país, pero siempre civilizados por blancos y políticamente subordinados a ellos.[79] Las medidas adoptadas para proteger el potencial reproductivo de los peruanos fueron, antes de la década de 1940, casi exclusivamente instituciones urbanas, fuera del alcance de las poblaciones rurales. Los escritos médicos y las políticas de salud del Perú de antes de 1940 revelan una cultura nacional demográfica sumamente racista, que reproducía estereotipos reduccionistas que plasmaban a las mujeres como potenciales madres, necesitadas de protección, y a los hombres también como potenciales padres a quienes era necesario corregir férreamente.

Aun así, la década de 1940 trajo importantes transformaciones. La larga y estable presencia de Constantino J. Carvallo como ministro de Salud Pública fomentó que se hicieran más esfuerzos que antes a favor de la salud en las zonas rurales. Carvallo creó 25 de las 42 clínicas de

---

Quarreling Spouses in Nineteenth-Century Lima. University Park, PA: Pennsylvania State University Press, 2000.

79. Gray, Gloria. «Bolívar Odicio, el cashibo civilizador». *Perú Indígena* 4, 9 (abril de 1953): 146-155.

enfermedades venéreas que existían en el Perú para 1944, la mayoría de ellas, por fin, fuera de Lima. Carvallo también relanzó el cuerpo nacional de visitadoras sociales y aumentó el número de médicos empleados por el Estado de 260 en 1939 a 600 en 1945.[80] El ministerio siguió solicitando certificados médicos prenupciales, especialmente para descartar la sífilis, aunque reconocía lo difícil que era lograr la ejecución de esto en el país.[81] Asimismo, entre 1940 y 1960, el Perú creó 213 nuevos centros de salud y 177 postas de salud rurales. El número de estudiantes de medicina también aumentó de aproximadamente 680 en 1940 a 2.045 en 1956. Ese año había 479 médicos que ejercían su profesión en el país.[82]

Estos cambios y la mayor disponibilidad de recursos humanos médicos llegaron en un momento oportuno. Entre 1876 y 1940, la población del Perú creció de 2,6 a más de 7 millones de habitantes.[83] Ciudades como Lima fueron las que más crecieron, particularmente como resultado de las migraciones internas.[84] Algunas personas como el demógrafo Alberto Arca Parró, organizador del censo de 1940, celebraron este crecimiento y las migraciones porque creían que las ciudades del Perú, con una planificación cuidadosa, podrían emplear la energía de la nueva mano de obra y entrar en una etapa de industrialización rápida.[85] Aun así, las migraciones rurales conllevaron un aumento de investigaciones médicas sobre los riesgos que los nuevos migrantes suponían

---

80. *Boletín de la Dirección General de Salubridad* 1943 y 1944, AGN; y Cueto, Marcos. «Social Medicine and "Leprosy" in the Peruvian Amazon». *The Americas* 61, 1 (2004): 55-80.

81. «El certificado médico pre-nupcial». *Educación Sanitaria* 2, 14 (noviembre de 1942-junio de 1943): 5. Los certificados médicos pre-nupciales se volvieron obligatorios con la ley de matrimonio civil de 1931, aunque el Código Civil de 1936 hizo que fueran menos estrictamente requeridos.

82. Bustíos Romaní, Carlos. «Notas sobre la historia de la educación médica, 1933-1980, segunda parte». *Acta Médica Peruana* 20, 3 (2003): 133-149.

83. Instituto Nacional de Estadística e Informática. Historia de los Censos en el Perú. Disponible en: <http://censos.inei.gob.pe/censos2007/Documentos/Historia_Censos.pdf>.

84. Aramburú, Carlos. *Migración interna en el Perú*. Lima: INANDEP, 1981.

85. Necochea López, Raúl. «Demographic Knowledge and Nation-Building: The Peruvian Census of 1940». *Berichte zur Wissenshaftgeschichte* 33 (2010): 280-296.

para Lima. Entre 1953 y 1956, los médicos de la Universidad Nacional Mayor de San Marcos publicaron más de cien trabajos sobre este tema, principalmente en forma de tesis.[86] Con títulos como «Una concentración urbana peligrosa para la salud de Lima», el género revelaba la hostilidad y repugnancia que los indígenas provocaban en la élite capitalina.[87] El asentamiento en el cerro San Cosme, por ejemplo, constituía una «nota discordante en la armonía del adelanto y florecimiento de la capital, y un desafío a la cultura y a la civilización de nuestra Patria».[88] Es importante mencionar que eran los asentamientos en sí, y no solo la evidente falta de servicios de salud o sanitarios en el área, los que produjeron estas diatribas.

Enfrentando lo que creían era una invasión de personas que abandonaban sus legítimos lugares de residencia en las zonas rurales, los médicos académicos empezaron a proponer el uso de medidas de control de natalidad eugenésicas entre los recién llegados como una herramienta para suavizar en algo la contaminación social de sus entornos. Aunque impotentes para contener la ola de inmigrantes, tal vez podrían con aquello prevenir daños mayores, causados por las «fuentes de producción desmejoradas» compuestas de «familias de albañiles, panaderos y desocupados, [que son] notoriamente más prolíficas que las de abogados y médicos».[89] Si bien antes habían estado satisfechos

---

86. Arévalo Ruiz, Manuel. «La 'barriada' Carmen de la Legua: contribución al estudio médico social de los suburbios de Lima». Tesis de grado, Facultad de Medicina de San Fernando, 1957.

87. Altuna del Valle, Enrique. «Una concentración sub-urbana peligrosa para la sanidad de Lima». Tesis de grado, Facultad de Medicina de San Fernando, 1955. Véase, además, Suarez Camargo, José. «Una visita a "Ciudad de Dios"». Tesis de grado, Facultad de Medicina de San Fernando, 1955; Alayza Tejada, Eleodro. «Estudio médico social del distrito de Pachacamac». Tesis de grado, Facultad de Medicina de San Fernando, 1955.

88. Monge Raguz, Augusto. «El avecindamiento humano en el cerro San Cosme». Tesis de grado, Facultad de Medicina de San Fernando, 1954, p. 11.

89. Morales Martínez, Humberto. «Eugenesia, matrimonio y convivencia: aspecto médico legal». Tesis de grado, Facultad de Medicina de San Fernando, 1957, pp. 59-60. Véase, además, Arroyo Posadas, Glicerio. «Infancia y pro-biofilaxis (dos mil

con la promoción de los certificados de salud prenupciales para novias y novios, los médicos empezaron a exigir, en la década de 1950, que la investigación de antecedentes de salud se extendiera a los padres de las novias y los novios.[90]

La mentalidad profesional de la élite médica sufrió una importante transformación a mediados del siglo XX. Antes de la aceleración de la migración interna, el discurso eugenésico entre los médicos estaba limitado a exhortaciones paternalistas para mejorar el ambiente social e higiénico con la finalidad de aumentar el potencial reproductivo de los hombres y las mujeres. Según Nancy Stepan, este era el rasgo distintivo de la eugenesia de América Latina,[91] pero la eugenesia era una criatura dinámica. A partir de la década de 1940, los eugenistas peruanos se empezaron a ver cara a cara y cada vez más frecuentemente con otros peruanos, más jóvenes, más pobres y recientemente emigrados. Estos exigían su lugar en una ciudad que también reclamaban como suya, empezando en las zonas al norte del río Rímac y al sur del distrito de Miraflores. Para mantener las iniciativas sanitarias en curso, los nuevos eugenistas empezarían a fomentar un proyecto pedagógico social para mostrar cómo una «familia bien constituida» manejaba su vida en la ciudad. Tal proyecto pedagógico fue asumido con pasión por un nuevo tipo de activista femenina, de la que me ocupo en el siguiente capítulo. Aliado a dicho proyecto pedagógico estaba el mayor uso de los métodos anticonceptivos.

---

niños y su destino socio vital en "El Montón"». Tesis de grado, Facultad de Medicina de San Fernando, 1957.

90. Vilches Bedoya, Harry. «Capacidad para el matrimonio». Tesis de grado, Facultad de Medicina de San Fernando, 1956.

91. Stepan, Nancy. Ob. cit.

Capítulo dos

Irene Silva de Santolalla y la familia bien constituida

Schering Pharmaceutical Corporation de Alemania llevó a cabo sus primeros ensayos clínicos de anticonceptivos hormonales inyectables para las mujeres peruanas a mediados de 1960. El lugar fue la hacienda Huando, ubicada en la provincia de Huaral, al norte de Lima. La oportunidad se materializó cuando el médico peruano Alfredo Larrañaga presentó al director clínico de Schering Perú, el húngaro argentino Istvan Kesserü, a sus amigos, los hermanos Fernando y Antonio Graña, dueños de Huando, en 1962. Entre 1966 y 1969, mientras duraron los ensayos, fue responsabilidad de la educadora familiar Elsa Lescano determinar la aptitud de las mujeres que participarían. Alentada por la confianza de los Graña en sus habilidades, Lescano decidió que solo las mujeres casadas o aquellas que vivían con hombres en relaciones estables eran dignas de participar, siempre y cuando ya tuvieran, al menos, un hijo. «Yo impuse prácticamente lineamientos morales», afirmó ella con orgullo: «que fueran familias constituidas».[1]

La noción de que algunas familias son mejores que otras está profundamente arraigada en la historia de América Latina. Las élites coloniales, por ejemplo, celebraban la pureza de la sangre de sus ancestros,

1. Entrevistas con Elsa Lescano (Lima, 7 de julio de 2010) y Alfredo Larrañaga Leguía (Lima, 11 de julio de 2006); y Larrañaga, Alfredo y Esteban Kesserü. «Dos años de experiencia clínica con el enantato de noretisterona como anticonceptivo inyectable de depósito». *Ginecología y Obstetricia* 14, 2 (1968): 209-221.

su carencia de elementos no españoles y no cristianos, y ofrecían esta pureza como símbolo de superioridad moral y justificación para su alto estatus socioeconómico.[2] Los individuos de raza mestiza, que no formaban parte de las élites, también aseguraban ser dignos de honor, enfatizando menos los orígenes familiares, y más cualidades como la honestidad y el trabajo duro.[3] Estas demandas plebeyas en pos de mayor prestigio social son interesantes porque planteaban la posibilidad de que cualidades valiosas pudieran «pasarse» a futuras generaciones a través del ejemplo y la educación proporcionada por los padres, en lugar de a través del menos laborioso proceso de heredar un apellido. De este modo, uno de los legados sociales más importantes de finales de la época colonial ha sido la aparición de las «familias bien constituidas», como imperativo moral y resultado del trabajo de los padres y madres.

Asimismo, la atribución de un tipo específico de trabajo socialmente valioso a los padres, concretamente el aumento de una población sana y productiva, estaba unida a un tipo de especialización basado en el género, con los hombres responsables por sus familias en la esfera pública y las mujeres haciendo lo mismo en la privada, una división del trabajo familiar que cruzó las diferencias de raza y de clase. Dicha especialización, para las mujeres al menos, puede percibirse en la educación que los conventos y las órdenes clericales ofrecían, de manera limitada, a las mujeres ibéricas del siglo XVI. Era esta una educación que se enfocaba en transformar a alumnas ricas en buenas cristianas y esposas. No sorprende que las primeras mujeres peruanas en cuestionar públicamente el ideal doméstico femenino a mediados del siglo XIX y principios del siglo XX, entre las que se incluían Flora Tristán, María Jesús Alvarado Rivera, Zoila Aurora Cáceres, Clorinda Matto, Mercedes

---

2. Mörner, Magnus. *Race Mixture in the History of Latin America*. Boston, MA: Little, Brown, 1967.

3. Chambers, Sarah. *De súbditos a ciudadanos: honor, género y política en Arequipa, 1780-1854*. Lima: Red para el Desarrollo de las Ciencias Sociales, 2003; Borchart de Moreno, Christiana. «Words and Wounds. Gender Relations, Violence, and the State in Late Colonial and Early Republican Ecuador». *Colonial Latin American Review*, 13, 1 (2004): 129-144.

Cabello y Elvira García y García, no rechazaran la crianza de hijos como la principal responsabilidad femenina y la fuente de su respetabilidad.[4] Esta devoción a la domesticidad constituye, como lo plantea Francesca Miller, «el corazón de los movimientos feministas de América Latina».[5] Siguiendo con este punto de vista, los obstáculos al deber tradicional de hacerse cargo del hogar y de los hijos justificaron manifestaciones públicas femeninas. De hecho, las primeras de su tipo en el Perú tuvieron lugar en 1919, cuando las mujeres protestaron por el aumento de los precios de los alimentos básicos. El hecho de que las mujeres irrumpieran en la esfera pública para proteger las vidas de sus familias añade una capa político-económica a las complejidades de las «familias bien constituidas» de América Latina.

Al mismo tiempo, tal como vimos en la introducción, las mujeres latinoamericanas habían tenido por siglos otras ocupaciones, además de las labores de casa. Este hecho hace que sea aún más fascinante ver

---

4. Véase, además, Ehrick, Christine. «Affectionate Mothers and the Colossal Machine: Feminism, Social Assistance and the State in Uruguay, 1919-1932». *The Americas* 58, 1 (2001): 121-139; Nari, Marcela. *Políticas de maternidad y maternalismo político: Buenos Aires, 1890-1940*. Buenos Aires: Biblos, 2004; Freire, María. *Mulheres, Mães e Médicos: Discurso Maternalista no Brasil*. Río de Janeiro: FGV, 2009.

5. Miller, Francesca. *Latin American Women and the Search for Social Justice*. Hanover, NH: University Press of New England, 1991, p. 74. Sobre la protesta de 1919, organizada por el Comité Femenino Pro Abaratamiento de las Subsistencias, véase MIMDES. *50 años del voto femenino en el Perú: historia y realidad actual*. Lima: Autor, 2005, p. 31. Además, Chaney, Elsa. «Old and New Feminists in Latin America: The Case of Peru and Chile». *Journal of Marriage and the Family*, 35, 2 (1973): 331-343; Stevens, Evelyn. «Marianismo: The Other Face of Machismo in Latin America». En Ann Pescatello (ed.). *Female and Male in Latin American*. Pittsburgh, PA: University of Pittsburgh, 1973; Barrig, Maruja. *Cinturón de castidad: la mujer de clase media en el Perú*. Lima: Mosca Azul, 1979; Palmer, Stevens y Gladys Rojas Chaves. «Educating Señorita: Teacher Training, Social Mobility, and the Birth of Costa Rican Feminism, 1885-1925». *Hispanic American Historical Review* 78, 1 (1998): 65-73; Guy, Donna. *White Slavery and Mothers Alive and Dead: The Troubled Meeting of Sex, Gender, Public Health, and Progress in Latin America*. Lincoln, NE: University of Nebraska Press, 2000; O'Phelan, Scarlett y Margarita Zegarra (eds.). *Mujeres, familia y sociedad en la historia de América Latina, siglos XVIII-XXI*. Lima: CENDOC-Mujer, 2006; Pieper Mooney, Jadwiga. *The Politics of Motherhood: Maternity and Women's Rights in Twentieth-Century Chile*. Pittsburgh, PA: University of Pittsburgh Press, 2009.

cómo, en la década de 1930, las mujeres empezaron a abordar explícitamente la fertilidad como un problema que complicaba sus deberes para con su hogar y sus hijos. Una de las figuras más prominentes de este proceso en América Latina fue la señora Irene Silva de Santolalla, la primera mujer elegida como senadora en el Perú, en 1956. La señora Santolalla alcanzó notoriedad a partir de la década de 1930 por su apoyo a la «educación familiar», una materia que desde la periferia pedagógica pasó a difundirse de manera generalizada en escuelas secundarias y en instituciones de educación superior en la década de 1950. Para 1960, las educadoras familiares eran especialistas con formación universitaria, que regularmente acompañaban al personal de las clínicas de planificación familiar en todo el Perú, y la educación familiar se convirtió en un medio para retratar a la planificación familiar como un deber importante de las mujeres de «familias bien constituidas».

La trayectoria profesional de la señora Santolalla y la historia de la educación familiar entre la década de 1930 y 1970 ilustran cómo la reproducción se volvió un tema de interés para diversos actores sociales, distintos de los médicos. El enfoque empresarial de la señora Santolalla, que incorporaba al catolicismo y al matrimonio heterosexual procreador como valores guías, inmediatamente reforzó la noción de que la «familia bien constituida» era resultado del trabajo duro, además de una necesidad nacional y una responsabilidad principalmente femenina. Las educadoras familiares dentro de organizaciones de planificación familiar no presentaban a la anticoncepción solo como un derecho, ni como algo que sería ofrecido a las mujeres como individuos, sino como un medio para poder lograr la crianza adecuada de los hijos, una estrategia que aún se repite en la política nacional actual que apoya la «paternidad responsable». La expresión «familia bien constituida», en sí misma, todavía se usa comúnmente para elogiar a las parejas casadas con hijos bien cuidados y se ha usado para referirse, incluso, a la familia del presidente del Perú, Ollanta Humala.[6]

---

6. Álvarez Rodrich, Augusto. «La Sagrada Familia». *La República* (4 de febrero de 2013): 5.

Nace una intelectual pública

Irene Silva Linares nació en Cajamarca en 1902 y fue la primera de trece hermanos. Su crianza católica, de clase media, complementada con lecciones de piano, culminó con su matrimonio con Fausto Santolalla Bernal, un ingeniero doce años mayor que ella, cuando ella tenía veinte años de edad.[7] Desde el momento de su matrimonio, se esperaba que la joven Irene manejara su nuevo hogar, que estuvo brevemente ubicado en Chiclayo y, finalmente, se trasladó a la ciudad de Lima. Sus propias frustraciones con su nuevo papel de ama de casa probablemente alentaron sus intereses posteriores. «Mi mamá, como toda muchacha de aquella época, se casó sin saber ni hervir agua. Entonces la pasó mal al principio. [...] Ahí es donde comienzo eso», comentó la hija mayor de Irene.[8]

Aunque dedicada principalmente a sus tareas como ama de casa y al cuidado de sus cuatro hijos, la señora Irene Silva de Santolalla disfrutaba publicar sus escritos localmente con el seudónimo de «Renova». Lamentablemente, sus primeros trabajos no han sobrevivido, y eso hace que la importancia que adquirió parezca repentina. En 1938, la popular revista argentina de psicología infantil *¡Hijo Mío..!* solicitó manuscritos de sus lectores acerca de su experiencia en disciplinar a sus hijos. Como sostuvo la señora Santolalla, «aleteaba ya en mí el propósito de orientar a las juventudes en el campo del matrimonio y la vida familiar». Así, envió un artículo llamado «Corregir la conducta del adulto es educar al niño».[9] Los editores de *¡Hijo Mío...!* publicaron el artículo e, impresionados con la calidad de su escrito, le pidieron que se convierta

---

7. Dalurzo, Beatriz F. *Homenaje en Buenos Aires a Irene Silva de Santolalla, mujer de las Americas 1956*. Buenos Aires: Unión de Mujeres Americanas de la República de Argentina, 1968; «Irene Santolalla, 90, Peruvian Specialist on Children is Dead». *New York Times* (4 de agosto de 1992): B6.

8. Entrevista con Irene Santolalla Silva (Chosica, 16 de julio de 2010).

9. Santolalla, Irene Silva. *Mi aporte a la educación familiar*. Lima: Universo, 1974, pp. 9, 13.

en una colaboradora regular y la animaron a firmar sus artículos con su propio nombre, en lugar de usar su seudónimo.[10] Santolalla no solo siguió este consejo, sino que empezó a enviar sus artículos a revistas similares, entre las que se incluyeron *Margarita*, en Chile, y *Personalidad y Cultura Mental*, en Cuba.

En la década de 1930, las mujeres peruanas estaban en el centro de un debate nacional acerca del derecho al voto. Después del colapso del régimen de Augusto B. Leguía en 1930, una asamblea constituyente se reunió para redactar el boceto de una nueva Constitución. Una comisión de nueve recomendó no otorgar el derecho al voto a las mujeres en las elecciones generales. Había sido una derrota estrecha, pues cuatro congresistas votaron a favor del voto para la mujer y presentaron luego un informe en minoría en el que se afirmaba que «existe en la actualidad, dentro de la sociedad peruana, una acentuada intervención de la mujer en las diversas actividades del trabajo. Siendo su intervención tan grande, por estas razones en la vida social urge que asuma la responsabilidad de actuar políticamente». La opinión de los disidentes era que el derecho a votar debía ser otorgado a las mujeres profesionales, estudiantes universitarias, trabajadoras en las fábricas, escritoras y empleadas de la administración industrial, comercial y pública, siempre y cuando tuvieran 21 años o más, y pudieran leer y escribir.[11] Aunque liberal para la década de 1930, esta iniciativa excluía a las mujeres rurales votantes, en un país en el que aproximadamente el 66% de los 5,65 millones de habitantes vivía en zonas rurales.[12]

Los disidentes en el Congreso tenían una aliada en Magda Portal, la mujer más influyente en el APRA, el partido político con más seguidores en esa época. Al igual que los congresistas, Portal expresaba su

---

10. Francisco P. Cabrejas a Irene S. de Santolalla (Buenos Aires, 22 de marzo de 1938 y 17 de abril de 1938). En Santolalla, Irene Silva. Ob. cit., pp. 13-14.

11. *Anteproyecto de una Ley de Elecciones, Cámara de Diputados, Exposición de Motivos*. Lima: Hnos. Faura, 1931, p. 43.

12. Wicht, Juan Julio. «La situación demográfica del Perú». En *Reunión Nacional sobre Población: Problemas Poblacionales Peruanos*. Lima: AMIDEP, 1980.

recelo ante las «niñas de sociedad», cuya dependencia del *statu quo* y de los clérigos católicos podía hacerlas reacias a apoyar causas progresistas.[13] Portal creía en el valor de estudiar y trabajar fuera del hogar como medio para concientizar a las mujeres de las graves injusticias cometidas contra los pobres y los indígenas en el país. Finalmente, en 1933, la Asamblea Constituyente otorgó el derecho al voto en elecciones municipales, pero no en las nacionales, a las mujeres alfabetizadas de 21 años o más, y a las alfabetizadas de más de 18 años que ya estuvieran casadas o vivieran en uniones heterosexuales estables.[14]

Ni trabajadora, ni académica, sumamente católica y dependiente del salario cómodo de su esposo, Irene Silva de Santolalla se benefició del cambio, pero no participó en el debate previo a este. De hecho, la publicación de sus artículos provocó en ella un enorme fervor por defender el papel de las mujeres no como votantes ni trabajadoras, sino como pilares de la vida doméstica. En 1940 publicó su primer libro de consejos para la crianza de los hijos, *Por la felicidad de nuestros hijos*, una recopilación de sus columnas en *¡Hijo Mío..!*[15] Ese año, el boletín del Ministerio de Salud Pública, Trabajo y Previsión Social chileno reimprimió uno de los artículos de Santolalla. Además, Ernesto Goldschmidt, presidente de la Asociación Uruguaya para la Educación de las Madres, invitó a la señora Santolalla a unir esfuerzos para internacionalizar la llamada «Cruzada para Educar Futuras Madres», una serie de eventos educativos anuales que duraban una semana, y que Goldschmidt patrocinaba desde 1934.[16] El prestigio de Santolalla aumentaba.

---

13. Portal, Magda. «Hacia la mujer nueva», citado en Barrig, Maruja. Ob. cit., p. 26; y, de la misma autora, *El aprismo y la mujer*. Lima: Atahualpa, 1933. Véase, además, Reedy, Daniel. *Magda Portal, la pasionaria peruana: biografía intelectual*. Lima: Flora Tristán, 2000. Resulta interesante que, Luis Alberto Sánchez, correligionario del APRA y miembro del comité del Congreso en cuestión, votó en contra de darle el voto a la mujer.

14. MIMDES. Ob. cit., p. 32.

15. Santolalla, Irene Silva. *Por la felicidad de nuestros hijos*. Buenos Aires: Editorial Minerva, 1940..

16. Aída Berza a Irene S. de Santolalla (Buenos Aires, 24 de junio de 1940), y Goldschmidt, Ernesto. «Mensaje Transmitido por CX48, Radio Femenina del

El brazo peruano de esta cruzada latinoamericana consistía principalmente en la compra de tiempo al aire en las estaciones de radio para dar discursos. Varios profesionales hombres en el extranjero (médicos, abogados, profesores y periodistas) quedaron impresionados por el ingenio y energía de Santolalla, y empezaron a intercambiar cartas con ella. Ellos también se mostraban consternados por el presunto debilitamiento de la domesticidad femenina, orquestado por radicales políticos y mujeres sufragistas. En 1943, Santolalla publicó su segundo libro de consejos para los padres, *Hacia un mundo mejor*, basado en sus discursos en la radio. En él, Santolalla cuestionaba la «moda insensata» de trabajar fuera del hogar y aseguraba que adiestrar a las mujeres para ser mejores madres y valorar dicha labor era la mejor forma de honrarlas y formar nuevas generaciones.[17]

Esta opinión había sido común en los círculos de clases medias y altas (y aquellos que los imitaban) desde que la educación secundaria privada para mujeres se popularizó en la segunda mitad del siglo XIX. Este tipo de pedagogía enfatizaba la decadencia inminente de las naciones en las que las mujeres se rehusaran a cumplir sus deberes domésticos «naturales».[18] Teresa Gonzales de Fanning, quien abrió una escuela de élite para mujeres tras la Guerra del Pacífico, por ejemplo, argumentó que «mientras hayan madres que no entiendan la magnitud de su misión, no tendremos ciudadanos capaces de levantar la patria de la cruel postración a la que la reducen sus malestares».[19] Tal como

---

Uruguay» (4 de octubre de 1956). En Santolalla, *Mi aporte a la educación*, pp. 24 y 102, respectivamente.

17. Santolalla, Irene Silva. *Hacia un mundo mejor*. Lima: Universal, 1943, pp. 164, 138.

18. Se permitió la educación universitaria para la mujer a partir de 1908. La primera escuela para mujeres abrió en 1928. Véase Barrig, Maruja. Ob. cit., p. 23. Sobre el avance de la mujer a través de la educación, véase Zegarra, Margarita. «Roles femeninos y perspectivas sociales en las décadas iniciales de la república». En Carmen Meza y Teodoro Hampe (eds.). *La mujer en la historia del Perú, siglos XV al XX*. Lima: Fondo Editorial del Congreso del Perú, 2007.

19. González de Fanning, Teresa. «Concerning the Education of Women». En Gertrude Yeager (ed.). *Confronting Change, Challenging Tradition: Women in Latin American History*. Wilmington, DE: Scholarly Resources, 1994, p. 31.

Fanning lo había hecho décadas antes, Santolalla también reflexionó sobre la misión de las madres correctamente educadas dado un contexto de guerra, la Segunda Guerra Mundial en este caso: «Europa ha gastado ingenio y dinero en preparar ejércitos de hombres para la matanza, la destrucción y el dolor», escribió Santolalla; «nosotros debemos hacernos un ideal de preparar ejércitos de madres cristianas, capaces de enmendar ese rumbo por medio de la educación racional».[20]

El tropo de la decadencia del mundo y su vindicación estuvo definitivamente inspirado por el catolicismo, pero no todas las ideas de Santolalla lo fueron. Ella se opuso, por ejemplo, a las demandas de apoyo gubernamental para las instituciones de bienestar infantil y materno planteadas por los Congresos Panamericanos del Niño, que sí fueron respaldadas por órdenes católicas de caridad: «Para hacer un país digno y respetable no hay mejor escuela que la que enseña al hombre a bastarse a sí mismo, a tener responsabilidades y a cumplir con sus deberes», escribía Santolalla, agregando que «la protección a la infancia no consiste en curar al niño enfermo proletario, dar de comer al hambriento y vestir al desnudo, sino en preparar adecuadamente a la madre para velar por el desarrollo cabal del hijo».[21]

Complementando el repudio de Santolalla por la caridad y su énfasis liberal en la responsabilidad personal, estaba su aprecio por la eugenesia, particularmente por la tradición puericultural que idealizaba el potencial reproductivo de hombres y mujeres como medio para construir una nación fuerte. Durante la década de 1940, Santolalla fue parte del movimiento eugenésico, como vicepresidenta de la Liga Nacional de Higiene y Profilaxis Social, que fomentaba, entre otras cosas, la crianza

---

20. Santolalla, *Hacia un mundo mejor*, p. 117.

21. Ibíd., pp. 128-129. Los Congresos Panamericanos del Niño se han celebrado desde 1916 y, desde un inicio, han contado con un buen número de mujeres. Véanse Guy, Donna. «The Politics of Pan-American Cooperation: Maternalist Feminism and the Child Rights Movement, 1913-1960». *Gender & History* 10, 3 (1998): 449-469; Birn, Anne-Emanuelle. «Uruguay on the World Stage: How Child Health Became an International Priority». *American Journal of Public Health* 95, 9 (2005): 1506-1517.

de hijos dentro de «familias bien constituidas», definidas como un matrimonio heterosexual con un hombre como el sostén de la familia y una mujer ama de casa, ambos libres de enfermedades.[22] Ciertamente, en la visión eugenésica de Santolalla, un aspecto esencial en la preparación de las madres potenciales era un entendimiento de cómo los rasgos y las enfermedades indeseables podían ser transmitidas a generaciones futuras. Por consiguiente, Santolalla argumentaba que el primer deber importante de las mujeres jóvenes era escoger bien una pareja: alguien con quien una pueda llevarse bien y esté libre de enfermedades (entre las que se incluían no solo las contagiosas como la tuberculosis y la sífilis, sino también hábitos como el excesivo consumo de alcohol). No sorprende, pues, que Santolalla estuviera a favor de la imposición de certificados médicos prenupciales, ya que la elección de una pareja era la clave de una «maternidad consciente y paternidad responsable», y un requisito para la creación de un «ambiente propicio para perfeccionar integralmente» a los hijos.[23]

En la década de 1940, la Sociedad Boliviana de Eugenesia y la Sociedad Argentina de Eugenesia nombraron a Santolalla como miembro honorario, y ella empezó una correspondencia mutuamente aduladora con Paul Popenoe, fundador del Instituto Americano de Relaciones Familiares (American Institute of Family Relations) y antiguo defensor de las esterilizaciones humanas, ahora convertido en consejero matrimonial.[24] Pero la posición inflexible de Santolalla sobre el hecho de que las mujeres solo necesitaban mejores instrucciones para criar a sus hijos adecuadamente, sin mejorar necesariamente las condiciones

22. Santolalla, Irene Silva. *Intentando la solución de ¡el gran problema!* Lima: Salas, 1957, p. 7.

23. Santolalla, *Hacia un mundo mejor*, pp. 103, 145, 263.

24. Josermo Murillo Vacareza, presidente de la Sociedad Boliviana de Eugenesia, a Irene Silva de Santolalla (Oruro, 28 de febrero de 1945); Carlos Bernardo de Quiroz, presidente de la Sociedad Argentina de Eugenesia a Irene Silva de Santolalla (1 de agosto de 1949); Paul Popenoe a Irene Silva de Santolalla (Los Ángeles, 27 de julio de 1946 y 28 de setiembre de 1948). En Santolalla, *Mi aporte a la educación*, pp. 385, 43, 208, 212.

materiales en la vida de las mujeres, indisponía incluso a sus compañeras eugenistas, tales como Elvira García y García, quien animó a Santolalla a prestar mayor atención, por ejemplo, a los proyectos para construir viviendas económicas e higiénicas para las familias de los obreros. García y García instaba este complemento de acción política para que los sanos consejos de Santolalla no cayeran «en saco roto».[25] Aún más sorprendente que las propuestas poco realistas de Santolalla fue su aparente desconocimiento de algunas características saltantes de las familias peruanas en esa época. Las mujeres venían siendo pilares de las economías domésticas desde por lo menos el siglo XVII.[26] Asimismo, tal como lo indicaba el censo de 1940, el 41% de todos los niños en el Perú habían nacido de padres que no estaban casados. En departamentos como Loreto y Madre de Dios, la proporción aumentaba al 68 y 75%, respectivamente.[27] La visión del mundo de Santolalla no coincidía con las realidades de la mayoría de familias peruanas.

Entre 1946 y 1949 Santolalla enseñó en el Instituto Femenino de Estudios Superiores, una unidad que no otorgaba títulos, dirigida por su compañera de la Acción Católica y futura colega en el Congreso, la señora Matilde Pérez Palacio, y que se estableció en la Pontificia Universidad Católica del Perú, en una época de rápida expansión de esta.[28] Fue como profesora que Santolalla empezó a desarrollar la idea de formalizar la educación familiar. Ella difundió su propuesta en el I Congreso

---

25. García y García, Elvira. *La mujer y el hogar*. Lima: Miranda, 1946, p. 40.

26. Cosamalón, Jesús. «"Soy yo la que sostengo la casa": el trabajo femenino en Lima (siglo XIX)». En Carmen Meza y Teodoro Hampe (eds.). *La mujer en la historia del Perú, siglos XV al XX*. Lima, Fondo Editorial del Congreso del Perú, 2007.

27. Salcedo, Manuel. «Discurso de transmisión de cargo en la Sociedad Peruana de Pediatría». *Boletín del Departamento de Protección Materno Infantil* 4, 15-16 (1944): 11-32.

28. Santolalla, Irene. *Perú, país pionero en educación familiar sistemática*. S. l.: Instituto Superior de Educación Familiar, 1979, p. 13; Hampe Martínez, Teodoro. «La Universidad Católica de Lima y la evolución de las universidades privadas en el Perú contemporáneo». *Revista de Historia de América* 110 (1990): 133-154; Congreso del Perú. «Las primeras parlamentarias peruanas». Recuperado de <http://www4.congreso.gob.pe/museo/republica/mujeres-parlamentarias.pdf>.

Internacional de Madres, que se llevó a cabo en Buenos Aires en 1948, poco después del VIII Congreso Panamericano del Niño, realizado en Caracas, al cual Santolalla explícitamente desairó.[29] «Creo que la mujer debe recibir una cultura más sólida que el hombre», le dijo Santolalla a una periodista chilena a su regreso de Argentina. Pero, agregó, «la cultura que se otorgue a la mujer debe tener siempre como punto de mira la maternidad». Sus palabras provocaron «más de un gesto de asombro y más de un signo de interrogación» entre las integrantes de la Federación Chilena de Instituciones Femeninas, quienes habían escogido esa semana para movilizarse a favor al otorgamiento del voto a las mujeres.[30]

El siguiente libro de Santolalla fue publicado en 1948, poco después de su regreso del Congreso de Madres. *¡El gran problema!* presentaba la visión de Santolalla sobre la educación superior de las mujeres, basada en una serie de cursos de nutrición y primeros auxilios, puericultura, administración y decoración del hogar y fabricación de juguetes, y la institución de vínculos cercanos entre el hogar y la escuela. Es importante resaltar que este currículo no excluía el trabajo fuera del hogar o el derecho al voto. Sin embargo, Santolalla consideró estas actividades como secundarias en la vida de una mujer y solo legítimas cuando los parientes masculinos no podían mantenerla económicamente. Las instituciones sociales como las leyes del divorcio, las sociedades de bienestar infantil, las prisiones, los manicomios y las guarderías eran, para Santolalla, simples paliativos que no podían tratar la raíz del profundo daño causado en los niños por la mala elección de un esposo de rasgos hereditarios defectuosos o uno con el que era imposible tener una vida armoniosa.[31]

---

29. «Conclusiones del I Congreso Internacional de Madres, Buenos Aires, julio de 1948». En Santolalla, *Mi aporte a la educación*, p. 32

30. «Entrevista de Josefina Escoté Hernández a Irene Silva de Santolalla». *Margarita* (1948). En Santolalla, *Mi aporte a la educación*, p. 147.

31. Santolalla, *Intentando la solución*, p. 30.

Hacia fines de la década de 1940, sin embargo, el discurso eugenésico se estaba volviendo cada vez menos popular en el mundo occidental, y la antes prestigiosa Liga Peruana de Higiene y Profilaxis Social había entrado en decadencia.[32] Haciendo salvedades después de la condena generalizada de las atrocidades nazis, Santolalla arremetió contra «la seudociencia de la superioridad de ciertas razas sobre las otras» y defendió una «eugenesia cristiana», cuyo objetivo era «mejorar todas las razas sin distinción». «Cristo fue el primer eugenesista», escribió, ya que «vino al mundo en un momento de aguda degeneración física y moral. Su trabajo fue mejorar al ser humano, purificarlo». La fusión del catolicismo y la eugenesia no solo fue un gran logro retórico; fue un credo que Santolalla trató de implementar cuando se convirtió en funcionaria, uno que hacía hincapié en la responsabilidad de la pareja de criar hijos sanos y responsables en la fe católica y en el papel central de las mujeres en el proyecto de renovación del cuerpo y alma de la humanidad.[33]

La primera senadora

Motivada por la atención que recibió en su país y en el extranjero, Santolalla finalmente presentó su idea de un curso escolar sobre educación familiar al Ministerio de Educación en 1950, pero su esfuerzo no prosperó a pesar del apoyo del cardenal Juan Gualberto Guevara.[34] Es importante analizar este fracaso. El general Manuel Odría había destituido al democráticamente elegido presidente José Bustamante y Rivero en 1948, aparentemente a causa de la disposición de este último a fortalecer las reformas sociales, así como de su cada vez mayor cercanía

---

32. Carlos Bernardo de Quiroz, presidente de la Sociedad Argentina de Eugenesia, a Irene Silva de Santolalla (Buenos Aires, 15 de octubre de 1949). Santolalla, *Mi aporte a la educación*, p. 44.

33. Santolalla, *Intentando la solución*, pp. 126-128.

34. Ibíd., p. 7; Vera Zouroff a Irene S. de Santolalla (Santiago de Chile, 19 de abril de 1950). En Santolalla, *Mi aporte a la educación*, p. 150.

con el APRA. La Iglesia católica era una aliada importante de Odría, pero, aun así, este rechazó apoyar la iniciativa de educación familiar apadrinada por su aliada hasta después de que él renunciara al poder y se reinventara a sí mismo como candidato civil para las elecciones presidenciales de 1956, como líder de la acertadamente llamada Unión Nacional Odriísta (UNO).

Las mujeres ocupaban un lugar importante en los cálculos políticos de Odría. Poco después de anunciar las elecciones de 1956, Odría presentó un proyecto de ley al Congreso que él controlaba. Era un proyecto que había recibido aprobación pública por parte de un grupo de abogadas del Comité Femenino de la Sociedad de Matanceros de Lima y de la Legión Feminista Pro-Cultura, una organización para los derechos de la mujer.[35] El proyecto se convirtió en la ley 12391, promulgada en setiembre de 1955, y extendió las reformas iniciadas en 1933, otorgando el derecho al voto en elecciones nacionales a las mujeres alfabetizadas de 21 años o más, y a las mujeres de más de 18 años que ya estuvieran casadas. Este suceso puso a Odría en el camino de Santolalla, para mutuo beneficio.

Entre su intento fallido de persuadir al Ministerio de Educación y la promulgación de la ley 12391, Santolalla buscó formas alternativas de dar vida a su currículo sobre la educación familiar. Finalmente, se comprometió a establecer su propia escuela para entrenar educadoras familiares, el Instituto de Orientación Matrimonial y Familiar, fundado en 1952 en el emergente distrito limeño de Miraflores. Como en toda nueva empresa, el comienzo no fue fácil. El instituto solo tenía siete estudiantes al principio, y sus primeros doce empleados fueron, como la misma Santolalla, «damas de la sociedad de Lima, como medida de emergencia mientras se preparaba la docencia especializada».[36] Sin embargo, las cosas cambiaron drásticamente cuando Odría puso en marcha sus planes para otorgar el voto a las mujeres. «El general Odría entonces

---

35. Ley 12391, «Sustituyendo los artículos 84, 86 y 88 de la Constitución del Estado, para conceder la ciudadanía a la mujer» (7 de setiembre de 1955), ACP.

36. Santolalla, *Perú, país pionero*, p. 9.

le pidió», reconoció la hija de Santolalla. «Él no la conocía. A ella le mandó avisar para que haga propaganda para el voto de la mujer».[37]

Su nueva cercanía a Odría le dio a Santolalla un mayor prestigio. Entre 1954 y 1955 recibió invitaciones para dirigirse a las estudiantes de secundaria en colegios de élite privados de Lima, tales como el Villa María, el San José de Cluny, el Santa Úrsula y el Rosa de América, así como a las de la Escuela de Enfermeras del hospital Arzobispo Loayza. En 1955 consiguió su propio programa, *La Hora de la Familia*, en Radio Nacional.[38] A fines de ese año, el número de estudiantes en su institución había aumentado a setenta.[39] Además, Odría le ofreció a Santolalla convertirse en candidata al senado por su Cajamarca originaria. Solo unos meses después, en 1956, la Unión de Mujeres Americanas (UMA) otorgó a Santolalla el premio Mujer de las Américas, por su trabajo pionero en el campo de la educación familiar. El premio de la UMA había honrado a un diverso grupo de mujeres desde mediados de la década de 1940, entre las que se incluían la poeta chilena Gabriela Mistral (1946), la sufragista norteamericana Carrie Chapman Catt (1947), la diplomática dominicana Minerva Bernardino (1948) y la primera dama de los Estados Unidos Eleanor Roosevelt (1949).[40]

Las felicitaciones seguían llegando de distintas partes cuando Santolalla se enteró que había sido elegida al Congreso, la única senadora, junto a otras ocho mujeres, las primeras en ser electas a la Cámara de Diputados.[41] En su nuevo papel, Santolalla exitosamente apoyó proyectos de ley para censurar libros infantiles, establecer un centro de entrenamiento para obreros industriales, legalizar barrios nuevos

37. Entrevista con Irene Santolalla Silva (Chosica, 16 de julio de 2010).

38. Santolalla, *Perú, país pionero*, pp. 41, 42, 14.

39. Santolalla, *Intentando la solución*, p. 205.

40. Bermejo, Marina y Tony Rodríguez. «Mujer de las Américas». *Ecos de Nueva York* (1956). En Santolalla, *Mi aporte a la educación*, pp. 233, 242-243.

41. Ana María Perera Moya, presidenta del Interamerican Women's Committee of the Organization of American States, a Irene Silva de Santolalla (Nueva York, 14 de agosto de 1956). En Santolalla, *Mi aporte a la educación*, p. 235; MIMDES. Ob. cit., p. 5.

en la periferia de Lima y regular industrias que contaminaban el medio ambiente. No tuvo éxito en crear un centro de entrenamiento para trabajadoras domésticas, cursos de jardinería en las escuelas públicas o la Universidad Femenina del Norte, en Cajamarca.[42] Como miembro del bloque conservador de la UNO, Santolalla manifestó su oposición al «ateísmo comunista» en el III Congreso contra la Intervención Soviética en América Latina, realizado en Lima en 1957, y elogió la decisión del presidente Manuel Prado de romper relaciones diplomáticas con Cuba en diciembre de 1960, después del derrocamiento de Fulgencio Batista por Fidel Castro.[43]

Sin embargo, el proyecto más valioso de Santolalla siguió siendo la institucionalización de la educación familiar. Para tal, fin propuso un proyecto de ley en 1957 que creaba un nuevo curso en todas las escuelas primarias y secundarias para entrenar a las jóvenes en la comprensión y cumplimiento de sus labores como esposas, madres, amas de casa y ciudadanas. El curso fue posible al eliminar partes de la currículo existente, especialmente en los campos de matemáticas y ciencias, materias «innecesarias para la gran mayoría de mujeres».[44] Después de todo, en opinión de Santolalla, era «un error de graves consecuencias para las generaciones venideras alentar en la mujer dedicación más a otras ocupaciones que para madre de familia».[45]

El Congreso aprobó la iniciativa, aunque era solo parte de una agenda más ambiciosa. Cuando Santolalla informó al historiador Jorge Basadre, entonces ministro de Educación, de su intención de extender el curso a las escuelas públicas para hombres, Basadre le dijo que los

---

42. Leyes 13923, 14000, 13517, y 14084, ACP. No obstante, los esfuerzos que hizo Santolalla a favor de la censura de las películas fracasaron. Véase «Producción legislativa de la ex-Representante Irene Silva Linares de Santolalla. Recuperado de <http://www4.congreso.gob.pe/archivo/alerta_informativa/alerta7/01-Silva-Irene-Senadora/Produccion-Legislativa.pdf>.

43. Santolalla, *Perú, país pionero*, p. 45; moción 24 en «Producción legislativa».

44. Ley 12818 en «Producción legislativa».

45. «Ley de Educación Familiar». En Santolalla, *Mi aporte a la educación*, p. 105.

Figura 2: Senadora Irene Silva de Santolalla en 1956). Foto de la página web del Congreso de la República del Perú, <http://www.congreso.gob.pe/_ingles/historia.htm, vista el 16 de julio del 2010>).

recursos para dicha expansión no estaban disponibles.[46] A pesar de la indiferencia del Ministerio, Santolalla logró inscribir a catorce hombres jóvenes de la Universidad Nacional de Ingeniería en su instituto. Sin embargo, su formación nunca empezó. Santolalla culpó por esto al periodista satírico Luis Felipe Angell, más conocido como Sofocleto, y a su constante ridiculización de la idea de que los hombres también necesitaban prepararse para el matrimonio.[47] Aunque no llegó a involucrar a hombres jóvenes, la educación familiar se convirtió en un curso escolar ordinario para las jóvenes peruanas. Legisladores en Argentina, Brasil, Colombia, Uruguay, Venezuela, México y Costa Rica diseñaron

46. Entrevista con Irene Santolalla Silva (Chosica, 16 de julio de 2010).

47. Santolalla, *Perú, país pionero*, p. 17.

proyectos de ley similares al de Santolalla, consolidando su reputación como «la pionera de la educación familiar en Latino América».[48]

Consciente de que el apoyo del Estado por sí solo no sería suficiente para realizar su proyecto, Santolalla buscó desarrollar más su instituto privado. En 1959, gracias a la diligencia de Santolalla, el Ministerio de Educación la autorizó oficialmente a entrenar educadoras familiares, aunque Santolalla ya venía haciéndolo informalmente desde 1952. El curso de educación superior constaba de cuatro años de preparación en temas tales como psicología, educación sexual, relaciones entre la familia y la nación, y decoración de interiores. Entre 1964 y 1968, Santolalla abrió nuevos institutos en Trujillo, Chiclayo, Piura y Cajamarca, debido a la creciente demanda que se desbordó más allá de las fronteras del Perú, hasta Bolivia y Brasil.[49] Para 1971, el número de educadoras familiares había crecido a 500 en el país, quienes después se organizaron en la Asociación Peruana de Profesionales de Educación Familiar. Una de estas educadoras, Susana Villarán, se convirtió en alcaldesa de Lima en el 2010, postulando como la candidata de una coalición izquierdista.[50] El hecho de que la cruzada de Santolalla para mantener a las mujeres dentro del hogar resultara en la creación de un gremio profesional de mujeres y ayudara a formar a una alcaldesa de izquierda son ironías que bien marcan la carrera de una mujer que se convirtió en senadora para

---

48. Pollo Darraque, Ricardo (delegado cultural del Uruguay). «Educación familiar». *La Crónica* (6 de enero de 1957). En Santolalla, *Mi aporte a la educación*, p. 119; y Dalurzo, Beatriz F. Ob. cit., p. 28.

49. «Resolución suprema 27, creando el Instituto de Educación Familiar y Matrimonial» (30 de enero de 1959). En Santolalla, *Perú, País Pionero*, pp. 9, 18-20; María Teresa de Valverde, cónsul general de Bolivia en Nueva York, a Irene Silva de Santolalla (Nueva York, 15 de agosto de 1963). En Santolalla, *Mi aporte a la educación*, p. 273.

50. Teller, Woolsey. «Peruvian Woman Wins Family Education Battle». *The Indianapolis Star* (7 de febrero de 1971). En Santolalla, *Mi aporte a la educación*, p. 297; Guillermina Paredes de Alcázar, presidenta de la Asociación Peruana de Profesionales de Educación Familiar, a Irene Silva de Santolalla (23 de abril de 1982). En Santolalla, *Perú, país pionero*, s. p. Véase, además, el perfil público de Susana Villarán en <http://www.munlima.gob.pe/contenidos/biografia.aspx>.

prevenir que otras mujeres participaran como ciudadanas y trabajadoras en la vida pública nacional.

Desafío y respuesta

Si la defensa de la domesticidad de las mujeres de Santolalla era firme, era precisamente porque las fuerzas contra esa posición lo eran también. Las leyes que otorgaban a las mujeres permisos de maternidad pagados databan de 1918. Por supuesto, dichas provisiones protegían la labor tradicional de la maternidad, no a las mujeres en general. Además, excluían a las trabajadoras agrícolas y fueron, para colmo, pobremente ejecutadas. Sin embargo, la ley reconocía, al menos, que las mujeres ya constituían un sector importante de la mano de obra industrial.[51] La movilización de los trabajadores tuvo un pico importante a finales de la década de 1910, con huelgas masivas que facilitaron la aprobación de leyes como la de la jornada laboral de ocho horas. Estas leyes, sin embargo, no lograron reducir el alto costo y la escasez de alimentos y viviendas. En respuesta, el anarquista Comité Pro-Abaratamiento de las Subsistencias se formó en abril de 1919, con un comité de mujeres en su seno que organizó la primera protesta pública de mujeres en Lima.[52]

Intelectuales mujeres habían creado espacios importantes para la expresión política desde la década de 1910, con la Evolución Femenina de María Jesús Alvarado, la Sociedad Bien del Hogar de Lucie Rynning, la Legión Feminista Pro Cultura de Elisa Rodríguez Parra y el Feminismo Peruano de Zoila Aurora Cáceres.[53] Igualmente, el Partido Comunista Peruano, dirigido por su líder José Carlos Mariátegui, estableció su

51. Ley 2851, «Trabajo de los niños y mujeres por cuenta ajena» (23 de noviembre de 1918), ACP.

52. Villavicencio, Maritza. *Del silencio a la palabra: mujeres peruanas en los siglos XIX y XX*. Lima: Flora Tristán, 1992. Véase, además, Drinot, Paulo. *The Allure of Labor: Workers, Race, and the Making of the Peruvian State*. Durham, NC: Duke University Press, 2011.

53. Zegarra, Margarita. «María Jesús Alvarado y el rol de las mujeres en la construcción de la patria». En Scarlett O'Phelan y Margarita Zegarra (eds.). *Mujeres, familia*

Comisión de la Mujer en 1930. En 1936, las comunistas Alicia del Prado y Adela Montesinos fundaron Acción Femenina, una organización que el gobierno de Odría declaró ilegal y suprimió. Los años que duró el gobierno de Odría fueron difíciles para las feministas, especialmente para Acción Femenina. El gobierno autoritario de Odría fue popular entre los peruanos de bajos recursos en Lima y contó con un disciplinado bloque congresal. El APRA, por su parte, también se había convertido en un antagonista del comunismo.[54]

Las mujeres apristas, sin embargo, también buscaron una voz política a mediados de la década de 1950, a través de instituciones como la Escuela Sindical Autónoma, ubicada en el seno de la Confederación de Trabajadores del Perú. Delia Delgado, una de sus organizadoras, celebró el hecho de que:

> [...] al fin se han diluído los viejos prejuicios que indicaban al hogar como única esfera femenina. [...] Las nuevas oportunidades que brinda nuestro progreso requieren con urgencia el desarrollo del sentido práctico de la educación superior, infundiendo don de mando, espíritu de organización e iniciativa, que capaciten a la mujer a adquirir su propia confianza e individual autonomía.

Este movimiento crecía cuando Santolalla se convirtió en senadora y compartió su visión de que las mujeres eran, además de trabajadoras dignas, «administradoras de su hogar», necesitadas de mayores conocimientos acerca de la nutrición infantil, primeros auxilios y puericultura.[55] Críticos varones no comulgaban con esta doble apreciación de las mujeres como trabajadoras y madres. Por el contrario, insistían en la idea de que las aspiraciones de las mujeres para obtener autonomía

---

y sociedad en la historia de América Latina, siglos XVIII al XXI. Lima: CENDOC-Mujer, 2006.

54. Drinot, Paulo. «Creole Anti-Communism: Labor, the Peruvian Communist Party, and APRA, 1930-1934». *Hispanic American Historical Review* 92, 4 (2012): 703-736.

55. Escuela Sindical Autónoma de Lima. «Mujeres: trabajadoras... ciudadanas» (1958): 78, 30.

financiera y educativa nos llevaban a un callejón sin salida: «La mujer que trabaja, así tenga uno o varios hijos, ya no siente temor a que la abandone su marido. Sabe perfectamente que puede ganarse la vida. Esa confianza en su propia capacidad y esfuerzo, si bien le resulta provechosa por un lado, por otro, mina lentamente su feminidad».[56]

La educación familiar de Santolalla, que enaltecía la feminidad doméstica católica, contrarrestaba estas tendencias. Sin embargo, la misma educación familiar como campo de estudio empezó a cambiar en la década de 1960 y comenzó a competir con el Instituto de Santolalla como el único proveedor de este tipo de instrucción. El Instituto Interamericano de Ciencias Agrícolas de la Organización de los Estados Americanos, por ejemplo, organizó un seminario para educadoras familiares en Lima en 1967. Asestando un golpe nada sutil a Santolalla, los líderes del taller cuestionaron si los programas de educación familiar existentes tomaban en cuenta los cambios sociales que ocurrían en América Latina, entre los que se incluían los nuevos roles de género en la crianza de los hijos, la rápida urbanización y las reformas agrarias. Santolalla, quien había asistido junto con alumnas y graduadas de su instituto, se mostró inconforme al ver los «valores tradicionales destituídos sin justificación aparente» en los nuevos cursos de educación familiar dictados en universidades. Estos se ofrecían como parte de los programas de Ciencias Sociales y de Educación en la Universidad Nacional Agraria y en la Pontificia Universidad Católica del Perú.[57]

Los cambios en el campo de la educación familiar durante la década de 1960 coincidieron con debates nacionales acerca del crecimiento demográfico y el uso de nuevos anticonceptivos. Entre 1964 y 1969, mientras que los institutos de orientación matrimonial y familiar de Santolalla se expandían en el ámbito nacional, el gobierno de Fernando

---

56. Castellón, Helio. «¿Está masculinizándose la mujer que trabaja?». *Ñusta* 1, 5 (noviembre de 1957): 8.

57. Instituto Interamericano de Ciencias Agrícolas de la OEA. «Simposio de Educación para el Hogar para Dirigentes de Programas de Enseñanza y Desarrollo, Lima, Perú, 15-28 de febrero, 1967», p. 2.

Belaunde creó el Centro de Estudios de Población y Desarrollo (CEPD), y la Federación Internacional de Planificación Familiar (IPPF, por sus siglas en inglés) estableció su primera filial en el Perú, temas en los que entraré en detalle en los capítulos cuatro y cinco. El CEPD pretendía conducir y difundir investigaciones que relacionaban fenómenos como el crecimiento demográfico y las migraciones con el desarrollo nacional, mientras que la IPPF estuvo involucrada en el suministro directo de servicios de planificación familiar a través de una red de clínicas y acuerdos con médicos, universidades y hospitales.

Cuando las controversias sobre la anticoncepción se intensificaron en la década de 1960, Santolalla respondió haciendo invitaciones a expertos extranjeros, tales como Avabai Wadia, presidente de la Asociación de Planificación Familiar de la India, para dirigirse a sus alumnas. A pesar de estar mejor financiados que los establecimientos de planificación familiar peruanos, y más abiertamente preocupados por limitar el crecimiento demográfico, expertos como Wadia demostraron su interés en construir puentes al insistir que «el campo del matrimonio y la familia no era ajeno al trabajo hecho por la IPPF».[58] Después de todo, el tamaño de la familia afectaba de forma importante la calidad del cuidado que las madres podían dar a sus hijos. Santolalla nunca se proclamó a favor o en contra de la planificación familiar. Aun así, al menos según testigos como Wadia, la opinión de Santolalla sobre este tema cambió con los tiempos y con la actitud receptiva de su propia hija Irene, quien más de cerca seguía la carrera de su madre. Un cambio decisivo había empezado para las mujeres peruanas de clase social alta y media: «A pesar de pertenecer a una cultura española, aristocrática y católica, estas mujeres sintieron la necesidad de cambiar con la época, y disfrutaron saber de tierras lejanas y nuevas ideas», reflexionó Wadia.[59]

---

58. Avabai Wadia a Irene Santolalla Silva (Bombay, 2 de febrero de 1967). En Santolalla, *Mi aporte a la educación*, p. 566.

59. Wadia, Avabai. *The Light is Ours: Memoirs and Movements*. S. l.: International Planned Parenthood Federation, 2011, p. 255.

La cautelosa apertura ideológica de Santolalla solo coincidía en parte con la del régimen militar que tomó el control de la vida política del Perú en 1968. El así llamado Gobierno Revolucionario de la Fuerza Armada, dirigido por el general Juan Velasco Alvarado, se abocó formalmente a terminar la discriminación contra las mujeres en el trabajo, en el matrimonio y como ciudadanas.[60] Para ello, una de las primeras acciones de Velasco fue establecer la Comisión Nacional de la Mujer Peruana para estudiar los posibles obstáculos a una mayor participación cívica de las mujeres. Fue durante el gobierno de Velasco que la distinción legal entre hijos nacidos dentro y fuera del matrimonio terminó. Otras propuestas más ambiciosas para conseguir la igualdad de géneros, tales como la implementación de un programa nacional de educación sexual en las escuelas, no llamaron la atención de Velasco.[61] Además, a finales de 1973 Velasco dirigió un ataque contra la IPPF en el Perú, y eso resultó en el fin de los suministros directos de servicios anticonceptivos en las clínicas de esa organización.

La desconfianza de Velasco hacia los Estados Unidos y su falta de imaginación respecto de la educación sexual y la planificación familiar decepcionaron a los motivados núcleos de intelectuales feministas de la década de 1960. Eran, en su mayoría, mujeres con educación universitaria de clase media urbana que se identificaban con la izquierda pan-latinoamericana y que tuvieron un papel importante en el nuevo currículo de educación familiar y ciencias sociales que se enseñaban en las universidades.[62] Su actitud hacia la Comisión Nacional de la Mujer Peruana de Velasco fue fría, pues esta intentaba agrupar y dirigir a

---

60. Véase sección «De la mujer peruana» en el *Plan Inca Elaborado por el Gobierno Revolucionario de la Fuerza Armada, antes del 3 de Octubre de 1968*. Lima: Presidencia de la República, 1974.

61. Gobierno del Perú, Comisión Nacional de la Mujer Peruana, «Programa Operativo de Control Antivenéreo en Lima y Callao» (Lima, 30 de octubre de 1969), CENDOC.

62. Barrig, Maruja. Ob. cit.; Saporta Sternbach, Nancy; Marysa Navarro-Aranguren, Patricia Chuchryk y Sonia Álvarez. «Feminisms in Latin America: From Bogota to San Bernardo». *Signs* 17, 2 (1992): 393-434.; Vargas, Virginia. «Los feminismos peruanos: breve balance de tres décadas». En Gaby Cevasco (ed.). *25 años de feminismo en el Perú: historia, confluencias y perspectivas*. Lima: Flora Tristán, 2005.

todas las organizaciones de mujeres, entre las que se incluían algunas lideradas por mujeres conservadoras como Irene Silva de Santolalla.[63] Hacia principios de la década de 1970, este grupo de feministas de izquierda había madurado y creado asociaciones como la Acción para la Liberación de la Mujer Peruana (ALIMUPER), el Movimiento de Promoción de la Mujer y el Taller de Trabajo Flora Tristán. Además, habían organizado sus primeras protestas callejeras.[64]

Desde el inicio, estas organizaciones defendieron posiciones que Velasco no aceptaba, entre las cuales se incluían la legalización del aborto, la necesidad de una mejor educación sexual y la autonomía de la mujer para tomar decisiones acerca de su reproducción. Ninguno de estos problemas podía ser abordado, indicó la socióloga Violeta Sara-Lafosse, hasta que las mujeres empezaran a entender y exigir sus derechos como ciudadanas, algo que las mujeres estaban menos dispuestas a hacer si la maternidad seguía siendo su única aspiración.[65] Los escritos de algunas activistas eran controvertidos, y en ellos se acusaba a los maridos, al gobierno, a la Iglesia católica, a los médicos y a las compañías farmacéuticas de impedir que las mujeres ejercieran sus derechos y controlaran su fertilidad.[66] Este grupo de activistas también forjó una identidad feminista más nítida, especialmente después de abandonar los partidos de la izquierda en los que militaban, cuando estos demostraron el mismo bajo nivel de solidaridad hacia las causas de la mujer que el general Velasco.

La aguda crítica feminista atacó de lleno a la domesticidad «natural» de las mujeres de Santolalla y la llamó una «hipócrita veneración de

---

63. Orvig, Helen. «También antes hubo algo». En Gaby Cevasco (ed.). *25 años de feminismo en el Perú: historia, confluencias y perspectivas*. Lima: Flora Tristán, 2005

64. Portugal, Ana María. «El retorno de las brujas». En *Movimiento feminista en América Latina y el Caribe: balance y perspectivas*. Santiago de Chile: Isis Internacional, 1986; Trapasso, Rosa Dominga. «Romper la invisibilidad». En Gaby Cevasco (ed.). *25 años de feminismo en el Perú: historia, confluencias y perspectivas*. Lima: Flora Tristán, 2005.

65. Sara-Lafosse, Violeta. «Dinámica de población y relaciones sociales», En CISEPA-Pontificia Universidad Católica del Perú (Lima, noviembre de 1974), CENDOC.

66. ALIMUPER. «¿Quienes controlan la fertilidad de la mujer?» (Lima, 1970), CENDOC.

Figura 3: «Combate desigual entre mujer y capitalista armado de anticonceptivo.» Fuente: Centro de Documentación de la Historia de la Mujer, Lima, «La Educación Popular con Mujeres en América Latina» (1981): 10.

la maternidad» y «una de las armas mas hábilmente construídas para lograr la conformidad voluntaria de la mujer con el rol materno y los deberes a él inherentes».[67] Es cierto que, según algunas de estas feministas, las demandas de las mujeres por mayor igualdad en el hogar y más allá «conducirán al fracaso a buen número de familias». Sin embargo, para ellas, era un sacrificio que valía la pena hacer, ya que afrontar y superar dichos conflictos podría abrir «nuevas y mejores perspectivas de realización personal y social».[68]

---

67. ALIMUPER. «Legalización del aborto en el Perú» (Lima, 3 de agosto de 1977); Guisán, María. «Liberación de la mujer y el rol materno». En ALIMUPER. *Madre solo hay una* (Lima, 19-20 de mayo de 1976), CENDOC.

68. Sara-Lafosse, Violeta. «La familia y la mujer en contextos sociales diferentes» (Lima, noviembre de 1978), CENDOC.

El protagonismo de Santolalla la convirtió en un blanco fácil para las críticas feministas que ansiaban liquidar el poder patriarcal. Sin embargo, la definición de Santolalla de las responsabilidades de las mujeres, que incluía la maternidad, el cuidado de los hijos y el fortalecimiento de los vínculos comunitarios, era una definición compartida, curiosamente, por mujeres de la izquierda peruana, trabajadoras y campesinas que no se identificaban como feministas. A pesar de sus desventuras, por ejemplo, el activismo de las mujeres comunistas continuó mas allá de la década de 1950. El Partido Comunista Peruano, por ejemplo, creó la Unión de Mujeres Peruanas en 1958, que cambió su nombre a la Unión Popular de Mujeres Peruanas (UPMP) en 1970. A diferencia de las desilusionadas feministas, la UPMP no renunció a encontrar un espacio para sí dentro del gobierno militar de Velasco, específicamente dentro de sus reformas agrarias y educativas. La reforma educativa de 1972, por ejemplo, enfatizó en la importancia de crear un «hombre nuevo, plenamente realizado como persona libre dentro de una sociedad justa».[69] En respuesta, Grimaldina Vera, una de las directivas de la UPMP, no solo resaltó el alto perfil de las mujeres campesinas como líderes en zonas agropecuarias, sino también como «forjadoras de hombres nuevos a través de sus hijos».[70] En armonía con las opiniones personales de Velasco, la UPMP también censuró la expansión de los servicios de planificación familiar de la IPPF como una estrategia imperialista para consolidar los intereses económicos de los Estados Unidos en el Perú y realzó la crianza de los hijos como herramienta para conseguir el objetivo internacionalista de la paz mundial. Como lo puso Zoila Gutiérrez, también de la UPMP, en un fragmento de un poema de su autoría para conmemorar el Día Internacional de la Mujer en 1971:

> Procrear, sí, pero no para sembrar
> la destrucción,
> tenemos que evitar las guerras.

---

69. «Ley General de Educación, decreto ley 19326», Sección Considerandos 1, ACP.
70. *Boletín Informativo de la Unión Popular de Mujeres Peruanas* (1972).

Nos pondremos armaduras blancas
y en corceles,
con penachos y crines de olivos
irrumpiremos a los campos de batalla
nos llevaremos a nuestros hijos
y tomados de la mano
caminaremos a nuestra casa [...][71]

Aun cuando estas activistas comunistas valorizaban la maternidad, ellas también exigían mayor igualdad en relación con los hombres e, incluso, criticaban la imagen conservadora de la mujer como compañera sumisa y devota en la pareja, hecho contrario a lo que Santolalla recomendaba. Concepción Quispe, líder de la Confederación Campesina del Perú, explicó así su relación con su marido:

> me he casado porque era una necesidad formar un hogar y quería tener una responsabilidad. Sabiendo eso me he casado, no porque te quiero, me quieres y hasta la muerte te quiero, en ese sentido no. Me casé con una responsabilidad, que iba a tener una casa, un hogar, un marido, mis hijos. [...] Tú eliges al compañero porque sabes perfectamente que vas a caminar bien con él, porque una mujer, quiérase o no es bien astuta; si en la ciudad es tonta, eso es otra cosa.[72]

Está claro, entonces, que la retórica de Santolalla sobre la importancia de las mujeres como responsables de los hijos era compartida más ampliamente de lo que las feministas urbanas de la década de 1970 querían reconocer. Santolalla fue también una educadora más pragmática de lo que sus antagonistas la hacían parecer y ayudó a formar a un grupo de especialistas que se unieron a los trabajadores de salud de planificación familiar no solo en Perú sino, también, en Brasil.[73] Estas

---

71. *Boletín de la Secretaría de Prensa de la Unión Popular de Mujeres Peruanas* 1, 2 (8 de marzo de 1971): 6.

72. Villarán, Rosa. «Me lincharían si les digo "planifica tu familia"». *La Tortuga* 20 (1987): 13-20, 16.

73. Rosa Alba Mendieta de Bernhoeft a Irene Silva de Santolalla (São Paulo, 26 de octubre de 1970). En Santolalla, *Mi aporte a la educación*, p. 485; Centre for Population

especialistas dejaron su huella más distintiva persuadiendo a las usuarias de anticonceptivos de que el uso de estas tecnologías era una responsabilidad clave de las mujeres en las familias bien constituidas.

La educación familiar y la clínica

Las primeras clínicas de planificación familiar establecidas en América Latina en la década de 1960 se presentaban a sí mismas en público como fundamentalmente dedicadas a la protección de las familias de la pobreza y la enfermedad, de ahí que sus nombres fueran Asociación Puertorriqueña Pro-Bienestar de la Familia, Asociación Mexicana Pro-Bienestar de la Familia, Profamilia de Colombia, Asociación Chilena para la Protección Familiar y Asociación Civil Pro-Bienestar de la Familia Brasileña (BEMFAM). La primera organización financiada por la IPPF en Perú fue la Asociación Peruana de Protección Familiar (APPF), establecida en 1967. De manera similar, el Instituto Marcelino del Perú fue así bautizado en honor a la memoria de un muchacho que falleció presuntamente porque sus padres carecían del conocimiento y los recursos para cuidarlo.[74] La preocupación por la calidad de la estructura de la vida familiar no terminaba con las nomenclaturas de organizaciones, sino que se extendió y convirtió a las educadoras familiares en miembros de un equipo de expertos que brindaban servicios de planificación familiar.

En el contexto peruano, fue la APPF la que desarrolló la estrategia más sofisticada para emplear las aptitudes de las educadoras familiares en el rubro de la planificación familiar. Gran parte del crédito se lo merece la doctora Carmen Delgado de Thays, directora de Educación de la APPF. Antropóloga de formación, Delgado estaba encargada del diseño de las estrategias para distribuir información sobre sexualidad

---

Activities y Asociación para el Desarrollo Integral de la Mujer. «I Seminario Taller de Mujeres en Dirigencia» (Lima, 14 de enero-1 de febrero de 1980), CENDOC.

74. Entrevista con Alfredo Larrañaga, exdirector del Instituto Marcelino (Lima, 11 de julio de 2006).

y anticoncepción a mujeres y hombres, y del establecimiento de buenas relaciones con líderes comunitarios, políticos y empresariales para promover más la popularidad de la planificación familiar. Sus primeras intervenciones tuvieron lugar con grupos de mujeres, a las cuales Delgado había motivado a sincerarse sobre sus experiencias en la crianza de sus hijos y la convivencia con sus parejas masculinas. Aunque Delgado se enfocó en las mujeres, evitó explícitamente retratar la planificación familiar como un asunto estrictamente individual. Tal como lo planteó, «siempre fue la familia, porque lo que interesa no es solo la madre, ¿no? ¿Qué hace la madre sola, digamos, sino tiene un marido que responda a sus obligaciones?».[75]

Estas primeras experiencias determinaron la labor de la educadora familiar dentro de la clínica como experto en reafirmar el mensaje de que la anticoncepción era necesaria para poder llevar a cabo el importante trabajo de una mujer de cuidar a los hijos. La educadora Elsa Lescano, por ejemplo, reprendía rutinariamente a las mujeres solteras que se acercaban a la clínica para obtener anticonceptivos para evitar quedar embarazadas: «yo no puedo aceptar que una persona venga a decir que "por si acaso", y por una libertad sexual no quiera tener familia. [...] Si es una persona que no tiene un esposo conocido y que quiere una libertad en ese aspecto, hay otros sitios donde puede conseguir su planificación familiar, le decía yo».[76] El respeto por la labor materna y el trabajo que se requería se extendía desde el protocolo de las entrevistas, al arreglo de los ambientes de las clínicas, pasando por el mobiliario y las plantas, para hacer que la clínica se viera hogareña, acogedora y limpia, complaciente tanto para los clientes como para los periodistas visitantes.[77]

---

75. Entrevista con Carmen Delgado de Thays (Lima, 27 de junio de 2010). Véase, además, «Carmen Delgado: currículum vitae» y «Estrategia de desarrollo de la oficina ejecutiva de APPF», CDT.

76. Entrevista con Elsa Lescano (Lima, 7 de julio de 2010).

77. «Se dice planificación familiar, paternidad responsable, protección familiar, pero jamás control de la natalidad». *Patricia* 1, 7 (24 de marzo de 1971): 21-25. Véase, además, «Guía para la visita», CDT.

Las educadoras familiares recibían a las nuevas usuarias, tomaban nota de sus historiales sociales y sexuales, y calculaban su nivel de ingreso. Ellas también dirigían sesiones educativas sobre las implicaciones del crecimiento demográfico y los tipos de métodos anticonceptivos disponibles, seguidas por entrevistas individuales con las mujeres, en las que trataban de convencerlas.[78] Las reuniones grupales para discutir sobre la sexualidad y la anticoncepción resultaron ser muy populares. De esta manera, las educadoras familiares llegaron a 88 personas en distintas clínicas de la APPF en 1969, a 6.170 en 1970, a 15.653 en 1971 y a 18.335 en 1972. Durante el mismo periodo, las visitas de las educadoras familiares a las casas de clientes potenciales aumentaron de 125 en 1969 a 1.285 en 1972.[79] Además, las educadoras familiares repetían las indicaciones de los médicos a las usuarias y realizaban actividades para obtener el apoyo de actores estratégicos en las comunidades donde trabajaban, particularmente de los hombres.[80]

Las educadoras familiares enfatizaban el conocimiento de las mujeres sobre su sexualidad y la promoción de la anticoncepción como herramientas que las ayudarían a proveer de mejores cuidados a sus hijos, en igual o mayor medida que lo hacían las obstetrices y médicos también contratados por la clínicas de planificación familiar. Estos dos últimos profesionales, desde luego, eran conscientes de los desafíos involucrados en la popularización de la anticoncepción y, a menudo, participaban en presentaciones grupales y proyecciones de películas. Sin embargo, el papel principal de los médicos y las obstetrices en los establecimientos de planificación familiar era el suministro de servicios clínicos y solían tener actitudes más liberales sobre la distribución

---

78. Entrevista con Rosa Motta (Lima, 6 de julio de 2010). Véase, además, «La consulta de planificación familiar»; «Programa de supervisión» (1972); y «Funcionamiento de un centro de protección familiar tipo I», CDT.

79. «Asistencia total en las acciones educativas por año, según tipo de acción» (1973), CDT.

80. «Estrategia para el desarrollo de los centros de protección familiar», CDT.

de anticonceptivos que las educadoras familiares.[81] Algunos médicos, en especial los hombres, incluso intentaron influenciar a las educadoras familiares, al presentarles a pacientes enfermas que indujeron sus propios abortos bajo circunstancias peligrosas y llegaron incluso a presionarlas para que admitieran usuarias que buscaban métodos anticonceptivos únicamente para tener relaciones sexuales ocasionalmente sin temor de quedar embarazadas.[82] Los intentos de los médicos de usar su estatus profesional e identidad de género como medios para lograr que las educadoras familiares los obedecieran resultaron contraproducentes. Elsa Lescano, una educadora familiar en el Instituto Marcelino, por ejemplo, renunció después de haber sido hostigada por el director de la clínica por su negativa a admitir mujeres solteras como clientes. En términos generales, estos intentos ilustran la posición subalterna que las educadoras familiares, incluso las más experimentadas, ocupaban dentro de las clínicas de planificación familiar. Dadas sus igualmente férreas convicciones, algunas educadoras familiares eligieron dejar sus trabajos en vez de capitular.

Mientras que el personal médico a menudo consideró a las educadoras familiares como subalternas inconscientes de las consecuencias nocivas para la salud de la «maternidad descontrolada», las feministas peruanas de la década de 1970 evitaron entrar en discusión con la retórica maternalista de estas profesionales. No existen estudios empíricos sobre el trabajo de las educadoras familiares, ni historias sobre la vida de Irene Silva de Santolalla en los volúmenes producidos por organizaciones feministas establecidas, tales como el Movimiento Manuela Ramos, el Centro de la Mujer Peruana Flora Tristán o Promsex. Tal frialdad es comprensible ya que, a pesar de sus logros y popularidad, la senadora Santolalla usó su posición para marginar a las jóvenes de la educación integral e insistir en la prioridad de la domesticidad de la

81. Entrevistas con ex-obstetrices de la APPF, Luisa Parra (Lima, 6 de julio de 2010) y Manuela Araujo (Lima, 1 de julio de 2010).

82. Entrevistas con Rosa Motta (Lima, 6 de julio de 2010) y Elsa Lescano (Lima, 7 de julio de 2010).

mujer. Las feministas peruanas aborrecían esos mensajes. Incluso en la actualidad, la carrera de Santolalla no evoca ni orgullo ni admiración entre las feministas sino silencio, un silencio aún más incómodo ya que, a lo largo de su carrera, Santolalla siempre se definió a sí misma como una devota defensora de las mujeres. Es importante llevar a cabo una revaluación crítica del trabajo y las ideas de esta mujer, dada su gran huella en la historia de América Latina. Tal tarea enriquecerá nuestro entendimiento del feminismo como una tradición intelectual dinámica, capaz de abarcar ideologías aparentemente inconmensurables que incrementan nuestro conocimiento sobre las diferencias de género y las consecuencias sociales de dichas diferencias.[83]

Desde el punto de vista de la historia de la medicina, es urgente reconocer la importancia del discurso maternalista que existió junto al discurso medicalizante en las clínicas de planificación familiar desde sus inicios. Las educadoras familiares eran partícipes de una tradición que se remonta a la época colonial y que describía a las «familias bien constituidas» como el resultado del trabajo paterno y materno, con distintas y complementarias contribuciones masculinas y femeninas: las mujeres enfocadas en el cuidado del niño, su alimentación y (más recientemente) la regulación de la fertilidad, y los hombres como sostén económico de sus familias y sus representantes públicos.[84] Las organizaciones de planificación familiar que surgieron a mediados del siglo XX

---

83. Véase, por ejemplo, Offen, Karen. «Defining Feminism: A Comparative Historical Approach». *Signs* 14, 1 (1988): 119-157; Cott, Nancy. «What's in a Name? The Limits of Social Feminism». *Journal of American History* 76, 3 (1989): 809-829; Kampwirth, Karen y Victoria Rodríguez (eds.). *Radical Women in Latin America, Left and Right*. University Park, PA: Pennsylvania State University Press, 2001; Morcillo, Aurora. *True Catholic Womanhood: Gender Ideology in Franco's Spain*. De Kalb, IL: Northern Illinois University Press, 2000; Power, Margaret. *Right-Wing Women in Chile: Feminine Power and the Struggle against Allende, 1964-1973*. University Park, PA: Pennsylvania State University Press, 2002; Mayes, April. «Why Dominican Feminism Moved to the Right: Class, Colour and Women's Activism in the Dominican Republic, 1880s-1940s». *Gender & History* 20, 2 (2008): 349-371.

84. Nótese los paralelos con la tradición maternalista estadounidense, descrita en Ladd-Taylor, Molly. «Toward Defining Maternalism in US History». *Journal of Women's History* 5, 2 (1993): 110-113.

en América Latina hicieron uso estratégico del *statu quo*, al vincular el control técnico de la fertilidad con la protección de las familias y, al menos en el Perú, al contratar educadoras familiares que diseñaban sus actividades como intervenciones comunitarias orientadas hacia la familia y no al individuo. Al hacer esto, las organizaciones de planificación familiar adquirieron miembros comprometidos para su personal, así como un mayor grado de legitimidad social.

Al mismo tiempo, la coexistencia de una orientación médica clara a favor de la distribución liberal de anticonceptivos con la más conservadora de las educadoras familiares demuestra la capacidad de las organizaciones de planificación familiar de albergar ideologías heterogéneas y estándares profesionales distintos en su seno durante las décadas de 1960 y 1970, un tema al que regresaré en el capítulo cuatro. A pesar de que el gobierno de Velasco atacó la gran escala de los servicios de planificación familiar, materia del capítulo cinco, no incumplió su compromiso con la educación sexual, en un inicio.[85] Sin embargo, las educadoras que participaron en los debates que precedieron la ley de la Reforma Educativa de 1972 sabían que hablar sobre sexualidad en las escuelas sería controvertido. Ellas argumentaron que dichos temas debían ser abordados por los padres y que, de ser tocados en la escuela, debían ser incluidos dentro de discusiones más amplias sobre educación para la vida familiar, cuidados infantiles y maternos, higiene, nutrición, relaciones interpersonales y desarrollo nacional.[86] Esta posición indica la fuerza duradera de los argumentos de Santolalla. Un fenómeno similar, la pedagogización de la sexualidad para abordar el tema de la planificación familiar, puede haber ocurrido en otros países. Tal como Cecilia Cardinal y Bruce Carlson, consultores de la Fundación

---

85. Carrete 3525, subvención 65-358, Mayor Grl. FAP Eduardo Montero a José Donayre, 16 de diciembre de 1968; y Carrete 3446, subvención 65-358, Richard Dye y Antonio Muñoz Najar a William Carmichael, 3 de mayo de 1973, FF.

86. Drysdale, Robert. «Education Approaches to Population Problems». En *Readings on Population Information and Education: Background Papers for a Ford Foundation Meeting on Population, Elsinore, Denmark-June 1972*. Nueva York, NY: Ford Foundation, 1973.

Ford, tímidamente escribieron en 1974, «la educación sexual es a América Latina lo que la educación de la población es a Estados Unidos».[87] Lamentablemente, al menos en el Perú, el desarrollo del currículo de educación sexual en la década de 1970 no quedó en manos de personal especializado en facilitar conversaciones sobre la reproducción humana, como lo eran las educadoras familiares, sino en las de legisladores que evitaron temas como el coito, el placer y la fisiología, en favor de otros tales como el vínculo entre la población y el desarrollo, que, aunque necesarios, no ofrecían a los jóvenes peruanos la gama entera de lo que necesitaban para entender su sexualidad.[88]

Sabemos, además, que las vidas de las mujeres y los hombres se regían no solo por la anticipación de volverse padres y madres. Durante este período, las mujeres y los hombres peruanos se juntaban tanto para divertirse como por conveniencia económica; pagaban por sexo en bares y calles, y formaban uniones sin mediación de certificados de salud, y sin interés en procrear, mucho menos en la labor de la crianza.[89] Nuevos problemas surgían para estos hombres y mujeres cuando un embarazo no deseado sucedía, tal como veremos en el siguiente capítulo.

---

87. Unpublished reports, box 19112, folder 11899, «Observations on sex education in Peru, November 29th, 1974», FF.

88. Véase la intervención del padre Ricardo Morales, SJ, presidente del Consejo Superior de Educación. En «Informe Final del Primer Seminario Nacional sobre Política de Población» (1976).

89. Roldán, Nestor P. «El peligro venéreo y su profilaxia en el Ejército». Tesis de grado, Facultad de Medicina de San Fernando, 1914; Vega Gamarra, Pedro. «Contribución al estudio de la mortalidad infantil en Huaraz». Tesis de grado, Facultad de Medicina de San Fernando, 1929; Herón Frisancho, Juan. «Mortalidad infantil y movimiento demográfico en la ciudad de Puno». Tesis de grado, Facultad de Medicina de San Fernando, 1938; Ruiz, José Alejandro. «Evolución demográfica de Chiclayo». Tesis de grado, Facultad de Medicina de San Fernando, 1938; Villavicencio, Víctor. *La vida sexual del indígena peruano*. Lima: Barrantes Castro, 1942.

Capítulo tres

Abortos y acusaciones: expertos y legos entre crimen y costumbre

> ¿Abortos? No uno sino varios. Este es uno de los problemas más tremendos de la mujer, porque ahora resulta que el aborto se usa como método anticonceptivo. ¿En mi época? Sí, claro, la mayoría eran clandestinos.[1]
>
> Magda Portal (1901-1989), poeta peruana, feminista y líder del APRA.

La comunidad médica peruana consideraba las pérdidas de embarazos ocasionadas por abortos una causa importante del estancamiento demográfico ya en el siglo XVIII. Para mediados del siglo XX, también consideró los abortos ilegales como una causa de mortalidad materna que hacía necesario mejorar el cuidado médico de las mujeres y popularizar la planificación familiar.[2] De hecho, en la década de 1960,

---

1. Andradi, Esther y Ana María Portugal. *Ser mujer en el Perú*. Lima: Mujer y Autonomía, 1978, p. 230.
2. López Cornejo, Félix. «Las realidades de la asistencia del parto en el Perú». Tesis de grado, Facultad de Medicina de San Fernando, 1940; Quintanilla Paulet, Antonio. «Algunos problemas médicos en relación con el subdesarrollo económico del Perú». Tesis de grado, Facultad de Medicina de San Fernando, 1955; Arroyo Posadas, Glicerio. «Infancia y pro-biofilaxis (dos mil niños y su destino socio vital en El Montón)». Tesis de grado, Facultad de Medicina de San Fernando, 1957; Burgos Amaya, José. «La procreación consciente en nuestro país y el ritmo de la esterilidad y de la fecundidad en la mujer». Tesis de grado, Facultad de Medicina de San Fernando, 1957; Bedoya Hevia, Mariano. «Social Problems of Abortion: Illegal Abortion». En C. Wood y W. A. W. Walters. *Proceedings of the 5th World Congress of Gynaecology and Obstetrics*. Londres: Butterworths, 1967.

médicos de América Latina y otros lugares advirtieron de los graves riesgos que las mujeres corrían al intentar deshacerse de un embarazo a través de un aborto. Sin importarle si las mujeres eran forzadas a realizarse un aborto o si eran ellas quienes buscaban uno, la literatura médica de las décadas de 1960 y 1970 solía retratar a las mujeres como víctimas, ya fuera de sus propias desesperadas acciones o de inexpertos y deshonestos proveedores de abortos.[3]

Los profesionales de salud pública y la prensa popular de la actualidad no se han desviado mucho del retrato anterior.[4] Sin embargo, el retrato de la «mujer víctima» esconde mucho de la complejidad social del aborto. Mi intención en este capítulo es asociar el aborto a distintas capas de la vida cotidiana, las mismas a las que Magda Portal se refiere: el secretismo de la práctica, los problemas que causaba y el papel que tuvieron las mujeres que buscaban uno.[5] También nos obliga a

---

3. Rice-Wray, Edris. «The Provoked Abortion–A Major Public Health Problem». *American Journal of Public Health* 54, 2 (1964): 313-321; Mendoza, Ofelia. «Population Growth and Family Planning in Latin America». *Journal of Sex Research* 1, 2 (1965): 161-170; Armijo, Rolando y Tegualda Monreal. «The Problem of Induced Abortion in Chile». *Milbank Memorial Fund Quarterly* 43, 4 (1965): 263-280; Gaslonde Sainz, Santiago. «Abortion Research in Latin America». *Studies in Family Planning* 7, 8 (1976): 211-217; Viel, Benjamin. *The Demographic Explosion: The Latin American Experience*. Nueva York, NY: Irvington, 1976; Figa-Talamanca, Irene. «Health and Economic Consequences of Illegal Abortions: Preliminary Findings from an International Study». En Gerald Zatuchni, John Sciarra y J. Joseph Speidel (eds.). *Pregnancy Termination*. Hagerstown, MD: Harper and Row, 1979; Corvalan, Hugo. «The Abortion Epidemic». En Malcolm Potts y Pouru Bhiwandiwala. *Birth Control: An International Assessment*. Lancaster, PA: MTP, 1979.

4. Crane, Barbara. «The Transnational Politics of Abortion». *Population and Development Review* 20 (suplemento de 1994): 241-262; Singh, Susheela y Deirdre Wulf. *An Overview of Clandestine Abortion in Latin America*. Nueva York, NY: Alan Guttmacher Institute, 1996; Yam, Eileen; Ingrid Dries-Daffner y Sandra García. «Abortion Opinion Research in Latin America and the Caribbean: A Review of the Literature». *Studies in Family Planning* 37, 4 (2006): 225-240; Ferrando, Delia. *El aborto clandestino en el Perú: hechos y cifras*. Lima: Flora Tristán and Pathfinder International, 2002; Brooke, James. «High Rate of South American Abortion Ills Seen». *New York Times* (23 de noviembre de 1993): C5.

5. Véase, por ejemplo, Stern, Steven. *The Secret History of Gender: Women, Men, and Power in Late Colonial Mexico*. Chapel Hill, NC: University of North Carolina Press, 1995; Reagan, Leslie. *When Abortion Was a Crime: Women, Medicine and the Law in*

reconocer que el significado del «aborto» es históricamente dependiente de la forma en que las mujeres que querían terminar sus embarazos le daban sentido a lo que hacían y deseaban, de la reacción de la gente ante estas acciones y de los vínculos entre las que buscaban un aborto y los que lo proveían, así como entre trabajadores de salud, defensores de mujeres y legisladores.

Las leyes, el conocimiento médico y lego, las normas culturales sobre el comportamiento apropiado de los hombres y las mujeres, y la violencia sexual, moldearon el significado del aborto a lo largo del siglo XX como un crimen horrible y generalizado, problemático también para los profesionales de la salud. A pesar de que los médicos presenciaron muchos casos de pérdidas de embarazo, ellos rara vez lanzaron acusaciones criminales de aborto. Y aun cuando los médicos y las autoridades estatales propugnaran dichos cargos, muchos obstáculos evitaron condenas efectivas. Entre estos obstáculos estaban la tolerancia social de la violencia contra las mujeres, así como el principio de que las «mujeres honorables» que habían tenido abortos merecían perdón y rehabilitación en lugar de castigo. Mientras tanto, las peruanas legas lidiaban con el escrutinio indeseado de sus vidas sexuales y reproductivas a través de una variedad de estrategias para descarrilar investigaciones médicas y policiales, y protegerse a sí mismas del estigma y cargos criminales, estrategias que incluyeron mentirle a los médicos y acusar a otros de causar las pérdidas de sus embarazos.

---

the United States, 1867-1973. Berkeley, CA: University of California Press, 1997; Bart, Pauline. «Seizing the Means of Reproduction: An Illegal Feminist Abortion Collective–How and Why It Worked». En Helen Roberts (ed.). *Women, Health and Reproduction*. Londres: Routledge & Kegan Paul, 1981; Solinger, Rickie. *The Abortionist: A Woman against the Law*. Berkeley, CA: University of California Press, 1996; Cline, David. *Creating Choice: A Community Responds to the Need for Abortion and Birth Control*, 1961-1973. Nueva York, NY: Palgrave Macmillan, 2006; Usborne, Cornelie. *Cultures of Abortion in Weimar Germany*. Nueva York, NY: Berghahn, 2007; Schoen, Johanna. *Choice and Coercion: Birth Control, Sterilization, and Abortion in Public Health and Welfare*. Chapel Hill, NC: University of North Caroline Press, 2005.

El conocimiento médico-legal y los debates sobre el aborto

A lo largo de los siglos XIX y principios del XX, la profesión médica en el Perú consideraba la pérdida de un embarazo un problema social, médico y legal de difícil solución y graves consecuencias para el crecimiento demográfico, para el prestigio de la profesión y para la estabilidad de la familia. El aborto entró por primera vez al léxico legal peruano a través del Código Penal de 1836, el primero de la República del Perú, y se clasificó como un homicidio. Esto era consistente con la idea católica de que los fetos masculinos de más de cuarenta días y los femeninos de más de ochenta días tenían alma y eran, por lo tanto, personas.[6] Según el Código Penal de 1836, agredir o dar comida o bebida intencionalmente a una mujer embarazada para causar un aborto espontáneo era considerado un aborto. Los intentos que tenían éxito eran castigados más severamente que aquellos que no lo tenían (de cuatro a ocho años de cárcel, en lugar de dos a cuatro años, respectivamente). Es importante notar que el consentimiento de la mujer disminuía el castigo, reduciendo el tiempo de cárcel a la mitad. La ley era relativamente indulgente con todas las mujeres. Ellas eran consideradas criminales solo si conseguían terminar sus embarazos. Aun en ese caso, el castigo para ellas no era el encarcelamiento, sino la reclusión en una institución de reforma moral por un periodo de entre uno y dos años. Además, una mujer podía evitar incluso el internamiento si un juez determinaba que ella era «soltera o viuda no corrompida y de buena fama anterior», cuyo solo motivo fue cubrir el hecho de haber tenido relaciones sexuales extramatrimoniales.[7] Los médicos, cirujanos, farmacéuticos y obstetrices que realizaban abortos eran tratados con más severidad. La ley prohibía a estos

---

6. La presencia del alma en el cuerpo definía al «feto animado». Esta tesis estaba ya adaptada al catolicismo en el siglo XI. Véase Coriden, James. «Church Law and Abortion». *The Jurist* 33 (1973): 184-189

7. Código Penal del Estado Sud Peruano 1836, libro III, título 1, capítulo 1, arts. 516 y 517.

especialistas trabajar si resultaban culpables de realizar abortos. Aun así, ellos no recibían ningún tiempo tras las rejas. En otras palabras, las únicas personas a las que la ley de 1836 castigaba con encarcelamiento eran las que realizaban abortos sin ser profesionales de salud y las que agredían físicamente a mujeres que se sabía estaban embarazadas.

El siguiente Código Penal peruano, promulgado en 1862, trató el aborto más detalladamente que el anterior e introdujo dos cambios importantes.[8] Primero, las mujeres que se realizaran abortos podían terminar en la cárcel por un tiempo de hasta dos años. Aun así, al igual que la ley de 1836, la ley de 1862 era indulgente con las «mujeres de buena fama» que solo buscaban cubrir el sexo extramarital. Segundo, se otorgó un duro castigo a los médicos, obstetrices y farmacéuticos que realizaran abortos. La condena para estos profesionales era de hasta cinco años de cárcel, más tiempo del que recibían los fabricantes de brebajes y agresores que causaran abortos. La severidad de estas condenas en 1862 se extendía al infanticidio, sobre el cual no se había legislado anteriormente.[9] Las mujeres que resultaran culpables de este crimen podían recibir condenas de hasta cinco años de cárcel. Las penas para las personas que las ayudaran variaban entre cuatro y doce años en prisión.[10]

Los tratados médicos de fines del siglo XIX describen el «aborto espontáneo» como una patología compleja y, lamentablemente, muy común, determinada por la genética, el ambiente, el carácter de la mujer y la frecuencia de su actividad sexual. Según este punto de vista, los traumatismos físicos y las enfermedades reducían la habilidad del cuerpo de

---

8. Código Penal del Perú 1862, libro 2, sección 7, título 3, arts. 243-245.
9. Ibíd., título 2, art. 242.
10. La pena de prisión era diferente de la de cárcel, aun cuando el tiempo de la pena podía ser similar. La pena de prisión acarreaba, además de la privación de la libertad, la suspensión de los derechos políticos durante el tiempo tras las rejas y hasta por siete años después del final de la condena, además de un periodo probatorio de hasta cinco años, que dependía del buen comportamiento del exreo. Las penas de cárcel acarreaban la suspensión de los derechos políticos durante el tiempo tras las rejas y un periodo probatorio postencarcelamiento de hasta dos años y medio.

aferrarse al feto y podían llevar a su expulsión prematura.[11] La tuberculosis y la sífilis estaban entre las enfermedades más temidas, por su relación con los nacidos muertos, los partos prematuros y el nacimiento de bebés débiles y con poco peso, hechos que afectaban la calidad y cantidad de la población del país.[12] El doctor Eduardo Basadre, por ejemplo, atacó el uso del corsé, que impedía la correcta oxigenación del cuerpo. Él urgió a las mujeres a recordar que la compresión del abdomen impedía el desarrollo del útero y forzaba, a veces, contracciones prematuras, abortos espontáneos y, en el mejor de los casos, el nacimiento de niños «incapaces de cumplir sus deberes para con su patria».[13]

No había mucho que los médicos pudieran hacer por las mujeres hospitalizadas después de haber tenido un aborto, además del legrado y el reposo en cama. Alrededor de 1850, el ginecólogo parisino Joseph Récamier había introducido la cureta para raspar los tejidos infectados en el útero.[14] Los ginecólogos peruanos adoptaron el artefacto de Récamier y divulgaron con entusiasmo los procedimientos de dilatación y legrado a fines del siglo XIX; lo elogiaron y consideraron un paso radical para la terapia quirúrgica, gracias a su facilidad de uso y bajo costo. El doctor Wenceslao Molina, por ejemplo, publicitó su potencial para revitalizar el útero, argumentando que la operación de dilatación y legrado era «el abono que ha de fertilizar un terreno hasta entonces estéril; gracias al raspado muchos matrimonios que habían perdido la esperanza

---

11. Cáceres, Ismael. «Patogenia y etiología del aborto». Tesis de grado, Facultad de Medicina de San Fernando, 1891; Gavidia Lino, Víctor Manuel. «El aborto como accidente espontáneo o patológico». Tesis de grado, Facultad de Medicina de San Fernando, 1968; Guzmán Rodríguez, Manuel. «Profilaxis de las enfermedades venéreas». Tesis de grado, Facultad de Medicina de San Fernando, 1905.

12. Villanueva, Pedro. «Estenosis del orificio uterino y sífilis conyugal». *La Reforma Médica* 2, 26-28 (30 de setiembre de 1916): 99-100.

13. Basadre, Eduardo. «Ligeras consideraciones sobre el uso prematuro y el abuso del corsé». Tesis de grado, Facultad de Medicina de San Fernando, 1907, p. 4.

14. Brölmann, H. A. M.; F. P. H. L. J. Dijkhuizen y B. W. J. Mol. «The Clinical Importance of the Microcurettage». *Reviews in Gynaecological Practice* 4 (2004): 58-64.

de descendencia han visto realizadas sus ambiciones».[15] Médicos como A. A. Beraún fueron más allá, indicando que la anestesia no siempre era necesaria para que la dilatación y el legrado tuvieran éxito, ya que, según su opinión, el útero no era un órgano muy sensible.[16]

Estos primeros trabajos médicos sobre la pérdida del embarazo revelan la importancia de la puericultura francesa en la medicina peruana de dos formas. Primero, la pérdida del embarazo era definida como un tipo de patología caracterizada por la inhabilidad del cuerpo de una mujer de aferrarse y nutrir al feto en desarrollo. En lugar de tratar los casos de pérdida del embarazo como deliberados, los médicos solían considerar estas pérdidas como accidentales y adoptaron la tendencia del puericulturista líder, el francés Adolphe Pinard, a unir metafóricamente la pérdida del embarazo a la producción agrícola fallida: los nacidos muertos y los nacidos prematuramente eran llamados frutas sin madurar, se referían a las curetas como abonos y los úteros de las mujeres sin hijos se convertían en campos infértiles. Segundo, los médicos creían que la debilidad física causaba la inhabilidad del cuerpo femenino de proteger al feto. Enfermedades como la sífilis, la tuberculosis y la malaria, la tensión mental y el esfuerzo físico excesivo, debido al trabajo y a la actividad sexual, supuestamente causaban esta debilidad. Por consiguiente, los médicos peruanos, al igual que sus colegas franceses, empezaron a promover la eliminación de los factores que debilitaran los cuerpos de las mujeres como un asunto de interés nacional, ya que ponían en peligro el crecimiento demográfico. Regresaré a la noción del esfuerzo físico más adelante, ya que algunas mujeres alegaron que esta era la razón por la cual sufrieron abortos espontáneos.

Para la década de 1910, hubo un cambio decisivo en la metodología y el tono de las investigaciones médicas del aborto, determinado por la aparición de la especialización de Ginecología y Obstetricia en la

15. Molina, Wenceslao. «El curetaje uterino». Tesis de doctorado, Facultad de Medicina de San Fernando, 1896, p. 39.

16. Beraún, A. A. «Curetaje uterino y sus aplicaciones terapéuticas». Tesis de grado, Facultad de Medicina de San Fernando, 1906.

década de 1890, y el reconocimiento de los médicos de la importancia del crecimiento demográfico en las políticas nacionales.[17] Los ginecólogos empezaron a hacer uso del tema de la pérdida del embarazo para ganar crédito político. Sus nuevos trabajos recopilaban estadísticas hospitalarias y ya no solo presentaban casos clínicos. Igualmente, los textos médicos de este periodo condenaban enérgicamente a los que realizaban abortos y a los infanticidas, y recomendaban nuevas políticas para evitar la pérdida de más población, entre las que se incluían, no sorprendentemente, más supervisión médica de los embarazos.

La nueva generación de especialistas se enfocó sobre todo en la capital. En 1917, por ejemplo, el doctor Leoncio Chiri se convirtió en el primero en intentar una estadística de las pérdidas de embarazos en el país. Basó sus cálculos en las historias médicas recopiladas en la Maternidad de Lima, el hospital Santa Ana, la Maternidad de Bellavista en el Callao y el hospital San Juan de Dios, también en el Callao. Chiri encontró un promedio de 34 abortos espontáneos ocurridos cada año entre 1908 y 1916 en estos hospitales. En cada caso, la causa del aborto espontáneo fue registrada como desconocida.[18] Es posible que el pobre mantenimiento de los historiales fuera responsable del fracaso de los investigadores en su intento de identificar las causas específicas de los abortos que contaron. El doctor Humberto Portillo, por ejemplo, no indicó cómo él determinaba la diferencia entre un nacido muerto y un infanticidio, a pesar de que algunos de sus colegas se preocupaban de que estas dos categorías podían confundirse.[19] La característica que

---

17. Ugarte Taboada, Claudia. «Historia de los servicios de emergencia de Lima y Callao». *Revista Médica Herediana* 11, 3 (2000): 97-106.

18. Chiri, Leoncio P. «Consideraciones sobre la sífilis y el embarazo entre nosotros». Tesis de grado, Facultad de Medicina de San Fernando, 1917. Véase, además, Barandiarán, J. M. «Descanso y protección de la mujer embarazada». Tesis de grado, Facultad de Medicina de San Fernando, 1922.

19. Portillo B., Humberto. «El problema de la natimortalidad en Lima». Tesis de grado, Facultad de Medicina de San Fernando, 1925; Avendaño, Leonidas y Guillermo Fernández-Dávila. *La despoblación en su aspecto social y médico-legal.* Lima: Sanmartí y Cía., 1922; Herón Frisancho, Juan. «Mortalidad infantil y movimiento

identificaba a un recién nacido era si el niño había respirado. Era un estándar adaptado de la Francia napoleónica, uno que probablemente databa de antes de 1811.[20] El estándar estuvo basado en la noción de que, aunque los fetos crecían y se desarrollaban en el vientre materno, ellos dependían del cuerpo de la mujer íntegramente y, por dicha razón, no se podían distinguir de ese cuerpo. Esto cambiaba al momento en que el bebé nacía y era capaz de respirar. Aunque los bebés no podían valerse por sí mismos, el aire en sus pulmones y su habilidad para expulsarlo a través del llanto era un punto de inflexión para lograr su estatus de persona, médicamente hablando. La distinción tenía también implicaciones legales para el Código Penal de 1862: matar un bebé que había respirado era considerado un infanticidio, un crimen severamente castigado, mientras que la muerte de un recién nacido que no había respirado se consideraba un nacido muerto, una trágica ocurrencia sin culpa.[21]

La sospecha de que el aborto y el infanticidio sucedían a menudo llevó a médicos de renombre a sugerir cambios legales. El doctor Leonidas Avendaño, catedrático de Medicina Legal en la Facultad de Medicina de Lima, apoyó el registro público obligatorio de todos los embarazos y la liberalización de los juicios de paternidad.[22] Previamente, Avendaño había hecho una propuesta al V Congreso Médico Latinoamericano de 1913 para mitigar la culpa de la «la mujer de buena fama, que para ocultar su deshonra matare a su hijo, clandestinamente concebido, en el momento de nacer o inmediatamente después».[23] Avendaño no era el

---

demográfico en la ciudad de Puno». Tesis de grado, Facultad de Medicina de San Fernando, 1938.

20. Obladen, Michael. «History of Surfactant up to 1980». *Biology of the Neonate* 87 (2005): 308-316.

21. Sobre el infanticidio en Lima, véase Changanaquí E., Francisco. «Algunos casos de infanticidio en Lima». Tesis de grado, Facultad de Medicina de San Fernando, 1916; y Mercado B., Alejandro. «Contribución al estudio del infanticidio en Lima». Tesis de grado, Facultad de Medicina de San Fernando, 1921.

22. Avendaño, Leonidas y Guillermo Fernández-Dávila. Ob. cit.

23. *Anales de la Facultad de Medicina de la Universidad de San Marcos* (1913): 106.

único que pedía clemencia para las mujeres que cometían infanticidios. En 1915, el Congreso peruano empezó a actualizar el Código Penal de 1862. El diputado por Lima Víctor Maúrtua presentó un proyecto de ley sobre el infanticidio que exoneraba a las mujeres de responsabilidad si actuaban durante el momento inmediatamente después del parto. Maúrtua sugirió que el estrés del parto dejaba a las mujeres temporalmente incapaces, física y mentalmente, de cuidar a un bebé y hacía que fuera más probable que atentaran contra la vida de este.[24] La propuesta de Maúrtua fue distinta a la de Avendaño, ya que no hizo que la «buena reputación» de una mujer fuera un requisito para beneficiarse de la ley.

La composición del nuevo Código Penal empezó en 1915. Esta continuó después de la elección de Augusto B. Leguía como presidente en 1919 y terminó en 1924. El nuevo Código Penal estipulaba penas de cárcel para las mujeres que causaran sus propios abortos (hasta cuatro años), para los que realizaran abortos con el consentimiento de la mujer (hasta cuatro años, y hasta seis si la mujer fallecía como resultado de la intervención), para los que realizaran abortos sin el consentimiento de la mujer (hasta diez años) y para los que causaban que una mujer abortara accidentalmente como resultado de una agresión física (hasta dos años).[25] Además, se adoptó una versión modificada del proyecto de ley sobre el infanticidio de Víctor Maúrtua. Las mujeres que mataran a sus hijos recién nacidos durante el parto o «bajo la influencia de un estado puerperal» podrían ir a la cárcel hasta por tres años.[26] Lamentablemente, no se especificaba la duración del «estado puerperal», un tecnicismo que podría en teoría abrir la puerta a muchos abusos.

Un cambio importante introducido en el Código Penal de 1924 era la legislación del aborto terapéutico, definido como un aborto realizado por un médico con el consentimiento de la mujer, en caso de no haber otra forma de salvar la vida de la madre o evitarle «un daño permanente

---

24. Maúrtua, Víctor. «Proyecto de Ley sobre el Infanticidio, artículos 129 y 130» (1916), ACP.
25. Código Penal del Perú 1924, libro 2, sección 1, título 2, arts. 159-164.
26. Ibíd., art. 155.

y grave».[27] Lamentablemente, el Archivo del Congreso no registró los debates de la Comisión Congresal que creó el Código Penal de 1924 y llevó a la aprobación del aborto terapéutico. Sin embargo, este cambio legal era compatible con la ley penal en otros países de América Latina. Entre 1916 y 1923, por ejemplo, Argentina y Uruguay legalizaron el aborto terapéutico en aquellos casos en los que el embarazo pusiera en riesgo la vida de la mujer. Además, como se ha mostrado anteriormente, las investigaciones médicas sobre la frecuencia de los abortos espontáneos, nacidos muertos y muertes de recién nacidos en la década de 1910 habían llamado la atención sobre las frecuentes imprecisiones de los historiales médicos que no consignaban las causa de muerte. Los médicos sabían de la costumbre de sus colegas de omitir esta información cuando tenían la sospecha o, peor, cuando ellos mismos habían inducido un aborto, tal como mostraré en la siguiente sección. Es posible que estos investigadores pensaran que la legalización del aborto terapéutico fomentara un llenado más completo y honesto de las historias médicas. Asimismo, como también se mostró arriba, los médicos consideraban la dilatación y legrado como un procedimiento seguro, asequible y rápido. Permitir que este fuera una alternativa para las mujeres podía aumentar el prestigio y los ingresos de los médicos, y también disuadiría a las mujeres de tentar otros métodos de terminar un embarazo, presuntamente más peligrosos.

A pesar de estas posibilidades, hubo poca discusión en los círculos médicos peruanos sobre la necesidad del aborto terapéutico antes de 1924. Tampoco hubo argumentos de médicos para asegurarse este privilegio. Esto hace difícil determinar que tan conveniente era el monopolio del aborto terapéutico para los médicos peruanos. De hecho, algunos médicos no celebraron en lo absoluto la legalización del aborto terapéutico porque temían un posible aumento en la demanda de abortos. Tal como el catedrático de Medicina Legal Guillermo Fernández Dávila dejó en claro en 1926:

---

27. Código Penal del Perú 1924, libro 2, sección 1, art. 163.

> [...] pasaron los tiempos donde el aborto criminal era fruto de la desesperación de mujeres honradas después de una caída, acto personal y primo que, si no excusa, merece linidad (sic); hoy se nos solicita impávidamente casi a diario por mujeres de todas las clases sociales, alegando motivos nimios y falsos para que practiquemos el aborto, con la misma tranquilidad y firmeza que se nos pide remedio para una dolencia vanal [sic]; nuestra negativa las irrita, causa menosprecio, se nos retira la confianza, y comprobamos casi siempre que el germen para nosotros respetado, pocas molestias ocasionó a sus despreocupados procreadores, que hallarán siempre personas que los desembaracen de el, porque el aborto criminal es en la época presente industria lucrativa y sus autores son legión.[28]

Queda claro, entonces, que algunos médicos se preocupaban por dos posibles consecuencias de la legalización del aborto terapéutico. La primera sería el aumento de la demanda de abortos más allá de la oferta de los profesionales médicos que ofrecían estos servicios y el consecuente incremento de un rentable mercado negro en el cual la participación de personal no médico sería inevitable. La segunda sería el fortalecimiento de una actitud casual respecto de la procreación, ya que los abortos seguros y legales podrían separar al sexo del embarazo, y alentar a los hombres y mujeres a verse el uno al otro eróticamente, y no como compañeros a largo plazo en un matrimonio católico.

Frente a una explosión potencial en la demanda de abortos, algunos profesionales pensaron que sería importante documentar y denunciar casos de abortos ilegales. Daniel Fosalba y Muro analizó 2.831 historias clínicas de mujeres hospitalizadas después de sufrir un aborto en el hospital Arzobispo Loayza y en la Maternidad de Bellavista entre 1923 y 1928. Encontró que solo el 3,3% de estas mujeres cumplía con los criterios especificados para la realización de un aborto terapéutico: salvarle la vida a la mujer o evitarle un daño permanente y grave. Los otros casos se debían a razones diversas: un 13,84% perdió el embarazo debido a complicaciones causadas por la malaria; un 9,56%, debido a alguna forma de traumatismo físico; y un 8,06%, debido la sífilis.

---

28. Fernández Dávila, Guillermo. *El delito de aborto*. Lima: Lux, 1926, p. 22.

Finalmente, solo un 1,16% fueron abortos realizados ilegalmente. Lo que es clave es que la causa de la mayoría de pérdidas de embarazo que Fosalba y Muro encontró, más del 64%, era desconocida, debido a lo incompleto de los historiales médicos.[29]

La misma falta de información preocupaba al colega de Fosalba y Muro, el doctor Juan Escudero. En su análisis de las historias clínicas en el hospital Arzobispo Loayza entre 1925 y 1929 identificó 1.174 casos de pérdidas. Pero solo pudo encontrar los registros médicos completos de 83 pacientes. De estos, 27 mujeres habían tenido abortos espontáneos; 9 eran casos de abortos terapéuticos; 17 mujeres sufrieron pérdidas a causa de accidentes; 24, a causa de distintas patologías; y 6, a causa de traumatismos físicos. Al igual que Fosalba y Muro, Escudero sospechaba que los registros incompletos escondían un alto número de abortos inducidos ilegalmente, pero no llevó sus sospechas mas allá. Sin embargo, Escudero aparentaba entender las razones que llevaban a las mujeres a buscar abortos, entre las que se incluían su miedo a no poder trabajar o a ser estigmatizadas por ser madres solteras.[30] En varios casos, notó Escudero, las parejas de las mujeres las ayudaron a conseguir abortos. En cambio, los embarazos resultados de acciones violentas o engendrados por parejas que habían sido infieles o consumían drogas eran repugnantes para las mujeres, según Escudero, y también las llevaron a buscar abortos, pero sin ayuda.[31]

Varios escritos médicos entre las décadas de 1930 y 1950 evidencian la discreta aceptación profesional de los argumentos morales y

---

29. Fosalba y Muro, Daniel A. «La excusa absolutoria del aborto científico». Tesis de grado, Facultad de Medicina de San Fernando, 1929.

30. Varios otros médicos compartían esta opinión. Véase, por ejemplo, Tello Morales, Ernesto. «Causas de muerte materna en la Maternidad de Lima, 1947-1952». Tesis de grado, Facultad de Medicina de San Fernando, 1953; Amorín V., Antonio. «Causas de la mortalidad fetal y la neonatal en el Callao». Tesis de grado, Facultad de Medicina de San Fernando, 1953; Quintana Flores, Carlos Alberto. «Contribución al estudio del problema social y médico legal del aborto: estudio estadístico de la ciudad de Pisco». Tesis de grado, Facultad de Medicina de San Fernando, 1955.

31. Escudero Villar, Juan M. «Contribución al estudio del aborto». Tesis de grado, Facultad de Medicina de San Fernando, 1930, p. 3.

económicos que llevaban a las mujeres a buscar abortos. Es más, hacia principios de la década de 1960, algunos médicos decidieron asumirse como simpatizantes de estas mujeres. El doctor Carlos Olascoaga, por ejemplo, reconoció que los médicos raramente documentaban sus sospechas sobre los abortos inducidos y mucho menos se molestaban en alertar a la policía cuando las mujeres no eran claras sobre las razones que las llevaban a buscar atención médica tras un aborto.[32] Esta actitud ayudaría a explicar, hasta cierto punto, la escasez de historias médicas completas que molestaba a investigadores como Fosalba y Muro, y Escudero. Además, la compasión de Escudero hacia las mujeres que buscaban abortos revela las razones por las cuales los médicos no se molestaban en hacer acusaciones, aun cuando podían. Sin minimizar los peligros demográficos y éticos que generaba el aborto, algunos médicos no estaban de acuerdo con la represión como solución a largo plazo. Tal como lo aseguraba el catedrático de Obstetricia Alejandro Busalleu en su primera lección en 1938 al referirse a los problemas médicos más comunes:

> [...] hay uno que llama a ser remediado decididamente estudiando sus orígenes: queremos referirnos al aborto criminal, que amenaza por su frecuencia nuestra población, y que va echando por tierra los conceptos de moralidad de nuestra sociedad. Este es un problema médico, social, moral y hasta filosófico de tanta complejidad, que requiere para su solución, no invocar la acción represiva de los artículos del Código, sino un estudio de las fuentes, y con ello, la supresión de los factores que entran en juego en la génesis de este delito.[33]

El llamado a un mayor entendimiento de los determinantes sociales del aborto llevó a algunos médicos a reprender a los peruanos por sus bajas tasas de matrimonios. El matrimonio, según la opinión de

---

32. Olascoaga Mar, Carlos. «Estudio médico social del problema materno-infantil en la ciudad de Tacna». Tesis de grado, Facultad de Medicina de San Fernando, 1961.

33. Busalleu, Alejandro. «Lección inaugural del curso de Obstetricia». *Anales de la Facultad de Medicina de la Universidad de San Marcos* 21, 2 (1938): 231.

estos médicos, alentaba a las parejas a permanecer juntas y criar hijos adecuadamente. El fracaso del matrimonio, por el contrario, azuzaría a los hombres a abandonar sus hogares y haría más probable que las mujeres abortaran o se convirtieran en prostitutas, y que sus hijos se volvieran criminales.[34] Otros creían que la falta de educación sexual hacía difícil que las jóvenes usaran su sexualidad de forma apropiada. La culpa de esto la tendría la cultura peruana, en particular «el arraigo de los prejuicios inquisitoriales que, por una falsa y arcaica idea del pudor, hacen de la generación un misterio».[35] Igualmente culpable serían los deseos de las mujeres de ser iguales a los hombres, tendencia que las llevaría a abandonar sus hogares en búsqueda de trabajo, poniéndolas a merced de depredadores sexuales.[36] Manuel Salcedo, director del departamento de Protección Infantil y Materna del Ministerio de Salud en 1944, culpó tanto al trabajo infantil como a las mujeres trabajadoras de deformar la personalidad de los jóvenes, al hacerlos más propensos a cometer crímenes.[37] El corolario de Salcedo era una exhortación a impulsar la educación cívica de hombres y mujeres para que entendieran sus funciones «naturales» dentro de una estructura familiar patriarcal, una propuesta que convergió con los intereses de intelectuales católicas importantes del Perú, tal como vimos en el capítulo anterior.

Por supuesto, no todos los médicos estaban interesados en por qué las mujeres abortaban o en cuáles serían los vínculos entre la anomia sexual y la delincuencia. Los profesionales que solo buscaban castigar a

---

34. Gajardo, Samuel. «Las deficiencias del hogar como factor de delincuencia de menores». *La Acción Médica* (2 de noviembre de 1929): 1-2, 15; Herón Frisancho, Juan. Ob. cit.

35. «Aspectos sociales de la educación sexual». *La Acción Médica* (9 de noviembre de 1929): 3; «El papel preponderante de la madre en la educación sexual de sus hijos». *La Acción Médica* (16 de noviembre de 1929): 10-11.

36. Avendaño, Jorge. «¿Hay jerarquía en la sociedad conyugal?». *Nuestros Hijos* 3, 14 (diciembre de 1955): 7-8; Castellón, Helio. «¿Está masculinizándose la mujer que trabaja?». *Ñusta* 1, 5 (noviembre de 1957): 7-9.

37. Salcedo, Manuel. «Infancia abandonada en peligro y peligrosa». *Boletín del Departamento de Protección Materno Infantil* 4, 15-16 (1944): 13.

las que buscaban y a los que realizaban abortos tenían en la mira a las obstetrices, parteras, farmacéuticos y algunos de sus propios colegas, a quienes acusaban de practicar abortos como una forma más de ganarse la vida.[38] El doctor Leonidas Avendaño, por ejemplo, manifestaba un desprecio singular hacia las «mujeres ignorantes, responsables de las horribles escenas desarrolladas en los callejones y en las grandes casas de inquilinato, albergues sucios y nauseabundos, que tenían como actores a una paciente rústica, rebelde por completo a toda práctica higiénica, y a una mujer estúpida que no vacilaba en sacrificar una o dos vidas en aras de unos pocos centavos que luego arrancaba a la familia incauta».[39] El doctor Luis Vargas Prada, director general de Salubridad, envió un memorándum a todos los directores de hospitales en abril de 1933, en el cual advertía que «el aborto provocado sin finalidad terapéutica y calificado, por tanto, como práctica criminal, es procedimiento que se difunde más cada día en nuestro medio social, con grave riesgo para la mujer en gestación y hondo daño para la colectividad».[40]

El catedrático de Medicina Social Carlos Enrique Paz Soldán elogió la posición oficial de Vargas Prada. Paz Soldán también condenó a los médicos, parteras y curanderas «que viven y medran, inmoralmente, explotando la inocencia o la desgracia», y que estarían detrás de la supuesta ola de abortos. Con entusiasmo, Paz Soldán empezó una campaña para sacar a la luz pública a todos los que realizaran abortos ilegalmente. Ya que no podía contar con la ayuda de sus colegas, recurrió a los trabajadores de la salud en general para que le avisaran «cada vez que llegue un caso en el que [se] sospeche de maniobras abortivas sin fin terapéutico». Paz Soldán se comprometía a investigar confidencialmente y a hacer la

---

38. Valle Medina, Pedro. «Contribución al estudio del problema social y médico-legal del aborto en el Callao». Tesis de grado, Facultad de Medicina de San Fernando, 1946.

39. Citado en Vidal Amat y León, Jorge. *Historia de la obstetricia y ginecología en el Perú*. Lima: MAD, 2004, p. 49. Aunque no está fechado, Avendaño probablemente escribió este texto entre 1919 y 1930, cuando era catedrático de Medicina Legal en la Facultad de Medicina de Lima.

40. Vargas Prada, Luis. «Circular n.° 7 a los Médicos Directores de Hospitales» (10 de abril de 1933), citado en *La Reforma Médica* 19, 165 (15 de junio de 1933): 197.

denuncia apropiada ante el Ministerio Fiscal.[41] No existe evidencia de que Paz Soldán haya hecho una sola denuncia, mucho menos una que llevara a un arresto o juicio, al menos en Lima, donde empezó su campaña en 1933.[42] Sin embargo, este no fue el único intento de enfrentarse a los proveedores de abortos ilegales. El presidente José Luis Bustamante y Rivero estableció comités de supervisión médica en los hospitales más grandes del Perú en 1946.[43] Una de las funciones de estos comités era fiscalizar la legitimidad de los abortos realizados por los médicos. Sin embargo, tampoco hay evidencia de que estos comités haya iniciado una sola acusación de aborto ilegal en los hospitales.

Los médicos empezaron a preocuparse más expresamente por las tasas de mortalidad materna en la década de 1940, un cambio que tuvo dos importantes consecuencias.[44] Primero, nuevos trabajos de investigación llamaron la atención sobre el hecho de que las infecciones puerperales adquiridas en los hospitales y centros de salud causaban la misma cantidad de muertes maternas, sino más, que las complicaciones relacionadas con los abortos inducidos. El doctor Juan Landaburú, por ejemplo, encontró que, de las 94 mujeres en trabajo de parto que murieron en la Maternidad de Lima en 1945, 10 fallecieron como resultado

---

41. Paz Soldán, Carlos Enrique. «Editorial». *La Reforma Médica* 19, 165 (15 de junio de 1933): 198.

42. Sin embargo, el Archivo Penal de Lima no guarda registros entre 1933 y 1938, de manera que es posible que algunas acusaciones se hayan perdido.

43. «Decreto presidencial del 24 de mayo de 1946», citado en «Regulación de la Fecundidad» (1979), CENDOC.

44. López Cornejo, Félix. Ob. cit.; Barreto P., David U. «Problema materno-infantil en Iquitos». Tesis de grado, Facultad de Medicina de San Fernando, 1945; Landaburú Soubise, Juan E. «Contribución al estudio de la mortalidad materna». Tesis de grado, Facultad de Medicina de San Fernando, 1946; Untiveros Morales, Jesús. «La frecuencia de los abortos en Lima». Tesis de grado, Facultad de Medicina de San Fernando, 1946; Frías Ocampo, César. «Causas de internamiento y de muerte en la Maternidad de Lima». Tesis de grado, Facultad de Medicina de San Fernando, 1951; Neyra Mosquera, Alejandro. «El problema médico legal y médico social del aborto en el Perú». Tesis de grado, Facultad de Medicina de San Fernando, 1951; Quintana Flores, Carlos Alberto. «Contribución al estudio del problema social y médico legal del aborto: estudio estadístico de la ciudad de Pisco». Tesis de grado, Facultad de Medicina de San Fernando, 1955.

de infecciones puerperales y 13, como consecuencia de complicaciones relacionadas con el aborto.[45] Para 1950, las infecciones posparto en el mismo hospital causaban el doble de muertes maternas que las complicaciones relacionadas con el aborto (22 y 11, respectivamente, de un total de 59 muertes).[46] Segundo, nuevas investigaciones mostraron que las complicaciones relacionadas con el aborto requerían cirugías más frecuentemente que cualquier otra complicación obstétrica. Landaburú encontró que el 55% de las 5.887 intervenciones quirúrgicas realizadas a mujeres entre 1925 y 1945 en la Maternidad de Lima eran procedimientos de dilatación y legrado después de un aborto mal hecho.[47] De manera similar, la mayoría (44%) de las 1.470 operaciones en la Maternidad de Lima en 1950 eran, según el doctor César Frías, la dilatación y el legrado después de un aborto.[48]

La demanda de este tipo de servicio alentaba no solo el crecimiento de los servicios quirúrgicos hospitalarios, sino también la demanda de materiales como la sangre, la anestesia y los antibióticos.[49] El suministro de antibióticos se volvió más eficiente en diversos hospitales del Perú y postas de salud a inicios de la década de 1950.[50] La Segunda Guerra Mundial aumentó los precios de los productos que el Perú producía y exportaba, y la administración del presidente Manuel Prado y Ugarteche distribuyó parte del ingreso generado para mejorar la atención médica en el país.[51] Además, el presidente de los Estados Unidos, Franklin Roosevelt, adoptó una «política del buen vecino» con América

---

45. Landaburú Soubise, Juan E. Ob. cit., pp. 42, 100.
46. Frías Ocampo, César. Ob. cit., pp. 33-34.
47. Landaburú Soubise, Juan E. Ob. cit., p. 173. Las laceraciones vaginales eran la segunda causa de las cirugías necesarias, 25% de ellas aproximadamente.
48. Frías Ocampo, César. Ob. cit., p. 11. Las laceraciones vaginales eran la segunda causa de las cirugías necesarias, 19% de ellas aproximadamente.
49. Tello Morales, Ernesto. Ob. cit.
50. Sobre los antibióticos en el Perú, véase Instituto Nacional de Planificación. «Plan Nacional de Desarrollo Económico y Social del Perú, 1962-1971».
51. Sobre la presidencia de Prado, véase Portocarrero, Felipe. *El Imperio Prado, 1890-1970*. Lima: CIUP, 1995.

Latina. Como parte de esta nueva política, los Estados Unidos fundaron lo que se conoció como el Servicio Cooperativo Interamericano de Salud Publica (SCISP). En el Perú, el SCISP trabajó en una variedad de proyectos relacionados a la salud, entre los que se incluyeron el control de la malaria, el saneamiento del agua, el cuidado obstétrico, el entrenamiento de trabajadores con la salud y la administración de centros de salud. El SCISP también apoyó en la instalación de cadenas de suministro de medicamentos, entre los que se incluían antibióticos y sulfas, a algunas de las regiones más pobres del Perú rural.[52]

En resumen, en las primeras cinco décadas del siglo XX, la profesión médica participó en debates nacionales sobre la pérdida del embarazo en distintas formas. Algunos médicos continuaron tratando las pérdidas de embarazos y abortos como factores de estancamiento demográfico. Para otros, las pérdidas de embarazos deliberadas eran oportunidades para hacer juicios morales sobre los peruanos. A veces, estos juicios eran, en cierto modo, benignos, por ejemplo cuando revelaban la compasión de los médicos por la difícil situación de las mujeres explotadas sexualmente o aquellas de las mujeres y los hombres preocupados por las oportunidades que un nuevo hijo obstaculizaría. En otras ocasiones, los juicios eran duros, especialmente cuando los médicos buscaban distinguirse de los no médicos que también realizaban abortos sin la protección legal que el Código Penal de 1924 otorgaba a los abortos terapéuticos. Es importante poner estos duros juicios en el contexto de la profesionalización de la medicina en América Latina a principios del siglo XX. Al intentar reafirmar su poder, los profesionales médicos de la región atacaron a potenciales competidores, tales como parteras, curanderos y obstetrices, que también realizaban abortos.

---

52. Establecido en 1942, el SCISP actuaba en varios países latinoamericanos desde el interior de los ministerios de Salud nacionales. La mayoría de empleados del SCISP eran trabajadores de Salud locales, pero algunos, especialmente los más influyentes, eran reconocidos expertos entrenados en los EE. UU. y pagados por el gobierno de ese país. Sobre la ayuda técnica en salud de los EE. UU. a América Latina, véase Cueto, Marcos. *The Value of Health: A History of the Pan American Health Organization*. Rochester, NY: University of Rochester Press, 2007.

El aborto era un medio común para evitar tener hijos en el Perú durante esa época, uno usado por mujeres de distintos grupos étnicos y socioeconómicos. Pero, para finales de la década de 1940, la tendencia hacia la medicina preventiva, ejemplificada por el SCISP en el Perú, ayudó a hacer más visible el problema de la mortalidad materna para los profesionales de salud. El aborto siguió siendo un tema importante de discusiones médicas, sociales y morales, pero también se volvió parte de un nuevo diálogo sobre la salud pública que enfatizó la contribución del aborto a las tasas de mortalidad y morbilidad materna. Una cuestión importante por tratar, entonces, es cómo estos debates médico-legales y sospechas de frecuentes abortos en instituciones públicas llevaban o no a acusaciones efectivas ante las autoridades de salud pública y judiciales.

¿Por qué los abortos eran tan raramente investigados como crímenes?

A pesar de la retórica de los médicos sobre la amenaza que significaba el aborto para la familia, la profesión y la nación, sus esfuerzos por llevar ante la justicia a quienes buscaban abortos y a quienes los realizaban fue mínima entre 1890 y 1970. Llegué a esta conclusión tras revisar los archivos criminales disponibles en los departamentos más poblados del Perú según el censo de 1940: Lima, Puno, Piura, Ayacucho y La Libertad.[53]

Solo 233 casos de 26.402 involucraban pérdidas sospechosas de embarazos o abortos, y la mayoría ocurrieron en la ciudad de Lima entre principios de la década de 1960 y finales de la de 1970 (181 casos).

---

53. El censo de 1940 fue el primero del siglo XX. Cajamarca, Cuzco, Junín y Áncash eran más populosos que Piura, Ayacucho y La Libertad. Sin embargo, los archivos regionales en estos primeros cuatro departamentos no contestaron a mi pedido de consulta de materiales, o me informaron que sus colecciones no incluían secciones de causas criminales para los periodos que yo necesitaba analizar. Los archivos criminales de Lima están divididos entre el Archivo General de la Nación (1895-1921) y el Archivo Penal (1961-1979). Desafortunadamente, ningún archivero pudo dar cuenta de los registros faltantes de Lima entre 1922 y 1960.

Tabla 1
CASOS DE ABORTO ENTRE LOS EXPEDIENTES CRIMINALES
EN DEPARTAMENTOS SELECTOS, COMPILADOS POR EL AUTOR

Archivo	Fechas disponibles	Casos de aborto	Casos criminales consultados
Lima	1961-1979	181	2.926
Trujillo	1919-1976	13	8.932
Puno	1919-1975	20	12.960
Ayacucho	1920-1965	17	828
Piura	1919-1960	2	756
		233	26.402

Fuente: Estadística compilada por el autor.

De los 233, solo 20 empezaron gracias al reporte de un médico a las autoridades. La compasión profesional hacia las mujeres hospitalizadas y sus temores acerca de poner en riesgo sus propias carreras eran razones importantes por las cuales los médicos no incluían sus sospechas de aborto en las historias clínicas, ni las reportaban a la policía. Además, la negativa de las mujeres hospitalizadas a confirmar las sospechas de los médicos a través de una confesión hacía difícil comprobarlas. De hecho, algunas explicaciones que daban las mujeres acerca de las pérdidas de sus embarazos encajaban bien dentro de los marcos médicos explicativos, y eso también les brindaba a ellas una protección adicional. Un cambio crucial sucedió a inicios de la década de 1970, con la organización del Departamento de Abortos (DA) dentro de la división de Crímenes contra la Vida en la Policía de Investigaciones del Perú. El DA, que tenía representantes en los principales hospitales de Lima, aumentó drásticamente el número de casos reportados de abortos en la capital, que pasó de un promedio de dos casos por año entre 1961 y 1969 a 16 entre 1970 y 1979. De hecho, de los 20 casos de abortos que los médicos reportaron a la policía entre la década de 1890 y la de 1970, 18 tuvieron lugar en Lima entre 1970 y 1979.

Como expliqué antes, la compasión hacia las mujeres que deseaban mantener sus embarazos extramatrimoniales secretos o que no podían mantener otro hijo puede haber prevalecido sobre el deber de los médicos, sancionado por el gobierno, de reportar un crimen. En menor medida, hacer acusaciones criminales también requería trabajo adicional que los médicos habrían preferido evitar. Por último, el interés particular también hizo a los médicos reacios a hacer acusaciones cuando sospechaban que un aborto había ocurrido. Esto era especialmente claro cuando los médicos lidiaban con clientes de clase alta que no deseaban hacer públicos sus asuntos privados.

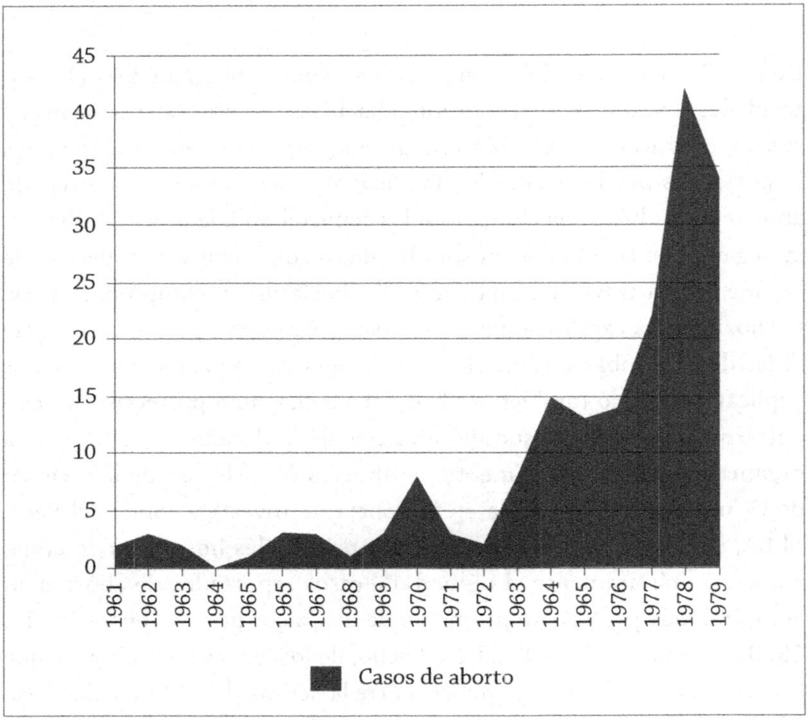

Figura 4: Casos de aborto investigados por la policía en Lima, 1961-1979 (estadística compilada por el autor)

El doctor José Montoya, por ejemplo, describió en 1941 el caso de la señora N. N., una limeña de 37 años, casada y sin hijos, «a pesar de que en la vida conyugal no toma precauciones anticonceptivas». Su esposo se había ido a un viaje de siete meses y, poco después de su regreso, una cocina de querosene explotó en su hogar. Alterada, la señora N se cayó y notó que sus genitales empezaron a sangrar. El doctor que la admitió encontró «síntomas de aborto» cuando examinó un coágulo que salió de la señora N, con la apariencia de carne molida.[54] El esposo de la señora N consideró esto como evidencia de que ella le había sido infiel mientras estuvo de viaje y pidió el divorcio. Sin embargo, el médico de cabecera de la señora N, el doctor R. Colareta, hizo que un colega analizara el coágulo. Después de un análisis más detallado, el diagnóstico fue modificado: el coágulo era ahora un pronunciado quiste uterino. Para entonces, sin embargo, el esposo estaba molesto y la esposa resentida. Este error médico dañó tanto al matrimonio que Montoya temió que una demanda civil contra su colega fuera inminente y usó esta experiencia para advertirles a otros médicos que diagnosticaran abortos con el máximo cuidado.[55]

Considerando el interés particular por sus propias carreras, los médicos de pacientes adinerados se cuidaban de no identificar a sus clientes por nombre y se esforzaban por protegerlos de escándalos. Esto ayudó a asegurar el patrocinio continuo de dichos clientes. El doctor Ismael Cáceres, por ejemplo, detalló el aborto de la señora «C. G. de G.» en 1891. Limeña blanca, casada y rica, de 22 años, la señora G había oído que el silicato de sodio podía acabar con un embarazo si era tomado en repetidas dosis. Ella produjo su propio aborto tras hacer que un sirviente le comprara una gran cantidad de la sustancia química, diciéndole al farmacéutico

---

54. Montoya M., José Julio. «Estudio médico legal sobre un caso de pseudo-embarazo y pseudo-aborto». Tesis de grado, Facultad de Medicina de San Fernando, 1941, pp. 3-4.

55. Efectivamente, el Código Civil peruano de 1936, en su artículo 1136, estipula que «quien por sus acciones, negligencia o imprudencia causara un daño a otro, está obligado a indemnizarlo». En este caso, el diagnóstico incorrecto podía interpretarse como negligente y causante de daños al matrimonio de dos personas.

que el silicato de sodio era para curar un repentino dolor reumático. La señora G tomó la droga por dos días y, finalmente, sufrió una sobredosis que le causó dolor y sangrado. El doctor Cáceres, su médico personal, se apresuró en venir. Recetó limonadas sulfúricas y un enema de láudano para prevenir la pérdida del embarazo. Aun así, el aborto sucedió.[56] El doctor Cáceres no incluyó la confesión de la señora G en su historia médica, ni la reportó a la policía. De hecho, Cáceres ni siquiera incluyó el nombre de su adinerada clienta. Sin embargo, sí nombró a otras cinco mujeres de quienes él sospechaba de haber inducido sus propios abortos: Fidela Reyes, una costurera; Cecilia Barreto, una lavandera; Escolástica Zárate, una cocinera; María Elena Enríquez, también una cocinera; y Rosalía Vásquez, una vendedora ambulante. Por sus ocupaciones podemos inferir que estas mujeres no eran tan adineradas como la señora G y, por lo tanto, no podían gozar de la discreción de un médico personal.

Sin embargo, inclusive mujeres como las cinco mencionadas podían protegerse a sí mismas de acusaciones criminales al no revelar mucho sobre las circunstancias que llevaron a sus hospitalizaciones. Esto es exactamente lo que hizo una de las mujeres que Cáceres nombró. Frustrando a este, lo único que Fidela Reyes admitió fue que se sintió mal durante diez días antes de ir al hospital. Al undécimo día, le dijo a Cáceres, sufrió la pérdida espontánea de su embarazo, y afirmó sentir menos dolor desde entonces.[57] Era difícil obtener estas confesiones. Médicos como Marcelino Castellares en 1935 recordaban obtener la confesión de un aborto como si fuera una pequeña victoria personal que podía ayudarlos a diagnosticar mejor otros casos de pérdida de embarazo en el futuro o a ser más minuciosos al escribir historias médicas.[58]

---

56. Cáceres, Ismael. Ob. cit., observación VI.

57. Ibíd., observación I. Sobre esfuerzos hechos para obtener confesiones de mujeres, así como maneras en que las mujeres se negaban a confesar, véase, además, Reagan, Leslie. «"About to Meet Her Maker": Women, Doctors, Dying Declarations, and the State's Investigation of Abortion, Chicago, 1867-1940». *Journal of American History* 77, 4 (1991): 1240-1264.

58. Castellares Z., Marcelino. «Abortos espontáneos y abortos provocados». *Actualidad Médica Peruana* 1, 6 (1935): 366-370

Tal como el doctor Jesús Untiveros declaró ostentosamente en 1946, «he tenido que rectificar la mayor parte de las historias clínicas hechas en el Pabellón 9 de la Maternidad cuando, después de ganar la confianza de la abortante (lo cual es indispensable), he logrado arrancar la declaración acerca de la verdadera causa. Pero, para llegar a tal resultado, ¡cuánta paciencia!, ¡cuánta tenacidad!, ¡cuántos medios persuasivos!».[59] Es de interés que los médicos rara vez mencionaran buscar dichas confesiones para mejor acusar a las criminales ante la policía. Aun así, con igual frecuencia, como el doctor Francisco Cabrera generosamente admitió en 1931, las mujeres «nos despistaban sencillamente en el interrogatorio hablándonos de descensos que, en su concepto, eran propios al estado de embarazo».[60]

Parte de la facilidad con la que los médicos eran engañados tenía que ver con la creencia extensa en la profesión médica de que «casi todas las mujeres conocen eficaces prácticas anticoncepcionales y abortivas»: desde la confección de brebajes preparados con cornezuelo de centeno y apio, hasta el uso de productos de higiene íntima.[61] Las mujeres también empleaban la quinina como abortivo, aunque decían que lo usaban para aliviar síntomas de la malaria.[62] P. M., una mujer de 30 años de Huaraz, por ejemplo, con cinco hijos ya y un aborto espontáneo anterior, se diagnosticó a sí misma con malaria y consiguió quinina por su cuenta. En el hospital Santa Ana en Lima, el doctor Beraún le realizó una dilatación y legrado en 1906, después de encontrar signos de un aborto inducido. Beraún concluyó que P. M. había abortado deliberadamente,

---

59. Untiveros Morales, Jesús. Ob. cit., p. 13.

60. Cabrera Castro, Francisco. «Ensayo de clasificación de la etiología del aborto». Tesis de grado, Facultad de Medicina de San Fernando, 1931, p. 44.

61. Escudero Villar, Juan M. Ob. cit., pp. 3, 81.

62. La quinina puede tener un efecto emenagogo, pero solo si se toma en grandes cantidades, que la vuelven sistemáticamente tóxica. Véase McGready, R. «The Effects of Quinine and Chloroquine Antimalarial Treatments in the First Trimester of Pregnancy». *Transactions of the Royal Society of Tropical Medicine and Hygiene* 96, 2 (2002): 180-184.

pero no pudo hacer que ella confirmara sus sospechas.[63] Por supuesto, estas tácticas no siempre funcionaron. La mujer embarazada que le pidió tabletas de quinina al doctor Agustín Gavidia en su consultorio del Callao en 1904 no tenía síntomas de malaria, pero, y esto es lo que le dio a Gavidia una pista, ella ya tenía cinco hijos y una «sospechosa» pérdida de embarazo previa.[64]

El uso de sustancias vegetales para afectar la fertilidad tiene una historia aún más antigua que la del uso de la quinina en la región de los Andes. Polo de Ondegardo, el cronista español del período de la Conquista, menciona el uso de hierbas para provocar la esterilidad, tales como la mallunhua. La encuesta de Hermilio Valdizán a principios del siglo XX identificó 28 distintas sustancias vegetales «para restablecer los menstruos», así como 9 que aumentarían la fertilidad.[65] Santiago Antúnez de Mayolo señala que los naturalistas viajeros tales como el alemán Alexander von Humboldt y el francés Alcide d'Orbigny se habían percatado del uso de plantas andinas para inducir el aborto en el siglo XIX. Antúnez de Mayolo también reprodujo la lista de plantas medicinales que el médico Manuel Antonio Osores había analizado en Chota, en la zona norte de los Andes, en 1850. Algunas de estas, como la misquichilca y la panisara eran usadas «para limpiar el útero».[66] Antúnez de Mayolo añadió su propia recopilación de sustancias usadas, presuntamente desde tiempos inmemoriales, para restablecer la menstruación. Otros investigadores han recopilado desde entonces sus propias listas de abortivos andinos.[67]

---

63. Beraún, A. A. Ob. cit., p. 45.

64. Gavidia Lino, Víctor Manuel. Ob. cit., p. 70.

65. Valdizán, Hermilio y Ángel Maldonado. *La medicina popular peruana,* volumen 1. Lima: Torres Aguirre, p. 343.

66. Antúnez de Mayolo, Santiago. *Cuadernos de medicina popular peruana*, 1997, p. 5.

67. Carter, W. E. «Trial Marriage in the Andes?». En Ralph Bolton y Enrique Mayer (eds.). *Andean Kinship and Marriage*. Washington, D. C.: American Anthropological Association, 1977; Berlin, Elois Ann. «Aspects of Fertility Regulation Among the Aguaruna Jivaro of Peru». En Lucile Newman (ed.). *Women's Medicine: A Cross-Cultural Study of Indigenous Fertility Regulation.* New Brunswick, NJ: Rutgers

El debate sobre el presunto extenso conocimiento local de los emenagogos en el Perú de principios del siglo XX iba más allá del círculo científico. Juan José Calle, fiscal de la Corte Suprema del Perú, escribió en 1924 sobre las «muchas gentes que, sin ser médicos, parteros o farmacéuticos se dedican a la industria de confeccionar medicamentos y brebajes abortivos y los venden disfrazando sus propósitos con diferentes nombres; pero que disimuladamente indican el fin con el que deben ser empleados».[68] Es muy probable que Calle no solo se refiriera a los brebajes a base de plantas, sino también a las medicinas de patente anunciadas públicamente en las farmacias. Estas incluían Agua del Socorro, la cual prometía curar «irregularidades» en el periodo de una mujer y devolverle su «salud, bienestar y vigor»; y Cardui, «el tónico para las mujeres» que prometía arreglar los retrasos en el periodo.[69]

A pesar de ser discutidos a menudo por otros, los brebajes emenagogos eran rara vez mencionados por las mujeres hospitalizadas después de perder un embarazo, con excepciones tales como la de la señora G. En su lugar, cuando los médicos presionaban a las mujeres para que explicasen lo que las trajo al hospital, ellas frecuentemente culpaban a acontecimientos externos súbitos y traumáticos, tales como caídas, movimientos bruscos o la angustia emocional. El doctor Agustín Gavidia, por ejemplo, reportó pérdidas causadas por mover una pesada máquina de coser o por caerse de una silla.[70] Dos de las siete pérdidas que el doctor Wenceslao Molina trató con dilatación y legrado en 1896 fueron causadas por caídas según las pacientes.[71] A. E., a quien el doctor Beraún trató con dilatación y legrado, sufrió una pérdida después de

---

University Press, 1985; Millones, Luis y Mary Pratt. *Amor brujo: imagen y cultura del amor en los Andes*. Lima: IEP, 1989.

68. Calle, Juan José. *Anotaciones y concordancias al Código Penal*. Lima: Fondo Editorial del Congreso del Perú, 1924, p. 138.

69. Véase publicidad en *La Prensa* (31 de agosto de 1916): 3; y *La Prensa* (3 de febrero de 1920): 6.

70. Gavidia Lino, Víctor Manuel. Ob. cit., p. 70.

71. Molina, Wenceslao. Ob. cit., s. p.

molestarse por «contrariedades de familia».[72] Escolástica Zárate explicó que su pérdida fue causada por levantar objetos pesados como parte de su trabajo como cocinera. María Elena Enríquez aseguró que su primer embarazo terminó cuando se cayó de las escaleras, un día antes de ser admitida en el hospital. Rosalía Vázquez dijo en su entrevista que sufrió una pérdida cuando se lanzó para coger a su bebé que estaba a punto de caerse de una silla. A pesar de sangrar, se rehusó a ir al hospital por cuatro días más. Otro de sus siete embarazos terminó por la fuerte impresión que tuvo al ver cómo su esposo fue salvajemente golpeado. En esa oportunidad, el feto fue expulsado después de diecisiete días en el hospital. La señora Vázquez se deshizo de este silenciosamente, durante la noche, sin ninguna investigación por parte del personal médico.[73]

Según la tradición puericultural que dominó la obstetricia en el Perú de inicios del siglo XX, los eventos externos súbitos y traumáticos, de naturaleza patológica, física o mental, podían debilitar al cuerpo femenino, incluso al extremo de hacer que este pierda su habilidad de aferrarse al feto en desarrollo. Esta es probablemente la razón por la cual algunas mujeres culpaban a las caídas, el esfuerzo físico y la angustia emocional por sus pérdidas, sin que los médicos dudaran demasiado de ellas. De hecho, hasta 1946, las caídas, el esfuerzo físico, los viajes largos y las «emociones fuertes» estaban clasificadas como causantes de abortos espontáneos.[74] El hecho de que distintas mujeres a lo largo del siglo XX en América Latina explicaran sus pérdidas de formas similares es importante.[75] Indica la importancia de una forma de conocimiento

---

72. Beraún, A. A. Ob. cit., p. 45.

73. Cáceres, Ismael. Ob. cit., observaciones III, IV y V.

74. Untiveros Morales, Jesús. Ob. cit., p. 47. Sin embargo, pocos años después, las caídas dejaron de ser consideradas tan inocentes y empezaron a ser incluidas, junto a ciertas drogas y la inserción de objetos en el útero, en las listas de métodos comunes para provocar un aborto. Véase Neyra Mosquera, Alejandro. Ob. cit., p. 45.

75. Estudiosos mexicanos también han documentado la creencia en el agotamiento físico y en el levantamiento de cosas pesadas como desencadenantes de un aborto. Véase Valle Prieto, María Eugenia del. «Parto y aborto en algunas "ciudades perdidas" de México». *Anales de Antropología (México)* 17, 2 (1980): 197-222.

lego del cuerpo que relaciona los eventos externos súbitos y traumáticos con la pérdida del embarazo, un conocimiento que algunas mujeres podían usar estratégicamente para acabar con sus propios embarazos, aun cuando tales acciones las ponían en riesgo de causarse daño. La convergencia entre este tipo de conocimiento lego y las ideas puericulturales era beneficiosa para las mujeres que no querían confesar haber tenido un aborto y también para los médicos que querían evitar la atención que una investigación criminal podía atraer. Las mujeres que no deseaban explicar las circunstancias de sus pérdidas en detalle inquietaban a algunos médicos. Pero ¿cómo podía un médico, frente al silencio decidido de una mujer, probar concluyentemente que algo como una caída era más que un terrible accidente?

El deseo de proteger sus carreras, la compasión que sentían por algunas mujeres y la facilidad con la que podían ser engañados o con la que se les podía ocultar información hacían improbable que los médicos acusaran a las mujeres del crimen de aborto. Esta actitud prevaleció a pesar de que los médicos frecuentemente presenciaban evidencias de abortos y practicaban procedimientos para salvarle la vida a mujeres que tenían abortos mal hechos. Considerando los obstáculos para hacer efectivas las acusaciones criminales de abortos, no es sorprendente que hubiera tan pocas de ellas. Esto recién empezó a cambiar en la década de 1970, con la fundación del Departamento de Abortos dentro de la policía. Sin embargo, aun en esa época, el incremento de los reportes de abortos tenía menos que ver con un cambio en la actitud de los médicos y más con el aumento de la presencia policial en los hospitales de Lima.

Investigar las acusaciones

Mi revisión de 26.402 expedientes de casos penales en cinco de los departamentos más poblados (en 1940) produjo solo 233 casos de aborto. De estos, solo ocho (uno en Ayacucho, otro en La Libertad y seis en Lima) resultaron en sentencias. Después del improbable evento de una acusación criminal, las investigaciones sobre abortos enfrentaron distintos tipos de obstáculos que hacían problemática la asignación de responsabilidad criminal y que también nos ayudan a entender mejor las condiciones sociales en las que ocurrían los abortos.

La prudencia profesional de los expertos médicos y legales era el primero de estos obstáculos. El poder de los expertos para aplicar la ley podía y logró hacer que casos contra presuntas criminales fueran desestimados. El doctor Enrique Blondet, por ejemplo, alertó a la policía de Trujillo después de que Angélica Fernández, una trabajadora doméstica de 14 años, le confesara por qué había sido hospitalizada. La joven Fernández le dijo al doctor Blondet que, al regresar a su hogar de la casa de sus patrones un día en junio de 1920, sintió dolor, dio a luz a un lado del camino en las afueras de Trujillo y dejó el feto ahí. Con la ayuda del doctor Blondet, la policía encontró el cuerpo del feto de la señorita Fernández, y todo ello resultó en una acusación por infanticidio. Sin embargo, después de un análisis de los restos, el doctor Blondet determinó que el feto femenino de seis meses, «por su incompleto desarrollo era inviable», a pesar de haber respirado.[76] Basado en el reporte del doctor Blondet, el fiscal desistió de su acusación.

Un caso similar fue el de Rosa Huamán, un ama de casa de 19 años de Trujillo, quien acusó a la partera Rosa Valderrama de defraudarla en 1940. La investigación reveló que la señora Huamán le había pagado a la señora Valderrama por un brebaje abortivo, por lo cual la última fue acusada de practicar medicina ilegalmente. Sin embargo, al final, el fiscal de Trujillo no presentó cargos contra la señora Valderrama. Según el funcionario legal, para que la práctica ilegal de la medicina fuera punible, el acusado debía «dedicarse habitualmente al arte de curar». Pero, en este caso, el fiscal creía que las actividades de la señora Valderrama eran, más bien, un hecho «frecuente y aceptado, principalmente entre aquellas gentes modestas que carecen de recursos para obtener una asistencia profesional en casos de embarazo o alumbramiento». El fiscal concluyó que la señora Valderrama «no se dedica a curar enfermedades

76. Contra Angélica Fernández por infanticidio, Declaración de Angélica Fernández, 26 de junio de 1920; e Informe del Fiscal, 7 de julio de 1920, ARL.

desconocidas o a tratar a personas desconocidas».[77] Por lo tanto, todos los cargos contra ella fueron desestimados.

Tal como el caso anterior, este también demuestra el poder que los expertos tenían para influenciar en la aplicación de ley, al ignorar los estándares (tales como el hecho de respirar por sí solo como signo de vida independiente del ser humano), como lo hizo el doctor Blondet, o al minimizar lo dañino que podían ser algunos actos criminales, como lo hizo el fiscal en el caso de Rosa Valderrama. La decisión tomada en este último caso, además, explica un interesante supuesto sobre el papel de curanderos tradicionales, como las parteras o los herbolarios, en la sociedad. Según el fiscal, los curanderos tradicionales se mantenían alejados de las enfermedades y personas que les eran desconocidas, y sus acciones eran frecuentemente aceptadas entre aquellos que no podían obtener la ayuda de un profesional.

Otro fiscal en La Libertad había aplicado la misma lógica unos pocos años antes, en 1937, cuando se rehusó a presentar cargos contra el curandero Alejandro Cedamanos, quien presuntamente provocó el aborto de una mujer a quien trató por un dolor abdominal. En opinión de ese fiscal, Cedamanos intervino en «un caso repentino ocurrido en circunstancias difíciles, como otros tantos que suelen ocurrir en lugares donde no existe asistencia profesional, razón por la que son llamados personas más o menos capacitadas para la atención de determinados casos, sin que pueda decirse que por tal hecho han incurrido en delito».[78] Vale notar que Justina Guzmán, la cliente de Cedamanos, nunca dijo nada en contra de los cuidados del curandero. Tanto la absolución de Rosa Valderrama como la de Alejandro Cedamanos revelan la ideología elitista de las autoridades judiciales, que separaba a «los pobres» y sus curanderos del resto de la sociedad. Como Pablo Piccato y Julia Rodríguez han demostrado en los casos de México y Argentina,

---

77. Rosa Huamán contra Rosa Valderrama, 1940, Informe del Fiscal, 13 de enero de 1941, ARL.
78. Contra Alejandro Cedamanos, 1937, Informe del Fiscal, 14 de setiembre de 1938, ARL.

respectivamente, esta categorización de los pobres como diferentes del resto de la sociedad, con sus propias patologías y tendencias criminales, estaba directamente correlacionada con la creciente influencia del positivismo científico en instituciones del Estado, un proceso que también había empezado en el Perú a inicios del siglo XX.[79] Irónicamente, dicha marginación y menosprecio por los pobres también protegía a los que realizaban abortos, como la señora Valderrama y el señor Cedamanos.

En las pocas instancias en las que el Estado lograba formalizar una acusación contra proveedores de abortos y los que buscaban un aborto, los jueces tenían la última palabra durante la fase de sentencia. De las ocho sentencias por aborto dictadas entre 1900 y 1970 en los cinco departamentos estudiados, cuatro de ellas fueron suspendidas, todas en Lima en la década de 1970. Al suspenderlas, los jueces tomaron en cuenta que todas esas mujeres habían sobrevivido a infecciones potencialmente fatales, eran pobres, tenían hijos y nunca antes habían intentado hacerse un aborto.[80] Algunos proveedores de abortos también producían testigos de su «honorabilidad y buena conducta».[81] Tales demostraciones de fe con frecuencia persuadían a los jueces a estimar que los culpables no volverían a delinquir.[82] Aun así, la prudencia de los jueces era tal que predecir una sentencia era difícil. Antonio Mendoza, por ejemplo, insertó una sonda de plástico en el útero de Eva Salazar en 1977, y eso le provocó una terrible infección que resultó finalmente en la extirpación quirúrgica del útero, ambas trompas de Falopio y los

79. Piccato, Pablo. *City of Suspects: Crime in Mexico City, 1900-1931*. Durham, NC: Duke University Press, 2001; Rodríguez, Julia. *Civilizing Argentina: Science, Medicine, and the Modern State*. Chapel Hill, NC: University of North Carolina Press, 2006.

80. Juzgado Penal 7, Grupo 48, n.º 16, Exp. 221-1975, Aborto consentido de Gladys Castillo; Juzgado Penal 13, Grupo 66, n.º 16, Exp. 241-1976, Aborto a Ana María Torres; Juzgado Penal 12, Grupo 99, n.º 7, Exp. 8764-1977, Aborto de Eva Salazar; Juzgado Penal 12, Grupo 84, Exp. 9000-1977, Aborto de Doraliza Vega, APL.

81. Juzgado Penal 13, Grupo 66, n.º 16, Exp. 241-1976, Aborto a Ana María Torres, Testimonio de Carlos García y Testimonio de María Isabel Lavalle, 17 de mayo de 1976, APL.

82. Juzgado Penal 7, Grupo 48, n.º 16, Exp. 221-1975, Aborto consentido de Gladys Castillo, Fallo del Juez, 9 de junio de 1981, APL.

ovarios de la joven Salazar. El señor Mendoza había admitido realizar un aborto similar en 1962, había sido encarcelado por abuso sexual en 1974 y estaba siendo enjuiciado por su esposa en el Cuzco por una pensión alimentaria.[83] ¿Quién podría prever que la sentencia de un hombre así sería suspendida? Lo único que Mendoza y los otros culpables en los casos de sentencia suspendida tuvieron que hacer fue pagar una multa de entre 2.000 y 5.000 soles, acordar no volver a cometer un crimen y no cambiar sus domicilios por algunos años sin antes notificar al poder judicial. Así como los médicos y los fiscales, los jueces también tuvieron un papel importante en la adjudicación de responsabilidad criminal.

Un segundo obstáculo para asignar responsabilidad criminal en casos de aborto tenía que ver con las dificultades que las autoridades judiciales tenían para reunir pruebas. Un ejemplo de esto son las acusaciones que recayeron sobre Eudosia Mendoza en el distrito de San Damián, en Lima, y sobre Felícita Cisneros en el distrito de Lauricocha, Ayacucho, que se debilitaron considerablemente porque los restos de sus presuntos fetos abortados estaban demasiado podridos para ser examinados.[84] Algo que hacía difícil reunir pruebas era el minúsculo número de investigadores disponibles. El juez de paz Gabriel Lira, por ejemplo, quien acusó a Mendoza en 1901, se vio obligado a nombrar a dos agricultores locales y a un orfebre para que lo ayudaran, porque no tenía personal para realizar su investigación. Otro fiscal con escasos recursos, quien investigó el aborto de Teófila Gavilán en San Miguel, Ayacucho, se quejó en 1942, seis años después de la acusación inicial, de tener que manejar doscientos casos él solo.[85] Algunas investigaciones tomaron tantos años que los crímenes prescribieron.[86]

---

83. Juzgado Penal 12, Grupo 99, n.° 7, Exp. 8764-1977, Aborto de Eva Salazar, Declaración de Antonio Mendoza, 6 de abril de 1977, APL.

84. Causas criminales, legajo 14, Contra Eudosia Mendoza por aborto, 1901, AGN; y Contra Felícita Cisneros, 1946, ARA.

85. Contra Leocadia Riveros por aborto en agravio de Teófila Gavilán, 1936, Informe del Fiscal, 14 de agosto de 1942, ARA.

86. Véase, por ejemplo, Juzgado Penal 2, Grupo 87, Exp. 166-1973, Contra Dra. Natividad Acosta Pinto; y Juzgado Penal 2, Grupo 82, n.° 127, Exp. 733-1975, Contra Silvia Manchego de Urday, APL.

Las autoridades también enfrentaron dificultades al buscar testigos para corroborar los reportes de los demandantes. Esto es lo que pasó cuando Jacinto Huaynacho, de Sandia, Puno, fue acusado de dar a su amante, Rufina Ballena, unas pastillas abortivas en 1977. Aunque el amorío con el casado señor Huaynacho salió a la luz, no hubo testigos que vieran a la señora Ballena tomar abortivos.[87] Aun con testigos, a veces las autoridades no eran capaces de maximizar su valor como acusadores efectivos. Celia Jara, por ejemplo, fue acusada por «varios testigos» de contratar los servicios de un hábil abortista boliviano en Trujillo, en 1940. Derrochando incompetencia, la policía no consignó el número ni los nombres de los testigos, ni cómo se enteraron de que el hombre era boliviano o abortista, ni su misterioso paradero, y el fiscal se vio obligado a retirar la acusación contra la señora Jara.[88] De la misma manera, el doctor Hildebrando Ortiz trató a Ofelina Espejo en su consultorio privado en Trujillo en 1926 después de un aborto, sin molestarse en preguntar qué se había hecho a sí misma o siquiera confirmar el embarazo. El doctor Ortiz admitió después que él simplemente confió en la palabra de la madre de la señorita Espejo sobre el embarazo de su hija y la ingestión de un abortivo, y le recetó un analgésico.[89] Como testigo de un crimen, el doctor Ortiz dejaba mucho que desear.

Estos casos dejan claras las limitaciones presupuestarias y técnicas que la policía peruana y el poder judicial enfrentaron durante el siglo XX, así como la falta de interés de los médicos, especialmente aquellos en consultorios privados, en reportar presuntos abortos. A falta de fondos, personal entrenado y cooperación de los profesionales de la salud, reunir pruebas criminales de abortos se volvió difícil. Además, el caso de 1901 contra Eudosia Mendoza revela que la definición del concepto

---

87. Contra Jacinto Huaynacho por aborto y homicidio, 1977, ARPu.

88. Contra Celia Jara Sánchez y un boliviano desconocido, 1940, Informe final del Fiscal, 3 de febrero de 1941, ARL.

89. Contra Manuel Bocanegra y Ofelina Espejo, 1926, Carta del Dr. Hildebrando Ortiz, 11 de agosto de 1926, y Declaración del Dr. Hildebrando Ortiz, 9 de mayo de 1927, ARL.

mismo de responsabilidad criminal podía impugnarse. El padre de Eudosia Mendoza, Anselmo, declaró que él mantuvo el aborto que tuvo su hija en secreto porque nadie era culpable, ya que «era una criatura ya muerta», debido al esfuerzo que su hija había realizado levantando cosas pesadas. Además, el señor Mendoza enterró inmediatamente el feto en un campo porque la criatura no había sido bautizada.[90] Las acciones del señor Mendoza ilustran otra creencia documentada en las zonas rurales de los países andinos: que un nacido muerto no bautizado podría volverse un peligro contra la mujer que lo expulsó de su vientre, y contra sus hijos vivos, de no ser enterrado rápidamente. La agresividad de los nacidos muertos sin bautizar no se detiene hasta que su entierro termina su estado liminal como seres que no pertenecen a este mundo ni al de los espíritus.[91] En lugar de ser un intento de esconder evidencias incriminatorias, el entierro rápido y secreto del feto sin bautizar que el señor Mendoza realizó puede haber sido, más probablemente, motivado por su intención de proteger a su hija de un daño futuro. Más de setenta años después, en la comunidad rural de Chucaripo, Puno, Catalina Machaca defendió de manera similar la decisión de su pareja, Ignacio Quecara, de quemar al feto no bautizado que perdió, ya que su continua presencia podría traer en lo sucesivo granizo «y otros fenómenos de la naturaleza» que podían dañar a las personas y al ganado.[92]

La responsabilidad criminal también podía ser impugnada por hombres y mujeres que explicaban las pérdidas de embarazos como accidentales o involuntarias. Las mujeres, por ejemplo, hablaban de la relación entre el estrés físico y los abortos espontáneos. Tal como lo hizo

---

90. Causas criminales, legajo 14, Contra Eudosia Mendoza por aborto (1901), Declaración de Don Anselmo Mendoza al Juez de Paz Gabriel Lira, 23 de noviembre de 1900, AGN.

91. Platt, Tristán. «El feto agresivo: parto, formación de la persona y mito-historia en los Andes». *Estudios Atacameños* 22 (2002): 127-155. Sobre el carácter liminal del feto en los Andes, véase Morgan, Lynn. «Imagining the Unborn in the Ecuadorian Andes». *Feminist Studies* 23, 2 (1997): 323-350.

92. Contra Ignacio Quecara, 1976, Declaración de Catalina Machaca, 7 de febrero de 1977, ARPu.

Eudosia Mendoza, Angélica Fernández declaró en 1920 que el aborto que sufrió fue el resultado de una caída de un burro y de «otras obligaciones que le obligaban a hacer mucha fuerza» en casa de sus patrones.[93] Magdalena Núñez en Puno, en 1943, y Silvia Manchego y Mercedes Díaz en Lima, en 1975 y 1979, respectivamente, también culparon a las caídas y traumatismos físicos o mentales por sus pérdidas.[94] Los hombres también recurrían al estrés o esfuerzo como explicación de los abortos. Manuel Díaz, un vendedor ambulante de 33 años acusado de causar el aborto de su esposa, Felícita Rebaza, a través de una paliza en Trujillo en 1940, indicó que tal paliza no había tenido nada que ver con el aborto. En su defensa, ofreció dos explicaciones alternativas y no mutuamente excluyentes. Primero, aseguró que la señora Rebaza había hecho demasiado esfuerzo cargando un balde lleno de agua para jugar carnavales con sus vecinos. Luego, el señor Díaz le dijo a los investigadores que la señora Rebaza se había enfadado por no haber podido comer chancho el día en que sufrió la pérdida, a pesar de sentir un gran antojo.[95] Ismael Ramón, otro esposo acusado de haber causado el aborto de su esposa a través de una paliza, logró sembrar dudas sobre los cargos al argumentar que el parto había sido difícil y que su esposa,

93. Contra Angélica Fernández por infanticidio, 1920, Declaración de Angélica Fernández, 26 de junio de 1920, ARL.

94. Contra Juan Roca por aborto en agravio de Magdalena Núñez, 1943, ARPu; Juzgado Penal 2, Grupo 82, n.° 127, Exp. 733-1975, Silvia Manchego; y Juzgado Penal 12, Grupo 108, Exp. 10007-1979, Contra Mercedes Díaz, APL.

95. Contra Manuel Díaz en agravio de Felícita Rebaza por aborto, 1940, Declaración de Manuel Díaz, 15 de mayo de 1940, ARL. Sobre la relación entre los antojos, el aborto y la salud materna en América Latina, véase Valdizán, Hermilio y Ángel Maldonado. Ob. cit., p. 343; Flores Cisneros, Carmen. «Saber popular y prácticas de embarazo, parto y puerperio en Yahuío, Sierra Norte de Oaxaca». *Perinatología y Reproducción Humana* 17 (2003): 36-52; Mendoza González, Zuanilda. «"¿Dónde quedó el árbol de las placentas?": transformaciones en el saber acerca del embarazo/parto/puerperio de dos generaciones de triquis migrantes a la Ciudad de México». *Salud Colectiva* 1, 2 (2005): 225-236.

Filomena, sufrió la pérdida porque la partera Maximina de la Vega llegó muy tarde para poder ayudar.[96]

El testimonio del señor Ramón nos lleva a considerar el gran respeto que se tenía por las parteras. Estas también hicieron uso de su conocimiento especializado como arma para defenderse de acusaciones. Descartando un embarazo, Rosa Valderrama, por ejemplo, concluyó que su cliente Rosa Huamán «no estaba embarazada, solo era una suspensión, lo que se evidencia por sus dolores de barriga». En enero de 1940, ella había tratado exitosamente a la señora Huamán usando un brebaje de culantrillo, «que se utilizaba para regular el periodo menstrual». La señora Valderrama no había pedido pago alguno, ya que eso disminuiría el valor de su trabajo, pero sí aceptó «un regalo» de dinero como muestra de respeto de parte de la familia de la señora Huamán.[97]

La habilidad y experiencia de las parteras variaba, tal como la de los expertos médicos. La señora Valderrama, una partera establecida con treinta años de experiencia, no podía ser comparada con alguien como María Gutiérrez, una vendedora ambulante que practicaba abortos clandestinamente a mediados de la década de 1970. Sosteniendo haberse sentido conmovida por las «súplicas y llanto» de Gladys Castillo, Gutiérrez insertó una sonda de plástico en el útero de Castillo y le dio inyecciones de terramicina (un antibiótico) y foliculina (una hormona femenina). La intervención hizo que la señora Castillo terminara en la Maternidad de Lima con una infección sistémica de la que sobrevivió a duras penas. Al fin, la señora Gutiérrez aceptó su culpabilidad y suplicó indulgencia:

---

96. Causas criminales, legajo 28, 1903-1904, n.º 55, Contra Ismael Ramón por maltrato, Declaración de Ismael Ramón, 13 de agosto de 1904, AGN.

97. Rosa Huamán contra Rosa Valderrama, 1940, Manifestación de Rosa Valderrama, 3 y 8 de enero de 1940, y Declaración de testigo Rosa Vaquedano, 4 de enero de 1940, ARL. Sobre la práctica de honrar a las parteras a través de regalos en vez de dinero, véanse Vargas, Rosana y Paola Naccarato. *Allá, las antiguas abuelas eran parteras*. Lima: Flora Tristán, 1995; y Sáenz, Tula. *Partos y parteras en la cuenca del río Marcará*. Huaraz: Asociación Urpichallay, 2000.

«por no saber exactamente cómo se provoca un aborto es que estoy detenida, ya que, como vuelvo a decir, es la primera vez que lo hago».[98]

Las redes sociales por las que se conectaban las que buscaban abortos y los que los ofrecían también hacían difícil la labor judicial. Por ejemplo, en 1940, Rosa Huamán discretamente le mencionó su problema a Rosa Valderrama a través de una amiga en común en la tienda administrada por Vicente Wong, esposo de la señora Huamán. Más tarde, el señor Wong identificó a la señora Valderrama como una hábil curandera y confirmó que actuó «por el bien de su esposa».[99] De la misma forma, Willi Urday se encontró con un muro de silencio, sus suegros, cuando trató de conseguir el nombre de la persona que le hizo un aborto a su esposa, Silvia Manchego, en 1975. La investigación policial los llevó a la costurera Amparo Burgos, vecina de una compañera de colegio de la señora Manchego, quien desestimó la preocupación del señor Urday al insistir que ella solo había arreglado el retraso menstrual de la señora Manchego con un enema de jabón Camay. ¿Cómo podría eso ser dañino, se burló la señora Burgos, cuando es el mismo «que utilizo para lavarme la cara»?[100] Estos casos ilustran lo bien que estas redes de familia y amigos proveían instrucciones discretas, dinero y apoyo para las mujeres que buscaban abortos, con lo que contenían el estigma y la vergüenza del aborto dentro de una esfera social íntima. Sin embargo, estas mismas redes de silencio también protegían a los que realizaban abortos, entre los que se incluían aquellos que fracasaron de formas catastróficas. Genara Umiña murió en Lima, en 1979; Rufina Ballena, en Puno, en 1977; y Fredesvinda Lara, en Piura, en 1959, todas debido a infecciones postaborto. Nadie fue llevado ante la justicia por sus muertes.[101]

---

98. Juzgado Penal 7, Grupo 48, n.º 16, Exp. 221-1975, Confrontación entre Gladys Castillo y María Gutiérrez, 29 de mayo de 1975, APL.

99. Rosa Huamán contra Rosa Valderrama (1940), Declaración de testigo Rosa Vaquedano, 4 de enero de 1940, y Manifestación de Vicente Wong, 11 de enero de 1940, ARL.

100. Juzgado Penal 2, Grupo 82, n.º 127, Exp. 733-1975, Instructiva de Amparo Burgos, 1 de octubre de 1975, APL.

101. Juzgado Penal 12, Grupo 85, n.º 4, Exp., 10069-1979, Muerte de Genara Umiña, APL; Contra Jacinto Huaynacho por aborto y homicidio, 1977, ARPu; Contra

El factor final que obstaculizaba las investigaciones de los abortos ilegales era la complejidad de las relaciones interpersonales de pareja, en las que se originaban muchas acusaciones, y el hecho de que los agentes del poder judicial no pudieron o no quisieron analizarla. Algunas de estas relaciones interpersonales revelan escandalosos grados de violencia de los hombres hacia las mujeres, violencia que era socialmente tolerada, especialmente en las zonas rurales. Por ejemplo, en Ayacucho entre 1920 y 1965, trece de los diecisiete casos documentados de aborto fueron el resultado, según las acusadoras, de palizas a manos de sus esposos. Lo mismo ocurrió en trece de veinte casos de abortos en Puno entre 1919 y 1975. Las disputas domésticas bajo influencia del alcohol sobre dinero o deberes del hogar eran un común denominador. Ninguna de estas acusaciones llevó a una condena. Siendo justos, la falta de testigos de las agresiones, así como las condiciones bajo las que los técnicos forenses realizaban exámenes a las mujeres y a los fetos abortados, hacían difícil establecer la responsabilidad criminal de los maridos por los abortos, mas no por la violencia.

Al margen de estas consideraciones, en la práctica la justicia les era negada con frecuencia a las mujeres. Varias quedaron tan incapacitadas después de las golpizas de sus maridos que no podían iniciar acusaciones formales sino hasta después de semanas. Para entonces, como explicó el fiscal en una absolución en Ayacucho, en 1930, «se hace difícil relacionar [un aborto] con el traumatismo invocado».[102] Incluso más injustamente, algunos fiscales minimizaron la brutalidad de las agresiones al considerar los reclamos de las demandantes «notorias exageraciones» por «simples contusiones» y productos de «simples reyertas, sin consecuencias graves».[103]

Blanca Romero, Genoveva Juárez y Alfonso Farro por aborto en agravio de Fredesvinda Lara Ramírez, 1959, ARPi.

102. Contra Marcos Carbajal por delitos contra la vida, 1926, Carta del Fiscal, 12 de mayo de 1930, ARA.

103. Contra Nicolás Pancca y otros por lesiones y subsiguiente aborto, 1920, Informe del Fiscal Zúñiga Béjar, 13 de julio de 1921; Contra Luciano Apaza por infanticidio

El fracaso sistemático del poder judicial del Perú en condenar la violencia contra las mujeres contribuyó a su normalización dentro de las relaciones de pareja y llevó a algunos hombres a pensar que sus celos sexuales y su agresiva expectativa de la sumisión femenina eran perfectamente válidos. Por ejemplo, según Filomena Ramón en 1904, Ismael Ramón, después de notar un moretón en su brazo, se volteó hacia ella diciendo, «alguien te ha pegado como no te pego yo, ¿quién fue?». La señora Ramón insinuó que su esposo estaba convencido de que, para causar un moretón así, otro hombre tenía que haber tocado el cuerpo de su esposa. La paliza, y posterior aborto, llegó después de que la señora Ramón se negó a nombrar a su amante real o imaginario. Aunque negó haber causado el aborto, el señor Ramón no negó la paliza ni sus motivos.[104] De la misma forma, Felícita Rebaza acusó a su esposo, Manuel Díaz, de golpearla hasta el punto de provocarle un aborto en 1940. La señora Rebaza había estado jugando con sus vecinos en Trujillo. Cuando el señor Díaz llegó, ebrio y buscapleitos, le ordenó a la señora Rebaza regresar a la casa inmediatamente. Cuando ella se negó, él se enojó y la golpeó. Manuel Díaz, delante de la policía, no negó ni haber estado borracho, ni haber sido abusivo, y declaró en tono desafiante que él «le dio un empujón para evitar que siga jugando con agua».[105]

En ocasiones, las complejas relaciones interpersonales se manifestaban como guerras de palabras entre acusadoras y acusados, con el poder judicial como testigo ignorante de las circunstancias que iniciaron estas guerras. Sara Sevilla en Lima, en 1913; Blanca Alvarado en Trujillo, en 1938; Tomasa Hidalgo en Piura, en 1943; y Helen Kramer en Lima, en 1946, aseguraron que sus parejas las habían obligado a abortar, mientras

---

y lesiones, 1930, Informe del Fiscal M. Pinera del Carpio, 4 de diciembre de 1931, ARPu.

104. Causas criminales, legajo 28, 1903-1904, n.° 55, Contra Ismael Ramón por maltrato, Declaraciones de Filomena Ramón y de Ismael Ramón, 13 de agosto de 1904, AGN.

105. Contra Manuel Díaz en agravio de Felícita Rebaza por aborto, 1940, Preventiva de Felícita Rebaza, 20 de mayo de 1940; Testimonio de testigo Fidencio Moreno, 20 de mayo de 1940; y Declaración de Manuel Díaz, 15 de mayo de 1940, ARL.

que estas lo negaron.[106] La joven Sevilla usó su embarazo y sus conexiones familiares para obligar a César Málaga a casarse con ella, aunque este más tarde trató de anular el matrimonio. La joven Alvarado solo quería que Remberto Acevedo le devolviera el dinero de los gastos que ella hizo por el aborto que tuvo. La joven Hidalgo finalmente retiró su denuncia y admitió que quería causarle problemas a Luis Vignolo porque uno de sus hermanos tenía una enemistad con él. En cuanto a Helen Kramer, ella sencillamente quería separarse de Carlos Dogni Larco. Se alejó de la alta sociedad a la que Dogni pertenecía y empezó el proceso de anulación de su matrimonio para apartarse lo más posible de la madre antisemita de este (Kramer era judía). Dogni murió en 1997, a los 87 años, famoso por sus exclusivas fiestas miraflorinas de tabla hawaiana, por sus parientes filántropos e intelectuales, y por su soltería empedernida.[107]

La dinámica de las disputas entre esposos dio lugar, en ocasiones, a revelaciones inesperadas por parte de las mujeres. Mery Carbajal y Maximina Zorrilla abortaron luego de sendas palizas de sus esposos en Puno, en 1952, y en Lircay, Ayacucho, en 1924, respectivamente. Ambas presentaron denuncias, pero después las retiraron. La señora Zorrilla incluso se volvió en contra de su madre, Gregoria Chávez, quien la había cuidado mientras convalecía y había aportado información crucial a la policía, culpándola de la «ligereza impremeditada» de acusar al esposo de Zorrilla.[108] Aún más desconcertante fue el regreso de Hortensia Noriega a la casa que compartía con Cristóbal Mendizábal, el hombre cuyo abuso la llevó a abortar, y quién incluso la hizo cavar su propia

---

106. Sección Nulidad, leg. 77, exp. 5, César Málaga frente a Sara Sevilla, 1913, AAL; Contra Remberto Acevedo por tentativa de aborto, 1938, ARL; Contra Luis Vignolo por lesiones a Manuel Hidalgo y tentativa de aborto en agravio de Tomasa Hidalgo, 1943, ARPi; y Sección Causas de Divorcios, leg. 86, exp. 97, Don Carlos Dogni con Doña Helen Kramer, 1946, AAL.

107. Warshaw, Mat. *The Encyclopedia of Surfing*. Nueva York, NY: Harcourt, 2005, pp. 126, 158-159.

108. Contra Wilfredo Tapia por tentativa de aborto, 1952, ARPu; y Contra Hermilio Morales por lesiones graves y aborto, 1924, Carta de Maximiana Zorrilla, 18 de junio de 1924, ARA.

tumba, «amenazándome de muerte con el revolver que acompaño».[109] La señora Noriega, efectivamente, entregó un revólver a las autoridades que administraban la Casa del Buen Pastor, donde se refugió. Un día después, luego de reconciliarse con su esposo, la señora Noriega le pidió a la Congregación Católica del Sagrado Corazón devolverle el arma al señor Mendizábal.

Otra mujer, Julia Izquierdo, también tomó medidas excepcionales en nombre de su esposo, José Aguilar. En febrero de 1901, en las afueras de Salaverry, en la costa norte del Perú, el señor Aguilar golpeó a la señora Izquierdo, parando solo cuando tres de sus amigas lograron detenerlo. Según el informe médico, la señora Izquierdo sufrió un aborto como resultado de sus heridas. «He tenido relaciones ilícitas con el agresor», admitió la señora Izquierdo, «y hemos procreado varios hijos, y también es suyo el que me ha hecho abortar». La pérdida agravaba la responsabilidad criminal del señor Aguilar por la paliza, y la justicia fue rápida. Para enero de 1902, el señor Aguilar había estado en la cárcel casi un año. Poco después, la señora Izquierdo le escribió al juez implorando misericordia para su esposo. Las lesiones que le había infligido «no me han resultado en ningún mal», afirmó. Es más, él «siempre se ha portado bien conmigo. [...] Estuvo completamente enajenado por efecto del licor. [...] Lo considero suficientemente castigado con un año que ha pasado en la cárcel».[110]

Dada la naturaleza de la agresión, la presencia de testigos y el informe médico que confirmaba el aborto, Aguilar pudo haber pasado entre 16 y 24 meses en la cárcel por su crimen según el vigente Código Penal de 1862. No está claro si la súplica de la señora Izquierdo ayudó a su esposo. Sin embargo, este caso y otros dejaron claro que el ámbito

---

109. Sección causas de divorcios, leg. 119, exp. 25, Hortensia Noriega frente a Cristóbal Mendizábal, Cartas de Hortensia Noriega, 15 y 16 de noviembre de 1905, AAL.

110. Causas criminales, Doña Julia Izquierdo contra José Aguilar por maltratos, 1901, Parte médico, 12 de febrero de 1901; Declaración de Julia Izquierdo, 16 de febrero de 1901; Comparecencia de José Aguilar, 9 de enero de 1902; y Carta de Julia Izquierdo, 9 de enero de 1902, ARL.

doméstico ocultaba más que abusos continuos y relaciones asimétricas de poder. Solo la satisfacción de las demandas de las mujeres a través de otros canales, además de aquellos documentados en los archivos, y la persistencia de otros vínculos (la interdependencia económica y el afecto mutuo) pueden explicar la paradoja de la reconciliación, y el hecho de que una condena oficial fuera desafiada por la víctima de una paliza, quien debió, además, asumir públicamente la vergüenza de haber tenido «relaciones ilícitas» con su agresor.

En resumen, el análisis de estos casos confirma la historiografía previa, que muestra un alto nivel de influencia de los expertos en la aplicación de sanciones contra aquellos acusados del crimen de aborto. Por ejemplo, historiadoras como Ruggiero y Urías Horcasitas han establecido cómo las cortes argentinas y mexicanas, respectivamente, con frecuencia se mostraban indulgentes con las «mujeres de buena fama» acusadas de cometer abortos e infanticidios.[111] Los casos peruanos indican que la indulgencia de la corte no era la única forma a través de la cual un proceso criminal de aborto podía descarrilarse. La prudencia profesional en la interpretación de la ley, la falta de evidencia física o de testigos, la protección proporcionada por las redes sociales de quienes buscaban abortos, las explicaciones alternativas creíbles para justificar un aborto, los costos de llevar a cabo una investigación y las dificultades al analizar las recriminaciones mutuas entre esposos, hicieron que la aplicación de las leyes criminales fuera más complicada de lo que cualquier código penal hubiera podido anticipar.

Estos casos también revelan los diversos orígenes de las acusaciones de aborto. Los médicos que trataban mujeres hospitalizadas eran una fuente, pero no la única. Las investigaciones de autoridades locales también llevaron a acusaciones, así como los rumores y chismes de los vecinos, las quejas de las mujeres sobre el comportamiento abusivo de

---

111. Ruggiero, Kristin. *Modernity in the Flesh: Medicine, Law, and Society in Turn-of-the Century Argentina*. Palo Alto, CA: Stanford University Press, 2004; Urías Horcasitas, Beatriz. «Eugenesia y aborto en México». *Debate Feminista* 14, 27 (2003): 305-323.

sus esposos e, incluso, el descontento de las mujeres consumidoras con la calidad de los abortivos que compraban. Finalmente, estos casos demuestran la escasa capacidad de investigación de los agentes policiales peruanos y las instituciones judiciales hasta bien entrada la década de 1970, algo ejemplificado por su incapacidad de contactarse con testigos y encontrar evidencia. Esta incapacidad también obstaculizó la autoridad del poder judicial para sustentar casos.

Sin embargo, las limitaciones de las autoridades no disuadían a las mujeres de hacer acusaciones o de responder a las acusaciones de sus esposos. Tal como ha argumentado Laura Gotkowitz, las cortes eran foros públicos donde las identidades sociales se formaban.[112] Los casos aquí documentados muestran no solo los esfuerzos de las mujeres por obtener resultados específicos (una condena para un esposo abusivo, por ejemplo), sino que, de manera más general, muestran cómo las mujeres buscaban airear sus querellas en público para obtener más poder y libertad en sus relaciones de pareja. Las acusaciones judiciales eran medios apropiados para conseguir esto, aunque otros aspectos de los conflictos maritales eran probablemente demasiado complejos como para que una corte los ordene perfectamente. Esto puede explicar por qué algunas mujeres, como las señoras Izquierdo, Zorrilla, Carbajal y Noriega, finalmente decidieron regresar a su hogar con sus esposos, darles una segunda oportunidad e, incluso, perdonarlos.

Un siglo de abortos

El tema del aborto abarca más que el importante asunto de la violencia contra la mujer. También abarca el tema de las actitudes y acciones por parte de trabajadores médicos frente un fenómeno tabú pero frecuente. Por ejemplo, los médicos que trabajaban en hospitales actuaban, oficialmente, como agentes y proveedores de información del Estado.

---

112. Gotkowitz, Laura. «Trading Insults: Honor, Violence, and the Gendered Culture of Commerce in Cochabamba, Bolivia 1870s-1950s». *Hispanic American Historical Review* 83, I (2003): 83-118.

Pero, como he mostrado, ellos no reportaban a las autoridades todo lo que sospechaban sobre la provisión de abortos. Su silencio era producto tanto de la compasión como de un deseo egoísta de evitarse problemas legales y financieros. Aunque algunos médicos buscaron castigos efectivos en casos de aborto, especialmente después de la legalización del aborto terapéutico, otros estaban más interesados en su prevención que en administrar castigos. Los médicos peruanos, influidos por la puericultura francesa, trataban al embarazo como un fenómeno complejo, que podía ser negativamente afectado por patologías, el ambiente y la disposición de una persona. Los legos también daban explicaciones por las pérdidas de sus embarazos basadas en la relación entre el estrés o trauma, y el aborto espontáneo. La convergencia y mutuo apuntalamiento entre estas formas de conocimiento lego y experto son razones adicionales que explican la escasez de acusaciones de aborto.

Las mujeres acusadas de haber tenido abortos rara vez admitían haberlos inducido, ya fuera porque tuvieran miedo al castigo o porque verdaderamente no habían intentado terminar sus embarazos deliberadamente. Las que terminaron en el hospital, tal como hemos visto, pocas veces confesaban su intención de provocar un aborto. Por el contrario, mentían, recurrían a teorías legas sobre el cuerpo o simplemente no decían nada. Nótese el poder en acción aquí: se trata de una forma subalterna de poder que negaba el acceso a la «verdad» o, al menos, a una confesión. Las autoridades demandaban esto a las mujeres que habían tenido abortos, pero a menudo quedaban frustradas. Tanto como la falta de información en los historiales clínicos, estas tácticas de las mujeres son razones por las cuales no hay un número exacto de abortos o infanticidios a lo largo del siglo XX.

Algunos de los casos criminales analizados tienen un claro componente de violencia de género, uno que el poder judicial peruano respaldó tácita e injustamente al no hacer nada para detenerlo. Sin embargo, aun cuando las pérdidas de embarazos ocurrieran como resultado de la violencia de los hombres contra las mujeres, el aborto no era el daño principal del cual las mujeres se quejaban. Más bien, ellas denunciaban el abuso que sufrían a manos de sus parejas masculinas en general. Las acusaciones de mujeres sobre abortos eran medios para limitar el abuso de la autoridad patriarcal en su vida diaria; una forma de protestar contra la aceptación social generalizada de la violencia masculina contra las mujeres. Tal como Steve Stern lo ha demostrado a través del caso mexicano, el castigo físico de esposos hacia esposas que desafiaban su autoridad era común en otras partes de América Latina.[113] Las mujeres confiaban en la exhibición pública de lesiones corporales como moretones y abortos como formas de llamar la atención de autoridades como la policía o los médicos. Después de todo, los hombres debían dominar sus familias hegemónicamente y no mediante la violencia. Recurrir al abuso físico era una señal deshonrosa de la incapacidad masculina de mantener el orden y el control en sus relaciones con las mujeres. Los hombres, por su parte, podían también dar explicaciones por los abortos que los exoneraban de responsabilidad por ese crimen, aun cuando no negaban los cargos adicionales de los que las mujeres los acusaban, que incluían la agresión.

Las mujeres eran harto capaces de conseguir abortos por sí mismas, confiando en sus redes sociales, que incluían a sus amantes, para obtener abortivos y conocer a proveedores de abortos. Las mujeres también produjeron circunstancias peligrosas que ocasionaban abortos, tales como las caídas deliberadas. Aun cuando terminaban hospitalizadas, las mujeres resistían los intentos de las autoridades médicas de obligarlas a narrar cómo abortaron. Como se manifestó anteriormente, negarle información a las autoridades es una forma de ejercer poder, pero es un poder con un lado siniestro. En un contexto en el que el acceso a los anticonceptivos era muy limitado, el aborto era uno de los pocos medios que las peruanas podían usar para evitar tener hijos. Aun así, muchas mujeres que abortaron terminaron poniendo sus propias vidas en peligro, una forma grotesca de injusticia que el uso de los métodos anticonceptivos, se esperaba, remediaría.

---

113. Stern, Steven. Ob. cit.

Capítulo cuatro

Los trabajadores de salud y sus encuentros con la anticoncepción

Había pocos métodos anticonceptivos baratos, seguros y efectivos a principios del siglo XX en América Latina. Los médicos rara vez hablaban de su disponibilidad o relevancia para la vida de las personas.[1] Los condones y los abortos eran los únicos medios comúnmente usados para limitar la descendencia. La popularidad de los últimos provocó una amplia condena pública, así como una ineficaz represión, tal como vimos en el capítulo anterior. Solo unos pocos activistas estridentes prefirieron el uso de la esterilización no voluntaria para personas que consideraban discapacitadas mentalmente y consiguieron pocos seguidores.[2] Sin embargo, en el Perú de 1930, los trabajadores de la salud, en su mayoría miembros de la creciente clase media urbana, empezaron a expresar sus ansiedades sobre los peligros de las condiciones de vida y

---

1. Véase, por ejemplo, Robinson, Fernando. «Algunas observaciones acerca de nuestro problema racial». Tesis de grado, Facultad de Medicina de San Fernando, 1936, p. 58.
2. Pastor Padierna, Carlos. «El control sanitario del matrimonio». Tesis de grado, Facultad de Medicina de San Fernando, 1924; Cademártori, Luis. «La asistencia médico-social del niño en el Callao». Tesis de grado, Facultad de Medicina de San Fernando, 1928; Fosalba, Rafael. «Ideas generales sobre la herencia». Tesis de grado, Faculta de Medicina de San Fernando, 1928; Lewis, José Guillermo. «El problema de la esterilización». *La Reforma Médica* 20, 189 (3 de mayo de 1934): 364; MacLean y Estenos, Roberto. «La eugenesia en América». *Revista Mexicana de Sociología* 13, 3 (1951): 359-387.

los hábitos antihigiénicos de los nuevos inmigrantes de las zonas rurales y propusieron descaradamente la limitación de la fertilidad para esta población. Además, para la década de 1960, la bien fundada creencia de los trabajadores de salud sobre los peligros del aborto para la salud de las mujeres contribuyó a la aceptación de nuevos y más efectivos anticonceptivos.

Una combinación de la dañina devaluación de los migrantes y la benigna preocupación por la salud materna provocó un cambio entre las décadas de 1930 y 1960, periodo en el cual los trabajadores de salud peruanos empezaron a aceptar, de forma lenta y selectiva, el valor de las familias pequeñas para todos. Ya que se pueden observar transformaciones similares en otros lugares de América Latina en esa época, es importante entender lo que hizo al Peru distinto en este tema.[3] ¿Cómo fue que los médicos, enfermeras y obstetrices se encontraron por primera vez con el uso de métodos anticonceptivos? ¿Qué hicieron para promover y limitar el uso de estas tecnologías? ¿Cómo interactuaron con las usuarias de anticonceptivos? Las respuestas a estas preguntas explican las prácticas diarias y las mentalidades de un grupo de trabajadores a la vanguardia de un cambio importantísimo: la normalización de la planificación familiar en los países en vías de desarrollo. Además, son preguntas muy urgentes dada la escasez de documentación escrita que nos ha dejado esta menguante primera generación de trabajadores de planificación familiar.

Entre inicios de la década de 1960 y la de 1970, estos trabajadores de la salud se convirtieron en proveedores confiables de servicios de

---

3. Compárese con Germain, Adrienne. «Women at Mexico: Beyond Family Planning Acceptors». *Family Planning Perspectives*, 7, 5 (1975): 235-238; Pedro, Joana Maria. «A Experiência com Contraceptivos no Brasil: Uma Questão de Geração». *Revista Brasileira de História (São Paulo)* 23, 45 (2003): 239-260; Felitti, Karina. «El debate médico sobre anticoncepción en Buenos Aires en los años sesenta del siglo XX». *Dynamis* 27 (2007): 333-357; Langland, Victoria. «Birth Control Pills and Molotov Cocktails: Reading Sex and Revolution in 1968 Brazil». En Gilbert Joseph y Daniela Spenser (eds.). *In from the Cold: Latin America's New Encounter with the Cold War*. Durham, NC: Duke Universtiy Press, 2008.

planificación familiar. A través de entrenamiento e investigación, ellos adquirieron la convicción de que la planificación familiar podía salvarle la vida a las mujeres y mejorar las economías familiares. No es sorprendente que ellos fomentaran, especialmente en el Perú, el uso de nuevos anticonceptivos como los dispositivos intrauterinos (DIU), que no solo eran efectivos, sino que fortalecían el control de los expertos médicos. Por otra parte, el consentimiento de sus pacientes, la negativa a cuestionar las decisiones de sus colegas y la infraestructura legislativa imperfecta del Perú resultaron en la incapacidad sistemática de los trabajadores de salud para reflexionar sobre cómo responder ante el descontento de las usuarias, incluso en casos de abusos indignantes. Como resultado, los servicios de planificación familiar ofrecidos durante las décadas de 1960 y 1970 estuvieron basados en un modelo autoritario, dirigido por los proveedores, que producía resultados esperados pero sin dar a las usuarias el poder de cuestionar los términos en los que los servicios eran ofrecidos.

La anticoncepción y la prevención del daño

Los establecimientos de salud pública peruanos se volvieron institucionalmente más fuertes durante la década de recesión de 1930. En 1935, el general Óscar Benavides creó el Ministerio de Salud Pública, Trabajo y Previsión Social, sobre la base de la Dirección de Salubridad Pública, que existía desde inicios de 1900.[4] Entre 1940 y 1960, los gobiernos posteriores aumentaron el número de hospitales, centros de salud y postas de salud rurales. Durante esta época, el modelo de medicina preventiva, practicado y promovido en centros universitarios como Johns Hopkins y Harvard, se popularizó entre las nuevas generaciones de trabajadores y autoridades de salud. Los estudiantes de entonces se veían tan entusiasmados de completar cursos de especialización en Baltimore y Boston como medio siglo atrás habían estado por hacerlo en París. En

4. Ley 8124, «Ministerio de Salud Pública, Trabajo y Previsión Social» (5 de octubre de 1935), ACP.

1942, el Servicio Cooperativo Interamericano de Salud Publica (SCISP), financiado por los Estados Unidos, se instaló dentro del Ministerio de Salud Pública y empezó a brindar entrenamiento y fondos para que los funcionarios de la salud lidiaran con problemas como la malaria, el saneamiento del agua y los cuidados obstétricos.

La popularidad de la medicina preventiva estaba en aumento no solo en el Perú. Financiado por la Organización Panamericana de la Salud (OPS), el I Congreso Panamericano de Educación Médica (Lima, 1951) enfatizó la importancia de entender cómo las dinámicas sociales afectaban los problemas de salud. Los organizadores de este evento anunciaron que los laboratorios y las salas de los hospitales ya no eran los únicos lugares donde uno aprendía a ser médico. Dos conferencias posteriores de educación médica, también patrocinadas por la OPS (Viña del Mar, Chile, 1955; y Tehuacán, México, 1956), enfatizaron la importancia de la salud comunitaria, los enfoques integrales de salud (que incluían la prevención, el tratamiento y la rehabilitación) y la integración de los aspectos biológicos, psicológicos y sociales de la curación.[5]

La nueva orientación preventiva contribuyó a la mayor atención que trabajadores de salud y científicos sociales prestaron a la relación entre fenómenos como la tasa de fertilidad, la migración, la morbimortalidad materna, el estrés familiar y la delincuencia infantil. Los expertos que analizaron las relaciones entre las familias grandes y la pobreza tomaron nota de cómo los niños eran alquilados como trabajadores domésticos por sus propios padres, las formas en las cuales la falta de orientación paterna contribuía a la criminalidad de los niños, las viviendas abarrotadas de gente y las condiciones poco higiénicas de los nuevos barrios pobres urbanos, e, incluso, la forma en que el nivel nutritivo de la leche materna disminuía después de muchos embarazos.[6] Estos mismos expertos conectaron el crecimiento de los barrios

---

5. Sobre la Organización Panamericana de la Salud, véase Cueto, Marcos. *The Value of Health: A History of the Pan American Health Organization*. Rochester, NY: University of Rochester Press, 2007.

6. «Orígenes, desarrollo y finalidades de la Cruz Roja: a los pueblos de América». *Anales de la Cruz Roja Peruana* 31 (agosto de 1934): 35-44; Flores S., Elio. «El hogar

Figura 5: «El nuevo planeta». El sol, molesto y rodeado de sus ocho hijos, los planetas, exclama: «¡Caracoles! ¡Qué barbaridad! ¡Otro muchacho de los diablos a quien tener que alimentar», mientras un médico le trae a su nuevo hijo, el planeta Plutón, descubierto en 1930. Caricatura de José Alcántara La Torre, en *Variedades* 25, 1150 (19 de marzo de 1930): 3.

urbanos pobres con el aumento de las tasas de crímenes y las crecientes tasas de mortalidad materna con las falencias de la infraestructura de salud existente, que no podía darse abasto para proporcionar cuidados adecuados para la creciente población.[7]

infantil y su rendimiento de bien médico social». Tesis de grado, Facultad de Medicina de San Fernando, 1936; Luna Vegas, Ricardo. *Factores etiológicos de la peligrosidad en los menores*. Lima: La Cotera, 1940; Salcedo, Manuel. «Infancia abandonada en peligro y peligrosa». *Boletín del Departamento de Protección Materno Infantil* 4, 15-16 (1944): 11-32; Linares Lizárraga, Antonieta. «Contribución al estudio médico social de la madre lactante». Tesis de grado, Facultad de Medicina de San Fernando, 1947.

7. Valle Medina, Pedro. «Contribución al estudio del problema social y médico-legal del aborto en el Callao». Tesis de grado, Facultad de Medicina de San Fernando, 1946; Untiveros Morales, Jesús. «La frecuencia de los abortos en Lima». Tesis de grado, Facultad de Medicina de San Fernando, 1946; Monge Raguz, Augusto. «El avecindamiento humano en el cerro San Cosme». Tesis de grado, Facultad de

La idea de limitar voluntariamente el tamaño de la propia familia floreció en esta época. Al parecer, la descendencia numerosa no contribuía ni a la estabilidad financiera ni a la armonía doméstica, y empezaba, más bien, a asociarse a la pobreza, la frustración paterna y el sufrimiento, especialmente para los que tenían menos recursos económicos.[8] Por ejemplo, Saturnino Huillca, líder de la Confederación Campesina de Cuzco desde la década de 1940, recordaba la llegada de cada uno de sus diez hijos como eventos que solo aumentaron la tristeza de él y su esposa. «De esta manera murieron algunos de mis hijos», agregó.[9] Menos triste, pero no obstante sarcásticamente amargo, se mostraba el trabajador textil Martín Parodi, cuyo poema «Superpoblación» de 1945 hacía hincapié en las humillaciones y las incomodidades de la escasez material:

> En la explosión demográfica
> tendrás que hacer cola;
> Para nacer, tendrás que hacer cola;
> para morir, tendrás que hacer cola;
> para ser enterrado, tendrás que hacer cola;
> para hacer cola, tendrás que hacer cola.[10]

Las primeras estadísticas de mortalidad materna en Lima surgieron en este contexto. Entre 1947 y 1952, la tasa era de aproximadamente 446 muertes por cada 100.000 nacimientos en la Maternidad

---

Medicina de San Fernando, 1954; Altuna del Valle, Enrique. «Una concentración sub-urbana peligrosa para la sanidad de Lima». Tesis de grado, Facultad de Medicina de San Fernando, 1955; Arroyo Posadas, Glicerio. «Infancia y pro-biofilaxis (dos mil niños y su destino socio vital en El Montón)». Tesis de grado, Facultad de Medicina de San Fernando, 1957.

8. Jiménez Camacho, José. «El ejercicio de la profesión médica en provincias: obstetricia rural en la sierra del Perú». *Actualidad Médica Peruana* 6, 3 (1940): 74-79.

9. Neira Samanez, Hugo. *Huillca: habla un campesino peruano*. Lima: Peisa, 1974, pp. 10-11.

10. Mazzi, Víctor (ed.). *Poesía Proletaria del Perú, 1930-1976*. Lima: Biblioteca Universitaria, 1976, p. 107.

de Lima, el hospital de obstetricia tecnológicamente más avanzado del Perú en esa época.[11] Al tomar consciencia de las nuevas estadísticas disponibles, incluso los opositores más firmes de la regulación del tamaño de las familias empezaron a cambiar de opinión. El doctor Carlos Enrique Paz Soldán, catedrático de Higiene en la Universidad Nacional Mayor de San Marcos, por ejemplo, todavía creía que el Perú necesitaba una mayor población en su territorio, pero también reflexionó sobre cómo la migración del interior a las ciudades costeras estaba deteriorando los servicios de educación, vivienda, salud y provisión de alimentos.[12] Atrapado entre dos imperativos aparentemente contradictorios, Paz Soldán descartó su condena total a la anticoncepción e incluso encontró algún apoyo para esta en la Biblia:

> El birthcontrol [sic] es objeto de severas condenaciones, pero ¿cómo concluir en una forma decisiva, sin escuchar el clamor del Eclesiastés? «Y torneme a otras cosas y vi las injusticias que se cometen bajo el sol, y las lágrimas de los inocentes, y ningún consolador; y que no pueden defenderse de la violencia de los otros, estando destituídos de todo socorro. Y alabé más a los muertos que a los vivos. Y tuve por más dichosos que al uno y al otro, al que todavía no es nacido, ni ha visto los males que se hacen bajo el sol».[13]

Los comentarios de Paz Soldán son indicativos de una tendencia en subida entre los trabajadores de salud. Tal como lo explicó el doctor Antonio Quintanilla en 1956, la baja productividad agrícola, la ineficiencia industrial y «tal vez el alto índice de natalidad» disminuían la

---

11. Tello Morales, Ernesto. «Causas de muerte materna en la Maternidad de Lima, 1947-1952». Tesis de grado, Facultad de Medicina de San Fernando, 1953. El número de mujeres que dieron a luz en la Maternidad de Lima en este periodo fue de 101.859. Las tasas nacionales de mortalidad materna están disponibles a partir de 1980. Durante este año, la cifra fue de 318 muertes por cada 100.000 nacidos vivos. Véase <http://www.unfpa.org.pe>.
12. Paz Soldán, Carlos Enrique. «El magno problema». *La Crónica* (5 de mayo de 1949): 10.
13. Paz Soldán, Carlos Enrique. «¿Será mejor que no nazcan?». *La Reforma Médica* 39, 5777 (marzo-abril de 1953): 40.

habilidad de las familias para alimentar adecuadamente a sus hijos, y eso causaba desnutrición y enfermedades.[14] Los médicos dudaban de que una reducción en la tasa de fertilidad por sí sola pudiera aumentar el bienestar económico del Perú a largo plazo. No obstante, empezaron a fomentar una reducción lenta de dicha tasa a través de anticonceptivos usados voluntariamente por parejas que no podían mantener económicamente a muchos hijos. Fueron estos mismos médicos los primeros en promover intervalos de interparidad (de dos o tres años), pensando en preservar la salud materna de todas las mujeres.[15] Para mantenerlos, el método recomendado por estos médicos era el método del ritmo, ya que los condones, el método de retiro y las duchas vaginales eran, supuestamente, menos efectivos y menos atractivos sexualmente.[16]

El método del ritmo había generado entusiasmo entre los médicos peruanos. Un editorial en *La Reforma Médica* en 1934 lo llamó «el descubrimiento de mayor trascendencia biológica y económico-social realizado en el presente siglo».[17] Sin embargo, pocos médicos tomaron en serio la responsabilidad de enseñar o difundir el método al público. A su vez, la gran popularidad de los condones tenía menos que ver con la aprobación clínica, pues los hombres y las mujeres los compraban en farmacias y en la calle ya desde la década de 1880 como anticonceptivos y medios

---

14. Quintanilla Paulet, Antonio. «Algunos problemas médicos en relación con el subdesarrollo económico del Perú». Tesis de grado, Facultad de Medicina de San Fernando, 1956, p. 90.

15. Burgos Amaya, José. «La procreación consciente en nuestro país». Tesis de grado, Facultad de Medicina de San Fernando, 1957.

16. El método del ritmo se basa en los descubrimientos casi simultáneos de Kyusaku Ogino en Japón y Hermann Knaus en Austria a mediados de la década de 1930. Sus trabajos tenían que ver con la variación de la fertilidad durante el ciclo menstrual de la mujer. Estos estudios fueron la base para un método que identificaba segmentos del periodo menstrual durante los cuales un embarazo era menos probable. Véase Ogino, Kyusaku. *The Conception Period of Women*. Harrisburg, PA: Medical Arts Publishing Company, 1934; y Knaus, Hermann: *Die Periodische Fruchtbarkeit und Unfruchtbarkeit des Weibes*. Viena: W. Maudrich, 1934.

17. «El inquietante problema de la prole a voluntad». *La Reforma Médica* 20, 181 (febrero de 1934): 111-112.

de prevención contra las enfermedades de transmisión sexual.[18] Aun así, su asociación con la prostitución hizo del condón un anticonceptivo vergonzoso para las parejas monógamas. Algunos psiquiatras incluso clasificaron al «coitus condomatus» entre esposo y esposa como una perversión sexual, junto a la homosexualidad, la necrofilia y la zoofilia, una que era especialmente perjudicial para las mujeres, ya que el depósito de semen supuestamente tenía un papel importante en la salud del útero.[19]

Los expertos médicos académicos culparon a los hombres que usaban condones por la inhabilidad del país de incrementar su población; también llamaron al uso del condón por parte de las parejas casadas una forma de «egoísmo refinado» que ponía el placer por sobre el interés nacional.[20] La ubicuidad del comercio de condones eventualmente llevó a una reacción negativa oficial. En abril de 1940, el Ministerio de Salud Pública aprobó la resolución 920, que prohibía la venta ambulatoria de condones. Según el Ministerio, las transacciones habían alcanzado proporciones alarmantes, con vendedores ambulantes que ofrecían su mercadería a los transeúntes «sin distinción de personas, edad y sexo», lo que constituía «un atentado a la moral y respeto sociales».[21] A inicios de la década de 1950, el gobierno del general Manuel Odría incrementó la ofensiva anticondones. El artículo 203 del Código Aduanero prohibió la importación de condones como anticonceptivos, una iniciativa tonta

18. Burgos Amaya, José. Ob. cit., p. 52; Ostolaza, Mariano. «Estudio del chancro». Tesis de grado, Facultad de Medicina de San Fernando, 1889; López, Mariano M. «Diagnóstico de los flujos útero-vaginales en las enfermedades venéreas». Tesis de grado, Facultad de Medicina de San Fernando, 1891.

19. Bambarén, Celso. «Algunas consideraciones sobre las perversiones sexuales y la delincuencia». Tesis de grado, Facultad de Medicina de San Fernando, 1946, p. 21. Véase, además, «Have Spermatozoa Functions or Effects Other than Fertilization?». *Journal of the American Medical Association* 77, 1 (1921): 42-43.

20. Avendaño, Leonidas y Guillermo Fernández Dávila. *La despoblación en su aspecto social y médico-legal*. Lima: Sanmartí y Cía., 1922, p. 27. Véase, además, Paz Soldán, Carlos Enrique. «La decadencia de la maternidad». *La Reforma Médica* 20, 194 (setiembre de1934): 561-568, 589-590.

21. «La venta de preservativos en la vía pública». *Boletín de la Dirección General de Salubridad Publica* (1940): 75.

que garantizó su mercadeo como medio para prevenir enfermedades y legitimó la publicidad de los condones como profilácticos en revistas farmacéuticas peruanas.[22]

Entre la década de 1930 y fines de la de 1950, el vínculo cada vez más prominente entre la pobreza, la aceleración de la migración, la alta fertilidad, la morbimortalidad materna y la delincuencia llevaron a los trabajadores de salud a suavizar su postura sobre la regulación de la fertilidad. La pobreza entre los nuevos habitantes urbanos, en su opinión, causaba criminalidad, debilitaba la salud y empeoraba problemas como los abortos inducidos. La nueva postura profesional favorecía las intervenciones médicas preventivas y alentaba a los profesionales de la salud a ver la restricción de la fertilidad como una forma de evitar el sufrimiento individual y el daño social. Estos cambios de mentalidad ocurrieron en el contexto de las recesiones de la década de 1930 y el régimen de austeridad fiscal de Manuel Prado a fines de la década de 1950, causado en parte por la ralentización económica que siguió a la Guerra de Corea. El presidente Prado lidió con la crisis reduciendo gastos públicos, congelando sueldos y salarios, y aumentando el precio de los productos alimenticios básicos.[23] Tener varios dependientes hubiera sido difícil bajo estas condiciones para todos excepto para los más adinerados. Sin embargo, a pesar de la cada vez más visible miseria material, los médicos y los expertos en salud pública no dejaban de considerar la necesidad de poblar otras partes del Perú, especialmente la región amazónica.[24] Los trabajadores de salud adaptaron estas complejas

---

22. Véase publicidad de los condones Tuxedo, Romeo, Convoys, Koin Pack y Sultán en *Revista Farmacéutica Peruana* 23, 275 (marzo de 1955): 6; 24, 277 (mayo de 1955): 13; y 25, 289 (mayo de 1956): 22.

23. Caravedo, Baltazar. *Burguesía e industria en el Perú, 1933-1945*. Lima: IEP, y, del mismo autor, *Desarrollo desigual y lucha política en el Perú, 1948-1956*. Lima: IEP, 1978. Véase también Pareja, Piedad. *Aprismo y sindicalismo en el Perú*. Lima: Rikchay, 1980; Portocarrero, Gonzalo. *De Bustamante a Odría: el fracaso del Frente Democrático Nacional, 1945-1950*. Lima: Mosca Azul, 1983.

24. Aramburú, Carlos; Eduardo Bedoya y Jorge Recharte. *Colonización en la Amazonía*. Lima: Centro de Investigación y Población Amazónica, 1982.

perspectivas sociales, clínicas y éticas cuando empezaron a considerar el papel que la planificación familiar tendría para sus carreras, sus pacientes y su país.

«Era nula. No había planificación familiar. No existía»[25]

Para la generación de trabajadores de salud que maduró a inicios de la década de 1960, ni las universidades locales ni los hospitales habían sido instituciones que les enseñaran a usar anticonceptivos o acogieran la discusión sobre la limitación de los hijos que se tenían. Sin embargo, a pesar de la sumisión al *statu quo* por parte de los jóvenes profesionales y estudiantes, estos tenían interés en intervenir clínicamente en las vidas de otros de esta manera, no solo para prevenir dolencias, sino también con la esperanza de mejorar la vida de las mujeres y contrarrestar los efectos nocivos de la pobreza en las familias.

Sin embargo, su entusiasmo tenía límites. A inicios de la década de 1960, los médicos, obstetrices y trabajadoras sociales no consideraban normalmente la planificación familiar como algo dirigido a los hombres o a los sectores económicos pudientes. De hecho, la consumidora ideal de anticonceptivos era la que la trabajadora social Teresa Giunta describió con indignación: una inmigrante viuda que abusaba del alcohol, viviendo en un barrio pobre periurbano, con ya varios hijos de distintos hombres, y un marido que la maltrataba continuamente y había iniciado una relación incestuosa con su hijastra adolescente. Las trabajadoras sociales como Giunta esperaban que mujeres como esta, después de aprender a manejar su fertilidad, tendrían más tiempo para pasar con sus hijos y aprender un oficio, y se volverían menos dependientes de sus maridos.[26]

Mientras que las migrantes recientes que vivían en la pobreza en algún lugar de la periferia de Lima eran los objetivos ideales para los

---

25. Entrevista con Alfredo Larrañaga (Lima, 11 de julio de 2006).

26. *Boletín CEPD* 3, 11 (marzo de 1969): 3-6. Véase, además, entrevista con Emperatriz Matallana (Lima, 6 de julio de 2010).

servicios de planificación familiar, el doctor Luis Fernández, jefe de Obstetricia en el Hospital General de Trujillo en 1963, nos recuerda que los peruanos más adinerados no lo eran: «si un tipo es millonario puede tener diez hijos. No veo por qué tenemos que cortárselo».[27] La preocupación que se sentía por el declive poblacional en las zonas rurales también contribuyó a la limitación de los servicios de planificación familiar en las zonas urbanas. Es decir, en un comienzo, las distinciones de sexo, raza, espacio geográfico y clase tuvieron un papel importante en la decisión de los trabajadores de la salud sobre qué poblaciones sufrían de una «demanda insatisfecha de anticonceptivos».[28]

Dada la escasez de apoyo técnico, educativo e institucional para la anticoncepción en la década de 1950, no es sorprendente que el deseo incipiente por parte de algunos trabajadores de salud de participar en iniciativas de planificación familiar fuera frecuentemente expresado de formas solapadas, tales como sesiones de consejería para mujeres sobre el espaciamiento de sus embarazos.[29] Estos esfuerzos pedagógicos progresivamente se convirtieron en exhortos a sus pacientes y colegas, y a las propias organizaciones para las que los trabajadores de salud laboraban. Según el doctor Victor Díaz, graduado en 1953, por ejemplo, «con la educación no íbamos nunca a resolver el problema. La gente no concurre a reuniones».[30] La frustración llevó a médicos y a obstetrices a llamarles la atención a sus pacientes cuando volvían a quedar embarazadas y también a sobrecoger a sus colegas más jóvenes con casos chocantes. Como recordaba la educadora Rosa Motta, «el médico me llamó para que vea una paciente que venía con un aborto incompleto. Incluso estaba ya oliendo feo y todo, pero el médico para concientizarme me dijo "mira, esto es lo que pasa cuando las mujeres no utilizan un método"».[31]

27. Entrevista con Luis Fernández (Trujillo, 13 de julio de 2010).
28. Entrevista con Alfredo Larrañaga (Lima, 11 de julio de 2006).
29. Correo electrónico de Luz Jefferson (Lima, 21 de febrero de 2009).
30. Entrevista con Víctor Díaz (Lima, 30 de junio de 2010).
31. Entrevista con Rosa Motta (Lima, 6 de julio de 2010).

Los ginecólogos jóvenes más emprendedores usaron sus posiciones de liderazgo dentro de asociaciones profesionales, universidades y hospitales, para elegir personalmente a alumnos curiosos y ambiciosos, y convertirlos en aprendices, con frecuencia ofreciendo como incentivo prestigiosas becas internacionales de formación. Por ejemplo, el doctor Abraham Ludmir estableció el primer programa de residencia en Ginecología en el hospital San Bartolomé en Lima, en 1961. Al principio, sus residentes recibían formación sobre métodos de planificación familiar en Chile, la meca sudamericana de la investigación anticonceptiva.[32] El doctor Rodolfo Gonzáles Enders, director de una de las clínicas de la Asociación Peruana de Protección Familiar, la cadena más grande de clínicas de planificación familiar en el Perú, y el doctor Carlos Muñoz Torcello, jefe de Ginecología en el hospital Arzobispo Loayza, también recomendaban a sus mejores alumnos para oportunidades en el extranjero.[33]

Los seleccionados para recibir formación adicional se sentían honrados por la atención que su trabajo atraía, ansiosos de aprender algo que pudiera ser útil para sus pacientes y encantados con las oportunidades que su nuevo conocimiento podría brindarles. Una entusiasta doctora Doris Chang recuerda que, «como joven, andaba metida en todo».[34] Aun así, algunos temían que la anticoncepción transgrediera sus principios católicos y buscaron el asesoramiento de algún clérigo. El sacerdote que consultó la doctora Delia Moreno le dijo: «vas a aprender, pero no lo vas a practicar».[35] Estos médicos novatos aceptaron una distinción algo arbitraria entre «planificación familiar», que ellos equiparaban con la legítima aspiración de todas las familias de determinar racional y responsablemente el número de sus hijos a través de los anticonceptivos,

32. Correo electrónico de René Cervantes, quien completó su residentado bajo la dirección del doctor Abraham Ludmir (Lima, 6 de diciembre de 2008). Véase, además, Pieper Mooney, Jadwiga. *The Politics of Motherhood: Maternity and Women's Rights in Twentieth-Century Chile*. Pittsburgh, PA: University of Pittsburgh, 2009.

33. Entrevista con Luisa Parra (Lima, 6 de julio de 2010).

34. Entrevistas con Nazario Carrasco (Lima, 28 de junio de 2010); Doris Chang León (Lima, 25 de junio de 2010); Hugo Oblitas (Lima, 19 de julio de 2004); y Hugo Calle (Lima, 6 de julio de 2010).

35. Entrevista con Delia Moreno (Lima, 5 de julio de 2010).

y «control de la natalidad» como una imposición abusiva de los Estados Unidos para limitar el crecimiento demográfico, también a través de anticonceptivos. La planificación familiar era aceptada; el control de la natalidad no. Hasta hoy, el segundo término sigue siendo una forma peyorativa de referirse al uso de anticonceptivos en el Perú.[36]

Los primeros encuentros con la planificación familiar no solo ocurrieron mediante becas para el extranjero, sino también a través de formación e investigación local. El Instituto Marcelino y su fundador, el doctor Alfredo Larrañaga, ilustran esto bien. Larrañaga había trabajado en el St. Luke's Presbyterian Hospital en Chicago después de graduarse en la Universidad Nacional Mayor de San Marcos a mediados de la década de 1950 y regresó al Perú en 1961. En ese entonces, los anticonceptivos hormonales, el Enovid de G. D. Searle y el Anovlar de Schering en particular, habían empezado a venderse en el Perú.[37] Los fabricantes los publicitaban como «protectores del embarazo» que requerían recetas médicas, aunque las farmacias rara vez las pedían.[38] La rentabilidad de los anticonceptivos hormonales incentivó la investigación farmacéutica. En 1966, Schering empezó a realizar ensayos clínicos en seres humanos con un nuevo anticonceptivo hormonal inyectable en la hacienda Huando, en la zona montañosa de Lima, con la ayuda del doctor Larrañaga.[39]

Schering se mostró complacido con los resultados del ensayo y, en 1968, fundó en Lima una clínica y centro de investigación de anticonceptivos, dirigida por el doctor Larrañaga, el Instituto Marcelino

---

36. Uriarte, Carlos. «Planificación familiar: dos tendencias». *Boletín CEPD* 2, 7 (marzo de 1968): 11. Véase, además, entrevista con Natalia Romero (Lima, 5 de julio de 2010).

37. PPFA II Series, caja 204, carpeta 17, Distributor list of Enovid, Establecimientos Leonard, S. A., Casilla 2554, Lima, PPFA. Véase, además, publicidad de Anovlar 21 en la *Revista Médica del Hospital Central del Empleado* 5, 4 (octubre de 1965).

38. «Un problema de conciencia». *Intima* 3, 22 (febrero de 1966): 7-10.

39. Larrañaga, Alfredo y Esteban Kesserü. «Dos años de experiencia clínica con el enantato de noretisterona como anticonceptivo inyectable de depósito». *Ginecología y Obstetricia* 14, 2 (1968): 209-221.

(IM). El IM floreció a fines de la década de 1960 e inicios de la de 1970. Compañías farmacéuticas como Schering, Wyeth y Warner-Lambert se convirtieron en sus primeras fuentes de financiación. El IM probaba compuestos que estas compañías estaban desarrollando, tales como píldoras que se tomaban una vez al mes, anticonceptivos masculinos, píldoras poscoitales y anticonceptivos hormonales inyectables de larga duración, principalmente en mujeres de bajos ingresos de zonas urbanas de Lima: «lo que usted no se imagina, lo investigamos», presumía Larrañaga.[40] Al mismo tiempo, la relativa oscuridad en la que el IM operaba y la falta de transparencia acerca de sus prácticas de reclutamiento crearon resentimientos entre funcionarios del gobierno y trabajadores de salud, quienes temían que «a las mujeres las [estuvieran] usando como conejillos de indias» y se preocupaban por los efectos secundarios de las drogas del IM.[41]

Además de ser un subcontratista de investigación farmacéutica sobre anticonceptivos, el IM también proporcionaba servicios de planificación familiar directamente, que incluían la inserción de los DIU y consultas sobre infertilidad, que conformaban una segunda fuente de ingresos. Durante su apogeo a inicios de la década de 1970, entre sesenta y cien mujeres visitaban el IM cada día.[42] Con el tiempo, el personal del IM aumentó a siete médicos, quienes también trabajaban en diversos hospitales estatales. Además, Larrañaga era miembro de la Facultad de Medicina de la Universidad Nacional Mayor de San Marcos. Estos

---

40. Entrevista con Alfredo Larrañaga Leguía (Lima, 11 de julio de 2006). Véase, además, Winterhalter Uriarte, Max. «Un nuevo contraceptivo oral». Tesis de grado, Facultad de Medicina de San Fernando, 1969; Hurtado, Hilario; Esteban Kesserü y Alfredo Larrañaga. «D-Norgestrel, un progestágeno a microdosis como anticonceptivo oral de administración continua». *Ginecología y Obstetricia* 16, 2 (1970): 119-126; Kesserü, Esteban; Alfredo Larrañaga y Julio Parada. «Postcoital contraception with D-Norgestrel». *Contracepción* 7, 5 (1973): 367-379; Larrañaga, Alfredo; Max Winterhalter y José Natal. «Evaluation of d-Norgestrel 1.0mg as a Postcoital Contraceptive». *International Journal of Fertility* 20 (1975): 156-160.

41. Entrevista con Oswaldo Vásquez Cerna, Junta de Asistencia Nacional, 1972-1976 (Lima, 5 de julio de 2010); entrevista con Elsa Lescano (Lima, 7 de julio de 2010).

42. «La planificación familiar». *Patricia* 1, 7 (marzo de 1971): 21-25.

vínculos permitieron a los estudiantes de medicina y de obstetricia adquirir experiencia práctica sobre planificación familiar, ya que podían rotar por el IM y también asistir a charlas patrocinadas por compañías farmacéuticas.[43] Uno de ellos, el doctor Augusto Chávez, por ejemplo, describió con gratitud su paso por el IM como algo estratégico, ya que, sin aquellas experiencias prácticas, «no éramos nadie».[44]

De ese modo, la formación extranjera y local, junto con la investigación, constituyeron las primeras incursiones de los trabajadores de salud peruanos en el campo de la planificación familiar. Estas primeras actividades clínicas coincidieron, no por casualidad, con la realización de encuestas acerca de lo que los hombres y las mujeres sabían sobre la regulación de su fertilidad, sus actitudes y sus acciones acerca de este tema. Realizadas en docenas de países, desde fines de la década de 1940, estas encuestas sobre fertilidad estuvieron basadas en el campo de la investigación de mercado, liderado por los Estados Unidos.[45] Los investigadores en este rubro rutinariamente preguntaban a los encuestados sobre la frecuencia de sus relaciones sexuales, los métodos anticonceptivos que preferían, las razones por las cuales habían dejado de usar un método en particular e, incluso, el número de abortos que una mujer había tenido. El conjunto de preguntas sobre conocimiento, actitudes y prácticas sobre fertilidad (también llamado «estudios KAP» por sus siglas en inglés) aportaban estadísticas descriptivas, pero también tenían un objetivo político: persuadir a expertos y legisladores de que había una demanda popular de tener familias más pequeñas, y que, por lo tanto, organizar programas de planificación familiar no tenía por qué ser visto como un asunto controvertido. Tal como concretamente lo planteó el demógrafo Frank Notestein, director del Population Council (1959-1968), «probablemente la mejor forma de lograr progreso en un

---

43. Entrevista con Carlos García San Martín (Lima, 30 de junio de 2010).

44. Entrevista con Augusto Chávez (Lima, 7 de julio de 2010).

45. Véase Necochea López, Raúl. «A History of the Medical Control of Fertility in Peru, 1895-1976». Tesis de doctorado, McGill University, p. 184.

campo peligroso es financiar la "investigación" en lugar de la "acción". ¿Quién puede oponerse a la "verdad"?».[46]

El sociólogo Joseph Mayone Stycos era uno de los expertos más reconocidos en el campo de estudios KAP en las Américas desde fines de la década de 1940 y había realizado este tipo de investigación previamente en Puerto Rico y Jamaica.[47] En 1960, Stycos se convirtió en el primero en realizar un estudio KAP en el Perú, con la ayuda de un investigador de mercado local, Carlos Uriarte, y un grupo de alumnos de la Facultad de Trabajo Social de la Universidad Nacional Mayor de San Marcos.[48] Poco después llegó Marie-Françoise Hall, una doctora formada en Harvard y asociada con el departamento de Salud Internacional de Johns Hopkins, quien también se comprometió con Uriarte y con los servicios de la Facultad de Trabajo Social.[49] Hall no solo era una extranjera, sino también una mujer y madre que seguía a su esposo, Tom, también médico, mientras este realizaba una encuesta sobre recursos humanos para el Ministerio de Salud del Perú. Su lugar en la periferia de la élite médica local la motivó en lugar de impedirle hurgar en el delicado tema de la sexualidad. Después de todo, «no tenía mucho que perder», reflexionó: «fue mi primera aventura. De haber fallado, me habría apoyado en mi esposo y habría vuelto a Estados Unidos».[50] Además, a diferencia del trabajo de Stycos, el de Hall captó la atención de *Caretas*,

46. Notestein, Frank. «Demography in the United States: A Partial Account of the Development of the Field». *Population and Development Review* 8, 4 (1982): 684.

47. Hill, Reuben; Joseph Stycos y Kurt Back. *The Family and Population Control: A Puerto Rican Experiment in Social Change*. Chapel Hill, NC: University of North Carolina Press, 1959; Stycos, Joseph. *The Control of Human Fertility in Jamaica*. Ithaca, NY: Cornell University Press, 1964.

48. Stycos, Joseph. *Human Fertility in Latin America: Sociological Perspectives*. Ithaca, NY: Cornell University Press, 1968, pp. 147-161.

49. Hall, Marie-Françoise. «Control de la natalidad en Lima, Perú. *Anales de la Facultad de Medicina* 49, 1 (1966): 1-27.

50. Entrevista con Marie-Françoise Hall (20 de febrero de 2009).

la conocida revista semanal, que reflejaba y alimentaba un emergente interés mediático por la anticoncepción.[51]

Jóvenes médicos emprendedores, ansiosos por extender el alcance de la planificación familiar, vieron una oportunidad, esta vez, de sacarle provecho al protagonismo nacional que los estudios KAP habían conseguido. Estos médicos animaron a sus estudiantes a imitar la metodología KAP. El doctor Mariano Bedoya, jefe del departamento de Obstetricia de la Universidad Nacional Mayor de San Marcos, por ejemplo, supervisó al menos tres estudios KAP en Lima, presentados como tesis médicas. El doctor Luis Fernández, jefe del departamento de Obstetricia en el Hospital Nacional de Trujillo, hizo lo mismo con una estudiante de enfermería.[52] Sin embargo, a diferencia de Hall y Stycos, quienes tomaron muestras de las poblaciones urbanas de altos y bajos ingresos en sus encuestas, los peruanos se enfocaron exclusivamente en las mujeres pobres de zonas urbanas. Durante su estancia en el Perú, Hall nunca se enteró del alcance que tuvo su proyecto entre los expertos locales, quienes lo adaptaron a sus nociones preconcebidas acerca de quiénes necesitaban más los anticonceptivos.

---

51. «La encuesta Hall». *Caretas* 296, año 14 (agosto de 1964): 30-38. Véase, además, «¿Demasiados niños?». *Caretas* 260, año 13 (febrero de 1963): 11-14; «La Iglesia y los anticonceptivos». *Caretas* 261, año 13 (febrero de 1963): 15, 54; «Editorial». *Boletín CEPD* 2, año 7 (marzo de 1968): 1, 8-9; Adolph, José. «Natalidad y revolución». *Expreso* (10 de agosto de 1970); «El retorno de lo absurdo». *Caretas*, 423 año 20 (30 de setiembre-14 de octubre de 1970): 14-16; Rey de Castro, Luis. «¿Anti-política demográfica?». *Revista 7 Días* (octubre de 1970); «Inquietante pregunta: ¿píldora o dispositivo intrauterino?». *Fémina* 1, año 4 (enero de 1975): 12-13; Bonfiglio, Giovanni. «Veinticinco años de debates de población en la prensa peruana, 1974-1999». Documento mimeografiado, 1999.

52. Iannacone Martínez, Felipe. «Vida reproductiva en las mujeres de 20 a 39 años». Tesis de grado, Facultad de Medicina de San Fernando, 1964; Silva Valladares, Carlos Alberto. «Vida reproductiva de las mujeres de 20-39 años». Tesis de grado, Facultad de Medicina de San Fernando, 1966; Navas Mena, José P. «Planificación familiar en el medio policial». Tesis de grado, Facultad de Medicina de San Fernando, 1966; Bustamante de Montalván, Tula. «Algunos aspectos de planificación familiar en Trujillo». Tesis de Bachiller en Enfermería, Universidad Nacional de Trujillo, 1968.

Las estudios locales sobre fertilidad confirmaron las sospechas de que los abortos inducidos eran un hecho tan común en el Perú como en otros lugares de América Latina.[53] Sin embargo, los críticos tomaron los resultados con cautela.[54] Sostenían que los estudios KAP presentaban las respuestas de los encuestados como opiniones firmes y definitivas. Esta era una expectativa poco realista teniendo en cuenta lo novedoso de la idea de usar anticonceptivos y lo complicado que sería tener una conversación sobre la sexualidad de uno con un completo extraño. Aún más problemático, los estudios KAP deducían la práctica real a partir de simples declaraciones presentadas. ¿Cómo saber si realmente las personas hacían lo que decían? Para sus críticos, los estudios KAP no eran más que ejercicios de mercadeo para posicionar mejor un producto (la anticoncepción) ante autoridades reacias a sacrificar su capital político por una nueva causa.

Aun con estas deficiencias, los estudios KAP de fertilidad aportaron ciertas evidencias de que las mujeres estaban interesadas en manejar su fertilidad más efectivamente. La posibilidad de una demanda real de planificación familiar justificó las inversiones que los trabajadores de la salud habían estado haciendo formándose a sí mismos, exhortando pacientes y colegas, y denunciando las restricciones organizacionales y legales dentro de las que trabajaban. El sentimiento entre estos trabajadores de salud de que la regulación de la fertilidad rompía con la tradición obstétrica conocida y de que a sus antiguos profesores y nuevos pacientes les faltaba conocimiento importante, los incentivó a declarar la planificación familiar como su área: un nuevo campo sociomédico

53. Rice-Wray, Edris. «The Provoked Abortion–A Major Public Health Problem». *American Journal of Public Health* 54, 2 (1964): 313-321. Véase, además, *Proceedings of the 4th IPPF/WHR Conference, San Juan, Puerto Rico, April 1964*. Nueva York, NY: IPPF, 1965, especialmente las ponencias de Gómez y García sobre Argentina, de Rozada sobre Uruguay y de Merchan sobre Venezuela.

54. Véase, por ejemplo, Warwick, Donald. *Bitter Pills: Population Policies and Their Implementation in Eight Developing Countries*. Cambridge: Cambridge University Press, 1982, especialmente el capítulo siete.

que ellos liderarían, uno que tenía el potencial de cambiar la nación, las familias y los individuos para mejor.

«Tu consultorio tan bonito, ¿y ahora qué?»: la prestación de servicios de anticoncepción[55]

A mediados de la década de 1950, mientras los trabajadores de salud se quejaban sobre el estado de la salud materna, la pobreza urbana, la multiparidad, los abortos de mala calidad y el corto intervalo entre partos, el uso de los anticonceptivos no era generalizado. Además de los condones y el método del ritmo, las duchas vaginales, el método de retiro y los remedios caseros eran las alternativas menos costosas. Las peruanas y peruanos pudientes adicionalmente hacían uso de diafragmas, tabletas y espumas espermicidas, y de distintas formas de esterilización, aunque los médicos también realizaron las últimas en mujeres que no habían dado su consentimiento para las cirugías.

Después de la criminalización explícita de lesiones mutilantes en la Constitución de 1933, el Comité de Ética del Colegio Médico del Perú declaró que las esterilizaciones causaban lesiones corporales que incapacitaban la función reproductiva y, por lo tanto, prohibieron a su gremio realizar estas cirugías, a menos que un futuro embarazo pusiera en peligro grave la salud de una mujer.[56] Esta autocensura de la organización de médicos más importante del país hizo difícil que se realizaran esterilizaciones a pedido de las mujeres. La opinión experta era distinta en los Estados Unidos, principal referente de los obstetras peruanos en aquel momento. Ahí, los médicos venían realizando esterilizaciones a voluntad de las mujeres desde principios de 1900. Tal como J. Whitridge Williams, jefe de Obstetricia del Hospital Johns Hopkins, explicó,

---

55. Entrevista con Luisa Parra (Lima, 6 de julio de 2010).

56. «Informe de Sociedad Civil sobre Avances y Retrocesos en Salud Reproductiva y Equidad de Género» (15 de junio de 2003), CENDOC.

> si la paciente es inteligente, la decisión debería ser de ella o de su familia; mientras que con las ignorantes corresponde al médico hacer lo que crea mejor bajo las circunstancias. Personalmente, yo no estaría dispuesto a esterilizar a una paciente en la primera [cesárea], a menos que ella venga de un distrito donde una apropiada ayuda postoperatoria no fuera disponible en un futuro embarazo. Por otro lado, si ella tiene deficiencias mentales o está enferma y es probable que se requieran repetidas cesáreas, la operación es perfectamente justificable.[57]

Diversos textos de obstetricia de Estados Unidos y de Gran Bretaña en la primera mitad del siglo XX recomendaban obtener el permiso de las pacientes antes de una esterilización quirúrgica, así como también realizar esterilizaciones solo después de una tercera cesárea debido al mayor (aunque pequeño) riesgo de ruptura espontánea a través de la cicatriz uterina.[58] Sin embargo, para 1950, la popular publicación *Williams Obstetrics*, al tanto de la disminución de la popularidad de la eugenesia, empezó a restarle importancia a la debilidad mental como una causal de la esterilización y, en su lugar, puso énfasis en la multiparidad (definida como ocho o más partos viables) como una nueva razón por la cual los médicos debían considerar la esterilización de mujeres.[59]

Los primeros artículos sobre las esterilizaciones quirúrgicas en el Perú datan de 1953. El doctor Landauro Valentini, por ejemplo, recomendaba consultar al menos a tres colegas, así como confirmar la conformidad de la paciente con el hecho de que la operación acabaría con sus posibilidades de tener hijos, antes de proceder.[60] De manera similar,

---

57. Williams, J. Whitridge. *Obstetrics*. Nueva York, NY: D. Appleton, 1904, p. 408.
58. Berkeley, Comyns y Victor Bonney. *The Difficulties and Emergencies of Obstetric Practice*. Filadelfia, PA: P. Blakiston's Son, 1913; DeLee, Joseph. *The Principles and Practice of Obstetrics*. Filadelfia, PA: W. B. Saunders, 1913; Eden, Thomas Watts y Eardley Holland. *A Manual of Midwifery*. Toronto: Macmillan, 1925; Adair, Fred. *Obstetrics and Gynecology*. Filadelfia, PA: Lea and Febiger, 1940.
59. Eastman, Nicholson. *Williams Obstetrics*. Nueva York, NY: Appleton-Century-Crofts, 1950, p. 1046.
60. Landauro Valentini, Alonso. «La esterilización quirúrgica en obstetricia». *Boletín de la Asociación de Médicos del Hospital de Mujeres y Maternidad del Callao* 9, 7, 37 (1953): 857-863.

el doctor Victor Díaz, quien esterilizó pacientes mujeres durante su año de internado en la Maternidad de Lima en 1953, realizaba las operaciones solo a mujeres que habían tenido tres cesáreas y solo después de hablar con ellas y, sobre todo, con sus esposos, pues «podía haber un lío si no».[61] Con el consenso acerca del riesgo que corrían las mujeres que tenían ya más de tres cesáreas, así como la implementación de procedimientos para obtener el consentimiento de las pacientes, varios hospitales empezaron a ofrecer esterilizaciones quirúrgicas a mediados de la década de 1960, entre los cuales se incluían la Maternidad de Lima; los hospitales Loayza, Almenara, San Bartolomé, Rebagliatti (todos estos en Lima) y San Juan en Marcona (Ica); y, finalmente, el Hospital Nacional de Trujillo.[62]

Sin embargo, al margen de la homogeneidad de las recomendaciones hospitalarias, la experiencia de los médicos con la esterilización de mujeres era diversa. Algunos se negaban a hacer las operaciones, sobre todo cuando los hijos mayores de una mujer habían muerto, y ella se enfrentaba a la posibilidad de quedarse sin hijos.[63] Otros médicos fueron incluso más firmes en su postura contra la esterilización. La doctora Delia Moreno, por ejemplo, admitió que usaba «cosas así que eran temporales [como los DIU], pero las definitivas, como una ligadura, no me gustaba participar. [Si alguien me pedía], yo le ponía los otros métodos».[64] Incluso algunos médicos que ocasionalmente brindaban esterilizaciones quirúrgicas corrían el riesgo de ser censurados por sus propios colegas por no defender sus principios cristianos, tal como le sucedió al doctor Luis Fernández en Trujillo. Por el contrario, otros se armaron de coraje suficiente como para continuar ofreciendo esta opción a las mujeres, sobre todo tras ser testigos de cómo autoridades hipócritas rogaban por la operación para sus parientes, aun cuando

---

61. Entrevista con Víctor Díaz (Lima, 30 de junio de 2010).
62. Moreno, Javier. «Esterilización tubárica bilateral por pinzamientos sucesivos y electrocauterización». *Tribuna Médica* 4, 157 (18 de setiembre de 1967): 1-7.
63. Entrevista con Ramiro Yanque (Lima, 2 de julio de 2010).
64. Entrevista con Delia Moreno (Lima, 5 de julio de 2010).

esas parientes no se ajustaban al perfil de riesgo que los hospitales preferían.[65]

Por otro lado, había médicos de actitudes perturbadoras hacia las esterilizaciones. «Yo he ligado a miles de mujeres sin pedirles permiso al marido, ni a ellas», declaró en tono desafiante el doctor Miguel Exebio. «Si [venía una mujer multípara, yo decía] "dieciséis hijos? Pásala a la sala de operaciones". No había otra forma: a hacer cesárea y le ligaba las trompas. A veces han venido acá después de años a decirme, "doctor, después de esa operación que usted me hizo ni mas volví a gestar. ¿Qué me hizo?". "No me acuerdo". ¿Qué le voy a decir? "¿Te ligué?"».[66] Esta minoría de médicos explicaba sus decisiones como un servicio a la comunidad, a la nación, que no podía permitirse el lujo del crecimiento del tipo erróneo de población: los más pobres e incultos. «Así había que actuar, pensando en el futuro de esa pobre mujer, sus hijos, la sociedad. ¿Qué clase de gente va a ser esa?», me preguntó el doctor Ramiro Yanque.[67] En cualquier caso, estos profesionales se consolaban a sí mismos: una esterilización hecha por ellos era mejor que un aborto después, a manos de algún incompetente desconocido.

Es sencillo ver cómo estos puntos de vista pudieron y llevaron al abuso, pero es importante darse cuenta también de cómo las mujeres podían ellas mismas confabular con los médicos para conseguir ser esterilizadas, al enfatizar lo difíciles y peligrosos que eran sus embarazos. Cuando un médico consideraba que un futuro embarazo podría poner en peligro la salud de una mujer, ella podía convertirse en apta para ser esterilizada. Sin embargo, después analizar la proporción de cesáreas relativas a los partos vaginales a inicios de la década de 1970, los médicos Elmer Chávez y Carlos Bachmann se convencieron de que sus colegas en la Maternidad de Lima exageraban la necesidad de las cesáreas solo para tener la oportunidad de realizar esterilizaciones con la

---

65. Entrevista con Luis Fernández (Trujillo, 13 de julio de 2010) y con Doris Chang León (Lima, 25 de junio de 2010).
66. Entrevista con Miguel Exebio (Lima, 1 de julio de 2010).
67. Entrevista con Ramiro Yanque (Lima, 2 de julio de 2010).

complicidad de las mujeres. Los investigadores también indicaron que sus colegas rara vez reportaban haber realizado estas cirugías para proteger la privacidad de sus pacientes.[68]

Aun así, las esterilizaciones no eran las intervenciones médicas más comunes disponibles para las peruanas. Entre mediados de 1950 y mediados de 1960, la aparición de los anticonceptivos hormonales y, especialmente, de los dispositivos intrauterinos cambiaron totalmente el mercado contraceptivo. Las organizaciones internacionales de planificación familiar consideraban a los dispositivos intrauterinos (DIU) como una de las «soluciones» más prometedoras para el problema del rápido crecimiento demográfico en países en vías de desarrollo. Aunque los DIU manufacturados con alambre de plata u oro se usaban desde fines de la década de 1920, una generación nueva de DIU salió al mercado a fines de la década de 1950.[69] Estos nuevos DIU, hechos de plástico flexible en lugar de metal, eran más baratos que los anticonceptivos hormonales. Al igual que las píldoras anticonceptivas, las espumas y los capuchones cervicales, los DIU hacían de la planificación familiar una responsabilidad de la mujer. Sin embargo, a diferencia de otros anticonceptivos, los DIU no requerían de ninguna acción de la usuaria una vez insertados.

Los DIU daban más control sobre las opciones reproductivas de las mujeres a los trabajadores de salud, porque la inserción y extracción de estos anticonceptivos requerían habilidades y herramientas especiales, y porque, en el Perú, los médicos y las obstetrices eran los únicos autorizados a recetar el uso de los DIU. Además de reforzar la autoridad del

---

68. Chávez, Elmer y Carlos Bachmann. «Esterilización quirúrgica en pacientes cesareadas». *Revista del Hospital de Maternidad de Lima* 1, 1 (1975): 23-26.

69. Halton, M.; R. L. Dickinson y C. Tietze. «Contraception with an Intrauterine Silk Coil». *Human Fertility* 13 (1948): 10-13; Oppenheimer, W. «Prevention of Pregnancy by the Gräfenberg Ring Method». *American Journal of Obstetrics and Gynecology* 78 (1959): 446-454. Sobre la historia del DIU, véase Thiery, M. «Pioneers of the Intrauterine Device». *European Journal of Contraception and Reproductive Health Care* 2, 1 (1997): 15-23; y Os, W. A. A. von. «The Intrauterine Device and Its Dynamics». *Advances in Contraception* 15 (1999): 119-132.

experto, lo que de por sí era un resultado valioso para los trabajadores de la salud, la difusión de los DIU también convergió con el objetivo de las organizaciones internacionales de planificación familiar de detener el rápido crecimiento demográfico en algunas regiones en vías de desarrollo. Tal como Alan Guttmacher, jefe de Obstetricia y Ginecología en el hospital Mount Sinai y presidente de la Federación Internacional de Planificación Familiar, advirtió, lo que aquellos países necesitaban era menos «planificación familiar para el individuo» y más «planificación familiar para la nación».[70] La confianza en los DIU era tal que el vicepresidente del Population Council, Bernard Berelson, creía que «desde distintos puntos de vista, tal vez lo mejor sería proporcionar una opción como la de una cafetería —"aquí están todos los métodos recomendados, seleccione el más adecuado para usted"— pero al mismo tiempo enfatizar el atractivo de los DIUs».[71]

América Latina contaba con conocidos promotores de los DIU. El más notable era el doctor Jaime Zipper, del departamento de Obstetricia y Ginecología del hospital Barros Luco en Santiago de Chile. A comienzos de la década de 1960, él y su colega Hernán Sanhueza, inventaron un DIU simple y barato, que consistía en un hilo de nylon estéril de dos metros de largo, enrollado en forma de un anillo de 25 mm de diámetro.[72] Los médicos creían que el bajo costo de este dispositivo

---

70. Tietze, Christopher y Sara Lewit (eds.). *Proceedings of the First International Conference on Intra-Uterine Devices*. Ámsterdam: Excerpta Medica, 1962, p. 7.

71. Berelson, Bernard. «National Family Planning Programs: A Guide». *Studies in Family Planning* 1, 5 (suplemento de 1964): 8.

72. Tietze, Christopher y Sara Lewit. Ob. cit., pp. 57-59. Zipper llegó a obtener una beca del Population Council, con la cual pasó 1962 en la Worcester Foundation de Shrewsbury, Massachusetts, trabajando con Gregory Pincus, inventor de la píldora anticonceptiva. Ahí descubrió que los iones metálicos, como los del cobre, previenen la implantación del óvulo fecundado en el útero, y eso lo llevó a inventar la T de cobre en 1968, por la cual Zipper recibió varias patentes: United States Patent 3.563.235, «Intrauterine Contraceptive Method» (18 de setiembre de 1968); United States Patent 28.399, «Intrauterine Contraceptive Method» (readmitida el 29 de abril de 1975); United States Patent 4.040.417, «Intrauterine Device» (9 de agosto de 1977).

lo convertiría en una tecnología conveniente para ser usada en zonas de bajos recursos y empezaron a promocionarlo como un medio para prevenir los costos humanos y los gastos de hospitalización en que se incurría con los abortos inducidos, y «una técnica de gran valor para el control seguro del crecimiento demográfico masivo». La postura de Zipper contra las usuarias que escogían anticonceptivos fue más extrema que la de Guttmacher o la de Berelson. En su opinión, «la profesión médica es la que debe finalmente decidir, en lugar de la paciente, sobre la eficacia de cualquier procedimiento, teniendo en cuenta todos los factores relevantes, y adaptar una o varias técnicas según las condiciones específicas de un país».[73]

A inicios de la década de 1960, sin embargo, los trabajadores de salud peruanos no estaban en condiciones de dictarle el uso de los DIU a la población en general. Para empezar, algunos médicos, tales como la doctora Delia Moreno, ofrecían anticonceptivos solo a regañadientes, cuando sus superiores en el hospital del Ministerio de Salud donde trabajaba se lo ordenaban.[74] Las personas como el doctor Hugo Calle, quien abiertamente consideraba a los DIU, entre los que se incluían los anillos de Zipper, como «magníficos anticonceptivos», eran escasas.[75] Los pocos que admitían que estas nuevas tecnologías podían ser beneficiosas se enfrentaron al reto de persuadir a sus colegas escépticos y a las mujeres para prestar atención a su consejo. Para convencerlos, empezaron a convertir sus interacciones cotidianas en oportunidades para hablar sobre la planificación familiar. Estos trabajadores también empezaron a referirse a las mujeres que accedían a usar anticonceptivos como «usuarias» en lugar de «pacientes». Como explicó el doctor Hugo Oblitas, la anticoncepción, clínicamente hablando, «no era una necesidad» y, por lo tanto, la demanda debía ser creada, siguiéndoles los pasos a los despistajes de

---

73. Segal, S. J.; A. L. Southam y K. D. Shafer (eds.). *Proceedings of the Second International Conference on Intra-Uterine Contraception*. Ámsterdam: Excerpta Medica, 1965, pp. 90-92.
74. Entrevista con Delia Moreno (Lima, 5 de julio de 2010).
75. Entrevista con Hugo Calle (Lima, 6 de julio de 2010).

cáncer, exámenes ginecológicos y charlas sobre educación sexual: «nosotros nos "marqueteábamos" para generar usuarias».[76] Carlos Bachmann, de la Maternidad de Lima, incluso se encargó, él mismo, de proporcionar instrucción sobre métodos anticonceptivos a mujeres que acababan de dar a luz o se estaban recuperando después de un aborto. Según el doctor Bachmann, la mayoría de sus pacientes no tenía conocimiento sobre métodos anticonceptivos pero, después de su «charla informativa», alrededor del 60% de ellas «escogió» usar un DIU.[77]

Así como en otros lugares de América Latina, los investigadores y la prensa popular recalcaron el rol que la planificación familiar podía tener en la prevención de los abortos, que no solo ponían en peligro la vida de las mujeres, sino también gravaban los recursos humanos y materiales de los hospitales.[78] El hospital Bravo Chico en El Agustino, en Lima, en respuesta a su alta tasa de hospitalizaciones postaborto, estableció un programa de planificación familiar en 1966, con el objetivo de convertir a aproximadamente 8.000 pacientes mujeres ambulatorias en usuarias de sus servicios. «Los anticonceptivos serán elegidos por la mujer, pero prevalecerá el criterio médico más conveniente para cada caso, dándose siempre prioridad al empleo del DIU, en función de las condiciones culturales y económicas de la población, su bajo costo, mejor aceptación y su mayor rendimiento clínico y demográfico, y la experiencia acumulada por el área sobre su uso».[79] En 1969, el Hospital Docente del Rímac adoptó una política diferente, pero igualmente

---

76. Entrevistas con Hugo Oblitas (Lima, 19 de julio de 2004) y Luis Fernández (Trujillo, 13 de julio de 2010).

77. Bachmann, Carlos. «El aborto inducido como problema social: su prevención». *Tribuna Médica* 5, 222 (20 de enero de 1969): 6.

78. Gavidia Lino, Víctor Manuel. «El aborto como problema de seguridad social». Tesis de grado, Facultad de Medicina de San Fernando, 1968; Medel, Mario. «Avances en anticoncepción intrauterina». *Ginecología y Obstetricia* 21, 1-3 (1975): 244-259; «Inquietante pregunta: ¿píldora o dispositivo intrauterino?». *Fémina* 1, 4 (enero de 1975): 12-13.

79. Microfilm reel 3472, grant 65-358, «Proyecto de Ampliación del Programa Materno-Infantil del Hospital de Tórax, Bravo Chico, Octubre 1966», FF.

autoritaria, que consistía en no emitir la documentación del alta en casos de hospitalización por un aborto, ni los certificados de nacimiento de ningún niño, hasta que la paciente haya asistido a una charla sobre planificación familiar. Una vez establecida esta política, recordaba la obstetriz Luisa Parra, el programa de planificación familiar del hospital pasó de no tener ninguna consulta, a tener 25 consultas diarias durante los siguientes dos años.[80]

Sin embargo, para la mayoría de hospitales, la planificación familiar era tan solo un servicio más entre los muchos que proporcionaban. No era, tampoco, el servicio más frecuente o competentemente ofrecido, con cortas horas clínicas y proveedores reacios.[81] Las clínicas privadas de planificación familiar surgieron en este contexto e incluyeron al Instituto Marcelino y al Programa de Paternidad Responsable de la Iglesia católica, que será analizado en el capítulo seis. Los proveedores privados más grandes y más conocidos eran aquellos que la Federación Internacional de Planificación Familiar (IPPF, por sus siglas en inglés) financió.[82] La sección del hemisferio occidental de la IPPF empezó a financiar clínicas de planificación familiar en América Latina y el Caribe en 1954, y la Asociación Peruana de Protección Familiar (APPF) se convirtió en su primer beneficiario en 1967. Mientras que la oficina central de la APPF estaba ubicada en el elegante distrito de San Isidro en Lima, sus primeras clínicas estaban situadas en barrios de bajos ingresos del Callao, San Miguel, Rímac, Breña, Surquillo, El Agustino y Barrios Altos. Para 1970, la APPF tenía tres clínicas fuera de Lima, en Ica, Huancayo y Chimbote.[83] Entre su fundación en 1967 y 1970, la APPF reportó que 4.032 mujeres habían recibido DIU; 3.673 estaban tomando la píldora;

---

80. Entrevista con Luisa Parra (Lima, 6 de julio de 2010).

81. Entrevistas con Delia Moreno (Lima, 5 de julio de 2010); Doris Chang León (Lima, 25 de junio de 2010); Manuela Araujo (Lima, 1 de julio de 2010); y Luis Fernández (Trujillo, 13 de julio de 2010).

82. Necochea López, Raúl. «La Asociación Peruana de Protección Familiar y los inicios de la anticoncepción en el Perú (1967-1975)». *Histórica* 33, 1 (2009): 87-130.

83. Ministerio de Trabajo a APPF, 18 de julio de 1970; y «Convenio entre el Concejo Distrital de San Miguel y la APPF» (2 de junio de 1972), MRZ.

1.898 habían recibido anticonceptivos inyectables; y 120 habían recibido otro tipo de anticonceptivos.[84]

En 1973, la IPPF empezó a organizar su iniciativa más grande en el Perú hasta la fecha. Se trataba de un programa de atención y educación en el hospital Arzobispo Loayza en Lima, eufemísticamente conocido como «Estudios sobre la Fertilidad Humana». El programa proporcionaba formación y experiencia práctica para trabajadores de la salud y estudiantes de medicina y obstetricia sobre temas de consejería, exámenes clínicos, exámenes de Papanicolaou y el uso de todos los métodos anticonceptivos disponibles, excepto la esterilización. Entre noviembre de 1973 y enero de 1976 el hospital recibió aproximadamente 44.000 dólares para esta tarea. Casi el 90% de estos fondos estaban destinados a los salarios de los instructores y a gastos administrativos. Los DIU eran el método más común: entre febrero y octubre de 1974, 90% de todas las 509 usuarias de métodos anticonceptivos empleaban estos dispositivos.[85] La predilección de los donantes extranjeros por los DIU era tal que desalentaba a los médicos escépticos de buscar financiación para investigar métodos anticonceptivos alternativos. Tal como el doctor Walter Llaque, un endocrinólogo que dirigió una clínica de planificación familiar en Trujillo entre 1968 y 1980, recuerda, «les gustaba lo más fácil. [...] Si no pones un DIU, no hay apoyo».[86]

Irónicamente, el año 1973, que marcó el comienzo del programa de la IPPF en el hospital Arzobispo Loayza, fue también el año del cierre de la APPF. Un ala de izquierda de las fuerzas armadas, frustrada por la incapacidad del presidente Fernando Belaunde de sobreponerse

---

84. Alfaro, Carlos. «La Asociación Peruana de Protección Familiar y la Planificación Familiar». *Ginecología y Obstetricia* 16, 2 (1970): 145-152.

85. PPFA II Series, caja 83, carpeta 27, UPCH request for renewal of funds to Family Planning International Assistance, Febrero 1976; carpeta 28, UPCH request for renewal of funds to Family Planning International Assistance, Febrero 1978; y Dr. Daniel Weintraub, FPIA Chief Operating Officer, a Gerard Bowers, Chief of the Grants Management Branch of the Family Planning Services Division, Office of Population, USAID, 2 de marzo de 1978, PPFA.

86. Entrevista telefónica con Walter Llaque Dávila (Lima, 12 de julio de 2006).

a la oposición en el Congreso y por su reticencia a implementar una esperada reforma agraria, lo derrocó con un golpe de Estado en 1968. Liderada por el general Juan Velasco Alvarado, esta facción estableció el «Gobierno Revolucionario de la Fuerza Armada» (1968-1975). La desconfianza de Velasco por las actividades financiadas por los Estados Unidos se extendía desde la extracción del petróleo a la tenencia de la tierra, e incluía también la planificación familiar. En diciembre de 1973, Velasco acusó a la APPF de recibir apoyo financiero de una organización, la IPPF, «cuyas metas no coinciden con los ideales humanistas del Gobierno Revolucionario de la Fuerza Armada», y cuya presencia en el Perú constituye «una afrenta a la moral y la decencia».[87]

El cierre de la APPF fue decidido al nivel político más alto e inescrutable, y fue poco lo que la IPPF pudo hacer para ayudar a su beneficiario en crisis. Tras asumir el pasivo, la IPPF empezó a canalizar más ayuda económica, material y técnica hacia el nuevo programa de Estudios sobre la Fertilidad Humana en el hospital Arzobispo Loayza. El funcionario encargado de las subvenciones de la IPPF, John Robbins, incluso recomendó aumentar el nivel de prioridad del programa e instó a sus colegas a «mantener la bandera en alto».[88] No queda totalmente claro por qué Velasco decidió aniquilar a la APPF. Sus quince clínicas la hacían la organización de planificación familiar más visible del país, pero, aun así, la APPF no era la única organización que recibía financiación extranjera: el Instituto Marcelino y el Programa de Paternidad Responsable de la Iglesia católica también captaban fondos de Estados Unidos. Lo que las acciones de Velasco dejaron en claro fue la ingenuidad de los expertos estadounidenses, quienes creían que el antiamericanismo nacionalista en América Latina estaba dirigido solo contra las agencias gubernamentales de Estados Unidos. Las acciones de Velasco mostraron que las organizaciones privadas de los Estados Unidos

---

87. «Resolución Ministerial 000293-73-SA/DS». *El Peruano* (21 de diciembre de 1973): 1.

88. Véase nota a mano de Robbins en memorándum de Daniel Weintraub a John Robbins, 14 de enero de 1975, en PPFA II, caja 83, carpeta 27, PPFA.

no pasaban desapercibidas y que también podían ser blancos de este antiamericanismo.[89]

El violento final de la APPF fue un evento determinante para los trabajadores en el sector de planificación familiar. Algunos, como la antropóloga Carmen Delgado de Thays, directora de Educación de la APPF, y la trabajadora social Emperatriz Matallana abandonaron el campo totalmente y pasaron por cierta precariedad financiera y profesional temporalmente.[90] Otros estaban decididos a no dejar a sus pacientes sin atención e incrementaron sus actividades de planificación familiar en los hospitales donde trabajaban y en sus consultorios privados; incluso, robaron anticonceptivos del depósito clausurado de la APPF.[91] Otros más, como la obstetriz Luisa Parra, abrieron consultorios privados en respuesta a lo que, en su opinión, era una injusticia velasquista. Para colmo, ella tuvo que lidiar con las amenazas de algunos médicos, quienes la creían invadiendo su jurisdicción profesional.[92]

Incluso aquellos trabajadores no afiliados a la APPF sintieron el pinchazo de la reprimenda del gobierno y le bajaron el perfil a sus actividades de planificación familiar, temiendo a «quinta columnistas que pasaban el soplo» a autoridades del gobierno acerca de sus actitudes a favor de la planificación familiar.[93] Perseguidos y enfrentados, pero aun así desafiantes, los trabajadores de la planificación familiar sintieron un fuerte rechazo hacia el régimen de Velasco en la década de 1970. Al mismo tiempo, se aferraron firmemente a la imagen que habían construido de sí mismos a inicio de la década de 1960, como líderes que tomaban

---

89. Barnes, Allan. «United States Private Agencies' Contributions to Population Programs». *International Journal of Health Services* 3, 4 (1973): 664.

90. Entrevistas con Carmen Delgado de Thays (Lima, 27 de junio de 2010) y Emperatriz Matallana (Lima, 6 de julio de 2010).

91. Entrevista con Nazario Carrasco (Lima, 28 de junio de 2010).

92. Entrevista con Luisa Parra (Lima, 6 de julio de 2010).

93. Entrevista con Ramiro Yanque (Lima, 2 de julio de 2010). Véase, además, entrevistas con Víctor Díaz (Lima, 30 de junio del 2010); Doris Chang León (25 de junio de 2010); Delia Moreno (Lima, 5 de julio de 2010); y Miguel Exebio (Lima, 1 de julio de 2010).

decisiones valientes por el bien de su nación y sus pacientes, aun cuando les costara convertir a esas pacientes en usuarias.

«La gente te quería» frente a «mi mujer no es mujer mala»:[94] reacciones en la comunidad

La expansión de los servicios de planificación familiar a fines de la década de 1960 produjo un número de beneficios para los profesionales y sus organizaciones. Los beneficios no solo llegaron como puestos de trabajo para médicos, obstetrices, educadoras familiares e incluso antropólogos, sino también en forma de generosos programas de subvenciones y viajes pagados para aprender sobre las últimas técnicas de anticoncepción y educación sexual.[95] Por supuesto, los trabajadores y administradores aceptaron los beneficios. Otro efecto importante de esta popularización fue el contacto de trabajadores de salud con peruanos que tenían poca experiencia con la noción de la limitación de la fertilidad. Las acciones y las aspiraciones de los trabajadores de la salud, cuando se analizan junto a aquellas de los actuales y potenciales usuarios de anticonceptivos, revelan cómo el trabajo en planificación familiar podía ser, a la vez, una fuente de placer y frustración, y qué expectativas tenían los usuarios de métodos anticonceptivos del personal de salud y de las tecnologías y servicios que les ofrecían.

Los trabajadores de planificación familiar en su mayoría se sentían muy satisfechos por el respeto e incluso el afecto que las mujeres y hombres expresaban, y se compenetraban con el público al que atendían. Recordaba una que «cuando regresábamos en la noche yo veía una lucecita en una casita. Entonces yo decía, "en esa casita hay un hombre y una mujer que están sintiendo lo mismo que yo, que tienen los

94. Citas de las entrevistas con Nazario Carrasco (Lima, 28 de junio de 2010) y Martha de Laudi (Lima, 4 de abril de 2006), respectivamente.

95. Véanse entrevistas con Carmen Delgado de Thays (Lima, 27 de junio de 2010); Luisa Parra (Lima, 6 de julio de 2010); Rosa Motta (Lima, 6 de julio de 2010); y Augusto Chávez (Lima, 7 de julio de 2010).

anhelos, los problemas que yo [tengo]"».[96] Bien motivados, sin temor, organizaban clínicas en barrios con altas tasas de criminalidad. «En los Barracones del Callao ya nos conocían», se enorgullecía el doctor Helí Cancino, «y nunca nos paso nada. Nos cuidaban, al contrario». Dicho aprecio fortaleció la convicción de pioneros como el doctor Alfredo Larrañaga, de que ni el gobierno ni la Iglesia podrían disuadir a los usuarios de usar anticonceptivos: «el público hace lo que quiere, lo demás es cuento». Aun así, no solo era el respeto popular lo que apreciaban, sino también el desafío profesional. La alta demanda de anticonceptivos obligaba a los trabajadores a perfeccionar sus habilidades: «si yo colocaba 30 DIUs en 2 horas» recordaba el doctor Nazario Carrasco, por ejemplo, «tenía que [apuntar a] colocar 60 DIUs en dos horas».[97]

Estos trabajadores también estaban en una excelente posición para aplicar sus habilidades clínicas superiores en sus consultorios privados de obstetricia y de ginecología. De hecho, debido a la falta de supervisión profesional o gubernamental de los consultorios privados, en relación con los servicios públicos, los médicos y obstetrices eran más libres de discutir y utilizar métodos anticonceptivos en esos entornos, aunque con un número más pequeño de personas, es decir, las pacientes que podían costear servicios privados. Los consultorios también les dieron la oportunidad de demostrar a sus colegas y alumnos cómo usar métodos anticonceptivos y cómo aconsejar su uso. Cada uno de los diecinueve médicos y obstetrices que entrevisté tenía un consultorio privado en la década de 1960. Combinar esto con el trabajo en hospitales y en organizaciones como la APPF era la única forma de llegar a fin de mes, y a veces esto no era suficiente. El estatus que tenían los pacientes privados como consumidores alentaba a estos últimos a pedir servicios médicos ilegales y costosos, en especial abortos. La mayoría de los médicos, como la doctora Doris Chang, públicamente desaprobaban

96. Entrevista con Consuelo Castillo (Lima, 22 de junio de 2006).

97. Entrevistas con Helí Cancino (Lima, 19 de julio de 2004); Rosa Motta (Lima, 6 de julio de 2010); Alfredo Larrañaga (Lima, 11 de julio de 2006); Hugo Oblitas (Lima, 19 de julio de 2004); y Nazario Carrasco (Lima, 28 de junio de 2010).

su práctica: «cuando me venían con el pastel hecho, para que les haga un, ya tu sabes, ahí no. Todo antes, nada después. [...] Es con lo que más te vienen a tentar. Si yo quisiera yates y aviones, hace rato [que haría abortos.]».[98] Igual de significativo es que ningún médico acusara a un colega de realizar abortos, pese al hecho de que la mayoría afirmaba saber de alguien que se ganaba la vida así.

Muchas usuarias confiaban en las capacidades técnicas de los trabajadores de salud cuando se trataba de planificación familiar y defendían su privilegio de escoger métodos anticonceptivos para las mujeres, sobre todo si no se trataba de ellas mismas. Teresa Pareja, directora del Instituto Nacional de Estadística a fines de la década de 1970, observó, por ejemplo, que:

> [...] eso de tener la libertad de ir a comprar el anticonceptivo a la farmacia no sería conveniente. Podría traer malas consecuencias, no solamente en la mujer que los usa, sino en el futuro, porque no se sabe cómo irán a salir los niños después. No sé, tendría que haber mucho control médico. Pero hay que planificar la familia, sobre todo en ciertas clases sociales no es conveniente que tengan tantos hijos.[99]

La confianza que los profesionales médicos tenían en los anticonceptivos también era compartida por las usuarias, tal como sugiere el testimonio de la vedette Teresa Dávila:

> [...] antes tomaba anticonceptivos, pero ahora no, porque son perjudiciales. Te van consumiendo la foliculina, y nos hacen viejas antes de tiempo. Comienzan a salir arrugas. En cambio, prefiero mil veces un espiral, que no te da ninguna clase de problemas, y cuando quieres tener un hijo, lo tienes, normal.

Mujeres como la lideresa campesina Victoria citaban las dificultades propias de combinar su trabajo con el cuidado de los hijos y

---

98. Entrevista con Doris Chang León (Lima, 25 de junio de 2010).

99. Andradi, Esther y Ana María Portugal. *Ser mujer en el Perú*. Lima: Mujer y Autonomía, 1978, p. 45.

agradecían cuando los médicos abogaban por ellas ante sus esposos. Uno de ellos increpó a su marido, diciendo:

> [...] «¿por qué tu no haces controlar a tu señora? Aquí tiene una receta que yo le he dado hace cuatro años. [...] Y ahora está en peligro, porque ha estado quince días internada y no ha dado a luz, así que le han tenido que hacer cesárea». [...] Por eso, ahora hace ocho años que me estoy controlando con pastillas.[100]

Junto a las historias de usuarias complacidas y vindicadas, sin embargo, están las de las otras: las inubicables, las desertoras insatisfechas y las completas opositoras. Las mujeres que no acudían a sus citas para ponerse un DIU o a sus entrevistas de seguimiento después de la inserción irritaban mucho a los médicos, y eso los llevaba a idear formas de encontrar a esas mujeres inubicables. Ya que la disponibilidad de los servicios de anticoncepción se propagaba principalmente de boca en boca, los trabajadores de planificación familiar peruanos, tal como sus colegas a través de América Latina, buscaban ganarse el favor de líderes de opinión locales y de organizaciones de base en la comunidad.[101] La trabajadora social María Montero, por ejemplo, recurría a los vecinos más establecidos de El Agustino para que le dieran pistas para dar con las mujeres que faltaban a sus citas para ponerse los DIU.[102]

Reclutar apoyo comunitario requería mucho empeño. A inicios de la década de 1970, por ejemplo, un grupo de estudiantes de enfermería de la Universidad Nacional Mayor de San Marcos trabajaba en el pueblo joven El Planeta, en Lima, dando charlas sobre primeros auxilios,

---

100. Ibíd., pp. 60, 187. Teresa Dávila se refería probablemente a las hormonas que hacen que los folículos ováricos se vuelvan óvulos. La píldora interfería con este ciclo de maduración.

101. Berelson, Bernard. Ob. cit., p. 6; Anónimo. «The First Forty Years»; Wulf, Deirdre. «Overcoming Circumstances». *International Family Planning Perspectives* 9, 1 (1983): 2-8.

102. Montero Mogollón, María de los Ángeles. «Motivaciones de las pacientes con DIU perdidas al seguimiento». Tesis de grado, Facultad de Trabajo Social de la Universidad de San Marcos, 1972, p. 43.

salud y nutrición infantil, así como sobre arreglos florales, confección de alfombras, tejido y decoración de botellas. Cuando los estudiantes intentaron convencer a los líderes de la asamblea del barrio sobre la importancia de difundir información sobre planificación familiar, estos empezaron a negociar con los estudiantes. Muchos de los miembros de la asamblea trabajaban durante la noche y no querían pasar sus días convenciendo a sus vecinos de usar anticonceptivos, al menos no sin una compensación adecuada. Los miembros de la asamblea reclamaron que los estudiantes pedían algo, pero «sin dejarles nada favorable» a cambio. Después de una discusión acalorada, la asamblea de veintiséis personas votó por ayudar a los estudiantes por un margen de solo dos votos.[103]

Incluso después de la inserción de los DIU y una satisfactoria entrevista de seguimiento, podían surgir problemas. En raras ocasiones, los DIU sencillamente fallaban al evitar un embarazo. Carlos García, exjefe de ventas de Schering Pharmaceutical en el Perú, recordó con ironía ver cómo la T de cobre que su empleador fabricaba fue expulsada durante el nacimiento de su propia hija.[104] Más frecuentes eran los efectos secundarios del uso de DIU, que incluían el sangrado y los dolores de cabeza, que algunos investigadores minimizaban como molestias que desaparecían con el tiempo. Estas «molestias» eran tan graves para algunas mujeres que ellas optaban por hacerse retirar los DIU e incluso intentaban hacerlo por su cuenta. No llama la atención que pocas de estas mujeres continuaran usando el método recomendado.[105] Tal vez

---

103. Echandía, Juana y otros. «Estudio de la comunidad y programación de actividades de salud del pueblo joven El Planeta». Tesis de grado, Facultad de Enfermería de San Fernando, 1972, p. 6.

104. Entrevista con Carlos García San Martín (Lima, 30 de junio de 2010).

105. Véase, por ejemplo, Vicuña, Juan Manuel; Esteban Kesserü y Alfredo Larrañaga. «Evaluación del uso del dispositivo intrauterino de Lippes como método de planificación familiar». *Ginecología y Obstetricia* 16, 2 (1970): 101-118; Guardia Salas, Guillermo. «Evaluación quirúrgica de dispositivos intrauterinos en Pamplona Alta». Tesis doctoral, Facultad de Medicina de San Fernando, 1971; Martínez Valdez, J. Emilio. «Anticoncepción intrauterina: evaluación de los dispositivos

lo más perjudicial para la reputación de los DIU fueron estas usuarias insatisfechas, quienes compartían sus experiencias negativas con otras mujeres, desanimándolas.

El discreto rechazo de los anticonceptivos por usuarias insatisfechas contrastaba con la oposición pública y hostil demostrada por algunas mujeres, y, especialmente, sus esposos.[106] Los trabajadores de planificación familiar anticiparon algunas de estas reacciones y tomaron medidas proactivas, tales como pedir a las mujeres que traigan un documento de autorización firmado por sus esposos, especialmente antes de la inserción de un DIU. Por supuesto, no todas las mujeres seguían las recomendaciones: algunas se negaban, otras falsificaban las firmas de sus esposos y otras no tenían esposos. Los trabajadores de salud no eran muy estrictos con la auditoría de la legitimidad de estos documentos. Tal como admitía el doctor Jorge Ascenzo, «tú sabes que todas las reglas tienen excepciones».[107]

Otros trabajadores les pedían, rogaban incluso, a las mujeres que no revelaran su nueva condición de usuarias a sus esposos. Guardar el secreto no era siempre posible y su revelación podía tener consecuencias dramáticas, como recuerda la doctora Delia Moreno:

> [...] cuando se le ponía el dispositivo, a los pocos días o al mes, máximo, venía [la mujer] con unas hemorragias y una paliza que le había dado el marido porque le decía que por qué se había puesto el dispositivo, que era una mañosa. Pero le decíamos, «si tú decidiste. Tienes tantos hijos. Tu economía no te da. ¿Por qué hablaste? Si tú decidiste, debiste haberte callado la boca». [...] Nos veíamos obligadas a sacarles el dispositivo, porque si no las iban a matar a palos.[108]

---

intrauterinos en el Centro de Protección Familiar de Breña». Tesis de grado, Facultad de Medicina de San Fernando, 1974.

106. Entrevista telefónica con Walter Llaque Dávila (Lima, 12 de julio de 2006); entrevista con Delia Moreno (Lima, 5 de julio de 2010).

107. Entrevista con Jorge Ascenzo Palacios (4 de mayo de 2006).

108. Entrevista con Delia Moreno (Lima, 5 de julio de 2010). Véase, además, entrevista con Emperatriz Matallana (Lima, 6 de julio de 2010).

Los celos sexuales eran la razón más común de los arranques violentos de los hombres. No obstante, algunos hombres también estaban realmente preocupados por la seguridad física de sus parejas cuando empezaban a usar métodos anticonceptivos, así como por el libertinaje sexual que los anticonceptivos presuntamente alentarían. Algunos se acercaron a las clínicas de planificación familiar con sus hijos, intentando avergonzar a los proveedores y culparlos por el conflicto que habían causado en la vida familiar de los hombres.[109] «Ustedes están corrompiendo», les recriminaban. «Mi mujer no es mujer mala», se lamentaban mientras buscaban explicaciones.[110] Desconcertados por estas reacciones negativas, que recordaban con una mezcla de pena y asco, los trabajadores de planificación familiar tuvieron poco éxito al confrontar o convencer a los hombres molestos en nombre de las usuarias.

El quién, el porqué y el cómo

Los relatos históricamente contextualizados que abarcan las experiencias y emociones de los primeros trabajadores de planificación familiar en América Latina son aún escasos.[111] En cierto modo, esto es comprensible en un campo que recién está empezando a atraer atención. Al mismo tiempo, las características del caso peruano señalan ya algunas guías útiles para hacer futuras comparaciones en la región. La primera de estas es la naturaleza diversa de la mano de obra involucrada en las actividades de planificación familiar entre las décadas de 1950 y 1970. Médicos, estudiantes de medicina, investigadores biomédicos, científicos sociales, representantes de compañías farmacéuticas, enfermeras, obstetrices, trabajadoras sociales, dueños de haciendas y voluntarios: todos eran parte de un grupo heterogéneo y ligeramente coordinado.

---

109. Entrevistas con Nazario Carrasco (Lima, 28 de junio de 2010) y Luisa Parra (Lima, 6 de julio de 2010).

110. Entrevista con Martha de Laudi (Lima, 14 de abril de 2006).

111. Véase Pieper Mooney, Jadwiga. Ob. cit.; y Felitti, Karina. *La revolución de la píldora: sexualidad y política en los sesenta*. Buenos Aires: Edhasa, 2012.

El campo estaba lleno de oportunidades para individuos y organismos emprendedores para recibir formación, herramientas, materiales educativos y publicitarios, oportunidades de viaje, posibilidades de crear una red de contactos, dinero en efectivo y el menos tangible pero no menos importante aprecio de pacientes convertidas en usuarias.

Por supuesto, quienes trabajaban en este campo rara vez mencionaban los beneficios actuales y anticipados como las razones que los motivaban. Más bien, enfatizaban los sacrificios que hacían para convencer a colegas y legos de la utilidad de la planificación familiar para proteger la vida de las mujeres de embarazos peligrosos y abortos, y para evitar que familias y comunidades se hundieran más en la pobreza. Por otro lado, es cierto que los servicios que proporcionaban, desde los DIU hasta las sesiones de consejería, fortalecían la autoridad de los expertos. Esta tendencia rara vez facultó a las usuarias a hacerse cargo de sus decisiones reproductivas, mucho menos a cuestionar algunas de las posibles perversiones y limitaciones del modelo autoritario de provisión de servicios, tales como el abuso por parte de médicos, la exclusión de los hombres como usuarios de anticonceptivos, la presunción de los pobres como blanco principal y la desestimación de los problemas iatrogénicos como simples molestias.

Aunque existían varias oportunidades profesionales, la promoción del uso de anticonceptivos también estaba llena de obstáculos. El apoyo institucional y estatal a esta actividad era limitado. Generar interés entre trabajadores de salud tomaba tiempo y dinero. Igualmente duro era mantener comunicaciones con aliados locales y extranjeros. Hacer campañas en comunidades para informar de la disponibilidad de servicios que eran, para la mayoría, totalmente nuevos y desconocidos, demandaba un enorme esfuerzo por parte de muchos. Lograr que las mujeres asistieran a sus citas para las inserciones de los DIU era una tarea en sí misma. Contrarrestar las historias difundidas sobre los DIU por usuarias descontentas era difícil. Persuadir a líderes comunitarios requería habilidades diplomáticas que los promotores de la planificación familiar a veces no poseían. Reponerse a golpes como el cierre de la APPF demuestra lo flexibles que los promotores locales y sus aliados extranjeros debían ser.

Teniendo todo esto en cuenta, es iluso proponer la planificación familiar como algo que los trabajadores de salud podían simplemente imponerle a la población de América Latina. Las iniciativas de gran alcance financiadas por los gobiernos de Chile y Colombia en la década de 1960 distan de ser la norma en la región.[112] En cambio, lo que presenciamos en Perú y otras partes de América Latina entre las décadas de 1950 y 1970 fue el surgimiento de amplias, complejas y frágiles redes de establecimientos y expertos locales de planificación familiar, que lograron, pese a numerosos obstáculos y defectos, convencer a muchas mujeres y hombres del valor de tener menos hijos. Los gobiernos no aceptaron este fenómeno social inmediatamente. La historia de la participación gubernamental en los asuntos de la anticoncepción continúa en el siguiente capítulo.

112. Viel, Benjamin. «Family Planning in Chile». *Journal of Sex Research* 3, 4 (1967): 284-291; y Ott, Emiline Royco. «Population Policy Formation in Colombia: The Role of ASCOFAME». *Studies in Family Planning* 8, 1 (1977): 2-10.

Capítulo cinco

Entra el gobierno (y sale): inicios de las políticas de población

Investigar la historia de las políticas de población es una forma productiva de abordar las aspiraciones e intereses de distintas sociedades y de los diversos grupos dentro de ellas. Tal como argumenté en el capítulo uno, los intentos de las repúblicas de América Latina de entender y controlar el tamaño, la composición y los desplazamientos geográficos de sus poblaciones se remontan a finales del siglo XVIII. Estos intentos se volvieron más efectivos a inicios del siglo XX, con agencias estatales cada vez más eficaces y la necesidad imperativa de aumentar el «tipo correcto» de población. El siglo XX también aportó nuevas posibilidades técnicas para regular la fertilidad, y el periodo después de la Segunda Guerra Mundial alentó la creación de instituciones como la Organización de las Naciones Unidas y la Organización Mundial de la Salud, cuya legitimidad fue reconocida por los gobiernos de América Latina contemporáneos, ya que estas organizaciones reconocían, a su vez, a los latinoamericanos como interlocutores válidos.

Tal como lo habían hecho antes, los líderes latinoamericanos se preguntaban, a mediados del siglo XX, ¿cómo podía el manejo de las características de la población ayudar a una nación a volverse más próspera? ¿Cómo podía este manejo proteger las vidas de mujeres y niños? ¿Cómo alteraría fenómenos como la migración y la provisión de servicios sociales? ¿Quién debía ser responsable técnica y políticamente de la implementación de estas políticas? ¿Qué recursos nacionales se debían invertir para esta tarea? La disponibilidad de nuevas tecnologías anticonceptivas a mediados del siglo XX le añadió un giro a estas preguntas, uno que puede ayudarnos a entender mejor hasta qué punto la limitación de la población encajaba en la agenda de los gobiernos de los países en vías de desarrollo.

Este capítulo esclarece las interacciones entre agentes e ideas provenientes del Perú, de América Latina y de los Estados Unidos que llevaron a considerar, por primera vez en la historia peruana, la planificación familiar como un aspecto de la política nacional. A mediados del siglo XX, los gobiernos de América Latina veían las políticas de planificación familiar dentro del marco de sus aspiraciones a un mayor desarrollo socioeconómico y a una mejor salud para mujeres y niños. La integración de la planificación familiar con objetivos de más larga data, tales como la administración de la migración, la mejora de la higiene y la educación, la reducción de la pobreza, la creación de empleo y el aumento de la productividad agrícola e industrial, no fue un asunto simple. Ciertas organizaciones de los Estados Unidos y sus aliados de América Latina eran devotos defensores de la idea de que la planificación familiar era consistente con el objetivo del desarrollo nacional. Dicho objetivo común, sin embargo, oculta el hecho de que estas organizaciones también competían entre sí, ya que sus propuestas acerca de cómo organizar programas de planificación familiar variaban. Además, la transición de un gobierno civil a uno militar en el Perú en 1968 nos da la oportunidad de apreciar las continuidades y cambios entre dos modalidades muy distintas de regímenes políticos.

Estudios de población en el ámbito mundial

A mediados del siglo XX, el desarrollo de las políticas de población en América Latina era parte de una conversación más profunda sobre las relaciones entre los recursos existentes y las posibilidades de progreso de los países del «Tercer Mundo». La formación de la Organización de las Naciones Unidas (ONU) en 1945 exigió la creación de una Comisión de Población dentro de su Consejo Económico y Social. Frank Notestein, entonces demógrafo en el Milbank Memorial Fund, se convirtió en el primer Asesor de Población de las Naciones Unidas, y el peruano Alberto Arca Parró, en el primer presidente de la Comisión de Población. La labor de esta comisión era asesorar al Consejo de las Naciones Unidas sobre asuntos tales como los cambios en el tamaño y la estructura de la población, la interacción entre factores demográficos y factores socioeconómicos, así como en las políticas formuladas para influenciar el tamaño y la estructura de la población.[1] Además de la Comisión de Población, la ONU estableció la Comisión Económica para América Latina y El Caribe (CEPAL) en 1948, que fomentaba una recolección más sistemática de información demográfica.[2] Lo que alentaba la sed de conocimiento demográfico por parte de la CEPAL era la convicción de que los incrementos, disminuciones y movimientos poblacionales estaban estrechamente relacionados con fenómenos políticos y económicos, que incluían los ingresos individuales, el consumo de recursos naturales, la productividad industrial y la estabilidad de los gobiernos.[3]

Convencida del vínculo entre los cambios demográficos y el desarrollo económico y social, la ONU decidió, en 1949, ayudar a los gobiernos de los países miembros a elaborar políticas de población. La mayoría de solicitudes de cooperación eran para realizar censos, formar especialistas en estadística y financiar seminarios regionales sobre demografía, no para organizar programas que limitaran el tamaño de la población. Algunos años después, la ONU empezó a cooperar con instituciones locales para la producción más intensiva de conocimiento demográfico. De esta forma, la Comisión de Población ayudó a crear

---

1. Notestein, Frank. «Reminiscences: The Role of Foundations, the Population Association of America, Princeton University and the United Nations in Fostering American Interest in Population Problems». *Milbank Memorial Fund Quarterly* 49, 4 (1971, parte 2): 67-85.

2. Prebisch, Raúl. *The Economic Development of Latin America and Its Principal Problems*. Nueva York, NY: Naciones Unidas, 1950.

3. CEPAL. *Análisis y proyecciones del desarrollo económico*. México, D. F.: Naciones Unidas, 1955; y especialmente, de la misma institución, *Desarrollo humano, cambio social y crecimiento en América Latina*. Santiago de Chile: Autor, 1975.

centros regionales de formación e investigación demográfica en Chembur, India (1956), Santiago de Chile (1957), y El Cairo, Egipto (1963).[4] El centro regional de la ONU en Santiago, llamado el Centro Latinoamericano de Demografía (CELADE), tuvo un papel importante en la difusión de nuevo conocimiento sobre la evolución de la población y la formación de demógrafos latinoamericanos en una época en la que la investigación universitaria y gubernamental latinoamericana en este campo era casi inexistente.[5]

Además de formar especialistas, el CELADE también prestaba asistencia técnica. A fines de la década de 1950, la ONU lanzó su Programa de Censos Poblacionales. Gracias a esta iniciativa, 157 países realizaron censos nacionales entre 1958 y 1963. El Perú se benefició de la ayuda del CELADE en la realización del VI Censo Nacional de Población en 1961.[6] Según este censo, la población del país había pasado de siete a más de diez millones de personas desde 1940.[7] Las autoridades nacionales fueron transparentes al admitir que el crecimiento demográfico en el Perú había sido explosivo. Según el Instituto Nacional de Planificación, la introducción de antibióticos y del DDT en la década de 1950 había reducido a la mitad las tasas de mortalidad, que habían sido sensiblemente altas, especialmente entre niños desnutridos cuando quedaban expuestos a infecciones comunes como la tuberculosis, la viruela, la malaria y la poliomielitis. El total de las tasas de mortalidad había disminuido de 27,1 de cada 1.000 en 1940 a 15,4 de cada 1.000 en 1961; la expectativa de vida había aumentado de 36 años en 1940 a 51 en 1961; y la tasa de

---

4. Symonds, Richard y Michael Carder. *The United Nations and the Population Question, 1945-1970*. Londres: Sussex University Press, 1973.
5. Stavenhagen, Rodolfo. «Social and Demographic Research in Latin American Universities». *Milbank Memorial Fund Quarterly* 42, 2 (1964, parte 2): 148-174.
6. Ferrando, Delicia y Carlos Aramburú. «The Fertility Transition in Peru». En José Miguel Guzmán, Susheela Singh, Germán Rodríguez y Edith Pantelides (eds.). *The Fertility Transition in Latin American*. Oxford: Clarendon, 1996.
7. Sobre el censo de 1940, véase Necochea, Raul. «Demographic Knowledge and Nation-Building: The Peruvian Census of 1940». *Berichte zur Wissenshaftsgeschicthe* 33 (2010): 280-296.

natalidad se incrementó un poco, de 44 nacimientos por cada 1.000 habitantes en 1940 a 45,4 en 1961. Ante estas cifras, el crecimiento rápido de la población peruana estaba asegurado en el futuro, un patrón que se repetía prácticamente en toda América Latina.[8]

Además de la formación y asistencia técnica, el CELADE difundía investigaciones realizadas principalmente en los Estados Unidos. Es importante destacar que algunos investigadores y activistas estadounidenses en las décadas de 1940 y 1950 habían empezado a tratar al crecimiento demográfico rápido como una amenaza al bienestar colectivo de la humanidad.[9] En 1945, Frank Notestein de la Universidad de Princeton pronosticó que la escasez de alimentos sería más probable cuando la población del mundo sobrepasara los tres mil millones. El ambientalista William Vogt advirtió sobre el deber de cuidar mejor el suministro de recursos naturales del planeta. El economista Richard Nelson formuló su teoría de la «trampa de equilibrio de bajo nivel», según la cual el desarrollo económico era impedido a pesar de los aumentos del producto bruto interno porque el ingreso per cápita era superado por el crecimiento demográfico. Los demógrafos Ansley Coale y Edgar Hoover argumentaban que el incremento en el número de jóvenes en un país en vías de desarrollo afectaba negativamente las oportunidades de ese país de cultivar su base industrial, porque los jóvenes requerían inversiones

---

8. Instituto Nacional de Planificación. «Plan Nacional de Desarrollo Económico y Social del Perú, 1962-1971». *Boletín de Noticias del Instituto Nacional de Planificación* 2 (diciembre de 1965); Instituto Nacional de Planificación. *Estudio sobre la población peruana: características y evolución*. Lima: Autor, 1973.

9. Wilmoth, John y Patrick Ball. «The Population Debate in American Popular Magazines, 1946-90». *Population and Development Review* 18, 4 (1992): 631-668. A fines del siglo XVIII, el reverendo Thomas Malthus estuvo entre los primeros en sugerir que el crecimiento poblacional podría ser una amenaza para el bienestar de la sociedad. Quienes proponían la limitación de la fertilidad mediante el uso de anticonceptivos eran llamados «neomalthusianistas» por sus contrincantes. Véase Malthus, Thomas. *An Essay on the Principle of Population*. Londres: J. Johnson, 1798. Como ejemplo del oprobio hacia el «neomalthusianismo» puede revisarse Mass, Bonnie. *Population Target: The Political Economy of Population Control in Latin America*. Toronto: The Latin American Working Group and the Women's Press, 1976.

en salud y educación, dinero que no estaría disponible, al menos en el corto plazo, para la adquisición de tecnología y la inversión de capital. Instituciones como el Population Council, la IPPF y el Population Crisis Committee abogaban contra el crecimiento demográfico en países en vías de desarrollo y promovían con entusiasmo el uso masivo de las nuevas tecnologías anticonceptivas, especialmente las sustancias hormonales y los dispositivos intrauterinos.[10]

El Centro de Estudios de Población y Desarrollo

Varios elementos se unieron a inicios de la década de 1960 en el Perú y resultaron en cautelosas propuestas gubernamentales a favor de la planificación familiar. Entre estos elementos estaban el financiamiento de agencias extranjeras, la disponibilidad de nuevos anticonceptivos, el mayor énfasis en la función planificadora gubernamental y la legitimidad de la investigación demográfica y de fertilidad por entidades como la ONU. El sociólogo de la Universidad de Cornell Joseph Stycos, que trabajaba como asesor del Population Council, fue el primero en fomentar, sin éxito, una mayor participación por parte del gobierno peruano en la planificación familiar. Su presencia en el Perú en esa época no fue una coincidencia. Cornell obtuvo un lugar importante en la investigación social nacional cuando se encargó del proyecto Vicos en 1952. El propósito de tal proyecto había sido modernizar una zona rural empobrecida en los Andes centrales y resultó en estadías de corta

10. Notestein, Frank. «Population: The Long View». En Theodore Schultz (ed.). *Food for the World*. Chicago, IL: University of Chicago Press, 1945; Vogt, William. *Road to Survival*. Nueva York, NY: William Sloane, 1948; Nelson, Richard. «A Theory of the Low-Level Equilibrium Trap in Underdeveloped Economies». *American Economic Review* 46, 5 (1956): 894-908; Coale, Ansley y Edgar Hoover. *Population Growth and Economic Development in Low Income Countries: A Case Study of India's Prospects*. Princeton, NJ: Princeton University Press, 1958; Sharpless, John. «Population Science, Private Foundations and Development Aid». En Frederick Cooper y Randall Packard (eds.). *International Development and the Social Sciences*. Berkeley, CA: University of California Press, 1997.

y larga duración de un contingente considerable de científicos sociales estadounidenses hasta 1966, cuando el proyecto terminó.[11]

Tras el Seminario de Planificación Familiar para Líderes Latinoamericanos organizado por la IPPF en Nueva York, en 1963, Stycos se contactó con algunos asistentes peruanos. Basándose en la opinión de los organizadores de que el seminario había tenido éxito en hacer que el Ministerio de Salud se interesase en la planificación familiar, Stycos tenía la intención de pedir a médicos influyentes peruanos que apoyen un plan para una conferencia financiada por el Population Council sobre la limitación del crecimiento demográfico.[12] A través de dos viajes al Perú en febrero y abril de 1964, Stycos conoció al doctor David Tejada de Rivero, Director de Planificación del Ministerio de Salud; al senador Alberto Arca Parró, quien diseñó el censo de 1940; y al Ministro de Salud Javier Arias Stella. Estos hombres apoyaron la idea de una conferencia como la que Stycos sugería para publicitar los resultados del censo de 1961, siempre y cuando fuera solo para expertos y burócratas, con lo que se limitaba la exposición de un tema que los políticos peruanos consideraban delicado.[13]

A pesar de haberse quedado con la impresión de que la conferencia sería convocada, Stycos se decepcionó al ver que sus aliados peruanos no habían hecho ningún progreso meses después de su partida. De hecho, mientras que el Population Council había logrado realizar conferencias similares en México y Colombia, los peruanos simplemente habían dejado de contestar las cartas de Stycos.[14] Mientras tanto, el doctor Carlos Muñoz Torcello, un ginecólogo y asesor de confianza del presidente Fernando Belaunde (además de ser su primo político), había

---

11. Sobre el Proyecto Vicos, véase Bolton, Ralph; Tom Greaves y Florencia Zapata. *50 años de antropología: Vicos y otras experiencias aplicadas en el Perú*. Lima: IEP, 2010.

12. Caja 10, carpeta 38, apuntes de diario, Encuentro con Ofelia Mendoza, Nueva York, 24 de octubre de 1963, 39, JMS.

13. Caja 10, carpeta 42, apuntes de diario, Perú, 6-12 de febrero de 1964, y 4 de abril de 1964, JMS.

14. Carpeta correspondencia, informes, estudios, FC-S-Perú 58-66, J. Mayone Stycos a doctor David Tejada de Rivero, 23 de julio de 1964, PC.

estado dialogando sobre asuntos de crecimiento demográfico con un antiguo mentor suyo de la Universidad Johns Hopkins, el ginecólogo Nicholas Eastman. Como asesor de la Fundación Ford, Eastman saludó la potencial convergencia entre la cautela de Belaunde y el propio enfoque de la Fundación Ford, que favorecía la realización de investigación científica social antes de hacer recomendaciones sobre las políticas nacionales.[15] Rápidamente, Eastman atrajo la atención de Oscar «Bud» Harkavy, director de los Programas de Población de la Fundación Ford, hacia el Perú. Eastman le advirtió a Harkavy que los peruanos no estaban listos «para establecer clínicas en cada esquina y hacer que dispositivos intrauterinos y píldoras estén disponibles en todas las esquinas», pero que sí estaban dispuestos a fundar una División de Demografía en el Ministerio de Salud. Además, tal como lo planteó Eastman, la inclusión de profesionales prestigiosos, tales como el doctor Muñoz Torcello y el ministro Arias Stella en tal división, «sería un logro del que podríamos estar orgullosos».[16]

Este acuerdo llevó al ministro Arias Stella a elaborar el boceto de una propuesta, presentada a la Fundación Ford en octubre de 1964. El Programa de Estudios de la Dinámica de Poblaciones describía al Perú como asediado por una desigual distribución de su población; escasez en la oferta de viviendas, alimentos y servicios de salud; inestabilidad social, y altas tasas de abortos ilegales. El rápido crecimiento demográfico podría, según el boceto, ser un factor en estos problemas, pero las relaciones que podían existir entre ellos todavía debían hacerse

15. Creada en 1936, la Fundación Ford se convirtió en una de las organizaciones filantrópicas más grandes de los EE. UU. en la década de 1960 y llegó a donar más de 1.500 millones de dólares. Empezó a financiar generosamente la investigación en ciencias sociales y del comportamiento en 1950. Su programa de población hizo contribuciones a este campo por más de 21 millones de dólares para 1964 y alcanzó a las universidades Johns Hopkins y Harvard, a la Worcester Foundation y al Population Council, además de varios gobiernos nacionales, especialmente los de India, Pakistán y Túnez. Véase Caldwell, John y Pat Caldwell. *Limiting Population Growth and the Ford Foundation Contribution*. Londres: Frances Pinter, 1986.

16. Carrete 3472, subvención 65-358, Nick Eastman a Oscar Harkavy, 10 de setiembre de 1964, FF.

explícitas para ser de ayuda a las autoridades peruanas. El programa sería administrado a través del Servicio Especial de Salud Pública, una agencia semiautónoma vinculada al Ministerio de Salud y creada en 1962 para suceder al Servicio Cooperativo Interamericano de Salud Pública, financiado por los Estados Unidos. A pesar de estar fuertemente relacionado con la agenda de la salud pública, el programa sería supervisado por un consejo de miembros provenientes del gobierno central, del Instituto Nacional de Planificación y de las facultades de medicina.[17]

Sorprendido por el repentino giro de los acontecimientos, Stycos atribuyó el hecho de que la Fundación Ford consiguiera la ventaja en el Perú a que Eastman estuviera «en Lima en el momento adecuado».[18] Esta era una simplificación excesiva: los líderes peruanos generalmente desconfiaban de la postura agresiva del Population Council en cuanto a la promoción de la anticoncepción como elemento principal de una nueva política gubernamental. A pesar del innegable rápido crecimiento demográfico, las autoridades peruanas gravitaban hacia la opinión, compartida por la Fundación Ford, de que las causas y consecuencias de los cambios en la población estaban relacionados con fenómenos socioeconómicos complejos, sobre los cuales aún había mucho que aprender.[19] El Programa de Estudios de la Dinámica de Poblaciones fue renombrado como Centro de Estudios de Población y Desarrollo (CEPD) y establecido por decreto presidencial en diciembre de 1964.

La promoción de la anticoncepción no era parte de la misión original del CEPD. La carta fundacional del mismo solo manifestaba que la relación entre el crecimiento demográfico y el desarrollo económico era cercana y debía ser estudiada sistemáticamente para formular mejores políticas públicas, «tal como venía siendo recomendado por la Asamblea General de las Naciones Unidas bajo el patrocinio de su Consejo

---

17. Carrete 3472, subvención 65-358, «Preliminary Outline: Organization of a Program for Studies on Population Dynamics in Peru» (5 de octubre de 1964), FF.

18. Caja 10, carpeta 40, apuntes de diario, Lima, Perú, 16 de noviembre de 1964, 311, JMS.

19. Caja 10, carpeta 40, apuntes de diario, Lima, Perú, 6 de octubre de 1964, JMS.

Económico y Social». Además de llevar a cabo y difundir investigación demográfica, el CEPD quedaba a cargo de formar especialistas en demografía y serviría como intermediario entre el gobierno peruano y las agencias internacionales interesadas en asuntos de población.[20] El senador Alberto Arca Parró y el doctor Carlos Muñoz Torcello se convirtieron en el presidente y el vicepresidente del CEPD, respectivamente. El consejo del CEPD incluía al ministro del Trabajo Frank Griffiths Escardó y a Numa León de Vivero, del Instituto Nacional de Planificación (INP).[21] Para financiar sus actividades, el CEPD contaría con la Fundación Ford, el Population Council y la Agencia de los Estados Unidos para el Desarrollo Internacional (USAID, por sus siglas en inglés). El personal de la Fundación Ford que leyó la propuesta peruana quedó impresionado por su amplitud y su compromiso de ver el tema de población como aspecto importante en la formulación de políticas, en lugar de simplemente buscar una rápida implementación de un programa de limitación de la fertilidad, algo que, según la opinión de Ford, estaba «progresivamente moldeando la esencia de la demografía y las políticas de población en una especie de zootecnia».[22]

La Fundación Ford fue el benefactor principal del CEPD en su delicado primer año concediendo una subvención de 282.000 dólares para pagar salarios, investigación, becas de formación y honorarios de los asesores técnicos extranjeros.[23] Parte de la fragilidad del CEPD se debía al hecho de que el Congreso tendría que aprobar sus asignaciones presupuestales, una vez que la subvención extranjera terminara en 1968. Ya que el Congreso estaba controlado por el partido de oposición,

---

20. «Decreto Supremo 244/64-DGS: Centro de Estudios de Población y Desarrollo». *El Peruano* (5 de diciembre de 1964): 1.
21. Carrete 3472, subvención 65-358, Alberto Arca Parró a Peter Fraenkel, 14 de enero de 1965, FF.
22. Carrete 1722, subvención 65-358, John Hilliard a Harry Wilhelm, 3 de junio de 1965, FF.
23. Carrete 1722, subvención 65-358, Fundación Ford a Alberto Arca Parró, 23 de setiembre de 1965, FF.

el APRA, el CEPD podría convertirse en un peón de rivalidades políticas desde un inicio. Otra fuente de fragilidad organizacional era el miedo que el CEPD creó entre los funcionarios de otras agencias del gobierno, especialmente dentro de la Oficina de Estadística y Censos, la Escuela Nacional de Sanidad y el Ministerio de Educación, que se preocupaban de que el CEPD infringiera su ámbito de actividades y se preguntaban, no sin razón, por qué no les había tocado parte de la generosa subvención de la Ford.[24]

En medio de este tenso contexto de promesas y peligros, el CEPD organizó su primera conferencia en diciembre de 1965 en Paracas. El encuentro reunió a 74 invitados de la Organización de los Estados Americanos, el CELADE, la Organización de las Naciones Unidas para la Alimentación y la Agricultura, la Organización Panamericana de la Salud, la USAID, la Fundación Ford, el Population Council y varios ministerios. El director del CEPD, Alberto Arca Parró, abrió el encuentro con una explosiva confesión: América Latina no podía emparejar su crecimiento demográfico con niveles correspondientes de desarrollo económico y social. El presidente Belaunde estaba de acuerdo, admitiendo que «la explosión demográfica es una realidad» y pidió a todos los sectores del gobierno que se preparen para un inminente crecimiento demográfico.[25] Las reacciones de los observadores extranjeros al evento inaugural del CEPD fueron positivas. Ozzie Simmons, director del Instituto de Ciencias de la Conducta de la Universidad de Colorado y asesor asignado por la Ford para el CEPD, quedó impresionado por la calidad de la información compartida, por la apertura de canales de comunicación entre personas en posiciones estratégicas y por la buena cobertura de prensa de la conferencia. Frank Notestein, ahora convertido en presidente del Population Council, felicitó a Arca Parró y le dijo que «tal como hemos

---

24. Informes no publicados, caja 18712, carpeta 4518, notas de registro del Perú de Lyle Saunders, 1965, FF.

25. CEPD. *Primer Seminario de Población y Desarrollo*. Lima: Autor, 1966, pp. xxxi-xxxii.

visto en otros países, romper el hielo es a menudo la hazaña más difícil, pero usualmente lleva a un aumento en acción e interés».[26]

A pesar del amplio rango de investigaciones que el CEPD estaba autorizado a hacer, era claro para aquellos que estuvieron presentes en Paracas que los proyectos de planificación familiar eran prioritarios para los nuevos líderes de la agencia. Tras la conclusión de la conferencia, Raúl Vargas, un sociólogo que trabajaba para la OMS en Buenos Aires, renunció al cargo de Director Ejecutivo del CEPD, y José Donayre, un endocrinólogo de la Universidad Peruana Cayetano Heredia, quien había trabajado con el reconocido Gregory Pincus en la Fundación Worcester, se hizo cargo del puesto.[27] Ozzie Simmons, al despedirse de sus colegas peruanos, los instó a promover y diseñar programas piloto con anticonceptivos, los que podrían «revelar mucho sobre la viabilidad, la operación y la efectividad de los métodos de planificación familiar» en el contexto peruano. También les recomendó llevar a cabo más encuestas sobre conocimientos, actitudes y prácticas respecto de la fertilidad y el aborto entre «todo tipo de líderes de opinión».[28]

El CEPD siguió estos consejos y se dedicó a viabilizar la planificación familiar vigorosamente con la ayuda de un nuevo socio, USAID. Hasta mediados de la década de 1960, el gobierno de los Estados Unidos había sido reacio a apoyar la limitación de la población en países en vías de desarrollo. A pesar de que ciertos grupos dentro del gobierno, como el Comité Draper en 1958, sugirieron tal acción para acelerar el desarrollo económico y neutralizar avances comunistas, sus recomendaciones fueron ignoradas por los regímenes de Einsenhower

---

26. Carrete 3472, subvención 65-358, Ozzie Simmons a Alberto Arca Parró, 14 de diciembre de 1965, FF; entrada 1, caja 66, carpeta 1156, Frank Notestein a Alberto Arca Parró, 22 de diciembre de 1965, PC.

27. Sobre Pincus y el rol de la Fundación Worcester en la invención de la píldora, véase Watkins, Elizabeth. *On the Pill: A Social History of Oral Contraceptives, 1950-1970.* Baltimore, MD: Johns Hopkins University Press, 1998.

28. Carrete 3472, subvención 65-358, Ozzie Simmons al Director Ejecutivo, Presidente y Miembros del Consejo Directivo del CEPD, 21 de marzo de 1966, FF.

y Kennedy.[29] Cuando Joseph Stycos empezó a tocar puertas peruanas pidiendo apoyo para una conferencia de población en 1964, los directivos en la oficina de USAID en Lima le dieron la espalda. «Si Washington espera algo de ellos», se quejó Stycos de los burócratas de su país, «tendrán que especificárselo y darle alta prioridad».[30]

El primer signo de cambios por venir fue el discurso del Estado de la Unión del presidente Lyndon Johnson el 4 de enero de 1965. En esa fecha, Johnson prometió «buscar nuevas formas de usar nuestro conocimiento para ayudar a lidiar con la explosión de la población del mundo y la creciente escasez de recursos». Poco después, la alta gerencia de la USAID envió una circular a todos sus directores nacionales, en la que indicaba que «la AID acogería pedidos de ayuda técnica, de insumos y de dinero para apoyar programas de planificación familiar iniciados por los gobiernos anfitriones».[31] Más específicamente, en 1966, Jonathan Fine, de la Oficina para América Latina de la USAID en Washington, empezó a circular, confidencialmente, un documento de trabajo sobre población, en el que se prometía a los destinatarios que se convertiría eventualmente en una política oficial de Estados Unidos. Dicho documento empezaba criticando a las agencias de ayuda multilateral y a los gobiernos latinoamericanos, excepto a Chile, Honduras y Colombia, de «ser muy lentos en pasar de la resolución a la acción», pero también reconoció que la USAID tenía hacer más para convencer a los gobiernos de América Latina de presentar solicitudes de ayuda en planificación familiar, adaptando sus intervenciones a las peculiaridades de cada país de la región. El objetivo principal de la USAID debían ser, según Fine, «crear un clima de opinión» y «la red de servicios» para extender «el

---

29. Donaldson, Peter. «On the Origins of the United States Government's International Population Policy». *Population Studies* 44, 3 (1990): 385-399.
30. Caja 10, carpeta 42, apuntes de diario, Perú, 6-12 de febrero de 1964, y 4 de abril de 1964, 72, JMS.
31. Green, Marshall. «The Evolution of US International Population Policy, 1965-92: A Chronological Account». *Population and Development Review* 19, 2 (1993): 305.

conocimiento y los medios para la limitación de la familia a todas las familias de América Latina».[32]

Es a partir de 1966 que podemos encontrar a la USAID financiando, discreta pero incesantemente, la mayoría de iniciativas de planificación familiar en distintos países en vías de desarrollo. Sus fondos para estas actividades aumentaron constantemente, de 10 millones hasta casi 125 millones de dólares entre 1965 y 1972.[33] Dicho cambio fue también responsable del apoyo que los Estados Unidos dieron a la creación del Fondo de Población de las Naciones Unidas, a la Organización Mundial de la Salud (OMS), así como a la Organización Panamericana de la Salud (OPS). Este patrocinio fue clave en el abandono de las políticas establecidas contra la difusión de la anticoncepción tanto en la OMS como en la OPS.[34] Entre 1966 y 1968, la USAID también entregó 413.000 dólares al CEPD del Perú, con lo que superó la subvención otorgada por la Fundación Ford. Jonathan Fine, recién nombrado a la oficina de la USAID en el Perú, se convirtió en asesor del CEPD, junto con el sociólogo John Saunders de la Universidad de Florida, que representaba a la Fundación Ford. Mientras tanto, la contribución del gobierno peruano fue de casi 70.000 dólares, con pequeñas cantidades adicionales suministradas por

---

32. Carpeta U. S.-AID, doctor Jonathan Fine, funcionario de Salud Pública, USAID Bureau for Latin America, a Bernard Berelson, Population Council, Washington, D. C., 11 de marzo de 1966, PC.

33. Véase parte 2, sección II, p. 129 en U. S. Department of State, «National Security Study Memorandum 200».

34. Sobre el cambio de política de la OPS, nótense las prioridades establecidas por el director de la OPS, Abraham Horwitz en 1959 en «Relaciones entre salud y desarrollo económico». *Boletín de la Oficina Sanitaria Panamericana* 47 (agosto de 1959): 93-100; y compárese con su posición en 1967 en «La salud hemisférica y la reunión de jefes de Estado americanos». *Boletín de la Oficina Sanitaria Panamericana* 63, 1 (julio de 1967): 65. Sobre cambios en la OMS, véase la resolución 1.43 en OMS. *Handbook of Resolutions and Decisions of the World Health Assembly and the Executive Border, volumen I:, 1948-1972*. Ginebra: Autor, 1973, y, de la misma entidad, «Administration of Maternal and Child Health Services». *Technical Report* 115 (1957): 5; y compárese con la resolución 18.49 de la Asamblea Mundial de la Salud de mayo de 1965 y reafirmada en las 19.43 de mayo de 1966 y la 20.41 en mayo de 1967, en la OMS. Ob. cit.

el Population Council, American Friends Service Committee y Pathfinder Fund.[35] Dadas las contribuciones económicas y técnicas que el gobierno de Estados Unidos otorgó al CEPD, su declaración de estar «libre de cualquier tipo de presión política» era, en el mejor de los casos, harto ingenua.[36]

Para mediados de la década de 1968, el CEPD había organizado ya una Conferencia sobre Población y Familia, un Seminario Internacional sobre Fisiología de la Reproducción y Avances en la Regulación de la Fertilidad y una Conferencia sobre la Familia, la Niñez y la Juventud en el Desarrollo Nacional. Su pequeño equipo de empleados realizaba investigaciones sobre una variedad de temas, entre los que se incluían la actitud de las mujeres hacia la gestación, el efecto del yodo en la reproducción y la incidencia del aborto. Para esto, el CEPD se valía de sí mismo y de colaboraciones con el Instituto Nacional de Planificación, la Universidad Peruana Cayetano Heredia, la Pontificia Universidad Católica del Perú, el Ministerio de Salud, la Oficina Sanitaria Panamericana, el Instituto Indigenista y el Ministerio de Trabajo. El CEPD también había enviado a 59 expertos a tomar cursos cortos sobre demografía en el CELADE de Chile. Había, además, financiado siete becas de maestría y doctorado en el extranjero, y 18 tesis de bachillerato de estudiantes locales. También produjo dos películas promocionales: *Dos familias* y *Datos explosivos*.[37] Considerando la novedad de los estudios de población en América Latina, la productividad del CEPD en la década de 1960 fue impresionante.

Una cantidad significativa del tiempo y la energía del Director Ejecutivo, José Donayre, estuvo destinada a la organización de una serie

35. Informes no publicados, caja 18826, carpeta 6781, John Saunders, «CEPD Report» (setiembre de 1968), FF.

36. «Nota editorial». *Boletín CEPD* 1, 1 (junio de 1966): 1.

37. Carrete 3472, subvención 65-358, «CEPD Informe #1, octubre de 1966»; informes no publicados, caja 18826, carpeta 6781, John Saunders, «CEPD Report» (setiembre de 1968), FF.

de operaciones piloto sobre la planificación familiar en esa época:[38] las clínicas ambulatorias del Movimiento Familiar Cristiano, las clínicas de salud materna e infantil de Pamplona Alta, el programa de DIU del Hospital de Enfermedades Neoplásicas y las clínicas de planificación familiar en el hospital Bravo Chico de El Agustino y en el Centro de Medicina Preventiva de Breña.[39] Mientras que la Fundación Ford y el Population Council se negaron financiar dichas clínicas, la USAID aceptó hacerlo y, con beneplácito, comparó la «fase logarítmica de aumento de las actividades de planificación familiar» del Perú con la de Colombia.[40]

Las lecciones aprendidas gracias a las clínicas piloto del CEPD se convirtieron en uno de los pilares del Proyecto de Planificación Familiar, Detección del Cáncer Genital y Prevención del Aborto, un programa nacional que el Ministerio de Salud aprobó a principios de 1968 para hacer de la planificación familiar parte de los servicios de atención materno-infantil en todas las dependencias del Ministerio de Salud. El segundo pilar del proyecto fue el creciente consenso latinoamericano acerca de la importancia de la planificación familiar como un aspecto necesario de las políticas socioeconómicas en la región. La primera reunión de funcionarios de gobierno de América Latina para establecer políticas de población se realizó en Caracas, Venezuela, en setiembre de 1967.[41] El Informe de Caracas dejó en claro que el aumento en la

38. Reportes no publicados, caja 18826, carpeta 6779, Robert Wickham a Peter Fraenkel, 6 de diciembre de 1967, FF.

39. Carrete 3472, subvención 65-358, «Funcionamiento de un consultorio materno-infantil y de planeamiento familiar» (30 de junio de 1966); y «Proyecto de Ampliación del Programa Materno-Infantil del Hospital de Torax, Bravo Chico» (octubre de 1966), FF.

40. Carpeta U. S. Government, Dept. of State, AID Peru, 67-68, Jonathan Fine a Gonzalo Echeverri, 8 de noviembre de 1967, PC. Véase, además, carrete C1573, subvención 65-358, sección Perú, Population, Lyle Saunders al archivo de Perú, 11 de enero de 1967, FF; carpeta Centro de Estudios de Población y Desarrollo, FC-O-Perú 67-68, Clifford Pease a José Donayre, 2 de mayo de 1967, PC; y carrete 3472, subvención 65-358, borrador de carta de entendimiento CEPD-AID, 17 de febrero de 1967, FF.

41. «Meeting on Population Policies in Relation to Development in Latin America: Recommendations». *Studies in Family Planning* 1, 25 (1967): 1-4.

prestación de servicios anticonceptivos no era suficiente. Lidiar con el rápido crecimiento demográfico requería, más bien, adoptar políticas adicionales que ampliaran el comercio exterior y mejoraran sus condiciones. Esta postura reconocía que la mayoría de los ingresos de los gobiernos de América Latina dependían de la exportación de materias primas. Además, entablaba la necesidad de reconocer la insolvencia crónica de estos gobiernos, así como las dificultades que esto causaba en la provisión de servicios sociales. El Informe de Caracas también recomendó la adopción de nuevas políticas para modernizar y ampliar los sistemas educativos, poniendo especial énfasis en la educación de mujeres y adultos que eran parte de la mano de obra, así como también en la reducción de la pobreza rural.

Es importante tener en cuenta la influencia del antiguo director de la CEPAL, Raúl Prebisch, en las tesis sobre el comercio, la educación y el desarrollo rural del Informe de Caracas. Estas ideas se destacaron con claridad en su breve tratado de 1964 *Towards a New Trade Policy for Development (Hacia una nueva política de comercio para el desarrollo)*. En este, Prebisch también se declaró a favor de la integración regional como un medio que los países en vías de desarrollo debían usar para aumentar su poder de negociación con los países industrializados. La formación de bloques económicos y la emisión de políticas regionales conjuntas, tales como el Informe de Caracas, eran medios para conseguir dicho objetivo. Y, a pesar de que Prebisch apoyaba la opinión de la CEPAL sobre el rápido crecimiento demográfico como un freno para el desarrollo, también advirtió que limitarlo no podía «de ningún modo ser una alternativa a la vigorosa política de desarrollo defendida en este informe».[42]

El Proyecto de Planificación Familiar, Detección del Cáncer Genital y Prevención del Aborto era, entonces, el resultado tanto de la experiencia adquirida a través de los programas piloto en planificación familiar

42. Prebisch, Raúl. *Towards a New Trade Policy for Development*. Nueva York, NY: Naciones Unidas, 1964, p. 116.

del CEPD y del compromiso latinoamericano de tratar a la planificación familiar como un elemento más de futuras políticas socioeconómicas. De acuerdo con este proyecto, el Ministerio de Salud Peruano adaptaría su infraestructura y reasignaría y volvería a entrenar a los trabajadores necesarios para el programa. La USAID pagaría por el resto, aproximadamente 1,25 millones de dólares, repartidos a través de acuerdos con la Organización Panamericana de la Salud, el Ministerio de Salud y el CEPD.[43] La primera etapa del proyecto se enfocaría en la región de Lima y Callao, donde dieciocho instalaciones del Ministerio de Salud empezarían a prestar servicios de planificación familiar y educación dentro de las unidades de Salud Materna e Infantil existentes, y también empezarían a entrenar médicos y personal paramédico en materia de anticoncepción. En una segunda etapa, todos los hospitales y postas de salud del Ministerio de Salud, especialmente aquellas de zonas rurales, se incorporarían al programa. Conforme el programa madurara, el énfasis cambiaría de la planificación familiar hacia la medicina preventiva y la formación en nutrición para el personal médico y paramédico.[44]

El CEPD se convirtió en la entidad receptora y administrativa para la totalidad de los fondos del proyecto. En un principio, la comisión del Ministerio de Salud que diseñó el proyecto no había considerado al CEPD como el hogar administrativo ideal para el proyecto. Más bien, había proyectado otorgarle esta responsabilidad a la Asociación Peruana de Protección Familiar (APPF), una red privada de clínicas y proveedores de planificación familiar asociados con la IPPF.[45] El diseño original se basó en la experiencia del programa privado Profamilia en Colombia.

---

43. Carrete 3472, subvención 65-358, Javier Arias Stella a Alberto Arca Parró, 24 de enero de 1968; y reporte de viaje de campo del doctor William Moore a Peter Fraenkel, 18 de abril de 1968, FF.

44. Informes no publicados, caja 18826, carpeta 6781, John Saunders «CEPD Report» (setiembre de 1968), FF; entrada 2, caja 43, carpeta U. S. Government, Dept. of State, AID Peru, 67-68, William Dentzer Jr., al doctor Oscar Harkavy, 7 de febrero de 1968, PC.

45. Carrete 3472, subvención 65-358, reporte de viaje de campo del doctor William Moore a Peter Fraenkel, 18 de abril de 1968, FF.

Sin embargo, hubo varias razones por las cuales los funcionarios de salud peruanos finalmente se rehusaron a seguir el ejemplo colombiano y escogieron al CEPD. En primer lugar, a diferencia de Profamilia, la APPF era aún una red relativamente nueva y carecía de los recursos administrativos para gestionar un programa nacional. En segundo lugar, el CEPD ya había demostrado tener la agilidad organizacional para dirigir recursos de forma que armonizaran con las prioridades del Ministerio de Salud. En tercer lugar, la posición del CEPD como una institución de investigación semiautónoma en cierto modo blindaba al gobierno ante una potencial acusación de pretender limitar el crecimiento poblacional solapadamente. Tal acusación habría sido perjudicial de recaer sobre el Ministerio de Salud justo hacia el final del mandato del presidente Belaunde.

La decisión del Ministerio de Salud fue controvertida. El Population Council reconoció el talento del personal del CEPD y entendió la importancia estratégica de dar esta responsabilidad a dicha organización, pero le advirtió al ministro que el CEPD no «sería capaz de asumir las responsabilidades masivas de un programa nacional», al menos no sin aumentar su personal e incrementar su autoridad para cumplir sus nuevas obligaciones.[46] Peter Fraenkel, el representante de la Fundación Ford en el Perú, sospechó que la decisión del gobierno peruano de iniciar un programa nacional de planificación familiar a través del CEPD debilitaría las jóvenes pero prometedoras iniciativas de investigación y educación de este, y temía que, de fracasar el programa, «el Centro se hundiría con aquel».[47] Aún más crítico, William Moore, un asesor de la Fundación Ford, creía que el ministro Arias Stella estaba tratando al CEPD «como un embudo a través del cual el dinero de la USAID podía ser desviado al Ministerio de Salud y ser usado, presuntamente, para desarrollar un programa de planificación familiar controversial en un año

46. Carrete 3472, subvención 65-358, Clifford Pease a Javier Arias Stella, 30 de enero de 1968, FF.

47. Carrete 1722, subvención 65-358, Peter Fraenkel a los archivos, 9 de marzo de 1968, 3-4, FF.

electoral», y pronosticó de forma inquietante que, «si un rayo político o religioso cayera», sería «casi seguro que el Centro se carbonizaría y no improbable que el Ministerio de Salud también sufriera un impacto considerable». El ministro Arias Stella le dijo a Moore con condescendencia que «sonaba igual que Peter Fraenkel».[48]

No todos dentro de la Fundación Ford eran tan pesimistas como Fraenkel o Moore. John Saunders, el asesor asignado de la Fundación Ford para el CEPD, consideró que la aprobación y el apoyo técnico de la OPS en el proyecto era un buen augurio, especialmente después de que el ministerio redujera el número de las clínicas de planificación familiar que planeaba abrir de dieciocho a menos de la mitad para dar más atención a la calidad de los servicios prestados y reducir la visibilidad de la financiación de la USAID.[49] Mientras tanto, William Dentzer, Jr., director de la USAID en el Perú, no escondió su alegría, creyendo que «los desarrollos recientes en el Perú indican que la planificación familiar será un área ya no sólo de promesas en el periodo de 1968-1970, sino de realización».[50] A pesar de todos los preparativos, la ansiedad y el entusiasmo, el programa nunca fue implementado. El «Gobierno Revolucionario de la Fuerza Armada» se encargó de eso.

Planificar familias al estilo militar

El dictador militar ha sido un personaje recurrente en la vida política de la América Latina republicana. En el Perú, ninguno de estos dictadores consiguió la sofisticación intelectual u organizacional de los líderes reformistas militares de la década de 1950. Los cambios empezaron

48. Carrete 3472, subvención 65-358, doctor William Moore a Peter Fraenkel, 18 de abril de 1968, 8, FF.

49. Carrete 1722, subvención 65-358, John Saunders a William Moore, 27 de mayo de 1968; informes no publicados, caja 18826, carpeta 6781, John Saunders, «CEPD Report» (setiembre de 1968), FF.

50. Entrada 2, caja 43, carpeta U. S. Government, Dept. of State, AID Perú, 67-68, William T. Dentzer Jr. al doctor Oscar Harkavy, 7 de febrero de 1968, PC.

durante el régimen del general Manuel Odría, que se convirtió en presidente después de un golpe contra el presidente José Luis Bustamante y Rivero en 1948. Había sido durante la presidencia de Bustamante que funcionarios como el ministro de Guerra José del Carmen Marín empezaron a imaginar la creación de un instituto de estudios avanzados similar a las Escuelas de Guerra de España y Francia, que el propio Marín conocía.

El Perú disfrutó de una breve bonanza económica durante el mandato de Odría, en parte gracias al desarrollo de la industria local de la harina de pescado y al descubrimiento de cobre en el sur. Además, la Guerra de Corea (1950-1953) aumentó la demanda extranjera de productos peruanos. En 1950, Odría se reinventó a sí mismo como un candidato civil para la carrera presidencial, que ganó al postular sin contrincantes. Como presidente, Odría redujo aún más la supervisión del comercio, favoreciendo a corporaciones mineras y agrícolas. Al recortar deliberadamente la función planificadora del gobierno, Odría ni siquiera honró el compromiso internacional peruano de realizar un censo en 1950.[51] Odría también aprobó varias leyes a inicios de la década de 1950, las que redujeron los impuestos para el personal militar con familias numerosas, aumentaron los salarios del personal de salud y de los maestros con muchos hijos, e hicieron que el ser padre de familia fuera requisitos para aquellos que buscaban comprar una casa en la nueva zona residencial de Risso, en Lima.[52]

---

51. En 1948, el presidente Bustamante anunció el proyectado censo. Véase «Mensaje del presidente constitucional del Perú, doctor José Luis Bustamante y Rivero, ante el Congreso Nacional» (28 de julio de 1948), ACP. Sobre la presidencia de Odría, véase Caravedo, Baltazar. *Desarrollo desigual y lucha política en el Perú, 1948-1956: la burguesía arequipeña y el Estado peruano*. Lima: IEP, 1978; Pareja, Piedad. *Aprismo y sindicalismo en el Perú*. Lima: Rikchay, 1980; Portocarrero, Gonzalo. *De Bustamante a Odría: el fracaso del Frente Democrático Nacional, 1945-1950*. Lima: Mosca Azul, 1983.

52. Decreto ley 11298, «Estableciendo que las remuneraciones denominadas "racionamiento", "asistente", "remuneración por tiempo de servicios" y "gratificación por familia numerosa", que se abonan a los miembros de los institutos armados, estén comprendidas en la exoneración del impuesto a los sueldos que estatuye el

El inicio de la década de 1950 fue también importante porque funcionarios como José del Carmen Marín, marginados de cargos ejecutivos por su lealtad al derrocado Bustamante, fundaron el Centro de Altos Estudios Militares (CAEM) dentro del Ministerio de Guerra. La misión del CAEM era educar a funcionarios militares destinados a puestos de alto mando. A ellos se buscaba adiestrar en estrategias de seguridad nacional de largo plazo a través de un currículo que incluía las ciencias sociales. La doctrina del CAEM estaba basada en la visión de la guerra como algo que requería el uso de todos los recursos humanos y materiales de la nación.

En concreto, el CAEM promovía la idea que de los recursos naturales estratégicos como el petróleo, los minerales y la pesca debían estar a disposición del gobierno peruano, y no ser dominados por entidades extranjeras. Además, el CAEM apoyó la creación de un instituto de planificación estratégica nacional, así como de la conducción de proyectos de desarrollo regionales para asegurar mejor las zonas fronterizas y mitigar la pobreza rural. El lema del CAEM, «no hay defensa sin desarrollo», describía bien su filosofía. El centro adoptó una actitud crítica hacia el abandono por parte del gobierno de las zonas rurales y hacia los abusos recibidos por los pobres de parte de los poderosos del Perú porque esto creaba resentimientos, exacerbaba conflictos e indisponía al pueblo en relación con agentes del Estado tales como las fuerzas armadas. La perspectiva reformista del CAEM poco a poco se volvió hegemónica entre los oficiales del Ejército e incluso se popularizó entre los actores políticos opuestos a Odría. Igual de importante fue que el CAEM

Decreto Ley 11213» (10 de marzo de 1950); ley 12175, «Crédito suplementario a la partida 77 del pliego de salud pública del presupuesto de 1954, destinada a abonar las bonificaciones del 25% sobre los primeros 400 soles de sueldo, y por familia numerosa y tiempo de servicios» (27 de diciembre de 1954); ley 12280, «Crédito suplementario a la partida 28 del pliego de educación pública del presupuesto de 1954, destinado al pago de la bonificación a los maestros por familia numerosa (31 de marzo de 1955), ACP. Véase, además, Ayala Villanueva, Venancio. «Estudio médico social del agrupamiento Hipólito Unanue o Risso». Tesis de grado, Facultad de Medicina de San Fernando, 1956.

fomentara una nueva autoimagen para los militares peruanos como los agentes de desarrollo más importantes de la nación, patrióticos y competentes.[53]

El Ejército jugó un papel fundamental durante la cuestionadas elecciones de 1962. Sorprendentemente, Víctor Raúl Haya de la Torre del partido del APRA había hecho un trato con su enemigo, el antiguo dictador Manuel Odría.[54] Con rumores de fraude a la orden, el Ejército intervino. Un golpe retiró al presidente Manuel Prado de su oficina en julio de 1962, y el general Ricardo Pérez Godoy creó una junta de gobierno. Fue ese régimen (1962-1963) el que empezó a implementar las reformas que el CAEM había estado exigiendo por más de una década. La junta creó el Sistema Nacional de Planeamiento Económico y Social, y su principal órgano técnico, el Instituto Nacional de Planificación (INP).[55] El hecho de que esta fuera una de las pocas acciones que el gobierno militar realizó antes de convocar a elecciones es una indicación del gran respeto que la élite militar peruana tenía por la función de planificación nacional y del nivel de la influencia del CAEM en esta élite.

Fernando Belaunde, cuyo partido, Acción Popular, perdió frente al APRA en las elecciones de 1962, ganó las de 1963. Su administración continuó apoyando al recién creado INP y creó el CEPD. Aunque no detentaban el poder, ciertos oficiales militares no perdían de vista la dirección política del país y se sintieron cada vez más decepcionados con los civiles elegidos. A pesar del auge de la construcción de infraestructuras a inicios de la década de 1960, el surgimiento de guerrillas de

---

53. Sobre el CAEM, véase Villanueva, Víctor. *El CAEM y la revolución de las fuerzas armadas*. Lima: IEP, 1972; Stepan, Alfred. «The New Professionalism of Internal Warfare and Military Role Expansion». Abraham Lowenthal (ed.). *Armies and Politics in Latin America*. Nueva York, NY: Holmes y Meier, 1976; Rodríguez Beruff, Jorge. *Los militares y el poder: un ensayo sobre la doctrina militar en el Perú, 1948-1968*. Lima: Mosca Azul, 1983.

54. Véase, entre otros, Haya de la Torre, Víctor Raúl. *El antimperialismo y el APRA*. Santiago de Chile: Ercilla, 1936; Klaren, Peter. *Formación de las haciendas azucareras y orígenes del APRA*. Lima: IEP, 1976.

55. Decreto ley 14220, «Sistema Nacional de Planeamiento Económico y Social» (octubre de 1962), ACP.

campesinos e izquierdistas puso en jaque a la presidencia de Belaunde. La violenta represión de estos levantamientos no solo desacreditó al Presidente, sino también al Ejército, que se volvió cada vez más crítico acerca de las desigualdades sociales que, en principio, habían producido los levantamientos. Además, casi desde el inicio de su administración, Belaunde había tenido que lidiar con la eficaz oposición del APRA y los simpatizantes del expresidente Manuel Odría en el Congreso, la que, entre otras cosas, limitó el presupuesto del CEPD y su esfera de influencia.[56]

El punto de quiebre se dio debido a la incapacidad de Belaunde de obtener mayores concesiones de la International Petroleum Company (una subsidiaria de la Standard Oil controlada por el clan Rockefeller) en sus negociaciones sobre las ganancias generadas por los yacimientos de petróleo en la costa norte. Frustrado hasta el hartazgo, un grupo del Ejército dirigido por el general Juan Velasco Alvarado dio un golpe de Estado y destituyó a Belaunde en octubre de 1968. Con diligencia, Velasco nacionalizó los cuestionados yacimientos de petróleo. Después, se dispuso a organizar su proyecto más grande, más controversial, y el que fracasó más extraordinariamente: la reforma agraria, que tenía como objetivo redistribuir las tierras de cultivo del país, 76% de las cuales estaba en las manos de solo el 0,5% de todos los poseedores de tierras.[57]

El golpe llevó a varios cambios inmediatos en el CEPD. Su presidente, Alberto Arca Parró, y su vicepresidente, Carlos Muñoz Torcello, renunciaron en protesta. José Donayre se quedó como director ejecutivo, pero Jonathan Fine de la USAID renunció como asesor, dejando

---

56. Sobre las reformas incompletas de Belaunde, véase Caballero, José María. *Economía agraria de la sierra peruana antes de la reforma agraria de 1969*. Lima: IEP, 1969.

57. La amplia historiografía de los gobiernos militares entre 1968 y 1980 incluye Lowenthal, Abraham (ed.). *The Peruvian Experiment: Continuity and Change under Military Rule*. Princeton, NJ: Princeton University Press, 1975; Pease, Henry. *El ocaso del poder oligárquico: lucha política en la escena oficial, 1968-1975*. Lima: DESCO, 1977; McClintock, Cynthia y Abraham Lowenthal (eds.). *The Peruvian Experiment Reconsidered*. Princeton, NJ: Princeton University Press, 1983; y Mayer, Enrique. *Cuentos feos de la reforma agraria*. Lima: IEP, 2009.

solo a John Saunders de la Fundación Ford en ese puesto. La actitud del nuevo gobierno hacia la política de población formulada por el anterior permaneció desconocida hasta que Donayre presentó la propuesta para el Proyecto de Planificación Familiar, Detección del Cáncer Genital y Prevención del Aborto, ahora llamado «Programa para Extender y Mejorar la Salud Materna e Infantil», al nuevo ministro de Salud, el comandante, formado en el CAEM, Eduardo Montero Rojas. En su respuesta, el comandante Montero elogió los objetivos del proyecto de reducir la mortalidad y morbilidad infantil y materna, la disminución de las tasas de abortos y la mejoría de la nutrición infantil y materna, pero descartó la planificación familiar. El plan del CEPD «sólo debe incluir acciones relacionadas a la educación sexual, y a la educación sanitaria para la salud infantil y materna, eliminando completamente cualquier referencia a la planificación familiar o cualquier método de control de natalidad, los cuales no deben ser mencionados, ni mucho menos usados».[58] La decisión categórica de Montero fue seguida por una orden en enero de 1969, que clausuraba todas las clínicas piloto de planificación familiar que el CEPD había instalado.[59]

Cualquier esperanza que Donayre hubiera albergado de resucitar el programa de planificación familiar fue frustrada en los meses siguientes. El doctor David Tejada de Rivero, segundo al mando en el Ministerio de Salud, revisó las políticas del gobierno en este rubro. Como resultado, se le permitió a la USAID continuar apoyando programas privados de planificación familiar, como los de la APPF, el Instituto Marcelino y las clínicas del Movimiento Familiar Cristiano. Sin embargo, según Tejada, el CEPD necesitaba cambiar la imagen de «organización antinatalista de control poblacional» que había adquirido por sus proyectos financiados por la USAID.[60] La propuesta de Tejada, una versión a menor escala del

---

58. Carrete 3525, subvención 65-358, mayor general FAP Eduardo Montero Rojas a José Donayre, 16 de diciembre de 1968, FF.

59. *Boletín CEPD*, 3, 11 (marzo de 1969): 26.

60. Carrete 3525, subvención 65-358, John Saunders a Abraham Lowenthal, John Nagel y Harry Wilhelm, 4 de agosto de 1969, FF.

original, se centraba en la provisión de anticonceptivos orales dentro de las instalaciones del ministerio en la ciudad de Lima. Los proveedores de planificación familiar privados quedaban libres de instalar o mantener sus operaciones fuera de la capital, así como de usar una gama más amplia de anticonceptivos. El nuevo papel del CEPD sería el de supervisar la calidad de los servicios de planificación familiar disponibles en el ámbito nacional. Sus otras funciones de investigación educacional y de población se mantendrían. El Ministerio de Salud también designaría un mayor número de representantes en el directorio del CEPD, con lo que disminuiría el poder de su director ejecutivo.[61]

John Saunders trató de alentar al decepcionado Donayre al señalar que la evaluación y la educación habían sido, en el diseño original, las áreas en las cuales el CEPD podía contribuir más significativamente a forjar una política de planificación familiar oficial. Además, las modificaciones del proyecto inicial del CEPD realizadas por el ministerio creaban una «oportunidad de poner un nuevo énfasis en los estudios socioeconómicos». La negativa de Donayre de atenerse a estos nuevos límites empezó a crear fricción en la relación del CEPD con la Fundación Ford.[62] Un año después del inicio del gobierno de Velasco, los auditores de Ford culpaban al antes bien estimado director ejecutivo del CEPD por la pérdida de dinamismo del centro como productor de conocimiento demográfico para los líderes peruanos. Los auditores juzgaban que Donayre, con la contribución de John Saunders, elegía beneficiarios de las becas de estudio con escasa participación del directorio del CEPD, sin después usar los talentos de los beneficiarios. También se quejaban de que el programa de investigación del CEPD se había tornado improvisado, de que el personal que Donayre contrató añadía poco prestigio técnico a la imagen del CEPD, de que no había evaluación formal del

61. Ídem.

62. Informes no publicados, caja 18524, carpeta 1477, John Saunders a José Donayre Valle, 13 de mayo de 1969; carrete 3525, subvención 65-358, John Nagel a los archivos, 9 de julio de 1969, FF.

impacto de los seminarios y charlas que el CEPD financiaba, y de que nadie influyente leía el *Boletín CEPD*.[63]

La auditoría de la Fundación Ford concluyó que el CEPD nunca se llegó a convertir en un todo coherente y distintivo, y que había permanecido solo como «las piezas de una fundación, principalmente en forma de estudios subvencionados y poseedores de becas dispersos y desvinculados del Centro».[64] En tales condiciones, no sorprende que Donayre haya estado ansioso por dejar el CEPD. De hecho, la continuidad misma del centro estaba en duda. A fines de la década de 1970, el gabinete eliminó la posibilidad, favorecida por Donayre, de ser absorbido por un propuesto nuevo Ministerio de Planificación.[65] Poco después, Donayre tomó un puesto en la División de América Latina del Fondo de Población de las Naciones Unidas y abogó por nombrar al doctor Federico Moncloa, un antiguo colega suyo de la Universidad Peruana Cayetano Heredia, como su reemplazo.

Moncloa era un buen candidato como director ejecutivo. Estaba dispuesto a trabajar con un directorio más activo y, dada su simpatía hacia las reformas de Velasco, era atractivo para los funcionarios de esta administración.[66] La misión autoasignada del CEPD para la década de 1970 era consolidar la competencia de las agencias del sector público en asuntos de población. Con este propósito, el CEPD propuso continuar subvencionando tesis de bachillerato, así como también becas de estudios en el exterior. Además, el CEPD se esforzaría por encontrar puestos para estos nuevos expertos dentro de instituciones gubernamentales o académicas. Los becarios que regresaran del exterior también estarían aptos para presentar propuestas de investigación financiables al

---

63. Informes no publicados, caja 18826, carpeta 6775, Ozzie Simmons a Abraham Lowenthal, 27 de julio de 1970, FF.
64. Carrete 1722, subvención 65-358, John Nagel a Abraham Lowenthal, 30 de junio de 1970, FF.
65. Carrete 3525, subvención 65-358, Otoniel Velasco a José Donayre, 9 de noviembre de 1970, FF.
66. Carrete 1722, subvención 65-358, Antonio Muñoz Najar a John Nagel, 3 de agosto de 1971, FF.

CEPD. Entre los nuevos proyectos de investigación que el CEPD empezó a realizar estaba la producción de estadísticas mensuales de desempleo para el Ministerio del Trabajo, un área prioritaria para Velasco. El gobierno peruano, la USAID, la Fundación Ford y el Population Council financiaron la renovada misión del CEPD.[67]

Lamentablemente, los obstáculos que el directorio del CEPD puso a Moncloa se volvieron agobiantes. Especialmente frustrante fue su incapacidad de contratar y retener a demógrafos de alto calibre como Roque García Frías, Alicia Unger, Alván Zárate y Krishna Roy. Un abatido Moncloa renunció en abril de 1972 para convertirse en director médico de Merck Sharpe & Dohme Perú.[68] Su reemplazo, el doctor Arnaldo Cano, jefe de Evaluaciones Psicológicas del Ejército, llegó después de meses. En el periodo interino, la publicación del *Boletín CEPD* se volvió errática y los programas de becas de postgrado se detuvieron.[69] Los observadores externos estaban decepcionados por el escaso conocimiento de Cano sobre las operaciones del CEPD y por su falta de iniciativa de poner los fondos a su disposición a buen uso.[70] Empeoraba la situación la actitud desdeñosa del gobierno hacia el CEPD, demostrada por su retraso en nombrar no solo a Cano, sino también a delegados nuevos para su directorio. La estocada final llegó en 1972, cuando congeló el presupuesto del CEPD en una época de inflación creciente.

En medio de deserciones del personal y de una baja moral generalizada, la primera agencia de población del gobierno agonizó hasta su desaparición en 1975, cuando la Fundación Ford, su primer y último promotor, se negó a renovar su apoyo económico. Tras diez años juntos, los funcionarios de Ford, en forma de autocrítica, admitieron que le

---

67. Carrete 1722, subvención 65-358, Santiago Salinas a Richard Dye, 18 de agosto de 1971, FF.
68. Carrete 3525, subvención 65-358, Richard Dye a Santiago Salinas, 11 de octubre de 1971; carrete 1722, subvención 65-358, Antonio Muñoz Najar a John Nagel, 8 de marzo de 1972, FF.
69. Véase *Boletín CEPD* 6, 24 (agosto de 1972).
70. Carrete 1722, subvención 65-358, Robert Blomberg a Richard Dye, 2 de noviembre de 1972, FF.

habían dado al CEPD demasiadas responsabilidades y demasiada flexibilidad como un agente de investigaciones sobre población y planificación familiar, cuando en realidad pudo haber sido más sostenible con la misión más limitada de promover investigaciones que fueran realizadas por otros. Sin embargo, sus críticas más duras fueron para la USAID, cuya «abundancia de dinero y pobreza de juicio» presuntamente sedujeron a Donayre para construir un proyecto de planificación familiar demasiado ambicioso, hecho que dañó irreversiblemente, en el proceso, la credibilidad del CEPD ante un importante grupo de funcionarios del gobierno e, incluso, manchó la reputación de la Fundación Ford.[71]

Las políticas de planificación familiar después del CEPD

La USAID y el UNFPA (Fondo de Población de las Naciones Unidas) ya habían dejado de financiar al CEPD en 1973, antes de su fin.[72] A ellos les había quedado claro que la planificación familiar tenía una prioridad baja para el gobierno militar. Por ejemplo, los anticonceptivos no eran parte del Programa de Medicamentos Básicos del Ministerio de Salud, y eso significaba que los interesados en obtener anticonceptivos tendrían que pagar el precio íntegro en una farmacia o ser referidos a una clínica privada de la APPF, el Instituto Marcelino o el Movimiento Familiar Cristiano. La desconfianza de Velasco hacia el gobierno de los Estados Unidos, que financiaba programas de planificación familiar desde 1965, era solo una de las razones de la antipatía oficial hacia los anticonceptivos. La idea de que América Latina era una región poco poblada con amplias regiones aún por habitar y riquezas para explotar

---

71. Carrete 1722, subvención 65-358, John Nagel a Richard Dye, 20 de mayo de 1975, FF. Véase, además, «El largo brazo yanqui llegó al Perú a través del CEPD». *Expreso* (25 de abril de 1975); carrete 1722, subvención 65-358, Antonio Muñoz Najar a William Carmichael, 28 de abril de 1975; y carrete 1722, subvención 65-358, Richard Dye a William Carmichael, 7 de mayo de 1975, FF.

72. Carrete 3525, subvención 65-358, Antonio Muñoz Najar a archivos, 21 de junio de 1973; y carrete 1722, subvención 65-358, Antonio Muñoz Najar a William Carmichael, 24 de julio de 1973, FF.

había sido popular entre los intelectuales de América Latina desde el siglo XVIII.[73] El personal militar que consideraba las fronteras del Perú como inseguras tenía una razón más para desconfiar de la limitación de la población. De hecho, Velasco andaba tan preocupado de que los peruanos que vivían en zonas fronterizas registraran a sus hijos con otra nacionalidad aparte de la peruana, que le dio a las municipalidades fronterizas el poder de realizar el registro civil de nacimientos y agilizó, además, el trámite.[74]

El Plan Nacional de Desarrollo de 1971-1975 no contenía una sección explícita sobre las presiones demográficas. Aunque reconocía la escasez de oportunidades de empleo, de escuelas y de médicos, no consideraba al crecimiento demográfico como un factor que contribuyera a estas carencias. Además, a pesar de que consignaba datos como la tasa del crecimiento demográfico, la tasa de mortalidad y las tasas actuales y proyectadas de la población económicamente activa, no incluía otros indicadores importantes, tales como la tasa de fertilidad o la proyección del tamaño de la población y de la población en edad escolar para el futuro. El plan era optimista sobre las posibilidades de desarrollo económico en el Perú y declaraba que la reforma agraria del gobierno incrementaría la productividad a tal punto que la calidad de vida de la mayoría de la gente mejoraría sin que la clase media tuviera que hacer «sacrificios».[75]

A pesar de no haber sido considerada como elemento central del Plan Nacional de Desarrollo, la planificación familiar fue, de todas formas, un aspecto cuidadosamente regulado de los servicios de salud

---

73. El demógrafo Kingsley Davis ridiculizaba esta idea y se refería a ella como uno de los «grandes mitos» de la región. Véase Davis, Kingsley. «Latin America's Multiplying Peoples». *Foreign Affairs* 25 (1946-1947): 643-654.

74. Decreto ley 19394, «Prorrogan por un año término fijado en art. 4 de D. L. 18788 sobre inscripción de nacimiento» (9 de mayo de 1972); decreto ley 19987, «Municipios del país harán inscripción sobre nacimientos sin mediar declaración (13 de abril de 1973); decreto ley 20223, «Abren inscripción extraordinaria del nacimiento de peruanos en los registros del estado civil» (20 de noviembre de 1973), ACP.

75. Instituto Nacional de Planificación. *Plan Nacional de Desarrollo, 1971-1975*, vol. 1, p. 9.

maternos e infantiles del velasquismo. Los gastos de salud venían creciendo en los veinte años previos al golpe de Velasco, de 4,2 millones de dólares en 1945 a 23,6 millones en 1956 y después a 68,3 millones en 1968 o, aproximadamente, 6% del PBI nacional.[76] Sin embargo, al estar tan comprometido con cubrir los gastos de la implementación de la reforma agraria, Velasco redujo el porcentaje que recibía el sector salud del presupuesto nacional. Para 1971, el Ministerio de Salud solo recibió 3,7 por ciento del PBI, lo que le permitió mantener sus 335 hospitales, 388 centros de salud y 936 postas de salud rurales. Además, había 7.818 médicos, 3.722 enfermeras y 13.200 auxiliares de enfermería en el sector público, de los cuales la mayoría trabajaba en Lima. Más específicamente, para el subsector de salud materna e infantil había alrededor de 2.900 camas disponibles en los centros obstétricos públicos, así como 591 ginecólogos, 994 obstetrices y 340 pediatras.[77] Velasco intentó incrementar la disponibilidad de los servicios de salud a través de iniciativas como la Ley del Servicio Civil de Graduandos (SECIGRA) y la puesta de los hospitales de la Sociedad de Beneficencia bajo la autoridad del Ministerio de Salud.[78]

Las reformas del subsector de salud materna e infantil empezaron con un nuevo Código Sanitario, promulgado en 1969, que definía las necesidades de salud de las mujeres exclusivamente como aquellas relacionadas con el embarazo, la maternidad y el periodo posparto.[79] El principal medio de Velasco para la implementación de las reformas de salud materna e infantil era el Instituto de Neonatología y Protección Materno-Infantil (INPROMI), creado en 1971.[80] Una vez más, la

---

76. Bustíos Romaní, Carlos. *Crisis de los sistemas de salud y de seguridad social en el Perú: 1968-1990*. Lima: Universidad Nacional Mayor de San Marcos, 2007.

77. INPROMI. Programa Nacional de Salud Materno-Infantil, 1973, parte III.

78. Decreto supremo 055-71-SA; resolución suprema 00034-72-SA/DS, «Regionalización docente y asistencial» (marzo de 1972), ACP.

79. Decreto ley 17505, «Código Sanitario» (1969), ACP.

80. Decreto ley 18949, «Instituto de Neonatología y Protección Materno-Infantil» (1971), ACP.

coordinación regional latinoamericana había tenido un papel en la formulación de los objetivos nacionales del Perú. La Reunión de Jefes de Estados Americanos en Punta del Este (Uruguay) en 1967 había comprometido a todos los asistentes a fortalecer sus programas de salud materna e infantil. Estos acuerdos fueron reafirmados en reuniones posteriores de ministros de Salud de las Américas en 1968 (en Buenos Aires) y en 1972 (en Santiago), financiadas por la Organización Panamericana de la Salud.[81] Este fue un paso considerable, ya que la salud materna e infantil se convirtió en un área de prioridad de la OPS, a la par con el control de enfermedades infecciosas, que venía siendo el asunto más importante en la agenda de la OPS desde la década de 1950.[82]

Para Velasco, el mejorar la salud materna e infantil no solo cumplía sus compromisos internacionales, sino que también era una palanca para alcanzar el desarrollo económico y la consolidación política de su régimen. Según el INPROMI, «deberá desarrollarse una acción promotora y asistencial de la familia, la juventud y el menor, especialmente en las zonas de reforma agraria y en los pueblos jóvenes, en orden a que ellos participen activamente en el proceso de desarrollo y en la solución de sus problemas locales». Tal acción conllevaría una «concientización sobre los derechos y deberes de la población respecto a la obtención de su satisfactorio estado de salud». Conforme las exigencias de la población fueran progresivamente abordadas, sentenciaba el INPROMI, la productividad aumentaría.[83] En otras palabras, Velasco no solo esperaba tener ciudadanos más saludables, sino que anhelaba tener ciudadanos políticamente motivados y movilizables, que reconocieran los beneficios que el Gobierno Revolucionario de la Fuerza Armada brindaba, especialmente en áreas donde la reforma agraria estaba en marcha.

81. «Los ministros de Salud de las Américas aprueban las metas para el decenio 1971-1980». *Boletín de la Oficina Sanitaria Panamericana* 74, 5 (mayo de 1973): 441-445.

82. Cueto, Marcos. *The Value of Health: A History of the Pan American Health Organization*. Rochester, NY: University of Rochester Press, 2007.

83. INPROMI. Ob. cit., parte V.

De hecho, los servicios de salud del Perú aún dejaban mucho que desear. La tasa de mortalidad materna en 1973 era casi 24,5 por 1.000 niños nacidos vivos. Las hemorragias, las toxemias, la falta de higiene durante las intervenciones y los abortos inducidos explicaban, en ese orden, la mayoría de la mortalidad observada. En lo que respecta a la salud de los niños, más del 30% de todas las muertes en el Perú ocurrían entre niños menores de un año de edad. Las enfermedades prevenibles tales como diarreas, infecciones respiratorias, poliomielitis, sarampión, difteria, tétanos y tuberculosis causaban la mayoría de dichas muertes. Aun así, según el INPROMI, «el verdadero factor determinante» de las altas tasas de mortalidad era la desnutrición, exacerbada por una serie de males sociales generalizados, como el desempleo, el analfabetismo, los servicios de salud deficientes, la vivienda inadecuada y la falta de higiene.[84] Tal como el CEPD, el INPROMI era una agencia semiautónoma vinculada al Ministerio de Salud, que recibía apoyo financiero de la USAID y del UNFPA, así como apoyo técnico de la OPS. En su apogeo, contó con unos trescientos empleados, principalmente médicos y enfermeras en el Hospital del Niño en Lima. Su función principal era diseñar lineamientos para ser implementados a través de las dependencias del Ministerio de Salud. La cercanía de los tres directores del INPROMI, los médicos Luis Suárez, René Cervantes y Antonio Meza Cuadra, con el general Velasco era sin duda una ventaja. Mientras que el CEPD se quedó sin fondos, el presupuesto del INPROMI se sextuplicó entre 1971 y 1973.[85]

Uno de los problemas que el INPROMI deseaba abordar de inmediato era la poca frecuencia de los exámenes pre y postnatales. El número de mujeres que tenía acceso y usaba estos servicios variaba según la región. En zonas urbanas como Lima, alrededor del 34,6% de las mujeres embarazadas tenía chequeos regulares, mientras que en las zonas rurales cerca a Huancavelica, por ejemplo, el número descendía a solo 1,3%.

---

84. Ibíd., parte III.

85. Informes no publicados, caja 19110, carpeta 11869, Robert Blomberg a James Trowbridge, y Antonio Muñoz Najar, 9 de octubre de 1973, FF.

El objetivo del INPROMI era que, para fines de la década de 1970, al menos 60 por ciento de todas las mujeres tuvieran al menos cuatro exámenes durante su embarazo.[86] Su hipótesis era que los chequeos médicos frecuentes prevendrían complicaciones potencialmente fatales que podían surgir durante el embarazo. Además, dichos chequeos podían ser oportunidades para impartir ideas a las gestantes acerca de la importancia de la vida saludable, la vacunación y los hábitos de higiene.[87]

Fue también a través de este énfasis en los chequeos médicos pre y postnatales que el INPROMI reintrodujo la planificación familiar como parte de una política nacional. Las incursiones limitadas del INPROMI en esta área se basaban en recomendaciones de la OPS. El doctor Abraham Horwitz, director de la OPS de 1958 a 1974, venía centrando su atención en problemas generalizados de la región tales como la malaria, la escasez de personal médico, la alta mortalidad infantil, la poca disponibilidad de agua potable, la falta de higiene y la debilidad de las instituciones de salud latinoamericanas. Su objetivo principal era contribuir, a través de las mejoras de salud pública, al desarrollo económico de todas las naciones americanas.[88] Prevenir la mortalidad materna no fue, originalmente, un aspecto central de la estrategia de la OPS bajo el liderazgo de Horwitz. Fue gracias a la presión de Estados Unidos a mediados de la década de 1960 que las prioridades de la OPS empezaron a cambiar. Aun así, Horwitz no estaba convencido, después de tres conferencias de la OPS sobre dinámicas de población, de que la planificación familiar sería más efectiva como forma de reducir las tasas de mortalidad materna, que la contención de las enfermedades infecciosas, la formación de más médicos o la mejora de la higiene en general.[89]

---

86. INPROMI. Ob. cit., parte IV.

87. INPROMI. Normas y procedimientos para la atención de la madre, 1972, p. 76; INPROMI. Programa Nacional de Salud Materno-Infantil, 1973, parte V.

88. «Oficina Sanitaria Panamericana».

89. Caja 10, carpeta 39, apuntes de diario, 4 de febrero de 1965, OEA-OPS, 328, JMS. Véase, además Davis, Hugh (ed.). *Third Pan-American Sanitary Bureau Conference on Population Dynamics, 13 February 1967*. Washington, D. C.: PASB, 1967.

Además, más allá de la importancia de la salud materna, Horwitz estaba bien informado sobre los esfuerzos que hacía la USAID para introducir la limitación del crecimiento demográfico en las agendas políticas de los países en vías de desarrollo a través del contacto que establecía con los profesionales latinoamericanos de salud. Horwitz temía que los opositores de la planificación familiar llegaran a interpretar tales contactos como un ataque indirecto a la soberanía de las naciones y que eso pudiera resultar en reacciones contra los programas de salud materna e infantil, que proveían información sobre anticonceptivos. Horwitz llegó a desafiar a los asistentes a la conferencia de Dinámica Poblacional de la OPS de 1967 al insistir en que el poder de los expertos en materia de tecnologías anticonceptivas tenía límites, ya que existían «grandes vacíos en el conocimiento» en esta área. Dirigiéndose a los funcionarios del gobierno de los Estados Unidos en la audiencia, Horwitz reconoció la tesis que asociaba al crecimiento demográfico con el subdesarrollo, pero insistió en «la no universalidad de ninguna tesis en particular» y en la necesidad de dejar las decisiones reproductivas en manos de las «familias mismas». Las críticas de Horwitz estaban basadas en su convicción de que la OPS, como oficina regional de la Organización Mundial de la Salud, no debía ir mas allá de los lineamientos que le daba esta última de ofrecer información sobre planificación familiar solo (a) si un gobierno lo pedía, (b) si dichos programas estaban dirigidos a mejorar la salud de las mujeres y los niños, y (c) si estos programas no interferían con el trabajo de los sistemas de salud de curar y prevenir enfermedades.[90]

Tal como Horwitz sabía, los líderes del INPROMI estaban interesados en conservar la esencia y la imagen de la soberanía peruana en asuntos de salud, y resentían la actitud agresiva de los Estados Unidos en el campo de la planificación familiar, la que supuestamente llevaría a convertir a los programas de salud materna e infantil estatales en

90. Davis, Hugh. Ob. cit., pp. 2-3.

simples puntos de distribución de anticonceptivos.[91] Por consiguiente, el componente de planificación familiar del INPROMI fue reducido y supeditado a la provisión de educación para la salud de mujeres en el contexto de los chequeos médicos. Después de un parto, el profesional tratante podía «sugerir el adecuado espaciamiento entre gestaciones donde el caso lo aconseje»[92] a la nueva madre, así como hacerle saber «de la existencia de la anticoncepción por indicación médica» y de los efectos anticonceptivos de la lactancia materna prolongada.[93] El objetivo de este tipo de intervención era «evitar los riesgos originados por la procreación temprana y/o frecuente y prevenir de un modo especial el aborto inducido ilegal».[94]

A pesar de lo reducido de los servicios gubernamentales de planificación familiar, tanto la USAID como el UNFPA continuaron brindando apoyo financiero al INPROMI.[95] Además, el INPROMI estaba dispuesto a colaborar con organizaciones que brindaran servicios de planificación familiar, entre las que se incluían la APPF, con el fin de cumplir su misión de prevenir los riesgos inherentes al embarazo adolescente, los intervalos cortos entre partos y el aborto inducido. Sin embargo, las instituciones como la APPF, al trabajar con el INPROMI, quedaban prohibidas de prestar servicios directos de anticoncepción y se encargaban solo de la educación de las pacientes y sus familias, la formación de proveedores de asistencia médica, así como la investigación y la preparación de materiales pedagógicos.[96] No obstante, ni siquiera mantener este bajo nivel de oferta de planificación familiar era una prioridad para Velasco, quien en 1974 decretó que todos los cuidados del embarazo,

---

91. Entrevista con Duncan Pedersen (Montreal, 3 de diciembre de 2008).
92. INPROMI. Normas y procedimientos para la atención de la madre, 1972, p. 29.
93. Ibíd., pp. 75-76.
94. INPROMI. Programa Nacional de Salud Materno-Infantil, 1973, parte V.
95. Entrevistas con Duncan Pedersen (Montreal, 3 de diciembre de 2008) y René Cervantes (Lima, 16 de diciembre de 2008).
96. «Proyecto de la APPF de extensión de servicios materno-infantiles y de bienestar familiar en la zona de salud Nor-occidental» (5 de abril de 1974), CDT.

parto y posparto fueran gratuitos en las dependencias del Ministerio de Salud. El resultante aumento rápido en la demanda de estos servicios afectó la capacidad del ministerio para prestarlos, especialmente en Lima.[97] Como consecuencia, los servicios que no eran considerados urgentes, tales como la planificación familiar, se volvieron escasos en el sector público.

Hacia mediados de 1973, la USAID anunció que dejaría de apoyar las actividades vinculadas al tema demográfico en el Perú. La colaboración directa entre la USAID y el gobierno peruano sobre estos asuntos se reanudó recién en 1979, a través del Proyecto 219 sobre Salud Primaria y Población, para prestar servicios de planificación familiar en Ica.[98] Para entonces, la segunda etapa del Gobierno Revolucionario de la Fuerza Armada, dirigida por el general Francisco Morales Bermúdez, ya había convocado una Asamblea Nacional para redactar una nueva Constitución, después de destituir discretamente al general Velasco en 1975 y dar marcha atrás en el naufragante proyecto de reforma agraria, e iniciar la transición a un gobierno civil en 1979.

Uno de los logros menos publicitados de la administración de Morales Bermúdez fue la creación de la comisión que redactó los Lineamientos de Políticas de Población en 1976, a lo cual regresaré en el epílogo. La legitimidad que este documento le otorgó a la planificación familiar como un aspecto de las políticas de desarrollo del Estado fue crucial para la creación de la División de Salud Materna e Infantil dentro del Ministerio de Salud en 1979. Con esto, el gobierno finalmente aceptó la necesidad de institucionalizar la salud materna e infantil como una función del gobierno central, en lugar de una dirigida por organizaciones semiautónomas, como el CEPD o el INPROMI. El gobierno del presidente Fernando Belaunde, elegido en 1980, empezó a prestar algunos servicios de planificación familiar en hospitales del Estado y promulgó la Ley de Política Nacional de Población en 1985, que entró

---

97. Bustíos Romaní, Carlos. Ob. cit., p. 178.

98. USAID, Oficina de Salud y Población, Perú. «History of Family Planning in Peru, 1997».

en vigor dos años más tarde, ejecutada como el Programa Nacional de Población.[99]

Lo local y lo regional en la formulación de políticas de población

La historiografía temprana de la planificación familiar en América Latina tiende a enfocarse en cómo agentes extranjeros, principalmente de Estados Unidos, crearon un nicho para la planificación familiar en un territorio hostil, dominado por la Iglesia católica, las fuerzas militares conservadoras y los nacionalistas de izquierda, quienes presuntamente condenaban el control de natalidad como una herramienta imperialista.[100] Esto le resta importancia a la participación de los agentes locales que institucionalizaron la planificación familiar en sus propios países, algo que estudios más recientes han empezado a abordar y que este capítulo hace para el caso peruano.[101] Además, entre la distinción de las particularidades de cada país de América Latina y la innegable influencia homogeneizante de las ideas y el dinero de los Estados Unidos

---

99. Sobre las políticas de población a partir de 1980, véase Cueto, Marcos. «La vocación por volver a empezar: las políticas de población en el Perú». *Revista Peruana de Medicina Experimental y Salud Pública* 23, 2 (2006): 123-131; y Donayre, José; Roger Guerra-García y Luis Sobrevilla. *Políticas y programas de población en el Perú: del debate a la acción*. Lima: UPCH, 2012.

100. Véase, por ejemplo, Silva Colmenares, Julio. *No... más... hijos!: genocidio preventivo en los países subdesarrollados*. Bogotá: Paulinas, 1973; Malpica Silva Santisteban, Carlos. *El desarrollismo en el Perú: década de esperanzas y fracasos, 1961-1971*. Lima: Horizonte, 1975; Mass, Bonnie. Ob. cit.

101. Sobrinho, Delcio da Fonseca. *Estado e Populaçao: Uma História do Planejamiento Familiar no Brasil*. Río de Janeiro: Rosa dos Tempos, 1993; Briggs, Laura. *Reproducing Empire: Race, Sex, Science and US Imperialism in Puerto Rico*. Berkeley, CA: University of California Press, 2002; Pieper Mooney, Jadwiga. *The Politics of Motherhood: Maternity and Women's Rights in Twentieth-Century Chile*. Pittsburgh, PA: University of Pittsburgh Press, 2009; Soto Laveaga, Gabriela. *Jungle Laboratories: Mexican Peasants, National Projects, and the Making of the Pill*. Durham, NC: Duke University Press, 2009; Felitti, Karina. *La revolución de la píldora: sexualidad y política en los sesenta*. Buenos Aires: Edhasa, 2012.

sobre las políticas de población, existe un amplio, poco explorado y rico territorio de investigación que recién hemos empezado a considerar. Este llama la atención sobre las características comunes de la región latinoamericana, en respuesta al dilema de cuál sería el lugar de los programas de planificación familiar como parte de estrategias más amplias de desarrollo nacionales.

Incluso antes de que el gobierno de los Estados Unidos se interesara en financiar la planificación familiar mundialmente, existían ya algunas organizaciones con ese objetivo en mente y, aunque vinculadas mediante ideas similares y conexiones personales, también competían por expandir su influencia en América Latina. La Fundación Ford, con su énfasis en la investigación en ciencias sociales, fue más exitosa en persuadir a la élite política peruana que el Population Council, que privilegiaba intervenciones más directas de prestación de servicios de anticoncepción. La competencia siguió siendo un tema vigente después de que el gobierno de los Estados Unidos entrara en escena. Esto queda claro en el conflicto existente entre la USAID, que cabildeaba para consolidar la planificación familiar como un elemento rutinario de los servicios de salud materna e infantil latinoamericanos, y la OPS, renuente a hacer esto. La competencia era cuestión de orgullo, pero también es un indicador de la presencia de diferentes perspectivas acerca del papel de la planificación familiar en la vida política de los países en vías de desarrollo. ¿Debería, por ejemplo, la investigación sobre la necesidad y aplicabilidad de las políticas de anticoncepción tener prioridad sobre la acción? ¿Podría un excesivo énfasis en la anticoncepción restarle valor a la prestación de otros servicios importantes? ¿Cuánto deberían saber los líderes políticos antes de tomar decisiones sobre estos asuntos? Países como Colombia, Chile y Honduras respondieron estas preguntas de forma distinta a como lo hicieron Perú o Argentina, aun cuando todos los países de América Latina se enfrentaban a un grupo similar de problemas al trazar sus caminos hacia un mayor desarrollo socioeconómico.

El surgimiento de las preguntas mencionadas dependía del establecimiento previo de un vínculo entre la planificación estratégica estatal y el desarrollo nacional. ¿Podían los gobiernos realmente encargarse de navegar el complicado camino hacia las mejoras socioeconómicas? Instituciones como el Consejo Económico y Social de la ONU, su Comisión de Población, el CELADE, la Alianza para el Progreso y, en el caso peruano, el CAEM y el INP, contestaron afirmativamente. Dos puntos importantes de convergencia, pertinentes para toda América Latina, eran el énfasis en la formación de la primera generación de demógrafos de la región y la difusión de la idea de que el crecimiento demográfico y las migraciones sin planificar podían retrasar el progreso de una nación. Una vez más, las respuestas de los líderes regionales a estos problemas fueron variadas y evolucionaron con el tiempo.

Tal como lo habían hecho desde el siglo XVIII, los gobiernos de América Latina trataron a las políticas de población como herramientas intersectoriales para controlar la migración, mejorar la educación y la salud, reducir la pobreza y el caos urbano, aumentar el empleo y los salarios, y mejorar la productividad agrícola e industrial, a mediados del siglo XX. Reducir las tasas de fertilidad a través de la promoción masiva de anticonceptivos, algo recién posible a inicios de la década de 1960, no fue automáticamente recibido como un objetivo gubernamental. Los funcionarios de salud latinoamericanos que se vieron en Caracas (1967), Buenos Aires (1968) y Santiago (1972) estaban de acuerdo en que reducir las tasas de fertilidad debía estar subordinado a objetivos más amplios, aun si tal reducción podía ayudar a conseguir esas metas. En este contexto, la OPS no solo canalizaba fondos y experiencia técnica, sino también servía como un medio de apoyo mutuo y legitimidad para los países que no aceptaban establecer políticas de planificación familiar con la celeridad que la USAID deseaba. La posición de la OPS sobre el respeto por la soberanía nacional la llevó a chocar con la USAID a inicios de la década de 1970, cuando esta última cabildeaba a favor de la extensión de la planificación familiar dentro de los servicios de salud materna e infantil. El papel de la OPS como baluarte regional contra las pretensiones de los Estados Unidos durante este periodo ha pasado relativamente desapercibido para investigadores que se han enfocado en sus éxitos para promover la limitación de la población en países como India.[102]

Evidentemente, las políticas de población con componentes de planificación familiar afectaron a algunos más que a otros en la práctica. Por un lado, los artífices de estas políticas en el Perú continuaron la tradición centralista de iniciar programas piloto en la capital, justificando su decisión por el tamaño de la ciudad y la conveniencia de monitorearla, pero no consideraron la necesidad que existía por estos servicios fuera de Lima. Además, tanto las victorias como los contratiempos de las iniciativas de planificación familiar del gobierno reflejaron principalmente el protagonismo del poder ejecutivo, como si esta rama del gobierno fuera la más responsable de todos los programas de planificación familiar. El presidente Belaunde creó el CEPD, y el general Velasco, el INPROMI. La participación de otras instituciones en esta área, tales como el Congreso, la Iglesia católica o las organizaciones de la sociedad civil, fue insignificante durante el gobierno de Belaunde, e inexistente durante la administración de Velasco. Las agencias de ayuda bilateral y multilateral, tales como la OPS y la USAID, en casi constante comunicación con el ejecutivo peruano, fueron más influyentes que los ciudadanos peruanos.

Al mismo tiempo, hubo importantes diferencias entre el régimen civil y el militar del Perú en la década de 1960. Por su diseño, el CEPD consideraba la planificación familiar solo como una actividad, y no la más importante, entre las muchas en las que el Estado debería estar involucrado para promover el desarrollo. Sin embargo, en la práctica, los primeros líderes del CEPD le dieron a los programas piloto de planificación familiar un lugar preeminente y terminaron diseñando un ambicioso plan nacional de planificación familiar con dinero de la USAID. Cuando las fuerzas armadas llevaron a cabo el golpe de 1968, las

---

102. Hartmann, Betsy. *Reproductive Rights and Wrongs: The Global Politics of Population Control and Contraceptive Choice*. Nueva York, NY: Harper & Row, 1987; Connelly, Matthew. *Fatal Misconception: The Struggle to Control World Population*. Cambridge, MA: Harvard University Press, 2008.

actividades de planificación familiar del CEPD terminaron abruptamente. A Velasco le molestaba el poder que tenía Estados Unidos sobre los recursos peruanos. Dado el financiamiento que Estados Unidos brindaba al trabajo en planificación familiar del CEPD, todas estas actividades se volvieron sospechosas a ojos del velasquismo. Tal vez más decididamente, la planificación familiar tenía poca prioridad política para Velasco, quien creía que su reforma agraria llevaría a mejoras sociales radicales, entre las que se incluían menores tasas de fertilidad. Abandonado por el ejecutivo, el CEPD nunca pudo adaptarse a las exigencias de la nueva élite política, cuya posición hacia los temas de población, al principio, había sido consistente con la misión original de investigación y difusión del CEPD.

Sin embargo, conforme el régimen de Velasco entraba en años, incluso su posición inicial de apertura a considerar la relación entre población y desarrollo cambió. Su Plan Nacional de Desarrollo de 1971-1975 ignoró el tema por completo. Irónicamente, justo cuando la línea de Velasco contra la planificación familiar se endurecía, se inauguró la primera agencia dedicada exclusivamente al cuidado materno e infantil, un subsector que, para 1971, se había convertido en el epicentro de la provisión de servicios de anticoncepción y educación a lo largo de toda América Latina. La noción de que la planificación familiar podría ayudar a mejorar la salud de las mujeres era algo desconocido para Velasco. Menos aún lo era la idea de que la planificación familiar podía ser un derecho de la mujer.[103] Sus ideas sobre la regulación de la fertilidad eran incompatibles con un modelo basado en los derechos individuales, un modelo que ganó popularidad en otros lugares en la década de 1970, entre los que se incluían los propios Estados Unidos. Como resultado de

---

103. Siendo justos, la noción de derechos sexuales y reproductivos, y la anticoncepción entre esos derechos, estaba en su infancia en la América Latina de la década de 1970. Este discurso se ha vuelto cada vez más protagónico en las discusiones sobre derechos humanos a partir de la Conferencia Internacional de Población y Desarrollo en Cairo en 1994. Véase, por ejemplo, Ewig, Christina. *Second-Wave Neoliberalism: Gender, Race, and Health Sector Reform in Peru*. University Park, TX: Penn State University Press, 2010.

la posición cada vez más esclerótica de Velasco hacia los asuntos de población y planificación familiar, el gobierno desperdició la oportunidad de convertirse en un protagonista efectivo en el debate público de la relación entre planificación familiar, salud y desarrollo nacional. Dada la incapacidad del gobierno para pensar y actuar, un renovado grupo de intelectuales peruanos, que incluía aquellos que integraban la Iglesia católica, fue quien asumió este papel en la década de 1970, tal como se mostrará el próximo capítulo.

Capítulo seis

Curas y píldoras: planificación familiar a la católica[1]

¿Cómo respondió la Iglesia católica al problema del rápido crecimiento demográfico en la segunda mitad del siglo XX? Este capítulo analiza un programa administrado por la Iglesia católica del Perú que combinó la provisión de píldoras anticonceptivas con exámenes médicos, educación sexual y educación sobre paternidad responsable para parejas en zonas urbanas pobres. El programa estaba basado en la creencia de las autoridades de la Iglesia de que la fe católica era compatible con la regulación de la fertilidad. Además, estas autoridades resaltaron que el ambiente de pobreza material en el Perú tenía efectos perjudiciales para la calidad de vida familiar y la crianza de los hijos. Al proveer servicios de planificación familiar a los más necesitados de su rebaño, los líderes de la Iglesia católica peruana se convirtieron, en la práctica, en aliados de las organizaciones de planificación familiar y, a la vez, en críticos de los católicos conservadores locales.

Al mismo tiempo, los líderes católicos eran reacios a tratar el control de la fertilidad como una prerrogativa individual (de mujeres u hombres) y enfatizaban, más bien, sus dimensiones familiares,

---

1. Una versión corta se publicó como Necochea López, Raúl. «Priests and Pills: Catholic Family Planning in Peru, 1967-1976». *Latin American Research Review* 43, 2 (2008): 34-56.

comunitarias y transnacionales. Una y otra vez, estos líderes señalaron factores culturales y económicos como el sexismo, la falta de educación y los términos desiguales de comercio exterior como los causantes de la irresponsabilidad reproductiva de los individuos. Según la élite de la Iglesia, se trataba de un ciclo de injusticia que generaba más injusticia con países ricos que oprimían a los pobres y con los más ricos en los países pobres que oprimían a los más débiles entre los pobres. Fue la búsqueda de más equidad entre las naciones, entre las familias pobres y ricas, y entre hombres y mujeres, la que impulsó a la Iglesia católica del Perú en la década de 1960 a permitir medios para darles a hombres y mujeres más control sobre su fertilidad.

El modelo de la familia basado en el matrimonio heterosexual es uno que la Iglesia católica ha mantenido como ideal para la crianza de los hijos por siglos. Según su posición, las decisiones respecto a la cantidad de hijos que se tuvieran debían ser tomadas en el seno de esta familia.[2] Este énfasis en el matrimonio heterosexual como sacramento, fuente de compañía y contexto para tener y criar hijos, ha puesto a la Iglesia católica en el papel de rival de quienes consideran el uso de anticonceptivos como una decisión individual. La historiadora Linda Gordon, por ejemplo, llamó a la planificación familiar «un derecho humano individual» y al proceso que llevó a su aceptación pública una «lucha por la autodeterminación de las mujeres», y criticó la oposición católica a los métodos anticonceptivos como basada en «actitudes antisexuales y antimujeres».[3]

---

2. El modelo original es el de la sagrada familia, compuesta por Jesús y sus padres, María y José. Véanse las encíclicas *Castii Connubii* (30 de diciembre de 1930), del papa Pío XI, y *Humanae Vitae* (25 de julio de 1968), del papa Pablo VI. Sobre la importancia de la procreación en el matrimonio, véase Noonan, John, Jr. *Contraception: A History of Its Treatment by the Catholic Theologians and Canonists*. Nueva York, NY: New American Library, 1965, pp. 237, 409, 519. Sobre el uso extendido del método de retiro en Europa, véanse Schneider, Jane y Peter Schneider. *Festival of the Poor: Fertility Decline and the Ideology of Class in Sicily, 1869-1989*. Tucson, AZ: University of Arizona Press, 1996; y Fisher, Kate y Simon Szreter. «"They Prefer Withdrawal": The Choice of Birth Control in Britain, 1918-1950». *Journal of Interdisciplinary History* 34, 2 (2003): 263-291.

3. Gordon, Linda. *Woman's Body, Woman's Right: A Social History of Birth Control in America*. Nueva York, NY: Grossman, 1976, pp. xv, 4, 337.

Esencial para la posición «individualista» es la creencia de que el respeto por los derechos humanos solo puede ser garantizado por autoridades seculares, que relega la religión a un papel contraproducente para la realización de esos derechos, entre los que se incluyen los sexuales y reproductivos.[4] El argumento anterior es base de la separación entre Iglesia y Estado en las democracias occidentales. Algunos, como el sociólogo Kingsley Davis, llegaron a catalogar al catolicismo como una institución que «choca con el liberalismo, el individualismo, la libertad, la movilidad y la soberanía de las naciones democráticas».[5] En los Estados Unidos, varios intelectuales han interpretado con frecuencia la posición de la Iglesia católica contra la anticoncepción como una intromisión en el ámbito de la vida civil.[6] La epidemióloga Phyllis Piotrow, por ejemplo, culpó a la «inflexibilidad de la Iglesia católica» de impedirle al gobierno de los Estados Unidos promover extensamente el uso de métodos anticonceptivos en la década de 1960.[7]

Por supuesto, la historia de los Estados Unidos no puede usarse para explicar la historia del catolicismo en otros lugares. La gama de actitudes hacia la planificación familiar entre el sacerdocio católico varió mucho en el siglo XX entre y dentro de lugares como Ecuador, México, Irlanda y Quebec, y fue desde el apoyo abierto a los feligreses que usaban métodos anticonceptivos hasta su expulsión de la Iglesia.[8] Del

---

4. Franco, Jean. «Defrocking the Vatican: Feminism's Secular Project». En Sonia Álvarez, Evelina Dagnino y Arturo Escobar (eds.). *Cultures of Politics, Politics of Cultures: Revisioning Latin American Social Movements*. Boulder, CO: Westview, 1998.

5. Davis, Kingsley. «Political Ambivalence in Latin America». *Journal of Legal and Political Sociology* 1 (1943): 143.

6. Donaldson, Peter. «American Catholicism and the International Family Planning Movement». *Population Studies* 42 (1988): 367-373.

7. Piotrow, Phyllis. *World Population Crisis: The United States Response*. Nueva York, NY: Praeger, 1973, p. 90.

8. Rice-Wray, Edris. «The Provoked Abortion–A Major Public Health Problem». *American Journal of Public Health* 54, 2 (1964): 313-321; Acero, Gloria y María Dalle Rive. *Medicina indígena: Cacha-Chimborazo*. Quito: Abya-Yala, 1992; Gervais, Diane y Danielle Gauvreau. «Women, Priests, and Physicians: Family Limitation in Quebec, 1940-1970». *Journal of Interdisciplinary History* 34, 2 (2003): 293-314;

mismo modo, las actitudes de los católicos alrededor del mundo sobre el control de su fertilidad tendieron a ser favorables, especialmente entre los más ricos y educados, independientemente de la oposición de la Iglesia.[9]

La Iglesia católica en América Latina jugó, especialmente durante las décadas de 1960 y 1970, un papel más complejo del que los escritores estadounidenses han asumido hasta ahora en los debates sobre la aceptabilidad de la anticoncepción. Tal como observaron Stycos, Hall y Sobrinho, la Iglesia católica de aquel entonces no negaba los problemas que el rápido crecimiento demográfico causaba, tal como lo hacían los activistas de izquierda y los oficiales militares nacionalistas de la región.[10] Más bien, las autoridades católicas y los intelectuales de esa corriente en América Latina insistieron una y otra vez en la importancia de educar a futuros padres y madres sobre sus deberes para con sus futuros hijos. Esta «paternidad responsable» incluía proveer a los niños con bienes materiales, educación y valores espirituales. Estas tareas no excluían «restringir o limitar la procreación en vista de las responsabilidad totales de la paternidad».[11]

La difusión de la idea de la paternidad responsable llevó a la Iglesia católica peruana a apoyar la limitación de la fertilidad para las parejas

---

McCormmick, Leann. «"The Scarlet Woman in the Flesh": The Establishment of a Family Planning Service in Northern Ireland, 1950-1974». *Social History of Medicine* 21, 2 (2008):345-360.

9. Jones, Gavin y Dorothy Nortman. «Roman Catholic Fertility and Family Planning: A Comparative Review of the Research Literature». *Studies in Family Planning* 1, 34 (1968): 1-27.

10. Stycos, Joseph. *Human Fertility in Latin America: Sociological Perspectives*. Ithaca, NY: Cornell University Press, 1968, p. 4; Hall, Marie-Françoise. «Population Growth, US and Latin American Views: An Interpretation of the Response of the United States and Latin America to the Latin American Population Growth». *Population Studies* 27, 3 (1973): 415-429; Sobrinho, Délcio da Fonseca. *Estado e Populaçao: Uma História do Planejamiento Familiar no Brasil*. Río de Janeiro: Rosa dos Tempos, 1993, p. 79.

11. Fagley, Richard. *The Population Explosion and Christian Responsibility*. Nueva York, NY: Oxford University Press, 1960, pp. 5-6.

casadas. Que esto resultara en la aceptación eclesiástica de una tecnología como la de las píldoras anticonceptivas es consistente con una actitud pragmática por parte de los católicos laicos peruanos y los clérigos y teólogos católicos. El activismo católico laico, con raíces en el Perú desde inicios del siglo XX, se cruzó con el movimiento laico católico de los Estados Unidos, que dirigió su atención financiera, misionera y técnica a los países en vías de desarrollo a fines de la década de 1950. El programa peruano católico de planificación familiar de la década de 1960 fue uno de los productos de esta convergencia.

El activismo católico en el Perú

El Perú ha sido un país católico, con numerosas manifestaciones de religiosidad y devoción popular, desde la época colonial. Sin embargo, el primer movimiento católico laico amplio se organizó recién alrededor de la organización del Congreso Eucarístico, celebrado en 1935. El objetivo explícito del movimiento era no solo vivir la propia fe, sino también difundir las creencias católicas y llevarlas al centro de las instituciones políticas y sociales. Este activismo dio origen a la Acción Católica Peruana (ACP) el mismo año.[12] Dirigida por los obispos Mariano Holguín en Arequipa y Pedro Pascual Farfán en Lima, la ACP empezó a publicar revistas como *Acción Católica Peruana* y *Sígueme* en las décadas de 1930 y 1940, y estableció secciones para las mujeres, trabajadores y jóvenes.[13]

Desde un principio, la ACP se preocupó profundamente por las condiciones sociales que afectaban el modelo de familia patriarcal. Las más grandes amenazas en este sentido eran la disponibilidad de los

---

12. La ACP era la sección nacional del movimiento mundial de la Acción Católica, establecido por el papa Pío XI en 1922. Véase Congar, Yves M. J. *Lay People in the Church: A Study for a Theology of the Laity*. Westminster, MD: Newman, 1962.

13. Klaiber, Jeffrey. «The Catholic Lay Movement in Peru: 1867-1959». *The Americas* 40, 2 (1983): 149-170; y, del mismo autor, *The Catholic Church in Peru, 1821-1985: A Social History*. Washington, DC: Catholic University Press, 1992, p. 47.

divorcios civiles y el trabajo para las mujeres.[14] La ACP promovió una clara división de los ámbitos de actividad y capacidad moral, intelectual y física entre hombres y mujeres. Extremistas como el padre Manuel Noriega, por ejemplo, insistían en que:

> [...] la mujer tiene más corazón, el hombre más voluntad; la mujer más fe, el hombre más ciencia; la mujer más sentimiento, el hombre más lógica; la mujer más paciencia, el hombre más perseverancia; la mujer más indulgencia, el hombre más justicia; la mujer más gracia, el hombre más fuerza; la mujer más docilidad, el hombre más firmeza; la mujer más resignación, el hombre más valor; la mujer más sumisión, el hombre más independencia; la mujer más pudor, el hombre más audacia.[15]

La igualdad entre hombres y mujeres, por lo tanto, no era más que «una añagaza socialista» según Noriega. Sin embargo, otros miembros de la ACP eran más pragmáticos. Varios venían ya preocupados por el tema de las mujeres que ganaban salarios desde inicios de la década de 1930. Para ellos, las exhortaciones al estilo de Noriega no resolvían nada. Con renuencia, ciertos miembros de la ACP admitieron que la extensión de los derechos ciudadanos a las mujeres podría mejorar su condición lo suficiente como para que ellas no se sintieran obligadas a abandonar su papel principal como administradoras del hogar.[16]

La difusión de la ACP de los derechos civiles y las redes de seguridad social eran parte de un más amplio accionar católico para difundir la doctrina social de esta Iglesia. Sus documentos eran distintos de la mayoría de los otros pronunciamientos de la Iglesia en su grado de involucramiento en lo público. Estos documentos demandaban reformas sociales y políticas, en lugar de simples cambios doctrinales. Claramente, algunos de estos documentos estaban dirigidos a «los hombres de

---

14. Véase, por ejemplo, *Acción Católica Peruana* (24 de enero de 1932 y 10 de enero de 1943).
15. Noriega, Manuel. «Feminidad y feminismo». *Sígueme* 9, 45 (setiembre de 1944): 6.
16. *Acción Católica Peruana* (26 de noviembre de 1933): 191.

buena voluntad» y no solo a los católicos.[17] El primero entre estos documentos fue la encíclica *Rerum Novarum* del papa León XIII en 1891, que exponía los derechos y las responsabilidades mutuas de capitalistas y trabajadores. A esta siguió *Quadragesimo Anno* del papa Pío XI en 1931, que condenaba la avaricia capitalista y la irresponsabilidad del poder político y económico.[18]

Poco antes de *Quadragesimo Anno*, el papa Pío XI publicó la encíclica *Castii Connubii*. Esta fue la primera declaración católica acerca del uso de anticonceptivos por parte de parejas casadas. *Castii Connubii* condenaba el aborto y las leyes eugenésicas que prevenían el matrimonio para aquellos considerados no aptos para reproducirse. Más importante para esta discusión, esta encíclica afirmaba que, aunque la procreación era el objetivo principal de las relaciones sexuales en el matrimonio, «cultivar el amor mutuo y calmar la concupiscencia» era un objetivo secundario, aun cuando el sexo a veces no condujera a la procreación, debido a «razones naturales tanto del tiempo o de ciertos defectos».[19] Al aprobar estas «razones naturales» y «defectos», la Iglesia católica permitió el sexo con fines no reproductivos por primera vez. Además, la encíclica ponía mucho énfasis en la educación espiritual de los niños y consideraba irresponsable por parte de los padres tener más hijos de los que podían mantener y educar.[20] *Castii Connubii* también compartió del espíritu de la doctrina social católica. Argumentaba que, si las familias eran demasiado pobres como para mantener a sus hijos, los gobiernos debían intervenir en su nombre:

---

17. Weigel, George. «The Church's Social Doctrine in the Twenty-First Century». *Logos: A Journal of Catholic Thought and Culture* 6, 2 (2003): 16.
18. Leo XIII, *Rerum Novarum* (15 de mayo de 1891); Pío XI, *Quadragesimo Anno* (15 de mayo de 1931), CEP.
19. Pío XI, *Castii Connubii*, punto 59, CEP. Estas «razones naturales» y «defectos» podían incluir la esterilidad, la menopausia y el periodo infértil del ciclo menstrual femenino.
20. Pío XI, *Castii Connubii*, puntos 10, 13, 16, 17, 24, 37, 80, 85, 89 y 90, CEP.

> Aquellos que tienen el cuidado del Estado y del bienestar público no pueden abandonar las necesidades de las parejas casadas y sus familias, sin causar mucho daño en el Estado y en el bienestar común. Por lo tanto, al hacer las leyes y disponer de fondos públicos, deben hacer todo lo posible para atenuar las necesidades de los pobres, considerando esa tarea como una de las más importantes de sus deberes administrativos.[21]

A pesar de estos progresos, el primer pronunciamiento de la Iglesia católica peruana acerca de la limitación de la fertilidad surgió años después de *Castii Connubii*, en 1947. El cardenal Juan Gualberto Guevara nombró y condenó a los «enemigos del hogar cristiano»: el divorcio, el «maltusianismo» (o uso de anticonceptivos), el aborto y la esterilización de las mujeres discapacitadas mentalmente.[22] Sin embargo, la Iglesia mitigó sus objeciones al control de la fertilidad después del apoyo que el papa Pío XII le dio al método del ritmo en 1951.[23] En 1954, durante el V Congreso Nacional Eucarístico y Mariano, el movimiento católico laico peruano aceptó públicamente la posición de Pío XII. Dicho evento atrajo a un grupo de médicos católicos, quienes organizaron una conferencia satélite. Durante esa reunión, el doctor Froilán Villamón defendió el valor del método del ritmo y desacreditó el uso de anticonceptivos, especialmente la esterilización química o quirúrgica, el método de retiro, las sustancias espermicidas y los métodos de barrera. Asimismo, criticó la práctica del aborto cuando no era realizada por un médico para salvarle la vida a una mujer, así como la existencia de organizaciones de control de la natalidad. Aun así, reconoció que, con frecuencia, las personas no deseaban tener hijos porque no podían mantenerlos económicamente. Por esa razón, y de acuerdo con la doctrina social católica, concluyó que

---

21. Pío XI, *Castii Connubii*, punto 121, CEP.

22. Guevara, Juan Gualberto. «La constitución cristiana de la familia: resumen de una carta pastoral». *Gaceta Eclesiástica (Arzobispado de Arequipa)* 1, 2 (marzo-abril de 1947): 30-31, 31, CEP. Véase, además, «¿Demasiados niños?». *Caretas* 260, 13 (febrero de 1963): 11-14.

23. La posición de Pío XII a favor del método del ritmo para los casados se hizo clara tras su discurso a la Unión Italiana de Obstetrices el 29 de octubre de 1951. Véase Jones, Gavin y Dorothy Nortman. Ob. cit.

reducir el uso de anticonceptivos solo podría lograrse a través de políticas que, con asesoramiento de los médicos, mejorasen los ingresos y la calidad de vida de los pobres.[24]

Para la década de 1950, los actores transnacionales y sus aliados locales ya estaban sentando las bases de lo que serían las campañas de limitación de la población en los países en vías de desarrollo. Los católicos alrededor del mundo se hallaban preocupados por la supuesta excesiva libertad que las nuevas tecnologías anticonceptivas ponían en mano de los individuos, así como por los efectos secundarios de los anticonceptivos. Más claramente para América Latina, los líderes católicos se preocupaban por la posibilidad de que los gobiernos, bajo la presión financiera de agencias extranjeras, usaran su poder para imponerles indiscriminadamente el control de la natalidad a personas que tenían escasas oportunidades de reflexionar sobre lo que eso significaría en sus vidas, es decir, que eran, en su mayoría, pobres.[25]

En respuesta a estas preocupaciones, el papa Juan XXIII estableció una Comisión Pontificia sobre Población, Familia y Natalidad en 1963, mientras que el Concilio Vaticano II estaba en sesión para aconsejar al Papa sobre los efectos de la anticoncepción en la vida de los católicos. El Concilio Vaticano II, una reunión de obispos de todo el mundo, duró de 1962 a 1965. El tema que se trató en esa reunión fue la forma en la que la Iglesia debía encarar las expectativas cambiantes de los católicos, especialmente las que surgían por el mantenimiento y la intensificación de las injusticias sociales. Fue un momento decisivo en el papado de Juan XXIII, que era, en la tradición de la doctrina social católica, ya crítico de la creciente brecha socioeconómica entre las naciones ricas y pobres, la proliferación nuclear y la violación de los derechos humanos.[26]

---

24. Villamón, Froilán. «El derecho de nacer y la conservación de la especie». *Revista Peruana de Obstetricia* 3, 1 (1955): 7.
25. McGregor, Felipe. «Posición de la Iglesia sobre la regulación de los nacimientos». *Tribuna Médica* 2, 92 (6 de junio de 1966): 1, 13, 15.
26. Juan XXIII, *Mater et Magistra* (15 de mayo de 1961); Juan XXIII, *Pacem in Terris* (11 de abril de 1963); Juan XXIII, *Gaudium et Spes* (7 de diciembre de 1965), CEP. Véase,

La membresía original de la Comisión Pontificia sobre Población, Familia y Natalidad estaba restringida a científicos sociales y teólogos, pero en 1965, después de la muerte de Juan XXIII, al nuevo Papa, Pablo VI, le pareció adecuado incluir también a médicos y parejas católicas en la comisión. Los nuevos miembros incluían a Patrick y Patricia Crowley de Chicago, la pareja que presidía el Movimiento Familiar Cristiano (MFC) de Estados Unidos. Para inicios de la década de 1960, el MFC era la organización más grande de parejas casadas católicas en el mundo. De ello se deriva la importancia de la participación de los Crowley, quienes, contrarios a la exigencia de confidencialidad del Vaticano, buscaron activamente las opiniones de otros miembros de la MFC acerca del uso de los métodos de abstinencia periódica de planificación familiar y compartieron los resultados de sus investigaciones con la mencionada comisión. Para algunos miembros de ese grupo, esta fue la primera vez que oyeron lo difícil que era para las parejas católicas la práctica de la abstinencia periódica y lo mucho que estas parejas anhelaban otras alternativas.[27]

A pesar de algunos indicios de que la comisión pontificia respaldaría el uso de los anticonceptivos, la encíclica *De Humanae Vitae* de Pablo VI (1968) reiteró la posición en contra de los métodos de planificación familiar, a la vez que exigía que las parejas solo tuvieran los hijos que podían criar afectuosamente y mantener.[28] Para entender la recepción de esta encíclica en el Perú, debemos referirnos a las bases católicas laicas del país, que ya se hallaban harto comprometidas políticamente. El cumplimiento de la doctrina social católica fue de gran importancia para la Iglesia peruana después de la Segunda Guerra Mundial.[29]

---

además, Wilde, Melissa. *Vatican II: A Sociological Analysis of Religious Change*. Princeton, NJ: Princeton University Press.

27. Marks, Lara. *Sexual Chemistry: History of the Contraceptive Pill*. New Haven, NY: 2001; Kaiser, Robert Blair. *The Encyclical that Never Was: The Story of the Commission on Population, Family, and Birth, 1964-1966*. Londres: Sheed and Ward, 1987.

28. Paulo VI, *Humanae Vitae* (25 de julio de 1968), CEP.

29. Klaiber, Jeffrey. «Prophets and Populists: Liberation Theology, 1968-1988». *The Americas* 46, 1 (1989): 1-15; y, del mismo autor, «The Catholic Lay Movement in Peru».

La desaprobación de los excesos del capitalismo tomó la forma de una opción preferencial por los pobres, articulada de manera conmovedora por Pedro Arrupe, general de la orden jesuita. Esta opción quedó claramente plasmada en la crítica de la teología de la liberación, que adoptó, además, algunos principios de la teoría de la dependencia para afirmar que la pobreza en América Latina estaba relacionada con la expansión capitalista. En tal sentido, esta causaba el subdesarrollo crónico de las naciones periféricas, al mismo tiempo que drenaba sus recursos y capital a favor de las naciones capitalistas ya más ricas.[30]

En marzo de 1968, un grupo de sacerdotes peruanos publicó un informe denunciando la injusticia crónica «que azota la vida del país». En particular, los sacerdotes señalaban el desigual sistema de tenencia de tierras, la baja calidad de la educación, la falta de consideración por los derechos de los trabajadores y «los grandes consorcios imperialistas» que controlaban los recursos naturales del Perú «en condiciones que lesionan el interés y la dignidad de la nación». Su crítica implicaba, además, acción, pues veían «la riqueza doctrinal del Evangelio como una mística revolucionaria capaz de transformaciones audaces, profundamente innovadoras.[31] El informe era importante porque tenía el respaldo del mismo cardenal, Juan Landázuri Ricketts, y de los sacerdotes Enrique Bartra y Luis Bambarén, en esa época obispo auxiliar de Lima. Estos después se involucraron en el programa de planificación familiar de la Iglesia.[32]

Un mes antes, la Conferencia Episcopal Peruana había reconocido que el rápido crecimiento demográfico era un problema social. Los

---

30. Sobre la teología de la liberación, véase Gutiérrez, Gustavo. *Teología de la liberación: perspectivas*. Lima: CEP, 1971; Dussel, Enrique. «A Note on Liberation Theology». En Leslie Bethell (ed.). *Ideas and Ideologies in Twentieth-Century Latin America*. Cambridge: Cambridge University Press, 1996. Sobre la teoría de la dependencia, véase Klaren, Peter y Thomas Bossert. *The Promise of Development: Theories of Change in Latin America*. Boulder, CO: Westview, 1986.
31. «Declaración de sacerdotes peruanos». *Oiga* 265, 6 (marzo de 1968): 17, 33, 34.
32. Griffiths, Harold. «Ya en el Perú se respira el clima posconciliar». *Oiga* 266, 6 (marzo de 1968): 12-13.

obispos afirmaban compartir «la angustia de las familias», cuyos hogares y vidas conyugales estaban en serios problemas por tener muchos hijos. Sin embargo, los obispos también indicaban que los programas de control de la natalidad por sí solos no deberían tomar el lugar de las iniciativas de desarrollo socioeconómico. De hecho, los obispos declararon que el crecimiento demográfico podía ser beneficioso para el país si iba acompañado de una explotación racional de sus recursos naturales y mejoras educativas. Además, los obispos advirtieron sobre la posibilidad de que la ayuda extranjera empezara a depender de la implementación de campañas de limitación de la población. En este sentido, rechazaban cualquier intento de limitar el crecimiento demográfico si este afectaba la habilidad de los padres de tomar decisiones libremente sobre el tamaño de sus familias.[33] El jesuita Enrique Bartra reclamaba claramente «una intensificación de los cambios en las estructuras institucionales, sociales y mentales de la población peruana» para hacer mejor uso de los recursos naturales de la nación.[34]

¿Cómo reaccionó este caldeado ambiente católico peruano a la encíclica *Humanae Vitae*? No resulta sorprendente que varios economistas y demógrafos occidentales, así como las organizaciones de planificación familiar con sede en los Estados Unidos, hayan criticado la encíclica de Pablo VI. Algunos profesionales médicos y periódicos peruanos también expresaron su desacuerdo. El editorial de *Acción* del 7 de agosto de 1968, por ejemplo, acusó al Papa de querer «una sociedad compuesta de familias pobres, horrorizada ante el miedo de una nueva concepción,

---

33. «Declaración del Episcopado Peruano sobre el crecimiento demográfico» (Lima, 27 de enero de 1968), CEP.

34. Bartra, Enrique. «Forum sobre control de la natalidad». *Revista de la Facultad de Farmacia y Bioquímica* 27, 98 (1965): 182-183. Este tipo de declaración daba pie a argumentos como el de McQuillan acerca de la cercanía de los pensamientos católico y marxista respecto del crecimiento demográfico. Para ambos, según este argumento, el crecimiento demográfico era un epifenómemo causado por problemas básicos de desigualdad y mala planificación, que el capitalismo no era, al parecer, capaz de resolver. Véase McQuillan, Kevin. «Common Themes in Catholic and Marxist Thought on Population and Development». *Population and Development Review* 5, 4 (1979): 689-698.

un mundo de miseria y desnutrición». Un psiquiatra advirtió que «limitar las relaciones sexuales a periodos infértiles tendría efectos psicóticos». Resulta interesante que grupos de teólogos chilenos, brasileños y peruanos hicieran declaraciones indicando que, «de hecho, la encíclica podría ser falible» y que «la conciencia personal de la pareja casada era la autoridad máxima en ese asunto».[35] Sin embargo, la mayoría de sacerdotes y teólogos peruanos permaneció callada, al menos en un principio.

La II Conferencia General del Episcopado Latinoamericano se realizó en Medellín, Colombia, en setiembre de 1968. Pablo VI se dirigió a los obispos en la apertura de la conferencia y defendió lo que se había convertido en su encíclica más polémica. El Papa sostuvo que *Humanae Vitae* «no constituye una ciega carrera hacia la superpoblación», ni reducía las responsabilidades de las parejas hacia sus hijos. Además, Pablo VI explicó que la encíclica no prohibía «una honesta y razonable limitación de la natalidad, ni impide las terapéuticas legítimas ni el progreso de las investigaciones científicas».[36] Al final, los obispos de América Latina respaldaron a *Humanae Vitae* y, siguiendo la pauta de los desarrollos doctrinales acumulados desde el siglo XIX, las conclusiones del Concilio Vaticano II y la crítica de la teología de liberación, añadieron una serie de reflexiones. Primero, los obispos reconocieron la transición generalizada en América Latina hacia sociedades cada vez más urbanas en lugar de rurales. Segundo, señalaron cambios en la estructura familiar que dejaban atrás a la familia patriarcal a favor de familias con más intimidad emocional y una distribución más pareja de las responsabilidades entre hombres y mujeres. Tercero, los obispos notaron que el proceso de desarrollo económico había resultado en abundancia material para algunas familias, mayor inseguridad para otras y marginalidad para el resto. Cuarto, aun cuando el crecimiento demográfico no era la única

---

35. Véase Geusau, Leo Alting von. «International Reaction to the Encyclical Humana Vitae». *Studies in Family Planning* 1, 50 (1970): 10 y 11, respectivamente.

36. *Segunda Conferencia General del Episcopado Latinoamericano* (Medellín: Paulinas, setiembre de 1968): 17, CEP.

variable que se debía considerar, los obispos indicaron que tal fenómeno en América Latina empeoraba problemas económicos, sociales y éticos existentes, tales como las bajas tasas de matrimonios, las familias monoparentales, los hijos fuera del matrimonio y la escasez de viviendas.[37]

Ante esta situación, los obispos en Medellín expresaron su solidaridad con las familias abrumadas por el exceso de hijos y exigían reformas educativas para inculcar la idea de la paternidad responsable entre los jóvenes y más compasión hacia las familias que más sufrían. Para los obispos, la situación de pobreza y abandono en la cual muchas familias latinoamericanas vivían constituía un acto de violencia que era inherentemente pecaminoso. Según ellos, las injusticias que debían corregirse en América Latina tenían una dimensión transnacional, relacionada con los términos de comercio exterior que determinaban que las materias primas fueran más baratas que los productos manufacturados. Por esa razón, los productores de materias primas, como la mayoría de países de América Latina, permanecían subordinados a las naciones industrializadas que producían más productos manufacturados. Al mismo tiempo, los obispos acusaron a las compañías extranjeras que operaban en países de América Latina de usar con frecuencia trucos para evitar pagar impuestos y enviar la mayoría de sus dividendos afuera, sin reinvertirlos en la región.[38]

De este modo, para fines de la década de 1960, la Iglesia católica peruana llegó a afirmar que el crecimiento demográfico causaba sufrimiento injusto a muchas familias. Sin embargo, también planteó dos desafíos. A los teóricos modernizadores, quienes creían en el poder de la industrialización para superar las dislocaciones sociales que ocasionaba, la Iglesia les respondió usando la crítica de la teoría de la dependencia: la industrialización empeoraba las desigualdades sociales en

37. Véase el capítulo sobre «Familia» en *Segunda Conferencia General del Episcopado Latinoamericano* (Medellín: Paulinas, setiembre de 1968), CEP.

38. *Segunda Conferencia General del Episcopado Latinoamericano* (Medellín: Paulinas, setiembre de 1968): 41-47, CEP.

lugar de disminuirlas. A los promotores de la limitación de la población, les advirtió que dichas campañas amenazaban con pisotear el derecho de las parejas a tomar libres decisiones sobre su fertilidad. Estos puntos de vista eran notablemente coherentes con aquellos de la élite política que tomó el poder por la fuerza en 1968. Pero ¿cómo podría esta convergencia traducirse en acciones por parte de la Iglesia?

El doctor Kerrins y su misión en el Perú

El doctor Joseph Kerrins fue, en gran medida, el responsable de la primera etapa del programa de planificación familiar de la Iglesia católica peruana. Nacido en 1928, Kerrins había sido un católico de Nueva Inglaterra, en el noreste de los Estados Unidos, toda su vida. Estudió en el Providence College, dirigido por la orden dominica y, después de servir en la Guardia Costera, se inscribió en la Escuela de Medicina de la Universidad de Tufts, de la que se graduó en 1954. Para inicios de la década de 1960, Kerrins y su esposa, Helen, participaban activamente en organizaciones como el Movimiento Familiar Cristiano y la Liga Antidifamación. Además, Kerrins fundó el Family Life Clinic and Marriage Institute para enseñarles el método del ritmo a parejas católicas en Attleboro, Massachusetts, donde era jefe de Obstetricia y Ginecología en el Sturdy Memorial Hospital.[39]

Aunque consciente de que el trabajo misionero implicaría abandonar su lucrativo puesto, Kerrins vio cada vez más dicho activismo como una extensión de su trabajo voluntario. En 1966 se contactó con la Asociación para el Desarrollo Internacional (AID, por sus siglas en inglés), una organización católica de caridad con base en Patterson, Nueva Jersey. Desde su fundación a inicios de la década de 1960, AID-Patterson se había especializado en apoyar a profesionales católicos que buscaban trabajar como voluntarios en países en vías de desarrollo.

---

39. «Their Choice: "Ring of Misery"». *The Attleboro Sun* (14 de enero de 1967): 6, KP; entrevista con Joseph Kerrins (San Petersburgo, Florida, 3 de marzo de 2005).

En ese sentido, tenía cuatro funciones principales: (a) dirigía sesiones de formación para que los voluntarios pudieran aprender sobre los retos de vivir y trabajar en el extranjero; (b) ayudaba a recaudar fondos para pagar los gastos de subsistencia de los voluntarios; (c) proveía a los voluntarios con una red de colaboradores quienes podían ayudarlos mientras se instalaban; y (d) coordinaba con las autoridades católicas en las comunidades donde los voluntarios trabajarían. Los voluntarios de AID-Patterson habían radicado en la India, así como en varios países de África y América Latina.[40] El perfil de un voluntario de la AID-Patterson era el de un hombre de entre 21 y 45 años, dispuesto a trabajar en cualquier lugar del mundo «para el cumplimiento del plan de Dios de la sociedad humana».[41]

Los católicos de los Estados Unidos habían empezado a organizar cuerpos de voluntarios para servir en el extranjero después de la demanda del papa Juan XXIII de voluntarios laicos para iglesias de países pobres. Para los voluntarios de los Estados Unidos, esta no solo era una oportunidad para mitigar una gran escasez de sacerdotes, sino también una oportunidad «para ayudar a combatir la amenaza comunista» a través de buenas obras que les harían ganar nuevos aliados.[42] Su entusiasmo era asombroso; y su actitud paternalista, intensa. Tal como George Wolf, del Consejo Nacional Católico de los Estados Unidos, lo planteó:

> [...] si me preguntas cómo serán recibidos estos jóvenes americanos, yo diría, ¿a quién le importa? [...] Lo importante es que Cristo nos quiere a todos en estos lugares. [...] Los americanos no pueden demostrar su amor por estas personas a través de nuestro Departamento de Estado local, a través de nuestros dólares, nuestras películas de horror, sexo, etc. Sólo

---

40. Dodge, Lary. *Becoming Global Citizens*. Cumberland, WI: Forum Publications, 2003.

41. Series 4, subseries 4.2, caja 186, carpeta 4, brochure de AID, noviembre de 1963, NCWC.

42. Series 5, subseries 5.2, caja 194, carpeta 30, Len Peterson, «Papal Volunteers for Latin America», *IFNAID* 3, 1 (mayo-junio de 1961), NCWC.

podemos hacerlo en la forma en que un padre lo hace por su hijo —a través del contacto personal, sufrimiento, alegría y demás.[43]

Parte de la razón de la convergencia entre el anticomunismo y el activismo de los católicos laicos de los Estados Unidos recaía en la Guerra Fría. El pedido de voluntarios del papa Juan XXIII coincidió con la creación de la Alianza para el Progreso de John F. Kennedy en 1961. Esta no solo excluyó a Cuba, recientemente alineada con los soviéticos, sino que también estableció que las agencias de voluntarios católicos de los Estados Unidos dirigieran parte de la ayuda de ese país hacia América Latina. El Consejo Nacional Católico de los Estados Unidos se convirtió en una de las más grandes organizaciones de ayuda humanitaria de dicho país cuando Kennedy determinó que la Administración de Cooperación Internacional de los Estados Unidos usara los servicios de agencias de voluntarios para llevar a cabo los programas de ayuda extranjera.[44] De este modo, para los voluntarios de los Estados Unidos, el pedido del Papa de ayudar a las iglesias en el llamado «Tercer Mundo» se alineaba con la demanda de su país de alejar a los pobres del comunismo. Tal como lo planteó Gerald Mische, cofundador y director adjunto de AID-Patterson, «el cristianismo debe proponer un solución positiva a los problemas socioeconómicos de las personas en América Latina o la Iglesia será dejada de lado».[45]

Aunque las autoridades católicas locales tenían ideas acerca de cómo usar los talentos de los voluntarios de AID-Patterson, los capaces, motivados y entusiastas voluntarios empezaron pronto a irritarse al operar bajo el control de las autoridades católicas latinoamericanas.

---

43. Series 5, subseries 5.2, caja 194, carpeta 30, George Wolf, «The Peace Corps», *IFNAID* 3, 1 (mayo-junio de 1961), NCWC.

44. Series 5, subseries 5.2, caja 194, carpeta 30, NCWC News Service, «Relief Expert Notes Call for Cooperation between Private Groups and Government in Foreign Aid Law» (9 de noviembre de 1961), NCWC.

45. Series 5, subseries 5.2, caja 194, carpeta 30, NCWC News Service (Domestic), «Laymen Must Work to Promote Solutions to Latin Social Ills» (27 de noviembre de 1961), NCWC.

Los voluntarios no querían «ser sólo ayudantes de algún sacerdote».[46] Como resultado, AID-Patterson alentó cada vez más a sus voluntarios a buscar proyectos que se adaptaran mejor a sus disposiciones y habilidades antes de comprometerse. Para ayudar con esto, AID-Patterson empezó a financiar un programa de entrenamiento en la Seton Hall University en 1962.[47] Aquí, potenciales voluntarios aprendían sobre las culturas no-occidentales, sus idiomas y sus sociedades, gracias a personajes como la antropóloga Margaret Mead.[48] Cuando el doctor Joseph Kerrins y su familia se mudaron a Lima, recibieron ayuda de Sal Piazza, un voluntario de la AID-Patterson que estaba trabajando en Lima para el Instituto Americano para el Desarrollo del Sindicalismo Libre, la rama internacional de la AFL-CIO, que promovía la formación de sindicatos no-socialistas.[49]

Fue a través de AID-Patterson que Kerrins conoció al padre John Coss, un sacerdote católico de la orden de los Hijos de María. Estos últimos llegaron al Perú por primera vez en abril de 1961, también en respuesta a la necesidad de «combatir el comunismo generalizado de esa época».[50] El cardenal peruano Juan Landázuri pidió a los Hijos de María que se hicieran cargo de la parroquia de Santa Magdalena Sofía Barat en El Agustino. Coss fue nombrado párroco en octubre de 1965 y visitó los Estados Unidos en el verano de 1966, cuando tuvo ocasión de conocer a Kerrins.

Durante un viaje preliminar al Perú en ese mismo año, Kerrins conoció al hermano Francisco Tanega, un médico filipino y sacerdote

46. Series 4, subseries 4.2, caja 186, carpeta 3, Gerald Mische (AID) al reverendo John Considine, MM, Latin American Bureau, NCWC, 11 de marzo de 1962, NCWC.

47. Series 4, subseries 4.2, caja 186, carpeta 3, James Lamb, director de AID, al reverendo John Considine, MM, Latin American Bureau, NCWC, 14 de marzo de 1962, NCWC. Véase, además, entrevista telefónica con James Dette (Montreal, 30 de mayo de 2006).

48. Series 4, subseries 4.2, caja 186, carpeta 4, James Lamb, director de AID, a sus afiliados, agosto de 1963, NCWC.

49. Entrevista telefónica con Sal Piazza (Montreal, 17 de junio de 2006).

50. Carta de John Coss al autor (29 de noviembre de 2006).

miembro de los Hijos de María. Tanega dirigió clínicas en diversos distritos pobres de Lima entre 1961 y 1969. Hablando de las pacientes de esas clínicas, Kerrins mencionó que «parecía no haber ninguna duda en sus mentes de que querían que las ayudara a tener menos hijos».[51] El hermano Tanega, los padres John Coss y Roger Reedy (otro Hijo de María), y Joseph Kerrins diseñaron un programa que permitiría la planificación familiar respetando la doctrina católica. La píldora anticonceptiva se perfilaba como una opción ideal en ese momento, por su efectividad, por no ser un método de barrera y por estar considerada por la Comisión Pontificia sobre Población, Familia y Natalidad como posiblemente aceptable para ser usada por los matrimonios católicos.[52]

La píldora anticonceptiva no formaba una barrera física entre el semen y el óvulo, tal como lo hacían otros métodos anticonceptivos (entre los que se pueden incluir los condones, las jaleas y espumas espermicidas, los capuchones cervicales y los diafragmas). Más bien, las hormonas en la píldora interrumpían la maduración de los óvulos en los ovarios. Esta no era la única característica química notable de la píldora. Algunos médicos católicos usaban los anticonceptivos orales para hacer que los ciclos de ovulación fueran más predecibles entre las mujeres que querían usar el método del ritmo. Estos médicos creían que un periodo infértil espontáneo en una mujer era similar a un periodo infértil provocado por la píldora, porque ambos eran ocasionados por fluctuaciones hormonales. En su opinión, la única diferencia clínica y moral era la mayor duración y más alta previsibilidad del periodo infértil provocado por la píldora.[53] Kerrins mismo había usado la píldora Ovulen de la farmacéutica G. D. Searle en su consultorio privado con este objetivo desde 1965.[54]

---

51. Joseph Kerrins al cardenal Juan Landázuri (Lima, 28 de diciembre de 1967), KP.
52. Correo electrónico de Francisco Tanega al autor, 17 de abril de 2006.
53. Rock, John. *The Time Has Come: A Catholic Doctor's Proposals to End the Battle over Birth Control*. Londres: Longmans, 1963; OMS. «Clinical Aspects of Oral Gestogens». Informe técnico 326 (1966).
54. Joseph Kerrins al cardenal Juan Landázuri, Lima, 28 de diciembre de 1967, KP.

Más importante aún, siguiendo la tradición católica que ponía ante todo la integridad de la familia, Kerrins y los Hijos de María deseaban que el objetivo primordial del programa fuera mejorar los matrimonios y formar mejores familias católicas, y no creían que los anticonceptivos, por sí solos, fueran capaces de conseguir esto. Fue así que elaboraron un componente educativo para el programa. Como miembros del Movimiento Familiar Cristiano de Massachusetts, Joseph y Helen Kerrins habían realizado seminarios para ayudar a las parejas casadas a reflexionar sobre su amor conyugal, su sexualidad, su comunicación y su relación con sus hijos. Los seminarios consistían de once sesiones sobre estos diversos temas, y los Kerrins sugirieron usar el currículo de su seminario como punto de partida para el programa educativo.[55]

El padre Coss y el hermano Tanega presentaron una propuesta al cardenal Juan Landázuri, perfilando los componentes clínicos y educativos del programa y enfatizando que las píldoras (denominadas «anovulatorios» en lugar de «anticonceptivos») se suministrarían solo por un periodo de entre 18 y 24 meses como máximo. Este periodo se basaba en las observaciones que el hermano Tanega había hecho sobre la duración de la lactancia entre las mujeres urbanas de bajos recursos a quienes conocía y en la creencia de que las mujeres debían dedicarse por completo a sus hijos durante el periodo de lactancia. El corolario de esta creencia fue que era moralmente válido prevenir un nuevo embarazo durante el periodo de lactancia. El cardenal Landázuri otorgó su permiso para que el programa operara en El Agustino, aunque al principio lo calificó como experimental.[56]

Los meses previos a la partida de los Kerrins generaron una gran cantidad de dolores de cabeza para ellos. Al mismo tiempo, su disposición para ayudar a los pobres y sacrificar las comodidades de su vida normal atrajo el interés de la prensa local. El diario *The Attleboro Sun*

55. Kerrins, Joseph y Helen Kerrins, «"Responsible Parenthood Program in the Barriadas of Lima", Report to the Association for International Development» (abril-diciembre de 1967), KP.

56. Correo electrónico de Francisco Tanega al autor, 17 de abril de 2006.

Figura 6: Joe y Helen Kerrins con sus diez hijos, abordando su avión a Lima en febrero de 1967. Cortesía del doctor Joseph y la señora Helen Kerrins.

designó reporteros para cubrir la vida de los Kerrins y sus diez hijos en el Perú.[57] En setiembre de 1966, hicieron un viaje preliminar a Lima y ratificaron su compromiso de pasar dieciocho meses trabajando entre los habitantes pobres de las «barriadas» en la ciudad.[58]

La migración de las zonas rurales a las urbanas se había acelerado a través de América Latina desde la década de 1930. Sin embargo, los nuevos migrantes a Lima a menudo tenían que lidiar con costos de viviendas que estaban fuera de su alcance, además de la escasez de

57. Murphy, Yolande. «Humanitarian Obligation in Peru». *The Attleboro Sun* (8 de setiembre de 1967): 3; y, de la misma reportera, «What he Witnessed is Beyond Imagination». *The Attleboro Sun* (9 de marzo de 1968): 3.

58. McIntire, William J., M. M., «Responsible Parenthood in Lima». *America* 118 (octubre de 1968): 380-382, KP.

vivienda en general. Incluso para los residentes de la ciudad, las condiciones de vida se habían deteriorado para casi todos excepto para los ricos, y los inquilinos pobres rara vez lograban hacer que los dueños y las autoridades hicieran algo para solucionar los crecientes problemas de acumulación de basura, delincuencia y mal funcionamiento de los servicios municipales (agua, alcantarillado y electricidad). La decisión de dónde establecerse, para los nuevos migrantes, o de dónde reestablecerse, para los citadinos hartos, no era fácil. Habilidades de estrategia y liderazgo eran necesarias para encontrar espacios urbanos disponibles, negociar con sus dueños antes o después de ocupar el espacio, y presionar a la ciudad para ofrecer servicios municipales en los nuevos espacios colonizados.[59] El aspecto de estas comunidades en formación durante la década de 1960, conocidas entonces y aún como «barriadas» o «pueblos jóvenes», era, en la superficie, uno de caos generalizado, agravado por la pobreza. El Agustino era uno de esos pueblos jóvenes.[60]

Las reacciones de Joe Kerrins frente a la vida en El Agustino variaron mucho, entre la molestia por las «hordas de niños sucios y flacos en harapos» que lo seguían cuando trabajaba y el optimismo después de sus primeros éxitos: «Estoy abrumado. Los pobres en la barriada de El Agustino parecen muy ansiosos de hacer algo para tratar de limitar el tamaño de sus familias».[61] La reacción más destacada de Kerrins fue su crítica de las desigualdades económicas dentro del Perú y entre el Perú y los Estados Unidos:

---

59. Sánchez, Abelardo et ál. *Tugurización en Lima metropolitana*. Lima: DESCO, 1979; Dietz, Henry. *Poverty and Problem-Solving under Military Rule: The Urban Poor in Lima, Peru*. Austin, TX: University of Texas Press, 1980; Golte, Jürgen y Norma Adams. *Los caballos de Troya de los invasores: estrategias campesinas en la conquista de la Gran Lima*. Lima: IEP, 1990.

60. Roy, Krishna. «Aspectos saltantes del estudio de fecundidad en El Agustino». *Estudios de Población y Desarrollo* 3, 4 (1969): 1-8.

61. Joseph Kerrins a Gene y Joanne, 9 de junio de 1967; y Joseph Kerrins, 16 de abril de 1967, KP.

> Si tu vecino tiene una abundancia de pan y tú no tienes nada, tú tienes derecho a tener un poco del suyo. [...] En todos lados vemos perros, paredes y ventanas enrejadas para prevenir que los pobres tomen las posesiones de los ricos. Uno se pregunta qué harán los pobres, no sólo en el Perú sino también en el mundo, cuando finalmente se enteren de todo lo que tenemos en Estados Unidos. ¿Seremos capaces de construir paredes suficientemente altas y rejas suficientemente fuertes para nuestras ventanas, y de entrenar suficientemente bien a nuestros perros?[62]

Kerrins firmaba sus cartas a sus amigos en los Estados Unidos con un «tuyo en una oración de acción» y se puso a trabajar. [63] El Comité de Reglas de la Facultad de Medicina de San Marcos le dio un permiso temporal para ayudar con el trabajo sanitario, las postas de salud, las clínicas de nutrición «y otros problemas» que afectaban directamente a los habitantes de El Agustino.[64] Del mismo modo, Kerrins llevó una carta de presentación del obispo de Fall River, Massachusetts.[65] De manera significativa, Kerrins no tenía el apoyo oficial del gobierno de los Estados Unidos, aun cuando este ya estaba financiando las clínicas de planificación familiar del gobierno peruano, tal como vimos en el capítulo anterior. De hecho, Jonathan Fine, jefe de Recursos Humanos de la USAID en el Perú, le advirtió a Kerrins que, «aunque puede ser muy tarde para reconsiderar sus planes de venir al Perú», esperaba que se diera cuenta «de lo políticamente delicados que eran los programas de planificación familiar, y lo peligroso que era para ciudadanos americanos quedar abiertamente identificados con dicho trabajo». Fine le pidió a Kerrins mantenerse en contacto cercano, ya que la prensa peruana habitualmente «malinterpretaba los motivos de aquellos trabajando en este campo y alimentaba el falso espectro del "imperialismo yanqui"».[66]

---

62. Joseph Kerrins, 18 de febrero de 1967, KP.
63. Joseph Kerrins a Gene y Joanne, 9 de junio de 1967, KP.
64. Decano J. Campos Rey de Castro, Facultad de Medicina de la Universidad Nacional Mayor de San Marcos, a Joseph Kerrins, Lima, 2 de diciembre de 1966. KP.
65. James Connolly, obispo de Fall River, a Joseph Kerrins, 6 de enero de 1967, KP.
66. Jonathan Fine, M. D., funcionario de Desarrollo de Recursos Humanos, USAID, a Joseph Kerrins, Lima, 25 de enero de 1967, KP.

En un día cualquiera, Kerrins recogía a sus asistentes y después se dirigía a su clínica. Instalaba su equipo en una sala de la parroquia, usando un área privada como la sala de exámenes y un escritorio para recibir a sus pacientes. La clínica ofrecía una variedad de servicios de ginecología, entre los que se incluían exámenes de cáncer cervical y tuberculosis, además de la píldora. Una trabajadora social anotaba el nombre de cada mujer, su dirección, el número de sus embarazos, el número de sus hijos vivos y muertos, su edad y la razón de su visita. Después, Kerrins le tomaba su historia médica y le hacía un examen clínico. Si la paciente quería usar la píldora, Kerrins le enseñaba cómo tomarla y le explicaba sus posibles efectos secundarios. La trabajadora social le repetía las instrucciones a la mujer antes de darle el suministro del primer mes. Si la mujer estaba lactando, la trabajadora social también le daba un suplemento de minerales y vitaminas. Después, la usuaria hacía una cita de seguimiento para la semana siguiente. Finalmente, la trabajadora social le daba a la usuaria un formulario de consentimiento que el esposo estaba obligado a firmar y que la usuaria debía traer en su próxima cita. Kerrins estimó que el primer equipo de voluntarios vio un promedio de cuarenta mujeres que buscaban la píldora diariamente. Su trabajo tomaba cerca de cinco horas, que incluían el tiempo de traslado.[67]

Pronto, sacerdotes de otras parroquias empezaron a acercarse a Kerrins y a los Hijos de María para pedir que clínicas similares se instalaran en sus parroquias. Para junio de 1967 habían cuatro clínicas más en pueblos jóvenes: una en Dos de Mayo, otra en El Montón y dos en Comas. Las primeras en adoptar la innovación fueron las parroquias dirigidas por sacerdotes extranjeros, especialmente aquellos que pertenecían a las órdenes misioneras de los oblatos, de los columbanos y

67. Joseph Kerrins, «"A Responsible Parenthood Program in the Barriadas of Lima", Report to the Association for International Development (agosto de 1968)», KP. Véase, además, la entrevista con Joseph Kerrins (San Petersburgo, Florida, 3 de marzo de 2005).

de San Jaime.[68] La carga de trabajo se volvió demasiado pesada para un grupo de voluntarios, y Kerrins solicitó y recibió una subvención de 5.000 dólares del Centro de Estudios de Población y Desarrollo (CEPD) para contratar dos trabajadoras sociales y una enfermera para que lo ayudaran. El mismo Kerrins no se benefició de esa subvención. AID-Patterson le pagó una pensión durante su tiempo en el Perú. Para agosto, algunas de las clínicas eran tan populares que tuvieron que abrir dos veces a la semana, y Kerrins recibió una subvención de 6.000 dólares del Pathfinder Fund.[69]

Para 1965 la píldora se había convertido en un medicamento muy rentable en los Estados Unidos, para beneplácito de su creador, G.D. Searle.[70] No es sorprendente, pues, que otras compañías farmacéuticas intentaran sacar al mercado su propia píldora anticonceptiva. Warner-Lambert era una de ellas y tenía un producto que necesitaba ser probado en humanos. Esta píldora era una combinación de quinestrol, un estrógeno que se almacenaba y liberaba progresivamente del tejido graso y que, como resultado, tenía un efecto de larga duración, y acetato de quingestanol, un progestágeno. La novedad de la fórmula consistía en el hecho de que debía ser tomada solo una vez al mes para surtir un efecto anticonceptivo.[71] La sustancia, conocida como «Q1-Q2», se probó al mismo tiempo en México, Chile y Perú, y sus promotores la promocionaron como una solución al problema del rápido crecimiento demográfico en el Tercer Mundo.[72] Warner-Lambert se acercó a Kerrins

---

68. La lista de parroquias y personas encargadas de ellas se encuentra en el Secretariado del Episcopado Nacional del Perú, *Anuario Eclesiástico del Perú*, 1969, CEP.

69. Kerrins, Joseph. «A Responsible Parenthood Program», KP.

70. Tone, Andrea. *Devices and Desires: A History of Contraceptives in America*. Nueva York, NY: Hill and Wang, 2001, p. 233.

71. Odell, W. D. y M. E. Molitch. «The Pharmacology of Contraceptive Agents». *Annual Review of Pharmacology* 14 (1974): 413-434.

72. Maqueo-Topete, Manuel et ál. «A Pill-a-Month Contraceptive». *Fertility and Sterility* 20, 6 (1969): 884-891; Rubio Lotvin, Boris y Edel Berman. «Once-a-Month Oral Contraceptive: Quinestrol and Quingestanol». *Obstetrics and Gynecology* 35, 6 (1970): 933-936; Guiloff, Enrique et ál. «Clinical Study of a Once-a-Month

en agosto de 1967, durante el periodo de más rápida expansión del programa y, por lo tanto, el de mayor necesidad financiera, y le ofreció una subvención de 10.000 dólares, además del medicamento en sí, sin costo alguno, a cambio de un informe sobre su aceptabilidad entre los pobres urbanos. Kerrins aceptó.[73]

Aceptar la ayuda de Warner-Lambert terminó costándole mucho a Kerrins. Su uso de métodos diferentes de la abstinencia periódica ya había generado suspicacia entre los miembros del movimiento católico laico del Perú. La oferta de Warner-Lambert convirtió a esos escépticos en enemigos. Para ellos, Kerrins no era un voluntario católico con buenas intenciones, sino un empleado de una corporación estadounidense que ganaba dinero previniendo el nacimiento de peruanos.[74] Irónicamente, estas críticas venían principalmente del Movimiento Familiar Cristiano del Perú (MFC-Perú), que había sido uno de los aliados más cercanos de Kerrins cuando empezó el componente educativo del programa en agosto de 1967. Tal como en Estados Unidos, el MFC-Perú estaba principalmente compuesto de parejas casadas católicas de clase media, quienes promovían no solo el activismo social sino también la reflexión sobre la vida matrimonial y el mantenimiento de los roles de género tradicionales, con los hombres en el ámbito público y las mujeres en el doméstico.[75] Aun así, algunas parejas del MFC-Perú quedaron persuadidas por los argumentos de Kerrins y por el apoyo que la jerarquía católica le dio a este programa. Estas parejas fueron las que tradujeron el currículo de los Kerrins del inglés al español. Después de tomar el curso ellas mismas, estas parejas empezaron a llevar cabo los

---

Oral Contraceptive: Quinestrol-Quingestanol». *Fertility and Sterility* 21, 2 (1970): 110-118.

73. Kerrins, Joseph y Helen Kerrins. Ob. cit., KP.

74. Federico y Laura Hurtado, presidentes del Equipo Arquidiocesano del Movimiento Familiar Cristiano del Perú, al cardenal Juan Landázuri, Lima, 9 de mayo de 1974, MFC.

75. Zarama, Francisco y Consuelo Zarama (eds.). *Este es el MFC: Décima Reunión de la Asamblea General del Movimiento Familiar Cristiano en América Latina* (Panamá, 1979), MFC.

seminarios sobre el amor conyugal y la paternidad responsable en parroquias de pueblos jóvenes. Su experiencia enseñando sobre el amor conyugal en medios de miseria material y violencia fue tanto desafiante como inspiradora; algunos se hicieron amigos de las parejas que conocieron en los seminarios y de los sacerdotes que los organizaron.[76]

A fines de 1967 el programa enfrentó una crisis. Esta giró en torno a si el cardenal Landázuri había dado el consentimiento necesario para abrir clínicas adicionales aparte de la experimental en El Agustino. Durante el transcurso de la controversia, se hizo conocido que Kerrins estaba recibiendo financiación de Warner-Lambert. «¡El Cardenal explotó!!!» escribió Kerrins.[77] Convencido de que Landázuri era «muy nacionalista y anti-gringo», Kerrins se apresuró en asegurarle que nunca había sido su intención ofender a la Iglesia.[78] Kerrins también enfatizó la importancia de sus iniciativas educativas y ofreció cerrar todas las clínicas para apaciguar al cardenal.[79] Dominando su irritación por el escándalo, Landázuri le encargó a Enrique Bartra, un teólogo jesuita, evaluar la idoneidad moral del programa para decidir si eliminar gradualmente las clínicas o no. Para inicios de 1968, con Bartra designado como el representante del cardenal para administrar el programa, la crisis había pasado. Para entonces, aproximadamente 699 mujeres estaban tomando anticonceptivos orales en ocho clínicas en parroquias y para junio de 1968, cuando Kerrins se marchó, el número había crecido a 1.200.[80]

Kerrins había regresado hacía poco a los Estados Unidos cuando se publicó *Humanae Vitae*. Sorprendido por la noticia, llamó la decisión del Papa «una imposición injusta» y sostuvo que «la sociedad en la cual los peruanos viven —sin educación, sin cultura, sumidos en la

---

76. Entrevista con Consuelo Castillo (Lima, 22 de junio de 2006).

77. Joseph Kerrins a John y Pat, 6 de enero de 1968, KP.

78. Joseph Kerrins a padre G, 13 de febrero de 1968, KP.

79. Joseph Kerrins al cardenal Juan Landázuri, Lima, 28 de diciembre de 1967, KP.

80. Kerrins, Joseph y Helen Kerrins. Ob. cit.; véase, además, Joseph Kerrins, 9 de junio de 1968, KP.

pobreza— no había alcanzado un nivel de cristianismo en el cual se podía esperar que cumplieran con un decreto que empeoraría el principal problema que tenían, y que recién habían empezado a combatir».[81] Sin embargo, Kerrins había subestimado lo comprometidos que estaban los jerarcas de más alto rango de la Iglesia católica peruana con este programa.

Después de *Humanae Vitae*

El cardenal Landázuri era consciente del aumento del número de clínicas de planificación familiar en Lima, financiadas por iniciativas tanto públicas como privadas. A diferencia de las otras, las clínicas en las parroquias estaban dedicadas a la difusión de los valores católicos a través de un programa educativo. Además, como se indicó anteriormente, había un importante sector de la jerarquía católica que creía en el derecho que tenían las parejas de determinar cuántos hijos debían tener. Este sector apoyaba la continuidad del programa e incluía al obispo auxiliar de Lima, Luis Bambarén; al obispo de la provincia del Callao, Augusto Durand; y a los jesuitas Enrique Bartra y Juan Julio Wicht.

Para consolidar el programa en los pueblos jóvenes donde ya venía funcionando, el cardenal entregó su administración al Movimiento Familiar Cristiano del Perú, que, a su vez, dividió al programa en dos ramas: la clínica y la educativa. Mientras que la última se mantuvo firmemente en control del MFC-Perú, la primera empezó a ser manejada por profesionales médicos contratados. Con su nueva estructura, el programa ganó la aprobación del Organismo Nacional de Desarrollo de Pueblos Jóvenes (ONDEPJOV). Se trataba de una agencia creada por el general Juan Velasco Alvarado en diciembre de 1968 para coordinar políticas sociales que atendieran a los habitantes de pueblos jóvenes y para movilizar el apoyo hacia el régimen entre ellos. El ONDEPJOV

---

81. «Gynecologist Hopeful Encyclical Won't Disrupt Family Planning». *Attleboro Sun* (3 de agosto de 1968): 1, KP.

incluso recomendó que la política del gobierno sobre la planificación familiar tomase como modelo el programa de la Iglesia católica, una recomendación que Velasco no siguió.[82]

A pesar de los cambios, el programa de la Iglesia católica mantenía como objetivos «fortalecer la comunidad conyugal y familiar en orden a su incorporación activa como célula miembro del pueblo de Dios»; aliviar «la angustia de numerosas familias causada por el desequilibrio reinante entre el crecimiento demográfico y el desarrollo integral de nuestro país»; así como «desarrollar en las familias el concepto de la paternidad responsable». Sin embargo, en clara alusión al escándalo del Q1-Q2, el programa también tenía como objetivo suministrar «píldoras que hayan pasado todas las pruebas experimentales con respecto a su uso y que se encuentren autorizadas por las autoridades de sanidad del Perú».[83]

Dada la popularidad en aumento de las clínicas, los líderes del programa trataron de reclutar más parejas del MFC-Perú para enseñar el currículo educativo en los pueblos jóvenes. Esto no fue fácil. Algunos líderes del MFC-Perú se habían vuelto opuestos al uso de anticonceptivos orales después de *Humanae Vitae* y criticaron el financiamiento extranjero que el programa recibía. Según su opinión, el proyecto había «ayudado a la USAID a entrar nuevamente al país y empezar a realizar actividades de control de natalidad por razones políticas de una manera peligrosa. Ellos incluso son capaces de continuar el apoyo al Plan Educativo para lograr ese objetivo».[84] Los críticos tenían razón sobre las fuentes de financiamiento. La mayor parte de este entre 1969 y 1970 (1,4 millones de soles) venía del CEPD, que distribuía donaciones de la

---

82. «Recomendaciones del Organismo Nacional de Desarrollo de Pueblos Jóvenes» (Lima, 8 de abril de 1969), MFC.

83. Cancino Izaguirre, Helí; Guillermo Tagliabue, Oscar Castillo y Armando Tovar. «Promoción conyugal, familiar y de Investigación del MFC en barrios marginales (junio de 1968)», KP.

84. Reunión del equipo central arquidiocesano del MFC, Lima, 14 de enero de 1970, MFC.

USAID. Otros 16.000 dólares provinieron de una donación del Pathfinder Fund.[85]

Para principios de 1970, el director del programa educativo, Pedro Pazos, estimó que el programa médico tenía aproximadamente 2.500 usuarios y creía que esta cifra crecería a 3.300 usuarios en seis meses. Según su opinión, el programa necesitaba 111 nuevas parejas del MFC-Perú para educar a los pobladores de pueblos jóvenes, pero solo 26 parejas habían completado el curso hasta ese momento. De esas parejas, solo nueve trabajaban activamente en pueblos jóvenes.[86] Los pedidos de Pazos para lograr una mayor participación por parte de las parejas del MFC-Perú fracasaron. Esta indecisión llevó a Pazos a buscar más autonomía administrativa. Como resultado, dos nuevas organizaciones surgieron entre los años 1970 y 1971. El Programa de Apoyo Laico Familiar (PALF) se encargó de las operaciones clínicas, mientras que el Centro de Capacitación y Promoción Familiar (CCPF) quedaba a cargo de los cursos sobre paternidad responsable y la formación de parejas líderes en pueblos jóvenes. Para agosto de 1970, el programa clínico tenía más de 4.000 usuarias de la píldora en catorce clínicas en parroquias de Lima, Callao, Huacho, Ica, Áncash y Tacna. Empleaba a doce ginecólogos, un psicólogo y algunas asistentes de enfermería. Mientras tanto, el programa educativo había inscrito a no más de 1.000 personas para completar el currículo.[87] Para junio de 1973, había diecinueve clínicas en parroquias y más de 5.500 usuarias de la píldora.[88] El PALF aseguró a sus patrocinadores de los Estados Unidos que en un año ellos podrían tener 4.480 usuarias más, siempre y cuando su presupuesto se incrementara a 5,1 millones de soles. Respaldando el pedido de PALF,

---

85. Pedro y Magdalena Pazos Gamio, directores, a Juan y Renata Idoña, presidentes arquidiocesanos, MFC, Lima, 18 de febrero de 1970, MFC.

86. Pedro y Magdalena Pazos Gamio, a Armando y Nelly Tovar, presidentes arquidiocesanos, MFC, Lima, 5 de enero de 1970, MFC.

87. Pazos, Pedro et ál. «Programas de orientación cristiana en relación con la regulación de la natalidad en el Perú». *Ginecología y Obstetricia* 16, 2 (1970): 153-168.

88. PPFAII, caja 83, carpeta 22, memorándum de Harold Crow a John Robbins, Planned Parenthood Federation of America, 12 de octubre de 1973, PPFA.

Harold Crow, funcionario de la Asistencia Internacional en Planificación Familiar, le dijo al jefe de la División de Planificación Familiar de la USAID que «en el contexto peruano, el programa de PALF siempre me ha impresionado».[89]

El padre Enrique Bartra, el consejero jesuita del PALF, pasó de criticar cautelosamente el programa a enriquecer la justificación teológica para la provisión de anticonceptivos orales hasta por 24 meses. Empezó declarando que los ciclos menstruales de las mujeres se interrumpían después de dar a luz y que mantener o incluso inducir este «periodo natural de descanso de los ovarios» estaba moralmente justificado debido a la existencia de fuertes lazos biológicos, psicológicos y espirituales entre la madre y el hijo durante el embarazo, los que continuaban durante el periodo de lactancia. Bartra consideraba estos lazos «esenciales para la formación del ser humano» y afirmó que podrían verse afectados por la llegada repentina de otro bebé. Bartra también argumentó que la duración del periodo de lactancia no podía precisarse porque era un fenómeno determinado no solo por la biología sino también por la cultura. En todo caso, la madre lactante tenía, en su opinión, derecho al descanso ovárico durante todo ese periodo, sin importar su duración.[90] Incluso si una mujer que hubiera dado a luz recientemente no daba de lactar, Bartra continuaba, ella también tenía derecho al reposo ovárico, aunque en ese caso era necesario establecer límites para ese periodo.

Para estimar un límite, Bartra citó crónicas de la época colonial del Perú, la Biblia, una encuesta realizada por el PALF en un pueblo joven e incluso el Corán, y sugirió que, en el Perú, el periodo de descanso normal duraba entre 18 y 24 meses, la misma duración que Kerrins y los Hijos de María habían usado como referencia. Bartra también observó que a muchas mujeres de pueblos jóvenes les gustaría dar de lactar, aunque fuera solo para no tener que comprar leche en fórmula, pero no

---

89. PPFAII, caja 83, carpeta 22, Harold Crow a Jake Harshbarger, División de Servicios de Planificación Familiar, Oficina de Población, USAID, 13 de agosto de 1973, PPFA.

90. Bartra, Enrique. «Fundamentación moral del tratamiento anovulatorio después del parto». *Revista Teológica Limense* 7, 3 (1973): 426, 427.

podían hacerlo debido a su mala salud, resultado de su desnutrición y empeorada por la falta de higiene y por haber dado a luz muchas veces en condiciones desfavorables. Al mismo tiempo, la tesis de Bartra revela una opinión inflexible sobre el papel de las mujeres como cuidadoras naturales de los niños. En ningún lugar de esta justificación teológica, por ejemplo, los hombres tienen un papel importante.

Con Bartra como consejero espiritual, el programa empezó a dar más énfasis en el uso de métodos de abstinencia periódica como parte del componente educativo, de modo que las parejas estuvieran preparadas para poner dichos métodos en práctica después del régimen de 24 meses de píldoras. Los argumentos de Bartra a favor del programa coincidían con la actitud del mismo cardenal Landázuri. El padre Pedro Richards, consejero espiritual del MFC en América Latina, le escribió a Landázuri en diciembre de 1976 desde Uruguay, criticando el programa y reclamando que «mientras, en todo el continente, existen aquellos que valientemente luchan por lo que está prescrito en *Humanae Vitae*, el experimento de Lima parece al servicio de los pildoristas». Landázuri le contestó que, como Pablo VI había declarado en Medellín, la encíclica no prohibía una razonable regulación de la fertilidad y citó el trabajo de Bartra como evidencia de los esfuerzos en curso en el programa para «mejorar sus aspectos médicos, en función de los avances sobre métodos naturales». Landázuri minimizó el conocimiento de Richards sobre la realidad peruana, refiriéndose a él como «un sacerdote de paso por Lima» y después le dio una dura reprimenda: «como Cardenal y Obispo rechazo firmemente esta y otras expresiones en su carta, las cuales, además de ser insultantes, son falsas. ¡No puedo permitirle ni a usted ni a nadie dudar de mi fidelidad al Santo Padre, la doctrina o las directivas de la Iglesia!».[91] El antagonismo de Richards había sido inusual. El padre Luis Bambarén, presidente de la Comisión de Acción Social de la Conferencia Episcopal Peruana, había hecho público el programa en una reunión de obispos de América Latina en Chile en 1970. Las

91. Cardenal Juan Landázuri a padre Pedro Richards, Lima, 3 de febrero de 1977, MFC.

reacciones más frecuentes de sus colegas fueron de cauteloso interés y no de reprobación, aunque aun no hay evidencia de que otros obispos hayan organizado proyectos similares en sus diócesis.[92]

Sin embargo, a pesar de las mejores intenciones de Bartra y Landázuri, los médicos involucrados con el proyecto no siempre siguieron los lineamientos establecidos por el MFC-Perú en 1969.[93] Según estos lineamientos, cada párroco tenía el poder definitivo de decidir si una mujer era apta para recibir anticonceptivos en su parroquia. Los médicos debían notificar al director médico del programa y al párroco local si consideraban que había razones válidas por las cuales una mujer debía tomar la píldora más allá de los 24 meses. Los médicos también debían informar a las mujeres sobre la obligatoriedad de su participación en el programa educativo con sus esposos. En la práctica, sin embargo, los médicos eran reacios a terminar el suministro de anticonceptivos por distintas razones. Continuaron suministrando anticonceptivos, por ejemplo, cuando una mujer que había tomado la píldora por más de 24 meses todavía no había completado el programa educativo de varias semanas de duración con su esposo.[94] Los médicos también hacían excepciones cuando estimaban que un nuevo embarazo sería muy riesgoso para las mujeres, dado su estado físico. Si las mujeres les pedían a los médicos otros anticonceptivos, además de la píldora, los médicos no tenían reparos en referir a estas mujeres a clínicas privadas.[95] Por último, cuando las mujeres que tomaban la píldora quedaban embarazadas y tenían abortos, los médicos les permitían empezar otra vez el régimen de 24 meses de anticonceptivos orales. La mayoría de excepciones fueron hechas a la regla de que los esposos tenían que dar su consentimiento escrito para que sus esposas tomaran las píldoras, porque un

---

92. Reunión del Consejo del MFC, Lima, 6 de febrero de 1970, MFC.
93. Pedro Pazos a Helí Cancino y Guillermo Tagliabue, co-directores del Programa Médico, Lima, 25 de noviembre de 1969, MFC.
94. Entrevista con Jorge Ascenzo (Lima, 19 de julio de 2004).
95. Entrevista con Hugo Oblitas (Lima, 19 de julio de 2004).

gran número de esas mujeres no estaban casadas con los padres de sus hijos.[96]

Para mediados de la década de 1970, el programa enfrentó una nueva crisis. Los problemas empezaron con una declaración por parte de la Conferencia Episcopal Peruana sobre los retos que la sociedad contemporánea suponía para la familia. Los obispos destacaron que el desempleo, el abandono del hogar por parte de los hombres, las altas tasas de encarcelamientos, la erotización de la vida diaria (evidente en títulos de películas y lascivas imágenes en las portadas de periódicos) y, más significativamente, la inhabilidad de los padres de mantener económicamente a sus hijos, amenazaban los valores familiares cristianos. Los obispos admitieron con cautela la necesidad de considerar las políticas de población del gobierno como medio para abordar dichos problemas. Al mismo tiempo, se rehusaron a reducir el tema demográfico a un simple debate sobre la legitimidad de los anticonceptivos. Según ellos, definir el asunto de esa manera era típico de las «"familias felices" que vivían ignorando la infelicidad de otras familias y las injusticias de la sociedad».[97]

La crítica a las «familias felices» molestó a algunos de los líderes más añejos del MFC-Perú, quienes señalaron la existencia de divisiones dentro del clero peruano. Estos miembros del MFC-Perú afirmaban que, ya que los obispos de Huancayo, Yauyos, Abancay y Cajamarca no habían aceptado el programa católico de planificación familiar, se había generado «desorientación y confusión en las conciencias de los miembros laicos de la Iglesia, porque los sacerdotes no hablan con una sola voz». Además, los críticos se quejaban de que los argumentos a favor de la limitación de la población para prevenir la escasez de alimentos en el futuro eran débiles. Según ellos, el Perú tenía ilimitadas riquezas no explotadas esperando el esfuerzo e ingenio del trabajador peruano para ser productivas. Por otra parte, los críticos creían que la píldora hacía

96. Entrevista con Martha de Laudi (Lima, 14 de abril de 2006).

97. «Familia y Población». *Iglesia en el Perú* 17 (abril de 1974): 1-8: 5, CEP.

que los hombres vieran a las mujeres como más promiscuas. Finalmente, desconfiaban del apoyo que el lado clínico del programa recibía de la IPPF. Irónicamente, los críticos se dieron cuenta de cómo el programa médico recibía estos aportes, aun cuando el general Velasco canceló las actividades de la Asociación Peruana de Protección Familiar en 1973, precisamente por su dependencia de dichos fondos.[98] Velasco nunca atacó al programa católico de la misma forma.

En respuesta, el cardenal Landázuri se reunió con sus obispos auxiliares, los líderes del MFC-Perú y un grupo de párrocos. Tras la reunión, se decidió continuar con el programa, de manera que Landázuri no tuvo otra opción que separarlo del MFC-Perú, aunque abrigaba la esperanza de que algunos de sus miembros aún colaborasen individualmente. Landázuri estaba decepcionado: «Lamento tener que tomar esta decisión, y confío en que los miembros del MFC reflexionarán sobre las razones que me obligan a hacerlo». El cardenal creía que, a través de este programa, el MFC-Perú venía apoyando la misión social de la arquidiócesis, «conforme a las demandas de nuestro tiempo, a través de un compromiso auténtico y eficaz con los pobres y los oprimidos».[99]

Incluso después de este cisma, el programa continuó por algunos años. Sin embargo, después de 1976 empezó a deteriorarse por un conjunto de razones interrelacionadas. El general Velasco murió en 1977, poco después de ser destituido por el general Francisco Morales Bermúdez. Con respecto al crecimiento demográfico, Morales Bermúdez convocó una comisión para elaborar los primeros Lineamientos de Política de Población del país en 1976, que legalizó el uso de todos los anticonceptivos, con excepción de la esterilización. Como resultado, los donantes extranjeros prefirieron cada vez más financiar organizaciones que trabajaran con un rango más amplio de anticonceptivos de los que usaba el programa católico. Aun así, el programa continuó pidiendo

98. Federico y Laura Hurtado, presidentes arquidiocesanos del MFC, al cardenal Juan Landázuri, Lima, 9 de mayo de 1974, MFC.

99. Cardenal Juan Landázuri a Federico y Laura Hurtado, presidentes arquidiocesanos del MFC, Lima, 5 de junio de 1974, MFC.

fondos a la IPPF al menos hasta 1979. Para ese entonces, el programa había desarrollado un plan de autonomía financiera, basado en la venta de revistas y panfletos, donaciones individuales e institucionales, el cobro a las organizaciones privadas por sus servicios, apoyo en especie de la Iglesia católica y sus voluntarios, y el incremento del costo de servicios para clientes.[100] El programa había crecido hasta tener sedes en 22 parroquias de Lima, Huancayo, Callao, Huaraz, Ica, Huarochirí, Trujillo y La Oroya.[101] Sin embargo, a fines de la década de 1970, la propia Iglesia católica empezó a apoyarse mucho más en los métodos de abstinencia periódica y en la educación sobre paternidad responsable, en lugar de en la promoción de la píldora. Como resultado, el programa clínico se marchitó poco a poco hasta su desaparición a principios de la década de 1990.[102]

Este no es el fin

El programa de planificación familiar de la Iglesia católica iba con dos nombres. Kerrins y los Hijos de María lo llamaron el «Programa de Paternidad Responsable en las Barriadas de Lima», mientras que el cardenal y el MFC Peruano lo llamaron «Programa de Promoción Conyugal y Familiar en Pueblos Jóvenes». Los nombres señalaban los objetivos de los fundadores y promotores del programa: la responsabilidad de los padres, su libertad de determinar cuántos hijos tener y la mejora de las familias como comunidades católicas. La iniciativa estuvo basada en un largo compromiso de la Iglesia católica peruana con la doctrina social católica, presente desde fines del siglo XIX. En la década de 1960, este

100. PPFA II, caja 83, carpeta 23, solicitud de ATLF por renovación de fondos para FPIA, 1978. Véase, además, caja 83, carpeta 25, solicitud de ADIFAM por renovación de fondos para FPIA, 1978, PPFA.

101. PPFA II, caja 83, folder 24, solicitud de ATLF por renovación de fondos para FPIA, 1979, PPFA.

102. Entrevista con Guillermo Tagliabue, exdirector médico del PALF (Lima, 17 de julio de 2004).

compromiso hizo que la Iglesia le prestara cada vez más atención al sufrimiento causado a los pobres por la prole abundante. Sin embargo, las autoridades católicas no veían el control de la fertilidad como un medio para limitar nacimientos, ni tampoco como un derecho del individuo. Su programa de planificación familiar era parte de un plan educativo más amplio para promover los deberes de los padres católicos responsables para conseguir la mejora de las familias y la nación.

Para los sacerdotes, especialmente para aquellos que trabajaban a diario en parroquias pobres, el aspecto más convincente del programa no era su relación con la financiación de los Estados Unidos, ni el discurso del desarrollo nacionalista en América Latina. Más bien, lo era la manera en que el programa combinaba una demanda popular por tener familias más pequeñas con el deber de formar mejores católicos a través de la concientización y la educación. Para estos sacerdotes, la paternidad responsable significaba no solo tener hijos, sino también proporcionar valores morales, apoyo material, amor y educación a esos hijos.[103] Para los sacerdotes, nadie podría cumplir esta misión mejor que un sólido matrimonio católico. De igual forma, ninguna entidad podría imponerle a esta pareja el número de hijos a tener. Lo más que la Iglesia podía hacer era ofrecer orientación para que las parejas tomaran esta decisión libremente y a conciencia.

Al mismo tiempo, el programa católico se desarrolló en el contexto de la Guerra Fría y de un resurgimiento del nacionalismo peruano. Fuerzas sociales tales como el discurso desarrollista, la teoría de la dependencia, la reacción nacionalista a la influencia de los Estados Unidos y sus entusiastas voluntarios católicos, y la introducción de nuevos anticonceptivos, también afectaron la dirección y el contenido del programa. La preferencia por familias más pequeñas puede ayudar a explicar por qué, desde un principio, más personas participaron en el lado clínico del programa que en el educativo. Aproximadamente solo

---

103. Idígoras, José Luis. «La Iglesia y la regulación racional y cristiana de los nacimientos». *El Mensajero del Corazón de Jesús* 20, 217-218 (agosto-setiembre de 1964): 219-224.

una de cada cuatro mujeres de pueblos jóvenes que empezaron a usar píldoras también completó el currículo educativo. Pero esta preferencia de las mujeres no es el único factor que explica la gran diferencia. El programa clínico creció tanto y tan rápido que los voluntarios solos no pudieron administrarlo, incluso mientras Kerrins estuvo al mando. El programa necesitaba profesionales pagados y una división del trabajo entre trabajadores de campo clínicos y administradores. Estos trabajadores dependían, en gran parte, de fondos extranjeros. Especialmente después de 1968, la política extranjera de los Estados Unidos frente al crecimiento demográfico en los países en vías de desarrollo estaba orientada al apoyo discreto pero sostenido de proyectos para limitar las tasas de fertilidad. La gran cantidad de fondos y recursos que los Estados Unidos pusieron a disposición del sector de planificación familiar en las décadas de 1960 y 1970 en América Latina fue responsable, en parte, del mayor desarrollo del programa médico en relación con el educativo en nuestro caso.

Sin embargo, estos intentos de dirigir programas en planificación familiar no fueron bien recibidos por todos. El nacionalismo peruano en la década de 1960 afectó esta historia de muchas maneras. Hubo fuertes críticas al programa católico por parte de algunos miembros del MFC en Lima, quienes percibían siniestros vínculos entre la promoción de la planificación familiar y la avaricia de las compañías farmacéuticas, la cosificación de las mujeres y la subordinación económica de algunas naciones a otras. Este último vínculo fue especialmente relevante para el régimen del general Velasco. Su hostilidad hacia la presencia de la IPPF en el Perú y su alineamiento con las naciones que atacaron el Proyecto del Plan de Acción Mundial sobre Población en las Naciones Unidas de 1974 son ejemplo de su convicción de que la población podía ser convertida en un recurso para el desarrollo de la nación.[104]

---

104. Consejo Nacional de Población. «Experiencia nacional en la formulación y ejecución de políticas de población, 1960-1976». En *Antecedentes de la política peruana de población*. Lima: Consejo Nacional de Población, 1978.

Un tercer nivel de análisis también es necesario, más allá de la insistencia de la Iglesia católica sobre la participación de ambos esposos en las decisiones sobre fertilidad y más allá de los desacuerdos entre el nacionalismo de Velasco y los esfuerzos de la reducción de la población de Estados Unidos. La popularidad de las clínicas ilustra bien la demanda de servicios anticonceptivos por parte de los peruanos pobres. Especialmente para las mujeres que vivían en pueblos jóvenes, la posibilidad de obtener servicios de salud y de planificación familiar gratuitos debe haber sido prometedora, tal como lo sugiere el número de usuarias.

En términos más prácticos, queda claro que no todas las iglesias católicas nacionales adoptaron una línea dura en contra de la planificación familiar después de *Humanae Vitae*, que es lo que algunos estudiosos de la Iglesia católica en los Estados Unidos sugieren.[105] En América Latina, la Iglesia católica de la década de 1960 estaba tan comprometida con denunciar la injusticia social como con su lealtad al Vaticano. En el Perú, este compromiso doble llevó a la Iglesia a promover un enfoque novedoso de planificación familiar: uno que no imponía el uso generalizado de anticonceptivos como requisito para volverse un país industrializado, ni tampoco uno que separara a la mujer de la esfera doméstica. Esto altera nuestra imagen de los líderes católicos como opuestos de manera uniforme al uso de anticonceptivos. De hecho, estos sí aceptaban su uso, pero en sus propios términos. Negociar dichos términos requería creatividad teológica, como la exhibida por los Hijos de María y el padre Bartra, además del reconocimiento de que las demandas populares tenían legitimidad y merecían apoyo, como lo hizo el cardenal Landázuri. Esto también sugiere que la distancia contemporánea entre la sociedad civil y la Iglesia católica en América Latina en temas como la anticoncepción de emergencia no necesita parecer inconmensurable, siempre y cuando los líderes católicos de la región puedan, una vez más, sacar provecho de la creatividad teológica y el liderazgo atrevido que caracterizó a la Iglesia en la década de 1960, y que indudablemente no se ha extinguido a pesar del giro conservador de su alta gerencia presente.

---

105. Gordon, Linda. Ob. cit.; Donaldson, Peter. Ob. cit.

Epílogo

En 1976, el gobierno militar del general Francisco Morales Bermúdez nombró una comisión para elaborar las bases de una futura política de población.[1] Estaba integrada por los funcionarios médicos Napoleón Zegarra Araujo, director de Programas Especiales de Salud; Alberto Lari Cavagnaro, director de la Oficina de Intercambios Internacionales; René Cervantes Begazo, director del INPROMI; Hernán Farje Godoy, asesor de la Dirección General de Programas de Salud; y Mario Castillo Gómez, de la Oficina Sectorial de Planificación. A ellos se sumaban, en su conformación, la ginecóloga Luz Jefferson Cortez, la periodista Luciana Biseo Fuchs y el doctor Duncan Pedersen de la OPS. El asesor permanente y líder indiscutido de la formada comisión era el economista jesuita Juan Julio Wicht Rossel.[2]

El texto resultante, los Lineamientos de Política de Población, aceptaba la posición de la mayoría de países en vías de desarrollo en la Conferencia Internacional sobre Población de las Naciones Unidas, que tuvo lugar en Bucarest en 1974. Concretamente, su posición era que las altas tasas de fertilidad no eran una causa sino una consecuencia del subdesarrollo y que los intentos de establecer metas de limitación

1. Lineamientos de Política de Población en el Perú (en adelante LPP). Se hicieron públicos gracias al decreto supremo 00625-75-SA (31 de agosto de 1976).
2. Resolución ministerial 000635-76-SA/DS (6 de setiembre de 1976).

de población eran racistas e impulsados por el deseo de los países poderosos de violar la soberanía de los débiles. El Plan de Acción Mundial sobre Población que emergió de Bucarest y que el Perú aprobó mantuvo, para consternación de los Estados Unidos, que los problemas de crecimiento poblacional rápido derivaban de problemas sociales y económicos, y que el desarrollo económico era la primera y principal forma de abordar los problemas de población de manera efectiva.[3] Dichos lineamientos, pues, fueron y siguen siendo el manifiesto peruano más importante sobre población.

Se presentaron como un conjunto de aspiraciones que definían las grandes carencias y virtudes nacionales, y que brindaban una visión del país en el que los peruanos querían vivir. El documento reconocía los logros conseguidos al disminuir las tasas de mortalidad desde 1940, pero dedicaba la mayor parte de sus argumentos a demostrar cómo antiguas e injustas situaciones, tales como el analfabetismo, el racismo y la desigualdad de géneros, aún persistían. Al mismo tiempo, reflejando el optimismo demográfico de los creadores del censo de 1940, afirmaba que, aunque bien podía haber un límite a la expansión indefinida de la población humana, «todavía no hemos llegado a esa barrera final natural».[4] Por lo tanto, en lugar de establecer objetivos cuantitativos sobre límites demográficos, establecía objetivos nacionales cualitativos basados en el fortalecimiento de las familias, la promoción de la igualdad de derechos entre hombres y mujeres, la garantía de la libertad de los padres para tomar decisiones sobre el número de sus hijos, la protección de los niños, y la seguridad y desarrollo nacionales. Además, reconocía que el crecimiento demográfico rápido empeoraba problemas

---

3. ONU, World Population Plan of Action, Bucarest, 1974, sección A, puntos 1-13. Véase, además, Townley, Ralph. «Government and Population: The World Population Conference, 1974». *International Journal of Health Service*, 3-4 (1974): 689-692; Stycos, Joseph. «Demographic Chic at the UN». *Family Planning Perspectives* 6, 3 (1974): 160-164; Finkle, Jason y Barbara Crane. «The Politics of Bucharest: Population, Development, and the New International Economic Order». *Population and Development Review* 1, 1 (1975): 87-114.

4. LPP, parte I, sección B, punto 7.

tales como el caos urbano y el desempleo. De hecho, aceptaba las dolorosas experiencias individuales causadas por la mortalidad y morbilidad materna, que se veían empeoradas por el hecho de tener muchos hijos o intervalos cortos entre embarazos. El documento era durísimo en sus ataques al tratamiento de la mujer como mero objeto sexual, las actitudes misóginas y la falta de compromiso de algunos hombres para con sus familias.[5]

Según los lineamientos esbozados, las leyes de población en el futuro debían llevar a una coordinación entre distintos sectores que abordara temas como la disponibilidad de viviendas, el uso de la tecnología para la producción de alimentos, el mejoramiento de la recolección de datos demográficos, la generación de empleo, la contaminación ambiental y la distribución de la población en el territorio del país. Sin embargo, también se indicaba que, más importante que los anteriores, al menos en el corto plazo, era la promoción de la igualdad de derechos y responsabilidades para hombres y mujeres, lo que incluía el escoger métodos para controlar su fertilidad (todos se legalizaron, excepto el aborto y la esterilización). Es clave que la posibilidad de este control no se considerase como un derecho individual, sino como el derecho y deber de una pareja, una posición que aún es comúnmente aceptada en el Perú.[6] El derecho y deber de escoger métodos de planificación familiar, a su vez, requería expandir el acceso a los servicios médicos, así como popularizar conocimientos sobre métodos anticonceptivos, educación sexual y paternidad responsable, que quedaba oficialmente definida como la «opción informada, consciente y libre de las parejas en determinar la dimensión de su familia, opción que tenga en cuenta no

---

5. LPP, parte II.

6. Esta posición se extiende incluso a la legitimidad de la anticoncepción de emergencia. Un editorial reciente en *La República* argumentaba, por ejemplo, que la elección de todo anticonceptivo le competía a «una pareja y su médico», sin la «intromisión» de la religión. Véase «AOE gana batalla». *La República* (9 de febrero de 2009): 18.

solamente los deberes recíprocos de una pareja sino también los deberes para con los hijos y la sociedad».[7]

Desde el punto de vista político, la implementación de estos lineamientos fue una decepción. Ya a fines de 1976, a pesar de que la investigación sobre los servicios clínicos de planificación familiar empezó a aumentar lenta pero constantemente, la colaboración intersectorial dentro del gobierno para fomentar cambios legislativos en pos de la igualdad de género, la mejor distribución de la población y la educación sexual, avanzó más lentamente o se detuvo.[8] Aunque el Ministerio de Salud creó una Oficina de Salud y Población en 1977, sobre la premisa de que cada pareja peruana podía y debía determinar el tamaño de su familia, este organismo estatal estuvo crónicamente corto de dinero y no llegó a elaborar ningún objetivo nacional.[9] Peor aún, el INPROMI, que había sido, desde el cierre del CEPD en 1968, la principal agencia estatal dedicada a la salud materna e infantil, se clausuró a fines de la década de 1970. Es más, aunque la Constitución de 1979, con la cual terminó el gobierno militar, establecía en su artículo sexto que «el Estado apoya la paternidad responsable», los gobiernos civiles de 1980 en adelante hicieron poco para implementar las ambiciosas reformas instadas en los Lineamientos de Política de Población. Cuando el presidente Fernando Belaunde fue elegido en 1980, el Ministerio de Salud empezó a proveer nuevamente algunos servicios de planificación familiar en los hospitales. Además, Belaunde creó el Consejo Nacional de Población (CONAPO), que elaboró la primera Ley Nacional de Población en 1985.[10] Sin embargo, las reformas demandadas por la ley solo se pusieron en práctica a partir de 1987, cuando el Programa Nacional de Población se estableció, durante el gobierno de Alan García.

---

7. LPP, parte III, sección B, punto 3.4.
8. Ministerio de Salud e Instituto Nacional de Planificación. *Informe Final del Primer Seminario Nacional sobre Política de Población*. Lima: INP, 1976.
9. Resolución ministerial 0018-77-SA/DS, 17 de febrero de 1977.
10. Decreto supremo 049-80-PM, 20 de noviembre de 1980.

Ante este panorama, es fácil entender la frustración de los autores de los Lineamientos de Política de Población. El padre Juan Julio Wicht, su principal arquitecto, lamentó que hacia 1980 «casi nada» se había hecho para abordar los complejos problemas identificados y, en 1996, que el progreso en la provisión de los servicios de planificación familiar había ocurrido lenta e irregularmente.[11] Los analistas a menudo se han preguntado qué salió mal durante la fase de ejecución de la política de población del país de 1976. Según el historiador Marcos Cueto, por ejemplo, los avances y retrocesos en este rubro revelan dificultades gubernamentales para construir sobre esfuerzos previos, un proceso al que se refirió como una «vocación por volver a empezar».[12] Los médicos afiliados a la Academia Peruana de Salud concuerdan y, además, sindican a las burocracias pusilánimes y balcanizadas en los Ministerios de Salud y Educación como cómplices en el estancamiento de las estrategias para abordar la igualdad de género y la educación sexual.[13]

Desde un punto de vista histórico, lo más importante de estos lineamientos no es que tan bien o mal se pusieron en práctica, sino lo acertados que fueron para reflejar las aspiraciones de un gran sector de latinoamericanos en la década de 1970, así como la forma en que le dieron una voz propia a grandes preocupaciones regionales que existían mucho antes de la década de 1970. Es notable, por ejemplo, ver cómo problemas diagnosticados a inicios del siglo XX ocupan en ellos un lugar prioritario: la victimización sexual de las mujeres, la irresponsabilidad y la falta de compasión de los hombres, el caos urbano por el crecimiento no planificado y la migración rural, y la pobreza. Muchos

---

11. Wicht, Juan Julio. «La situación demográfica del Perú». En *Reunión Nacional sobre Población: Problemas Poblacionales Peruanos*. Lima: AMIDEP, 1980, p. 93; y, del mismo autor, *Dinámica demográfica y política de población en el Perú: reflexiones personales*. Lima: Centro de Estudios y Publicaciones, 1996.

12. Cueto, Marcos. «La vocación por volver a empezar: las políticas de población en el Perú». *Revista Peruana de Medicina Experimental y Salud Pública* 23, 2 (2006): 123-131.

13. Espejo Núñez, Teobaldo. «Estado actual de la población peruana». *Revista de la Academia Peruana de Salud* 13, 1 (2006): 793-822.

observadores, entre las décadas de 1890 y 1970, han notado cómo estos factores se han mezclado en un coctel de familias débiles, hijos abandonados y degeneración nacional.

A finales del siglo XIX nació la idea de que preocuparse por el potencial reproductivo de la nación era una tarea de todos: hombres y mujeres, ricos y pobres, y blancos e indígenas o afrodescendientes, aunque nunca en igualdad de condiciones o de obligaciones. Mientras que las madres eran las piedras angulares de todas las iniciativas, incrementar la calidad y la cantidad de la población también exigía la participación de los padres y de los profesionales de salud. El prejuicio hacia los no-blancos estaba muy arraigado en esa época, pero estos también fueron convocados a participar en el proyecto de engrandecimiento nacional, aunque como subalternos de los blancos. Sin embargo, las grandes zonas urbanas de América Latina, donde la mayoría de blancos vivía, no solo concentraban el poder efectivo, sino que también eran el epicentro de las preocupaciones nacionales. Fueron principalmente estas ciudades las que experimentaron primero la nueva afluencia de principios del siglo XX, así como los desafíos del rápido crecimiento demográfico y la pobreza periurbana. La necesaria generación de buenos ciudadanos exigía una crianza de alta calidad en condiciones que cambiaban rápidamente. La frecuencia del aborto era un recordatorio constante de las diversas patologías biológicas, legales y sociales que amenazaban la formación de ciudadanos. La buena ciudadanía que se ensalzaba a través de la «paternidad responsable» se basaba en el reconocimiento de derechos y deberes entre los padres, sus hijos y sus patrias, que venían siendo reconocidos desde hacía un siglo.

Para la década de 1970, naturalmente, habían ocurrido algunos cambios importantes. Por encima de todo, el rápido crecimiento demográfico era una realidad, así como la existencia de nuevos anticonceptivos. Nuevas fuerzas también entraron en los debates sobre la planificación familiar en América Latina, especialmente la segunda ola del feminismo y la Guerra Fría. Consciente de estas transformaciones, la comisión que produjo estos lineamientos y que fuera dirigida por un jesuita admitió la injusta carga que los embarazos no deseados ponían sobre las mujeres y puso todo el peso de su prestigio a favor de ampliar el uso de diferentes métodos de planificación familiar y educación sexual para mitigar la pobreza y el sufrimiento humano. Este proceso de mayor tolerancia hacia las nuevas tecnologías fue similar en otros lugares de América Latina.

Al mismo tiempo, fue una cautelosa y cuestionada apertura. Por ejemplo, la mencionada comisión, después de un debate agobiante, se rehusó a legalizar la esterilización como anticonceptivo. Este hecho era señal de las dudas que sentían tanto trabajadores de salud como reformistas sociales sobre la promoción de opciones anticonceptivas, aun cuando tenían el apoyo oficial del gobierno. «Ya se había logrado bastante, y era importante que el documento fuera aprobado para que se tomaran las medidas necesarias; no se podía correr el riesgo de que, por la inclusión del aborto y la esterilización, el documento fuera rechazado, perdiéndose así una oportunidad irrepetible», reflexionó años después la periodista y miembro de esta comisión Luciana Biseo. «El criterio fue», clarificó Biseo, «que se partió de un vacío absoluto, y se ha logrado llenarlo con recomendaciones muy importantes. El resto vendrá en otro momento, tal vez dentro de unos años. Aunque sentí que estaba "traicionando" a las mujeres, acepté el criterio de que no era ese el momento más adecuado».[14]

La Guerra Fría también afectó las ambiciones de los países de América Latina y generó encuentros y desencuentros con los Estados Unidos. El Plan de Acción Mundial sobre Población de 1974 definió el rápido crecimiento demográfico como algo causado principalmente por desigualdades sociales y económicas que necesitaban corregirse. Esta fue una posición de breve (y sobre todo retórica) duración, ya que la mayoría de naciones de América Latina ya incluían la planificación familiar como un componente de sus políticas de población en las décadas de 1960 y 1970.[15] Sin embargo, como un acto de rebeldía ante

14. Luciana Biseo, correo electrónico al autor, 6 de diciembre de 2008.

15. Aramburú, Carlos. «Is Population Policy Necessary? Latin America and the Andean Countries». *Population and Development Review* 20 (suplemento de 1994):

el poder de una superpotencia, tuvo gran valor simbólico para gobiernos como los del Perú, que buscaban demostrar su fuerza a sus propios ciudadanos. Al denunciar la intromisión de los Estados Unidos en los asuntos de América Latina, los Lineamientos de Política de Población se revelaron a sí mismos como producto de las tensiones de la Guerra Fría y no solo como una visión benigna del futuro. Además, ayudaron a perpetuar el mito del Perú como un país con grandes riquezas naturales poco explotadas.

No cabe duda de que la sociedad contemporánea peruana es menos ingenua sobre los recursos naturales del país y su distribución, especialmente después del sangriento conflicto que Sendero Luminoso desató en la década de 1980. Tenemos un movimiento feminista más sólido, nuevas formas de movilización política que incorporan a poblaciones antes marginadas y nuevos conflictos también, particularmente debido a la explotación del medio ambiente. A pesar de estos cambios, los Lineamientos de Política de Población, a sus 40 años, todavía resultan convincentes como una herramienta de diagnóstico y propuesta para el cambio. Las mismas arraigadas desigualdades de género y raza identificadas en la década de 1970 continúan limitando el acceso de las personas a los servicios de planificación familiar. El escándalo de las esterilizaciones forzadas con el que empezó esta historia claramente muestra quiénes son los latinoamericanos menos protegidos y más vulnerables. Sería simplista llamar a esto una deficiencia del gobierno. Algo más antiguo y más insidioso está también involucrado en los ataques al proyecto que buscaba normar el aborto terapéutico. Aunque este ha sido legal desde 1924, el Ministerio de Salud recién produjo una guía técnica para su provisión en junio de 2014. Aun con esto, como en 1924, no queda clara cuál es la postura del gremio médico ante la necesidad de cumplir con la ley, ni ha disminuido el estigma social que supone buscar o proveer un aborto seguro.[16]

159-178; Tsui, Amy Ong. «Population Policies, Family Planning Programs, and Fertility: The Record». *Population and Development Review* 27 (2001): 184-204.

16. Resolución ministerial 486-2014/MINSA, en *El Peruano*, 28 de junio de 2014.

¿En qué momento empezaron a salir mal las cosas para la planificación familiar en el Perú? A mediados de la década de 1960, diversas organizaciones privadas prestaban estos servicios a precios moderados, junto con otros servicios de atención a la mujer. Una década después, estas organizaciones habían dejado de existir o habían sido considerablemente debilitadas. El gobierno peruano había tomado su lugar o proyectado tomar su lugar. Hasta cierto punto, las organizaciones privadas de planificación familiar buscaron activamente este resultado. El hecho de que el Estado tomara responsabilidad por algo que estas organizaciones iniciaron validaba sus esfuerzos y sacrificios. Además, la preocupación de los médicos por la aprobación del gobierno y su financiamiento había sido una constante en el Perú desde la creación de la Dirección de Salubridad Pública en 1903.

Las posiciones del gobierno y de los expertos en salud son importantes, especialmente para abordar temas como el limbo médico-social del aborto terapéutico y la anticoncepción de emergencia, así como la regulación de los ensayos clínicos de nuevas tecnologías anticonceptivas. Sin embargo, existen también nuevas oportunidades para otros peruanos y sus aliados en América Latina de ampliar y actualizar este diálogo más allá de los círculos médicos y gubernamentales donde el debate sobre salud reproductiva ha estado por demasiado tiempo. Las organizaciones no gubernamentales creadas por demógrafos, feministas, activistas católicos y obstetrices han realizado parte de este trabajo desde 1976 y han ayudado a mostrar, por ejemplo, las constantes limitaciones de los servicios de planificación familiar en zonas rurales. La proliferación de organizaciones como Manuela Ramos, Flora Tristán, CLADEM y el colectivo Déjala Decidir es una de las señales esperanzadoras que la historia reciente de América Latina proporciona en la lucha vigente por una mayor igualdad. Mejorar la calidad y el acceso a los servicios de planificación familiar en el Perú necesitará de una mayor difusión de las iniciativas que estas organizaciones realizan, reconociendo que la Iglesia católica puede convertirse, una vez más, en un aliado para la salud reproductiva y sexual, así como que no todos los peruanos se sentirán debidamente representados por las filosofías y métodos de estas diversas organizaciones. Desde una perspectiva optimista, lo último podría llevar a la formación de más grupos dispuestos a dialogar y a informarse sobre los desafíos involucrados en la promoción de la planificación familiar. Esta mayor complejidad puede ser irritante para los expertos mas añejos, pero resulta saludable en una región en la que las instituciones democráticas aún tienen poco arraigo. Como diría un conocido médico argentino, crear dos, tres, mil Manuelas, esa es la consigna.[17]

17. Guevara, Ernesto. «Mensaje a los Pueblos del Mundo a Través de la Tricontinental». En *Obras 1957-1967, Tomo II*. La Habana: Casa de las Américas, 1970.

Bibliografía

Fuentes primarias

Archivos

Archivo Arzobispal de Lima, Lima

Archivo de la Conferencia Episcopal Peruana, Lima

Archivo del Congreso del Perú, Lima

Archivo de la doctora Carmen Delgado de Thays, exdirectora de Educación de la APPF, Lima

Archivo del doctor Joseph Kerrins y la señora Helen Kerrins, San Petersburgo (Florida), East Falmouth (Massachusetts)

Archivo del doctor Miguel Ramos Zambrano, exdirector de la APPF, Callao

Archivo General de la Nación, Lima

Archivo del Movimiento Familiar Cristiano del Perú, Lima

Archivo Penal de Lima, Lima

Archivo Regional de Ayacucho, Ayacucho

Archivo Regional de La Libertad, Trujillo

Archivo Regional de Piura, Piura

Archivo Regional de Puno, Puno

Centro de Documentación de la Historia de la Mujer, Lima

Documentación de la Fundación Ford, Rockefeller Archive Center, Tarrytown, Nueva York

Documentación de Joseph Stycos, Cornell University

Documentación del National Catholic Welfare Council, Catholic University of America

Planned Parenthood Federation of America Archive, Sophia Smith Collection, Smith College

Documentación del Population Council, Rockefeller Archive Center, Tarrytown, Nueva York

Documentos oficiales

CEPAL

1955 *Análisis y proyecciones del desarrollo económico*. México, D. F.: Naciones Unidas.

1975 *Desarrollo humano, cambio social y crecimiento en América Latina*. Santiago de Chile: Autor, .

FUJIMORI, Alberto

1974 «Discurso del Presidente en la IV Conferencia de la Mujer en Beijing, 15 de setiembre de 1995». *Boletín del Consejo Nacional de Población* 4 (setiembre de 1995): 13-14.

NACIONES UNIDAS

1974 «World Population Plan of Action, adoptado por al Conferencia Mundial de Población, Bucarest, 1974». Recuperado de <http://www.population-security.org/27-APP1.html>.

OPS

2005 *Gender, Health and Development in the Americas: Basic Indicators 2005* [Brochure]. Recuperado de <http://www.unfpa.org/sites/default/files/pub-pdf/genderbrochure_spa.pdf>.

2012 *Health Situation in the Americas: Basic Indicators 2012* [Brochure]. Recuperado de <http://ais.paho.org/chi/brochures/2012/BI_2012_ENG.pdf>.

PERÚ

1836 Código Penal del Estado Sud Peruano de 1836.

1862 Código Penal de 1862.

1924 Código Penal de 1924.

1931 *Anteproyecto de una Ley de Elecciones, Cámara de Diputados, Exposición de Motivos*. Lima: Hnos. Faura.

1936 Código Civil de 1936.

1956-1962 «Producción legislativa de la exrepresentante Irene Silva Linares de Santolalla». Recuperado de <http://www4.congreso.gob.pe/archivo/alerta_informativa/alerta7/01-Silva-Irene-Senadora/Produccion-Legislativa.pdf>.

1972 Ley General de Educación, decreto ley 19326.

1974 *Plan Inca, elaborado por el Gobierno Revolucionario de la Fuerza Armada, antes del 3 de octubre de 1968*. Lima: Presidencia de la República.

1976a *Lineamientos de Política de Población en el Perú*. Lima: INP.

1976b Informe Final del Primer Seminario Nacional sobre Política de Población, 1976.

1995 «Modificatoria 155/95 al Plan Nacional de Población (decreto ley 346)». Aprobada el 7 de setiembre.

1998 Defensoría del Pueblo. Informe de la Defensoría del Pueblo 01-98: anticoncepción quirúrgica voluntaria, 26 de enero de 1998.

Perú, Centro de Estudios de Población y Desarrollo

1966 *I Seminario de Población y Desarrollo*. Lima: Autor.

Perú, Consejo Nacional de Población

1978 «Experiencia Nacional en la Formulación y Ejecución de Políticas de Población, 1960-1976». En *Antecedentes de la Política Peruana de Población*. Lima: Autor.

1980 Decreto supremo 049-80-PM, aprobado el 20 de noviembre.

Perú, Instituto Nacional de Estadística e Informática

[s.f.] *Historia de los censos en el Perú*. Disponible en: <censos.inei.gob.pe/censos2007/Documentos/Historia_Censos.pdf>.

Perú, Instituto Nacional de Planificación

1971 *Plan Nacional de Desarrollo, 1971-1975*. Lima: Peisa.

1962 *Plan Nacional de Desarrollo Económico y Social del Perú, 1962-1971*.

Perú, Instituto Nacional de Planificación y Oficina Nacional de Estadística y Censos

1973 *Estudio sobre la población peruana: características y evolución*. Lima: Autor.

Perú, INPROMI

1972 Normas y Procedimientos para la Atención de la Madre, 1972.

1973 Programa Nacional de Salud Materno-Infantil.

Perú, MIMDES

2005 *50 años del voto femenino en el Perú: historia y realidad actual*. Lima: Autor.

Perú, Resolución ministerial 0018-77-SA/DS

1977 Implementación de Lineamientos de Política de Población, 17 de febrero.

Taft-Morales, Maureen

2012 «Peru in Brief: Political and Economic Conditions and Relations with the United States». US Congressional Research Service, 18 de octubre.

UNFPA

2012 *By Choice, Not by Chance: Family Planning, Human Rights, and Development: State of World Population 2012*. Recuperado de <https://www.unfpa.org/sites/default/files/pub-pdf/EN_SWOP2012_Report.pdf>.

USAID

1997 Office of Health and Population, Peru. History of Family Planning in Peru, 1997.

Estados Unidos, Departamento de Estado

1974 «National Security Study Memorandum 200: Implications of Worldwide Population Growth for US Security and Overseas Interests». En Paul Kesaris (ed.). *Documents of the National Security Council: Seventh Supplement*. Bethesda, MD: University Publications of America.

US House of Representatives Committee on International Relations, Subcommittee on International Operations and Human Rights

1998 «Hearing on the Peruvian Population Control Program». Washington, DC, 25 de febrero de 1998.

OMS

1957 *Administration of Maternal and Child Health Services*. Technical Report 115. Ginebra: Autor. Recuperado de <http://apps.who.int/iris/bitstream/10665/40370/1/WHO_TRS_115.pdf>.

1966 *Clinical Aspects of Oral Gestogens*. Technical Report 326. Ginebra: Autor. Recuperado de <http://apps.who.int/iris/bitstream/10665/38350/1/WHO_TRS_326.pdf>.

1973 *Handbook of Resolutions and Decisions of the World Health Assembly and the Executive Board, Volume 1: 1948-1972*. Ginebra: Autor.

Fuentes primarias publicadas

Adair, Fred

1940 *Obstetrics and Gynecology*. Filadelfia, PA: Lea and Febiger.

Alberdi, Juan Bautista

1879 *Bases y puntos de partida para la organización política de la República de Argentina*. Lima: .

Alfaro, Carlos

1970 «La Asociación Peruana de Protección Familiar y la planificación familiar». *Ginecología y Obstetricia* 16, 2: 145-152.

ANDRADI, Esther y Ana María PORTUGAL
1978 *Ser mujer en el Perú*. Lima: Mujer y Autonomía.

ANTÚNEZ DE MAYOLO, Santiago
1977 *Cuadernos de medicina popular peruana*. Lima: s. e.

ARMIJO, Rolando y Tegualda MONREAL
1965 «The Problem of Induced Abortion in Chile». *Milbank Memorial Fund Quarterly* 43, 4: 263-280.

AVENDAÑO, Jorge
1955 «¿Hay jerarquía en la sociedad conyugal?». *Nuestros Hijos* 3, 14 (diciembre): 7-8.

AVENDAÑO, Leonidas y Guillermo FERNÁNDEZ DÁVILA
1922 *La despoblación en su aspecto social y médico-legal*. Lima: Sanmartí y Cía.

BACHMANN, Carlos
1969 «El aborto inducido como problema social: su prevención». *Tribuna Médica* 5, 222, (20 de enero): 1, 3, 6-7.

BARNES, Allan
1973 «United States Private Agencies' Contributions to Population Programs». *International Journal of Health Services* 3, 4: 661-665.

BARRIG, Maruja
1979 *Cinturón de castidad: la mujer de clase media en el Perú*. Lima: Mosca Azul.

BARTRA, Enrique
1973 «Fundamentación moral del tratamiento anovulatorio después del parto». *Revista Teológica Limense* 7, 3: 425-431.

BEDOYA HEVIA, Mariano
1967 «Social Problems of Abortion: Illegal Abortion». En C. Wood y W. A. W. Walters. *Proceedings of the 5th World Congress of Gynaecology and Obstetrics*. Londres: Butterworths.

BERKELEY, Comyns y Victor BONNEY
1913 *The Difficulties and Emergencies of Obstetric Practice*. Filadelfia, PA: P. Blakiston's Son.

BLACKER, Charles
1934 *Voluntary Sterilization*. Londres: Oxford University Press.

BUSALLEU, Alejandro
1938 «Lección Inaugural del Curso de Obstetricia». *Anales de la Facultad de Medicina de la Universidad de San Marcos* 21, 2: 225-236.

CALLE, Juan José
1924 *Anotaciones y concordancias al Código Penal*. Lima: Congreso del Perú.

CAPELO, Joaquín
1912 *La despoblación*. Lima: Sanmartí y Cía.

CARR-SAUNDERS, Alexander
1936 *World Population: Past Growth and Present Trends*. Londres: F. Cass.

CASTELLARES Z., Marcelino
1935 «Abortos espontáneos y abortos provocados». *Actualidad Médica Peruana* 1, 6: 366-370.

CASTELLÓN, Helio
1957 «¿Está masculinizándose la mujer que trabaja?». *Ñusta* 1, 5 (noviembre): 7-9.

CHÁVEZ, Elmer y Carlos BACHMANN
1975 «Esterilización quirúrgica en pacientes cesareadas». *Revista del Hospital de Maternidad de Lima* 1, 1: 23-26.

COALE, Ansley y Edgar HOOVER
1958 *Population Growth and Economic Development in Low Income Countries: A Case Study of India's Prospects*. Princeton, NJ: Princeton University Press.

DALURZO, Beatriz F.
1968 *Homenaje en Buenos Aires a Irene Silva de Santolalla, mujer de las Americas 1956*. Buenos Aires: Unión de Mujeres Americanas de la Republican Argentina

Davis, Hugh (ed.)
1967 *Third Panamerican Sanitary Bureau Conference on Population Dynamics, 13 de febrero de 1967*. Washington, D. C.: PASB.

Davis, Kingsley
1943 «Political Ambivalence in Latin America». *Journal of Legal and Political Sociology* 1: 127-150.

1946-1947 «Latin America's Multiplying Peoples». *Foreign Affairs* 25: 643-654.

Davis, Kingsley y Ana Casis
1946 «Urbanization in Latin America». *Milbank Memorial Fund Quarterly* 24: 186-207 y 292-314.

DeLee, Joseph
1913 *The Principles and Practice of Obstetrics*. Filadelfia, PA: W. B. Saunders.

Dodge, Larry
2003 *Becoming Global Citizens*. Cumberland, WI: Forum Publications.

Drysdale, Robert
1973 «Education Approaches to Population Problems». En *Readings on Population Information and Education: Background Papers for a Ford Foundation Meeting on Population, Elsinore, Denmark–June 1972*. Nueva York, NY: Ford Foundation.

Eastman, Nicholas
1950 *Williams Obstetrics*. Nueva York, NY: Appleton-Century-Crofts.

Eden, Thomas Watts y Eardley Holland
1925 *A Manual of Midwifery*. Toronto: Macmillan.

Escuela Sindical Autónoma de Lima
1958 «Mujeres: Trabajadoras... Ciudadanas». s. d.

Fernández Dávila, Guillermo
1926 *El delito de aborto*. Lima: Lux.

FINKLE, Jason y Barbara CRANE
1975 «The Politics of Bucharest: Population, Development and the New International Economic Order». *Population and Development Review* 1, 1: 87-114.

GAJARDO, Samuel
1929 «Las deficiencias del hogar como factor de delincuencia de menores». *La Acción Médica* (2 de noviembre): 1-2, 15.

GÁLVEZ, José
1913 *Una Lima que se va*. Lima: Universitaria.

GARCÍA Y GARCÍA, Elvira
1946 *La mujer y el hogar*. Lima: Miranda.

GARLAND, Alejandro
1905 *Reseña industrial del Perú*. Lima: Imprenta La Industrial.

GASLONDE SAINZ, Santiago
1976 «Abortion Research in Latin America». *Studies in Family Planning* 7, 8: 211-217.

GERMAIN, Adrienne
1975 «Women at Mexico: Beyond Family Planning Acceptors». *Family Planning Perspectives* 7, 5: 235-238.

GONZÁLEZ DE FANNING, Teresa
1994 «Concerning the Education of Women». En Gertrude Yeager (ed.). *Confronting Change, Challenging Tradition: Women in Latin American History*. Wilmington, DE: Scholarly Resources.

GONZÁLEZ PRADA, Manuel
1894 *Pájinas libres*. Lima: P. Dupont.

GRAÑA, Francisco
1916 *La población del Perú a través de la historia*. Lima: Torres Aguirre.

GUILOFF, Enrique; Edel BERMAN, Alfredo MONTIGLIO, Raul OSORIO y Charles LLOYD
1970 «Clinical Study of a Once-a-Month Oral Contraceptive: Quinestrol-Quingestanol». *Fertility and Sterility* 21, 2: 110-118.

HALL, Marie-Françoise

1966 «Control de la natalidad en Lima, Perú». *Anales de la Facultad de Medicina* 49, 1: 1-27.

1973 «Population Growth, US and Latin American Views: An Interpretation of the Response of the United States and Latin America to the Latin American Population Growth». *Population Studies* 27, 3: 415-429.

HAVE SPERMATOZOA FUNCTIONS

1921 «Have Spermatozoa Functions or Effects Other than Fertilization?». *Journal of the American Medical Association* 77, 1: 42-43.

HILL, Reuben; Joseph STYCOS, y Kurt BACK

1959 *The Family and Population Control: A Puerto Rican Experiment in Social Change*. Chapel Hill, NC: University of North Carolina Press.

HORWITZ, Abraham

1959 «Relaciones entre salud y desarrollo económico». *Boletín de la Oficina Sanitaria Panamericana* XLVII (agosto): 293-100.

1967 «La salud hemisférica y la reunión de jefes de Estado americanos». *Boletín de la Oficina Sanitaria Panamericana* LXIII, 1 (julio): 65.

HURTADO, Hilario; Esteban KESSERÜ, y Alfredo LARRAÑAGA

1970 «D-Norgestrel, un progestágeno a microdosis como anticonceptivo oral de administración continua». *Ginecología y Obstetricia* 16, 2: 119-126.

IDÍGORAS, José Luis

1964 «La Iglesia y la regulación racional y cristiana de los nacimientos». *El Mensajero del Corazón de Jesús* 20, 217-218 (agosto-setiembre): 219-224.

INSTITUTO INTERAMERICANO DE CIENCIAS AGRÍCOLAS DE LA OEA

1967 «Simposio de Educación para el Hogar para Dirigentes de Programas de Enseñanza y Desarrollo, Lima, Peru, 15-28 de febrero».

JIMÉNEZ CAMACHO, José
1940 «El ejercicio de la profesión médica en provincias: obstetricia rural en la sierra del Perú». *Actualidad Médica Peruana* 6, 3: 74-79.

KESSERÜ, Esteban; Alfredo LARRAÑAGA, y Julio PARADA
1973 «Postcoital Contraception with D-Norgestrel». *Contraception* 7, 5: 367-379.

KESSLER, Alexander y C. C. STANLEY
1974 «Human Reproduction and Family Planning: Research Strategies in Developing Countries». *Nature* 251: 577-579.

KISER, Clyde
1967 «Population Trends and Public Health in Latin America». *Milbank Memorial Fund Quarterly* 45: 43-59.

KNAUS, Hermann
1934 *Die Periodische Fruchtbarkeit und Unfruchtbarkeit des Weibes.* Viena: W. Maudrich.

KUCZYNSKI GODARD, Maxime
1944 *La vida en la Amazonía peruana: observaciones de un médico.* Lima: UNMSM.

LANDAURO VALENTINI, Alonso
1953 «La esterilización quirúrgica en obstetricia». *Boletín de la Asociación de Médicos del Hospital de Mujeres y Maternidad del Callao*, IX, VII, 37: 857-863.

LANDRY, Adolphe
1934 *La Révolution Démographique: Études et Essais sur les Problèmes de la Population.* París: Institut Nationale d'Études Démographiques.

LARRAÑAGA, Alfredo y Esteban KESSERÜ
1968 «Dos años de experiencia clínica con el enantato de noretisterona como anticonceptivo inyectable de depósito». *Ginecología y Obstetricia* 14, 2: 209-221.

LARRAÑAGA, Alfredo; Max WINTERHALTER, y José NATAL
1975 «Evaluation of d-Norgestrel 1.0mg as a Post-coital Contraceptive». *International Journal of Fertility* 20: 156-160.

LEWIS, José Guillermo
1934 «El problema de la esterilización». *La Reforma Médica* 20, 189 (3 de mayo): 364.

LISSÓN, Carlos
1887 *Breves apuntes sobre la sociología del Perú en 1886*. Lima: Benito Gil.

LOS MINISTROS DE SALUD
1973 «Los ministros de Salud de las Américas aprueban las metas para el decenio 1971-1980». *Boletín de la Oficina Sanitaria Panamericana* LXXIV, 5 (mayo): 441-445.

LUNA VEGAS, Ricardo
1940 *Factores etiológicos de la peligrosidad en los menores*. Lima: La Cotera.

MAC-LEAN Y ESTENOS, Roberto
1951 «La eugenesia en América». *Revista Mexicana de Sociología* 13, 3: 359-387.

MAQUEO-TOPETE, Manuel; Edel BERMAN, Javier SOBERÓN y Juan José CALDERÓN
1969 «A Pill-a-Month Contraceptive». *Fertility and Sterility* 20, 6: 884-891.

MAZZI, Víctor (ed.)
1976 *Poesía proletaria del Perú, 1930-1976*. Lima: Biblioteca Universitaria.

MCGREGOR, Felipe
1966 «Posición de la Iglesia sobre la regulación de los nacimientos». *Tribuna Médica* 2, 92 (6 de junio): 1, 13, 15.

MEDEL, Mario
1975 «Avances en anticoncepción intrauterina». *Ginecología y Obstetricia* 21, 1-3: 244-259.

MEETING ON POPULATION POLICIES

1967 «Meeting on Population Policies in Relation to Development in Latin America: Recommendations». *Studies in Family Planning* 1, 25: 1-4.

MEMORIAS DEL II CONGRESO MÉDICO PAN-AMERICANO DE MÉXICO

1898 *Memorias del II Congreso Médico Pan-Americano de México 16-19 de Noviembre de 1896*. México, D. F.: Hoeck & Hamilton.

MENDOZA, Ofelia

1965 «Population Growth and Family Planning in Latin America». *Journal of Sex Research* 1, 2: 161-170.

MORENO, Javier

1967 «Esterilización tubárica bilateral por pinzamientos sucesivos y electrocauterización». *Tribuna Médica* 4, 157 (18 de setiembre): 1-7.

NEIRA SAMANEZ, Hugo

1974 *Huillca: habla un campesino peruano*. Lima: Peisa.

NELSON, Richard

1956 «A Theory of the Low-Level Equilibrium Trap in Underdeveloped Economies». *American Economic Review* 46, 5: 894-908.

NOTESTEIN, Frank

1945 «Population: The Long View». En Theodore Schultz (ed.). *Food for the World*. Chicago, IL: University of Chicago Press.

1971 «Reminiscences: The Role of Foundations, the Population Association of America, Princeton University and the United Nations in Fostering American Interest in Population Problems». *Milbank Memorial Fund Quarterly* 49, 4 (parte 2): 67-85.

ODELL, W. D. y M. E. MOLITCH

1974 «The Pharmacology of Contraceptive Agents». *Annual Review of Pharmacology* 14: 413-434.

OFICINA SANITARIA PANAMERICANA

1959 «Oficina Sanitaria Panamericana». *Boletín de la Oficina Sanitaria Panamericana* XLVI, 2 (febrero): 192-193.

OGINO, Kyusaku

1934 *The Conception Period of Women*. Harrisburg, PA: Medical Arts Publishing Company.

OPPENHEIMER, W.

1959 «Prevention of Pregnancy by the Gräfenberg Ring Method». *American Journal of Obstetrics and Gynecology* 78: 446-454.

PALMA, Clemente

1897 *El porvenir de las razas en el Perú*. Lima: Torres Aguirre.

PAZ SOLDÁN, Carlos Enrique

1914 *La protección a la infancia en el Perú*. Lima: Centro Editorial.

1933 «Editorial». *La Reforma Médica* 19, 165 (15 de junio): 198.

1949 «El magno problema». *La Crónica* (5 de mayo): 10.

1953 «¿Será mejor que no nazcan?». *La Reforma Médica* 39, 577 (marzo-abril): 39-40.

1956 *Heredia y sus discípulos*. Lima: Instituto de Medicina Social.

PAZ SOLDÁN, Carlos Enrique (ed.)

1922 *Actas y trabajos de la I Conferencia Nacional sobre el Niño Peruano*. Lima: Unión.

PAZOS, Pedro; Helí CANCINO, Guillermo TAGLIABUE, Carlos FLORES-GUERRA, y Enrique BARTRA

1970 «Programas de orientación cristiana en relación con la regulación de la natalidad en el Perú». *Ginecología y Obstetricia* 16, 2: 153-168.

PREBISCH, Raul

1950 *The Economic Development of Latin America and Its Principal Problems*. Nueva York, NY: Naciones Unidas.

1964 *Towards a New Trade Policy for Development*. Nueva York, NY: Naciones Unidas.

PROCEEDINGS OF THE 4TH IPPF/WHR CONFERENCE

1965 *Proceedings of the 4th IPPF/WHR Conference, San Juan, Puerto Rico, April 1964*. Nueva York: IPPF.

RICE-WRAY, Edris
1964 «The Provoked Abortion–A Major Public Health Problem». *American Journal of Public Health* 54, 2: 313-321.

ROBLES RAMÍREZ, Salvador
1967 *Páginas de la vida real: guía matrimonial, control de la natalidad, ¿para qué?* Lima: Ediciones Luz.

ROCK, John
1963 *The Time Has Come: A Catholic Doctor's Proposals to End the Battle over Birth Control.* Londres: Longmans.

ROSTOW, Walt
1960 *The Stages of Economic Growth, A Non-Communist Manifesto.* Cambridge: Cambridge University Press.

RUBIO LOTVIN, Boris y Edel BERMAN
1970 «Once-a-Month Oral Contraceptive: Quinestrol and Quingestanol». *Obstetrics and Gynecology* 35, 6: 933-936.

SEGAL, S. J.; A. L. SOUTHAM y K. D. SHAFER (eds.)
1965 *Proceedings of the Second International Conference on Intra-Uterine Contraception.* Ámsterdam: Excerpta Medica.

SALCEDO, Manuel
1944 «Infancia abandonada en peligro y peligrosa». *Boletín del Departamento de Protección Materno Infantil* 4, 15-16: 11-32.

SANTOLALLA, Irene Silva
1940 *Por la felicidad de nuestros hijos.* Buenos Aires: s. e.

1943 *Hacia un mundo mejor.* Lima: Universal.

1957 *Intentando la solución de ¡el gran problema!* Lima: Salas.

1974 *Mi aporte a la educación familiar.* Lima: Universo.

1979 *Perú, país pionero en educación familiar sistemática.* S. l.: Instituto Superior de Educación Familiar.

STYCOS, Joseph
1964 *The Control of Human Fertility in Jamaica.* Ithaca, NY: Cornell University Press.

1968 *Human Fertility in Latin America: Sociological Perspectives*. Ithaca, NY: Cornell University Press.

1974 «Demographic Chic at the UN». *Family Planning Perspectives* 6, 3: 160-164.

THOMPSON, Warren

1929 *Danger Spots in World Population*. Nueva York, NY: A. A. Knopf.

TIETZE, Christopher y Sarah LEWIT (eds.)

1962 *Proceedings of the First International Conference on Intra-Uterine Devices*. Ámsterdam: Excerpta Medica.

TOWNLEY, Ralph

1974 «Government and Population: The World Population Conference, 1974». *International Journal of Health Services* 3, 4: 689-692.

TRANSACTIONS OF THE 1ST PAN-AMERICAN MEDICAL CONGRESS

1895 *Transactions of the 1st Pan-American Medical Congress, Washington DC, 5-8 September 1893*. Washington, D. C.: Government Printing Office.

TUDELA, Francisco

1908 *El problema de la población en el Perú*. Lima: San Pedro.

VALDIZÁN, Hermilio y Ángel MALDONADO

1922 *La medicina popular peruana, volumen 1*. Lima: Torres Aguirre.

VICUÑA, Juan Manuel, Esteban KESSERU, y Alfredo LARRAÑAGA

1970 «Evaluación del uso del dispositivo intrauterino de Lippes como método de planificación familiar». *Ginecología y Obstetricia* 16, 2: 101-118.

VILLAMÓN, Froilán

1955 «El derecho de nacer y la conservación de la especie». *Revista Peruana de Obstetricia* 3, 1: 7-26.

VILLAVICENCIO, Víctor

1942 *La vida sexual del indígena peruano*. Lima: Barrantes Castro.

Vogt, William
1948 *Road to Survival*. Nueva York, NY: William Sloane.

Wadia, Avabai
2001 *The Light is Ours: Memoirs and Movements*. Londres: International Planned Parenthood Federation.

Williams, J. Whitridge
1904 *Obstetrics*. Nueva York, NY: D. Appleton.

Tesis de medicina

Alayza Tejada, Eleodoro
1955 «Estudio médico social del distrito de Pachacamac». Tesis de grado, Facultad de Medicina de San Fernando.

Altuna del Valle, Enrique
1955 «Una concentración sub-urbana peligrosa para la sanidad de Lima». Tesis de grado, Facultad de Medicina de San Fernando.

Amorín V., Antonio
1953 «Causas de la mortalidad fetal y la neonatal en el Callao». Tesis de grado, Facultad de Medicina de San Fernando.

Arévalo Ruiz, Manuel
1957 «La "barriada" Carmen de la Legua: contribución al estudio médico social de los suburbios de Lima». Tesis de grado, Facultad de Medicina de San Fernando.

Arroyo Posadas, Glicerio
1957 «Infancia y pro-biofilaxis (dos mil niños y su destino socio vital en El Montón)». Tesis de grado, Facultad de Medicina de San Fernando.

Bambarén, Celso
1946 «Algunas consideraciones sobre las perversiones sexuales y la delincuencia». Tesis de grado, Facultad de Medicina de San Fernando.

BARANDIARÁN, J. M.
1922 «Descanso y protección de la mujer embarazada». Tesis de grado, Facultad de Medicina de San Fernando.

BARRETO P., David U.
1945 «Problema materno-infantil en Iquitos». Tesis de grado, Facultad de Medicina de San Fernando.

BASADRE, Eduardo
1907 «Ligeras consideraciones sobre el uso prematuro y el abuso del corsé». Tesis de grado, Facultad de Medicina de San Fernando.

BERAÚN, A. A.
1906 «Curetaje uterino y sus aplicaciones terapéuticas». Tesis de grado, Facultad de Medicina de San Fernando.

BURGOS AMAYA, José
1957 «La procreación consciente en nuestro país y el ritmo de la esterilidad y de la fecundidad en la mujer». Tesis de grado, Facultad de Medicina de San Fernando.

BUSTAMANTE DE MONTALVÁN, Tula
1968 «Algunos aspectos de planificación familiar en Trujillo». Tesis de bachiller en Enfermería, Universidad Nacional de Trujillo.

CABRERA CASTRO, Francisco
1931 «Ensayo de clasificación de la etiología del aborto». Tesis de grado, Facultad de Medicina de San Fernando.

CÁCERES, Ismael
1891 «Patogenia y etiología del aborto». Tesis de grado, Facultad de Medicina de San Fernando.

CADEMÁRTORI, Luis
1928 «La asistencia médico-social del niño en el Callao». Tesis de grado, Facultad de Medicina de San Fernando.

CASAS, Alfonso de las
1913 «La delincuencia infantil». Tesis de grado, Facultad de Medicina de San Fernando.

CHANGANAQUÍ E., Francisco
1916 «Algunos casos de infanticidio en Lima». Tesis de grado, Facultad de Medicina de San Fernando.

CHIRI, Leoncio P.
1917 «Consideraciones sobre la sífilis y el embarazo entre nosotros». Tesis de grado, Facultad de Medicina de San Fernando.

COLINA, Víctor
1917 «Contribución al estudio de la profilaxia de las enfermedades venéreas y de su tratamiento abortivo». Tesis de grado, Facultad de Medicina de San Fernando.

CORRALES DÍAZ, J.
1934 «Estadística y profilaxia de las enfermedades venéreas en la Armada Peruana». Tesis de grado, Facultad de Medicina de San Fernando.

DEUSTUA, Luis Fidel
1884 «Higiene de la lactancia». Tesis de grado, Facultad de Medicina de San Fernando.

ECHANDÍA, Juana; Giovanna ELESCANO, Dominga DUEÑAS, Elena CASTILLO, María MEDINA, Luis SÁNCHEZ, Clara TASAICO, Pablo CASTRO, Regina ARAKAKI, Rosa AGÜERO y Esther REYES
1972 «Estudio de la comunidad y programación de actividades de salud del pueblo joven El Planeta». Tesis de grado, Facultad de Enfermería de San Fernando.

ESCUDERO VILLAR, Juan M.
1930 «Contribución al estudio del aborto». Tesis de grado, Facultad de Medicina de San Fernando.

ESPINOSA PALACIOS, José Nicanor
1936 «La sífilis en las clases trabajadoras». Tesis de grado, Facultad de Medicina de San Fernando.

FLORES S., Elio
1936 «El hogar infantil y su rendimiento de bien médico social». Tesis de grado, Facultad de Medicina de San Fernando.

FOSALBA, Rafael
1928 «Ideas generales sobre la herencia». Tesis de grado, Facultad de Medicina de San Fernando.

FOSALBA Y MURO, Daniel A.
1929 La excusa absolutoria del aborto científico». Tesis de grado, Facultad de Medicina de San Fernando.

FRÍAS OCAMPO, César
1951 «Causas de internamiento y de muerte en la maternidad de Lima». Tesis de grado, Facultad de Medicina de San Fernando.

GAVIDIA, Agustín
1904 «El aborto como accidente espontáneo o patológico en el curso del embarazo». Tesis de grado, Facultad de Medicina de San Fernando.

GAVIDIA LINO, Víctor Manuel
1968 «El aborto como problema de seguridad social». Tesis de grado, Facultad de Medicina de San Fernando.

GIL CÁRDENAS, José
1884 «El matrimonio civil». Tesis de grado, Facultad de Medicina de San Fernando.

GONZÁLEZ, Benigno
1929 «Contribución a la maternología nacional». Tesis de grado, Facultad de Medicina de San Fernando.

GONZÁLEZ, Juan N.
1918 «La prostitución reglamentada en Lima». Tesis de grado, Facultad de Medicina de San Fernando.

GUARDIA SALAS, Guillermo
1971 «Evaluación quirúrgica de dispositivos intrauterinos aplicados en un plan piloto de planificación familiar en Pamplona Alta». Tesis doctoral, Facultad de Medicina de San Fernando.

GUZMÁN RODRÍGUEZ, Manuel
1905 «Profilaxis de las enfermedades venéreas». Tesis de grado, Facultad de Medicina de San Fernando.

Herón Frisancho, Juan
1938 «Mortalidad infantil y movimiento demográfico en la ciudad de Puno». Tesis de grado, Facultad de Medicina de San Fernando.

Iannacone Martínez, Felipe
1964 «Vida reproductiva en las mujeres de 20 a 39 años». Tesis de grado, Facultad de Medicina de San Fernando.

Landaburú Soubise, Juan E.
1946 «Contribución al estudio de la mortalidad materna». Tesis de grado, Facultad de Medicina de San Fernando.

Latorre, Rafael
1944 «El preventivo antivenéreo civil en Lima». Tesis de grado, Facultad de Medicina de San Fernando.

Lawezzari, Alejandro
1908 «Algunas consideraciones sobre la protección de la infancia en Lima». Tesis de grado, Facultad de Medicina de San Fernando.

León García, Enrique
1909 «Las razas en Lima». Tesis doctoral, Facultad de Medicina de San Fernando.

Linares Lizárraga, Antonieta
1947 «Contribución al estudio médico social de la madre lactante». Tesis de grado, Facultad de Medicina de San Fernando.

López, Mariano M.
1891 «Diagnóstico de los flujos útero-vaginales en las enfermedades venéreas». Tesis de grado, Facultad de Medicina de San Fernando.

López Cornejo, Félix
1940 «Las realidades de la asistencia del parto en el Perú». Tesis de grado, Facultad de Medicina de San Fernando.

Martínez Valdez, J. Emilio
1974 «Anticoncepción intrauterina: evaluación de los dispositivos intrauterinos en el Centro de Protección Familiar de Breña». Tesis de grado, Facultad de Medicina de San Fernando.

Melgar Menéndez, Pedro
1929 «Profilaxia social de las enfermedades venéreas». Tesis de grado, Facultad de Medicina de San Fernando.

Mercado B., Alejandro
1921 «Contribución al estudio del infanticidio en Lima». Tesis de grado, Facultad de Medicina de San Fernando.

Merkel, Felipe
1908 «Reglamentación de la prostitución en Lima». Tesis de doctorado, Facultad de Medicina de San Fernando.

Molina, Wenceslao
1896 «El curetaje uterino». Tesis de doctorado, Facultad de Medicina de San Fernando.

Monge Raguz, Augusto
1954 «El avecindamiento humano en el cerro San Cosme». Tesis de grado, Facultad de Medicina de San Fernando.

Montero Mogollón, María de los Ángeles
1972 «Motivaciones de las pacientes con dispositivo intrauterino perdidas al seguimiento». Tesis de grado, Facultad de Trabajo Social de la Universidad Nacional Mayor de San Marcos.

Montoya M., José Julio
1941 «Estudio médico legal sobre un caso de pseudo-embarazo y pseudo-aborto». Tesis de grado, Facultad de Medicina de San Fernando.

Morales Martínez, Humberto
1957 «Eugenesia, matrimonio y convivencia: aspecto médico legal». Tesis de grado, Facultad de Medicina de San Fernando.

Navas Mena, José P.
1966 «Planificación familiar en el medio policial». Tesis de grado, Facultad de Medicina de San Fernando.

Neyra Mosquera, Alejandro
1951 «El problema médico legal y médico social del aborto en el Perú». Tesis de grado, Facultad de Medicina de San Fernando.

OLASCOAGA MAR, Carlos
1961 «Estudio médico social del problema materno-infantil en la ciudad de Tacna». Tesis de grado, Facultad de Medicina de San Fernando.

OSTOLAZA, Mariano
1889 «Estudio del chancro». Tesis de grado, Facultad de Medicina de San Fernando.

PASTOR PADIERNA, Carlos
1924 «El control sanitario del matrimonio». Tesis de grado, Facultad de Medicina de San Fernando.

PAZ SOLDÁN, Carlos Enrique
1910 «La medicina militar y los problemas nacionales». Tesis de grado, Facultad de Medicina de San Fernando.

PILARES POLO ESCALANTE, Víctor M.
1947 «La profilaxis de la sífilis en el Ejército». Tesis de grado, Facultad de Medicina de San Fernando.

PORTILLO B., Humberto
1925 «El problema de la natimortalidad en Lima». Tesis de grado, Facultad de Medicina de San Fernando.

QUINTANA FLORES, Carlos Alberto
1955 «Contribución al estudio del problema social y médico legal del aborto: estudio estadístico de la ciudad de Pisco». Tesis de grado, Facultad de Medicina de San Fernando.

QUINTANILLA PAULET, Antonio
1956 «Algunos problemas médicos en relación con el subdesarrollo económico del Perú». Tesis de grado, Facultad de Medicina de San Fernando.

ROBINSON, Fernando
1936 «Algunas observaciones acerca de nuestro problema racial». Tesis de grado, Facultad de Medicina de San Fernando.

ROLDÁN, Nestor P.
1914 «El peligro venéreo y su profilaxia en el Ejército». Tesis de grado, Facultad de Medicina de San Fernando.

Román Arredondo, Manuel Salomón
1940 «Contribución al mejoramiento de la asistencia médico-social del niño chalaco». Tesis de grado, Facultad de Medicina de San Fernando.

Ruiz, José Alejandro
1938 «Evolución demográfica de Chiclayo». Tesis de grado, Facultad de Medicina de San Fernando.

Silva Valladares, Carlos Alberto
1966 «Vida reproductiva de las mujeres de 20-39 años». Tesis de grado, Facultad de Medicina de San Fernando.

Suárez Camargo, José
1955 «Una visita a ciudad de Dios». Tesis de grado, Facultad de Medicina de San Fernando.

Tello Morales, Ernesto
1953 «Causas de muerte materna en la Maternidad de Lima, 1947-1952». Tesis de grado, Facultad de Medicina de San Fernando.

Untiveros Morales, Jesús
1946 «La frecuencia de los abortos en Lima». Tesis de grado, Facultad de Medicina de San Fernando.

Valle Medina, Pedro
1946 «Contribución al estudio del problema social y médico-legal del aborto en el Callao». Tesis de grado, Facultad de Medicina de San Fernando.

Vega Gamarra, Pedro
1929 «Contribución al estudio de la mortalidad infantil en Huaraz». Tesis de grado, Facultad de Medicina de San Fernando.

Vilches Bedoya, Harry
1956 «Capacidad para el matrimonio». Tesis de grado, Facultad de Medicina de San Fernando.

Winterhalter Uriarte, Max
1969 «Un nuevo contraceptivo oral». Tesis de grado, Facultad de Medicina de San Fernando.

Fuentes secundarias

ABEL, Christopher

1996 *Health, Hygiene and Sanitation in Latin America c. 1870 to 1950*. Londres: University of London Press.

ACERO, Gloria y María DALLE RIVE

1992 *Medicina indígena: Cacha-Chimborazo*. Quito: Abya-Yala.

AGOSTONI, Claudia

2007 «Las mensajeras de la salud: enfermeras visitadoras en la Ciudad de México durante la década de los 20». *Estudios de Historia Moderna y Contemporánea de México* 33: 89-120.

ÁGUILA, Alicia del

2003 *Los velos y las pieles: cuerpo, género y reordenamiento social en el Peru republicano*. Lima: IEP.

AGUIRRE, Carlos

2005 *Breve historia de la esclavitud en el Perú: una herida que no deja de sangrar*. Lima: Fondo Editorial del Congreso del Perú.

ALMEIDA, Marta de

2006 «Circuito Aberto: Idéias e Intercâmbios Médico-Científicos na América Latina nos Primórdios do Século XX». *História, Ciências, Saúde* 13, 3: 733-757.

ANDERSON, Jeanine

2001 *Tendiendo puentes: calidad de atención desde la perspectiva de las mujeres rurales y de los proveedores de los servicios de salud*. Lima: Manuela Ramos.

APPLE, Rima

2006 *Perfect Motherhood: Science and Childrearing in America*. New Brunswick, NJ: Rutgers University Press.

ARAMBURÚ, Carlos

1981 *Migración interna en el Perú*. Lima: INANDEP.

1994 «Is Population Policy Necessary? Latin America and the Andean Countries». *Population and Development Review* 20 (suplemento): 159-178.

ARAMBURÚ, Carlos; Eduardo BEDOYA, y Jorge RECHARTE
1982 *Colonización en la Amazonía*. Lima: Centro de Investigación y Población Amazónica.

ARANA, Marie
2013 «The Kids Left behind by the Boom». *New York Times* (21 de marzo): A27.

ARIAS SCHREIBER PEZEt, Jorge
1979 «Los médicos peruanos en la Guerra del Pacífico». *Acta Médica Peruana* 2: 1-8.

ARIAS STELLA, Javier
1998 «Anatomía patológica en el Perú: un enfoque histórico». *Revista Médica Herediana* 9, 2: 81-83.

ARIÈS, Philippe
1962 *Centuries of Childhood: A Social History of Family Life*. Nueva York, NY: Vintage Books.

ARNUP, Katherine
1994 *Education for Motherhood: Advice for Mothers in Twentieth Century Canada*. Toronto: University of Toronto Press.

BART, Pauline
1981 «Seizing the Means of Reproduction: An Illegal Feminist Abortion Collective–How and Why It Worked». En Helen Roberts (ed.). *Women, Health and Reproduction*. Londres: Routledge & Kegan Paul.

BAZUL, Víctor
1996 «El profesor doctor Constantino T. Carvallo y la creación de la cátedra de ginecología en la Facultad de Medicina». *Anales de la Facultad de Medicina* 57, 2-4: 40-42.

BERELSON, Bernard
1964 «National Family Planning Programs: A Guide»" *Studies in Family Planning* 1, 5 (suplemento): 1-12.

BERLIN, Elois Ann
1985 «Aspects of Fertility Regulation Among the Aguaruna Jivaro of Peru». En Lucile Newman (ed.). *Women's Medicine: A Cross-*

Cultural Study of Indigenous Fertility Regulation. New Brunswick, NJ: Rutgers University Press.

BIRN, Anne-Emanuelle

2002 "No More Surprising than a Broken Pitcher"? Maternal and Child Health in the Early Years of the Pan American Sanitary Bureau». *Canadian Bulletin of Medical History* 19: 17-46.

2005 «Uruguay on the World Stage: How Child Health Became an International Priority». *American Journal of Public Health* 95, 9: 1506-1517.

2006 *Marriage of Convenience: Rockefeller International Health and Revolutionary Mexico*. Rochester, NY: University of Rochester Press.

BLAKE, Stanley

2003 «The Medicalization of Nordestinos: Public Health and Regional Identity in Northeastern Brazil, 1889-1930». *The Americas* 60, 2: 217-248.

BLEDSOE, Caroline

2002 *Contingent Lives: Fertility, Time and Aging in West Africa*. Chicago, IL: University of Chicago Press.

BLISS, Katherine

2001 *Compromised Positions: Prostitution, Public Health, and Gender Politics in Revolutionary Mexico City*. University Park, PA: Penn State University Press.

BOCK, Gisela y Pat THANE (eds.)

1991 *Maternity and Gender Policies: Women and the Rise of the European Welfare States, 1880-1950s*. Londres: Routledge.

BOLTON, Ralph y Enrique MAYER (eds.)

1977 *Andean Kinship and Marriage*. Washington, D. C.: American Anthropological Association.

BOLTON, Ralph; Tom GREAVES y Florencia ZAPATA

2010 *50 años de antropología: Vicos y otras experiencias aplicadas en el Perú*. Lima: IEP.

Bonfiglio, Giovanni
1999 «Veinticinco años de debates de población en la prensa peruana, 1974-1999». Documento mimeografiado.

2001 *La presencia europea en el Perú.* Lima: Congreso del Perú.

Bonilla, Heraclio
1981 *Un siglo a la deriva: ensayos sobre el Perú, Bolivia y la Guerra.* Lima: IEP.

Borges, Dain
1993 «"Puffy, Ugly, Slothful and Inert": Degeneration in Brazilian Social Thought, 1880-1940». *Journal of Latin American Studies* 25, 2: 235-256.

Bowser, Frederick
1974 *The African Slave in Colonial Peru, 1524-1650.* Palo Alto, CA: Stanford University Press.

Briggs, Laura
2002 *Reproducing Empire: Race, Sex, Science and US Imperialism in Puerto Rico.* Berkeley, CA: University of California Press.

Brölmann, H. A. M.; F. P. H. L. J. Dijkhuizen, y B. W. J. Mol
2004 «The Clinical Importance of the Microcurettage». *Reviews in Gynaecological Practice* 4: 58-64.

Brooke, James
1993 «High Rate of South American Abortion Ills Seen». *New York Times* (23 de noviembre): C5.

Brouwere, Vincent de
2008 «The Comparative Study of Maternal Mortality over Time: The Role of the Professionalization of Childbirth». *Social History of Medicine* 20, 3: 541-562.

Brown, Phil y Edwin Mikkelsen
1990 *No Safe Place: Toxic Waste, Leukemia, and Community Action.* Berkeley, CA: University of California Press.

BULMER-THOMAS, Victor
2003 *The Economic History of Latin America since Independence.* Cambridge: Cambridge University Press.

BURGA, Manuel y Alberto FLORES GALINDO
1979 *Apogeo y crisis de la República Aristocrática.* Lima: Rikchay.

BUSTÍOS ROMANÍ, Carlos
2003a «Notas sobre la historia de la educación médica en el Perú, primera parte, 1568-1933». *Acta Médica Peruana* 20, 2: 94-108.

2003b «Notas sobre la historia de la educación médica, 1933-1980, segunda parte». *Acta Médica Peruana* 20, 3: 133-149.

2007 *Crisis de los sistemas de salud y de seguridad social en el Perú: 1968-1990.* Lima: Universidad Nacional Mayor de San Marcos.

CABALLERO, José María
1969 *Economía agraria de la sierra peruana antes de la reforma agraria de 1969.* Lima: IEP.

CADENA, Marisol de
2000 *Indigenous Mestizos: The Politics of Race and Culture in Cuzco, Peru, 1919-1991.* Durham, NC: Duke University Press.

CALDWELL, John
1976 «Toward a Restatement of Demographic Transition Theory». *Population and Development Review* 2, 3-4: 321-366.

CALDWELL, John y Pat CALDWELL
1986 *Limiting Population Growth and the Ford Foundation Contribution.* Londres: Frances Pinter.

CANGUILHEM, Georges
1966 *Le Normal et le Pathologique.* París: Presses Universitaires Françaises.

CAÑIZARES-ESGUERRA, Jorge
2006 *Nature, Empire and Nation: Explorations of the History of Science in the Iberian World.* Palo Alto, CA: Stanford University Press.

CARAVEDO, Baltazar
1976 *Burguesía e industria en el Perú, 1933-1945*. Lima: IEP.

1978 *Desarrollo desigual y lucha política en el Perú, 1948-1956: la burguesía arequipeña y el Estado peruano*. Lima: IEP.

CARRILLO, Ana María
1999 «Nacimiento y muerte de una profesión: las parteras tituladas en México». *Dynamis* 19: 167-190.

CARTER, W. E.
1977 «Trial Marriage in the Andes?». En Ralph Bolton y Enrique Mayer (ed.). *Andean Kinship and Marriage*. Washington, D. C.: American Anthropological Association.

CASALINO SEN, Carlota
2005 «De cómo los "chinos" se transformaron y nos transformaron en peruanos». *Investigaciones Sociales* 9, 15: 109-132.

CASTAÑEDA, Xochitl; Cecilia GARCÍA y Ana LANGER
1996 «Ethnography of Fertility and Menstruation in Rural Mexico». *Social Science and Medicine* 42, 1: 133-140.

CAULFIELD, Suann
2000 *In Defense of Honor: Sexual Morality, Modernity and Nation in Early Twentieth-Century Brazil*. Durham, NC: Duke University Press.

CHAMBERS, Sarah
2003 *De súbditos a ciudadanos: honor, género y política en Arequipa, 1780-1854*. Lima: Red para el Desarrollo de las Ciencias Sociales.

CHAMBI, Néstor; Walter CHAMBI, Víctor QUISO, Sabino CUTIPA, Valeriano GORDILLO, y Jorge APAZA
1997 *Así nomás nos curamos: la medicina en los Andes*. Puno: Asociación Chuyma.

CHANEY, Elsa
1973 «Old and New Feminists in Latin America: The Case of Peru and Chile». *Journal of Marriage and the Family* 35, 2: 331-343.

1979 *Supermadre: Women in Politics in Latin America*. Austin, TX: University of Texas Press.

CHASSEN-LÓPEZ, Francie
2008 «A Patron of Progress: Juana Catarina Romero, the Nineteenth-Century Cacica of Tehuantepec». *Hispanic American Historical Review* 88, 3: 393-426.

CLARK, A. Kim
2012 *Gender, State, and Medicine in Highland Ecuador: Modernizing Women, Modernizing the State, 1895-1950*. Pittsburgh, PA: University of Pittsburg Press.

CLINE, David
2006 *Creating Choice: A Community Responds to the Need for Abortion and Birth Control, 1961-1973*. Nueva York, NY: Palgrave Macmillan.

COALE, Ansley y Susan COTTS WATKINS (eds.)
1986 *The Decline of Fertility in Europe*. Princeton, NJ: Princeton University Press.

CONGAR, Yves M. J.
1962 *Lay People in the Church: A Study for a Theology of the Laity*. Westminster, MD: Newman.

CONNELLY, Matthew
2008 *Fatal Misconception: The Struggle to Control World Population*. Cambridge, MA: Harvard University Press.

CONTRERAS, Carlos
1994 *Sobre los orígenes de la explosión demográfica en el Perú: 1876-1940*. Documento de Trabajo 61, Serie Economía 21. Lima: IEP.

2004 *El aprendizaje del capitalismo: estudios de historia económica y social del Perú republicano*. Lima: IEP.

CORIDEN, James
1973 «Church Law and Abortion». *The Jurist* 33: 184-198.

CORVALAN, Hugo

1979 «The Abortion Epidemic». En Malcolm Potts y Pouru Bhiwandiwala (eds.). *Birth Control: An International Assessment*. Lancaster, PA: MTP.

COSAMALÓN, Jesús

2007 «"Soy yo la que sostengo la casa": el trabajo femenino en Lima (siglo XIX)». En Carmen Meza y Teodoro Hampe (eds.). *La mujer en la historia del Perú, siglos XV al XX*. Lima: Congreso del Perú.

COTT, Nancy

1989 «"What's in a Name?" The Limits of Social Feminism». *Journal of American History* 76, 3: 809-829.

CRANE, Barbara

1994 «The Transnational Politics of Abortion». *Population and Development Review* 20 (suplemento): 241-262.

CUBA, Juan Manuel

2002 «Influencia de la medicina francesa en la medicina peruana». *Revista Peruana de Neurología* 8, 1: 31-40.

CUETO, Marcos

1997 *El regreso de las epidemias*. Lima: IEP.

2004 «Social Medicine and "Leprosy" in the Peruvian Amazon». *The Americas* 61, 1: 55-80.

2006 «La vocación por volver a empezar: las políticas de población en el Perú». *Revista Peruana de Medicina Experimental y Salud Pública* 23, 2: 123-131.

2007 *The Value of Health: A History of the Pan American Health Organization*. Rochester, NY: University of Rochester Press.

CUETO, Marcos (ed.)

1994 *Missionaries of Science: The Rockefeller Foundation and Latin America*. Bloomington, IN: Indiana University Press.

DAVID, Henry

1992 «Abortion in Europe, 1920-91: A Public Health Perspective». *Studies in Family Planning* 23, 1: 1-22.

DAVIS-FLOYD, Robbie y Carolyn SARGENT (eds.)

1997 *Childbirth and Authoritative Knowledge: Cross-Cultural Perspectives*. Berkeley, CA: University of California Press.

DEMENY, Paul

1988 «Social Science and Population Policy». *Population and Development Review* 14, 3: 451-479.

DIETZ, Henry

1980 *Poverty and Problem-Solving under Military Rule: The Urban Poor in Lima, Peru*. Austin, TX: University of Texas Press.

DONALDSON, Peter

1988 «American Catholicism and the International Family Planning Movement». *Population Studies* 42: 367-373.

1990 «On the Origins of the United States Government's International Population Policy». *Population Studies* 44, 3: 385-399.

DONAYRE, José; Roger GUERRA, y Luis SOBREVILLA

2012 *Políticas y programas de población en el Perú: del debate a la acción*. Lima: UPCH.

DONOVAN, Brian

2006 *White Slave Crusades: Race, Gender, and Anti-Vice Activism, 1887-1917*. Urbana; IL: University of Illinois Press.

DORE, Elizabeth y Maxine MOLYNEUX (eds.)

2000 *Hidden Histories of Gender and the State in Latin America*. Durham, NC: Duke University Press.

DRINOT, Paulo

2006 «Moralidad, moda y sexualidad: el contexto moral de la creación del Barrio Rojo de Lima». En Scarlett O'Phelan y Margarita Zegarra (eds.). *Mujeres, familia y sociedad en la historia de América Latina, siglos XVIII-XXI*. Lima: CENDOC-Mujer.

2011 *The Allure of Labor: Workers, Race, and the Making of the Peruvian State*. Durham, NC: Duke University Press [hay traducción al español editada por el IEP y el Ministerio de Cultura de Perú, Lima, 2016].

2012 «Creole Anti-Communism: Labor, the Peruvian Communist Party, and APRA, 1930-1934». *Hispanic American Historical Review* 92, 4: 703-736.

DUSSEL, Enrique
1996 «A Note on Liberation Theology». En Leslie Bethell (ed.). *Ideas and Ideologies in Twentieth Century Latin America*. Cambridge: Cambridge University Press.

ERASO, Yolanda
2008 «Biotypology, Endocrinology and Sterilization: The Practice of Eugenics in the Treatment of Argentinian Women during the 1930s». *Bulletin of the History of Medicine* 81, 4: 793-822.

EHRICK, Christine
2001 «Affectionate Mothers and the Colossal Machine: Feminism, Social Assistance and the State in Uruguay, 1910-1932». *The Americas* 58, 1: 121-139.

ESPEJO NÚÑEZ, Teobaldo
2006 «Estado Actual de la Población Peruana». *Revista de la Academia Peruana de Salud* 13, 1: 40-64.

EWIG, Christina
2010 *Second-Wave Neoliberalism: Gender, Race and Health Sector Reform in Peru*. University Park, PA: Penn State University Press [hay traducción al español editada por el IEP y la Universidad Peruana Cayetano Heredia, Lima, 2012].

FAGLEY, Richard
1960 *The Population Explosion and Christian Responsibility*. Nueva York, NY: Oxford University Press.

FELITTI, Karina
2007 «El debate médico sobre anticoncepción en Buenos Aires en los años sesenta del siglo XX». *Dynamis* 27: 333-357.

2012 *La revolución de la píldora: sexualidad y política en los sesenta*. Buenos Aires: Edhasa.

FERRANDO, Delicia
2002 *El aborto clandestino en el Perú: hechos y cifras*. Lima: Flora Tristán y Pathfinder International.

FERRANDO, Delicia y Carlos ARAMBURÚ
1996 «The Fertility Transition in Peru». En José Miguel Guzmán, Susheela Singh, Germán Rodríguez y Edith Pantelides (eds.). *The Fertility Transition in Latin America*. Oxford: Clarendon.

FEW, Martha
2002 *Women Who Live Evil Lives: Gender, Religion and the Politics of Power in Colonial Guatemala*. Austin, TX: University of Texas Press.

FIGA-TALAMANCA, Irene
1979 «Health and Economic Consequences of Illegal Abortions: Preliminary Findings from an International Study». En Gerald Zatuchni, John Sciarra, y J. Joseph Speidel (eds.). *Pregnancy Termination*. Hagerstown, MD: Harper and Row.

FINDLAY, Eileen Suárez
1999 *Imposing Decency: The Politics of Sexuality and Race in Puerto Rico, 1870-1920*. Durham, NC: Duke University Press.

FINKLE, Jason y C. Alison MCINTOSH
1994 «The New Politics of Population». *Population and Development Review* 20 (suplemento): 3-34.

FISHER, Kate
2000 «Uncertain Aims and Tacit Negotiation: Birth Control Practices in Britain 1925-1950». *Population and Development Review* 26: 295-317.

2006 *Birth Control, Sex, and Marriage in Britain*. Oxford: Oxford University Press.

FISHER, Kate y Simon Szreter
2003 «"They Prefer Withdrawal": The Choice of Birth Control in Britain, 1918-1950». *Journal of Interdisciplinary History* 34, 2: 263-291.

FLORES CISNEROS, Carmen
2003 «Saber popular y prácticas de embarazo, parto y puerperio en Yahuío, sierra norte de Oaxaca». *Perinatología y Reproducción Humana* 17: 36-52.

FLORES GALINDO, Alberto
1986 *Buscando un inca: identidad y utopía en los Andes*. Lima: SUR.

FRANCO, Jean
1998 «Defrocking the Vatican: Feminism's Secular Project». En Sonia Álvarez, Evelina Dagnino y Arturo Escobar (eds.). *Cultures of Politics, Politics of Cultures: Revisioning Latin American Social Movements*. Boulder, CO: Westview.

FREIRE, Maria
2009 *Mulheres, Mães e Médicos: Discurso Maternalista no Brasil*. Rio de Janeiro: *FGV*.

GERVAIS, Diane y Danielle GAUVREAU
2003 «Women, Priests, and Physicians: Family Limitation in Quebec, 1940-1970». *Journal of Interdisciplinary History* 34, 2: 293-314.

GEUSAU, Leo Alting von
1970 «International Reaction to the Encyclical Humana Vitae». *Studies in Family Planning* 1, 50: 8-12.

GINSBURG, Faye y Rayna RAPP (eds.)
1995 *Conceiving the New World Order: The Global Politics of Reproduction*. Berkeley, CA: University of California Press.

GOLTE, Jürgen y Norma ADAMS
1990 *Los caballos de Troya de los invasores: estrategias campesinas en la conquista de la Gran Lima*. Lima: IEP.

GOOD, Byron
1994 *Medicine, Rationality and Experience: An Anthropological Perspective*. Cambridge: Cambridge University Press.

GORDON, Linda
1976 *Woman's Body, Woman's Right: A Social History of Birth Control in America*. Nueva York, NY: Grossman.

GOTKOWITZ, Laura
2003 «Trading Insults: Honor, Violence, and the Gendered Culture of Commerce in Cochabamba, Bolivia, 1870s-1950s». *Hispanic American Historical Review* 83, 1: 83-118.

GRAHAM, Richard (ed.)
1990 *The Idea of Race in Latin America, 1870-1940*. Austin, TX: University of Texas Press.

GRAHAM, Sandra Lauderdale
1988 *House and Street: The Domestic World of Servants and Masters in Nineteenth-Century Rio de Janeiro*. Cambridge: Cambridge University Press.

GREEN, Marshall
1993 «The Evolution of US International Population Policy, 1965-92: A Chronological Account». *Population and Development Review* 19, 2: 303-321.

GUEVARA, Ernesto
1970 «Mensaje a los pueblos del mundo a través de la Tricontinental». En *Obras 1957-1967, tomo II*. La Habana: Casa de las Américas.

GUTIÉRREZ, Gustavo
1971 *Teología de la liberación: perspectivas*. Lima: CEP.

GUEVARA CHACABANA, Gamaniel
2006 «Aspectos históricos de la enseñanza de la pediatría y la atención de la salud infantil en el Perú». *Paediatrica* 8, 1: 20-26.

GUY, Donna
1981 «Women, Peonage, and Industrialization: Argentina, 1810-1914». *Latin American Research Review* 16, 3: 65-89.

1990 *Sex and Danger in Buenos Aires: Prostitution, Family and Nation in Argentina*. Lincoln, NE: University of Nebraska Press.

1998 «The Politics of Pan-American Cooperation: Maternalista Feminism and the Child Rights Movement, 1913-1960». *Gender & History* 10, 3: 449-469.

2000 *White Slavery and Mothers Alive and Dead: The Troubled Meeting of Sex, Gender, Public Health and Progress in Latin America*. Lincoln, NE: University of Nebraska Press.

GUZMÁN, José Miguel; Susheela SINGH, Germán RODRÍGUEZ y Edith PANTELIDES (eds.)
1996 *The Fertility Transition in Latin America*. Oxford: Clarendon.

HALE, Charles
1996 «Political Ideas and Ideologies in Latin America, 1870-1930». En Leslie Bethell (ed.). *Ideas and Ideologies in Twentieth Century Latin America*. Cambridge: Cambridge University Press.

HALPERIN DONGHI, Tulio
1970 *Historia contemporánea de América Latina*. Madrid: Alianza, .

HALTON, M.; R. L. DICKINSON y C. TIETZE
1948 «Contraception with an Intrauterine Silk Coil». *Human Fertility* 13: 10-13.

HAMPE, Teodoro
1990 «La Universidad Católica de Lima y la evolución de las universidades privadas en el Peru contemporáneo». *Revista de Historia de América* 110: 133-154.

HARTMANN, Betsy
1987 *Reproductive Rights and Wrongs: The Global Politics of Population Control and Contraceptive Choice*. Nueva York, NY: Harper & Row.

HAYA DE LA TORRE, Víctor Raúl
1936 *El antimperialismo y el APRA*. Santiago de Chile: Ercilla.

HERZOG, Tamar
1997 «Percibir el otro: el Código Penal de 1924 y la división de los peruanos en personas "civilizadas", "semi-civilizadas" y "salvajes"». En Johannes-Michael Scholz y Tamar Herzog (eds.). *Observation and Communication: The Construction of Realities in the Hispanic World*. Fráncfort del Meno: Vittorio Klostermann.

HOCHMAN, Gilberto

1998 *A Era do Saneamento: As Bases da Política de Saúde Pública no Brasil*. São Paulo: HUCITEC-ANPOCS.

HOCHMANN, Gilberto y Diego ARMUS (eds.)

2004 *Cuidar, Controlar, Curar: Ensaios Históricos sobre Saude e Doença na América Latina*. Rio de Janeiro: Fiocruz.

HODGES, Sarah

2008 *Contraception, Colonialism and Commerce: Birth Control in South India, 1920-1940*. Aldershot: Ashgate.

HODGES, Sarah (ed.)

2006 *Reproductive Health in India: History, Politics, Controversies*. Nueva Delhi: Orient Longman.

HUNEFELDT, Christine

2000 *Liberalism in the Bedroom: Quarreling Spouses in Nineteenth Century Lima*. University Park, PA: Penn State University Press.

HUNT, Nancy Rose

1999 *A Colonial Lexicon of Birth Ritual, Medicalization and Mobility in the Congo*. Durham, NC: Duke University Press.

HUTCHISON, Elizabeth Quay

2003 «Add Gender and Stir: Cooking Up Gendered Histories of Modern Latin America». *Latin American Research Review* 38, 1: 266-287.

INHORN, Marcia

2003 *Local Babies, Global Science: Gender, Religion and In Vitro Fertilization in Egypt*. Nueva York, NY: Routledge.

IZA, Agustín y Oswaldo SALAVERRY

2000 «El Hospital Real de San Andrés». *Anales de la Facultad de Medicina* 61, 3: 247-252.

JEFFERY, Roger y Patricia JEFFERY

1993 «Traditional Births Attendants in Rural North India: The Social Organization of Childbearing». En Shirley Lindenbaum y Margaret Lock (eds.). *Knowledge, Power and Practice: The*

Anthropology of Medicine and Everyday Life. Berkeley, CA: University of California Press.

JOHNSON-HANKS, Jennifer
2002 «On the Modernity of Traditional Contraception: Time and the Social Context of Fertility». *Population and Development Review* 28, 2: 229-249.

JONES, Gavin y Dorothy NORTMAN
1968 «Roman Catholic Fertility and Family Planning: A Comparative Review of the Research Literature». *Studies in Family Planning* 1, 34: 1-27.

KAISER, Robert Blair
1987 *The Encyclical that Never Was: The Story of the Commission on Population, Family and Birth, 1964-1966*. Londres: Sheed and Ward.

KAMPWIRTH, Karen y Victoria RODRÍGUEZ (eds.)
2001 *Radical Women in Latin America, Left and Right*. University Park, PA: Pennsylvania State University Press.

KLAIBER, Jeffrey
1983 «The Catholic Lay Movement in Peru: 1867-1959». *The Americas* 40, 2: 149-170.

1989 «Prophets and Populists: Liberation Theology, 1968-1988». *The Americas* 46, 1: 1-15.

1992 *The Catholic Church in Peru, 1821-1985: A Social History*. Washington, D. C.: Catholic University Press.

KLAREN, Peter
1976 *Formación de las haciendas azucareras y orígenes del APRA*. Lima: IEP.

KLAREN, Peter y Thomas BOSSERT (eds.)
1986 *The Promise of Development: Theories of Change in Latin America*. Boulder, CO: Westview.

KLAUS, Alisa
1993 *Every Child a Lion: The Origins of Maternal and Infant Health Policy in the United States and France, 1890-1920*. Ithaca, NY: Cornell University Press.

KLAUSEN, Susanne
2004 *Race, Maternity and the Politics of Birth Control in South Africa, 1910-39*. Nueva York, NY: Palgrave Macmillan.

KLEINMAN, Arthur
1988 *The Illness Narratives: Suffering, Healing and the Human Condition*. Nueva York, NY: Basic Books.

KOVEN, Seth y Sonya MICHEL (eds.)
1993 *Mothers of a New World: Maternalist Politics and the Origins of Welfare States*. Nueva York, NY: Routledge.

LADD-TAYLOR, Molly
2001 «Eugenics, Sterilization and Modern Marriage in the USA: The Strange Career of Paul Popenoe». *Gender & History* 13, 2: 298-327.

LANGLAND, Victoria
2008 «Birth Control Pills and Molotov Cocktails: Reading Sex and Revolution in 1968 Brazil». En Gilbert Joseph y Daniela Spenser (eds.). *In From the Cold: Latin America's New Encounter with the Cold War*. Durham, NC: Duke University Press.

LAS PRIMERAS PARLAMENTARIAS PERUANAS
[s. f.] «Las primeras parlamentarias peruanas». Recuperado de <http://www4.congreso.gob.pe/museo/republica/mujeres-parlamentarias.pdf>.

LATHAM, Michael
2000 *Modernization as Ideology: American Social Science and Nation Building in the Kennedy Era*. Chapel Hill, NC: University of North Carolina Press.

LAVRIN, Asunción (ed.)
1978 *Latin American Women: Historical Perspectives*. Westport: Greenwood.

LEAVITT, Judith.
1986 *Brought to Bed: Childbearing in America, 1750-1950*. Nueva York, NY: Oxford University Press.

LEFAUCHEUR, Nadine
1992 «La Puériculture d'Adolphe Pinard». En Patrick Tort (ed.). *Darwinisme et Societé*. París: Presses Universitaires Françaises.

LEVINE, Philippa
2003 *Prostitution, Race, and Politics: Policing Venereal Disease in the British Empire*. Nueva York, NY: Routledge.

LEWIS, Jane
1980 *The Politics of Motherhood: Child and Maternal Welfare in England, 1900-1939*. Londres: Croom Helm.

LIP, César; Oswaldo LAZO y Pedro BRITO
1990 *El trabajo médico en el Perú*. Lima: OPS.

LIPSET, Seymour Martin
1959 «Some Social Requisites of Democracy: Economic Development and Political Legitimacy». *American Political Science Review* 53, 1: 69-105.

LOCK, Margaret
1993 *Encounters with Aging: Mythologies of Menopause in Japan and North America*. Berkeley, CA: University of California Press.

LOCK, Margaret y Patricia KAUFERT (eds.)
1998 *Pragmatic Women and Body Politics*. Cambridge: Cambridge University Press.

LOWENTHAL, Abraham (ed.)
1975 *The Peruvian Experiment: Continuity and Change under Military Rule*. Princeton, NJ: Princeton University Press.

MACERA, Pablo
1977 «Sexo y coloniaje». En *Trabajos de Historia, volumen 3*. Lima: INC.

MACIAS, Anna
1980 «Women and the Mexican Revolution». *The Americas* 37, 1: 53-82.

MALLON, Florencia

1995 *Peasant and Nation: The Making of Postcolonial Mexico and Peru*. Berkeley, CA: University of California Press.

MALPICA SILVA SANTISTEBAN, Carlos

1975 *El desarrollismo en el Perú: década de esperanzas y fracasos, 1961-1971*. Lima: Horizonte.

MALTHUS, Thomas

1798 *An Essay on the Principle of Population*. Londres: J. Johnson.

MANNARELLI, María Emma

1993 *Pecados públicos: la ilegitimidad en Lima, siglo XVII*. Lima: Flora Tristan.

1999 *Limpias y modernas: género, higiene y cultura en la Lima del novecientos*. Lima: Flora Tristán.

MARIÁTEGUI, Javier

1997 «Hermilio Valdizán y la Facultad de Medicina San Fernando». *Anales de la Facultad de Medicina* 58, 3: 1-4.

MARKS, Lara

2001 *Sexual Chemistry: History of the Contraceptive Pill*. New Haven, CT: Yale University Press.

MARTIN, Emily

1987 *The Woman in the Body: A Cultural Analysis of Reproduction*. Boston, MA: Beacon.

MASS, Bonnie

1976 *Population Target: The Political Economy of Population Control in Latin America*. Toronto: The Latin American Working Group and the Women's Press.

MAYER, Enrique

2009 *Cuentos feos de la reforma agraria*. Lima: IEP.

MAYES, April

2008 «Why Dominican Feminism Moved to the Right: Class, Colour and Women's Activism in the Dominican Republic, 1880s-1940s». *Gender & History* 20, 2: 349-371.

MAYNARD TUCKER, Gisele

1986 «Barriers to Modern Contraceptive Use in Rural Peru». *Studies in Family Planning* 17, 6: 308-316.

1996 «Haiti: Unions, Fertility and the Quest for Survival». *Social Science and Medicine* 43, 9: 1379-1387.

MCCLINTOCK, Cynthia y Abraham LOWENTHAL (eds.)

1983 *The Peruvian Experiment Reconsidered*. Princeton, NJ: Princeton University Press.

MCCORMMICK, Leann

2008 "The Scarlet Woman in the Flesh": The Establishment of a Family Planning Service in Northern Ireland, 1950-1974». *Social History of Medicine* 21, 2: 345-360.

MCEVOY, Carmen

1997 *La utopía republicana: ideales y realidades en la formación de la cultura política peruana, 1871-1919*. Lima: PUCP.

MCGREADY, R.

2002 «The Effects of Quinine and Chloroquine Antimalarial Treatments in the First Trimester of Pregnancy». *Transactions of the Royal Society of Tropical Medicine and Hygiene* 96, 2: 180-184.

MCQUILLAN, Kevin

1979 «Common Themes in Catholic and Marxist Thought on Population and Development». *Population and Development Review* 5, 4: 689-698.

MEADE, Teresa

1997 *«Civilizing» Rio: Reform and Resistance in a Brazilian City, 1889-1930*. University Park, PA: Pennsylvania State University Press.

MENDOZA GONZÁLEZ, Zuanilda

2005 «"¿Dónde quedó el árbol de las placentas?": transformaciones en el saber acerca del embarazo/parto/puerperio de dos generaciones de triquis migrantes a la Ciudad de México». *Salud Colectiva* 1, 2: 225-236.

MILLER, Francesca
1991 *Latin American Women and the Search for Social Justice*. Hánover, NH: University Press of New England.

MILLONES, Luis y Mary PRATT
1989 *Amor brujo: imagen y cultura del amor en los Andes*. Lima: IEP.

MORCILLO, Aurora
2000 *True Catholic Womanhood: Gender Ideology in Franco's Spain*. De Kalb, IL: Northern Illinois University Press.

MORGAN, Lynn
1997 «Imagining the Unborn in the Ecuadorian Andes». *Feminist Studies* 23, 2: 323-350.

MÖRNER, Magnus
1967 *Race Mixture in the History of Latin America*. Boston, MA: Little, Brown.

MUÑOZ CABREJO, Fanni
2001 *Diversiones públicas en Lima 1890-1920: la experiencia de la Modernidad*. Lima: Red para el Desarrollo de las Ciencias Sociales.

NARI, Marcela
2004 *Políticas de maternidad y maternalismo político: Buenos Aires, 1890-1940*. Buenos Aires: Biblos.

NECOCHEA López, Raúl
2008 «Priests and Pills: Catholic Family Planning in Peru, 1967-1976». *Latin American Research Review* 43, 2: 34-56.

2009a «A History of the Medical Control of Fertility in Peru, 1895-1976». Tesis de doctorado, McGill University.

2009b «La Asociación Peruana de Protección Familiar y los inicios de la anticoncepción en el Perú (1967-1975)». *Histórica* 33, 1: 87-130.

2010 «Demographic Knowledge and Nation-Building: The Peruvian Census of 1940». *Berichte zur Wissenschaftsgeschichte* 33: 280-296.

NEEDELL, Jeffrey

1987 «The Revolta Contra Vacina of 1904: The Revolt against "Modernization" in Belle-Epoque Rio de Janeiro». *Hispanic American Historical Review* 67, 2: 233-269.

NOONAN, John, Jr.

1965 *Contraception: A History of Its Treatment by the Catholic Theologians and Canonists*. Nueva York, NY: New American Library.

NOTESTEIN, Frank

1982 «Demography in the United States: A Partial Account of the Development of the Field». *Population and Development Review* 8, 4: 651-687.

NYE, Robert

1984 *Crime, Madness and Politics in Modern France: The Medical Concept of National Decline*. Princeton, NJ: Princeton University Press.

OBLADEN, Michael

2005 «History of Surfactant up to 1980». *Biology of the Neonate* 87: 308-316.

OFFEN, Karen

1984 «Depopulation, Nationalism, and Feminism in Fin-de-Siècle France». *American Historical Review* 89, 3: 648-676.

1988 «Defining Feminism: A Comparative Historical Approach». *Signs* 14, 1: 119-157.

O'PHELAN, Scarlett y Margarita ZEGARRA (eds.)

2006 *Mujeres, familia y sociedad en la historia de América Latina, siglos XVIII-XXI*. Lima: CENDOC-Mujer.

ORTIZ RESCANIERE, Alejandro

1993 *La pareja y el mito: estudios sobre las concepciones de la persona y de la pareja en los Andes*. Lima: PUCP.

ORVIG, Helen

2005 «También antes hubo algo». En Gaby Cevasco (ed.). *25 años de feminismo en el Perú: historia, confluencias y perspectivas*. Lima: Flora Tristán.

OTT, Emiline Royco

1977 «Population Policy Formation in Colombia: The Role of ASCOFAME». *Studies in Family Planning* 8, 1: 2-10.

PALMA, Héctor

2002 *«Gobernar es seleccionar»: apuntes sobre la eugenesia*. Buenos Aires: Jorge Baudino.

PALMER, Steven

2003 *From Popular Medicine to Medical Populism: Doctors, Healers and Public Power in Costa Rica, 1800-1940*. Durham, NC: Duke University Press.

2010 *Launching Global Health: The Caribbean Odyssey of the Rockefeller Foundation*. Ann Arbor, MI: University of Michigan Press

PALMER, Steven y Gladys ROJAS CHAVES

1998 «Educating Señorita: Teacher Training, Social Mobility, and the Birth of Costa Rican Feminism, 1885-1925». *Hispanic American Historical Review* 78, 1: 45-82.

PAMO REYNA, Óscar

2004 «Estado actual de las publicaciones periódicas científicas médicas del Perú». *Revista Médica Herediana* 16: 65-73.

PAREJA, Piedad

1980 *Aprismo y sindicalismo en el Perú*. Lima: Rikchay.

PEASE, Henry

1977 *El ocaso del poder oligárquico: lucha política en la escena oficial, 1968-1975*. Lima: DESCO.

PEDERSEN, Susan

1995 *Family, Dependence, and the Origins of the Welfare State: Britain and France, 1914-1945*. Cambridge: Cambridge University Press.

PEDRO, Joana Maria

2003 «A Experiência com Contraceptivos no Brasil: Uma Questão de Geração». *Revista Brasileira de História (São Paulo)* 23, 45: 239-260.

PICCATO, Pablo
2001 *City of Suspects: Crime in Mexico City, 1900-1931*. Durham, NC: Duke University Press.

PICK, Daniel
1993 *Faces of Degeneration: A European Disorder, 1848-1918*. Cambridge: Cambridge University Press.

PIEPER MOONEY, Jadwiga
2009 *The Politics of Motherhood: Maternity and Women's Rights in Twentieth-Century Chile*. Pittsburgh, PA: University of Pittsburgh Press.

PIOTROW, Phyllis
1973 *World Population Crisis: The United States Response*. Nueva York, NY: Praeger.

PLATT, Tristan
2002 «El feto agresivo: parto, formación de la persona y mito-historia en los Andes». *Estudios Atacameños* 22: 127-155.

POLANYI, Michael
1958 *Personal Knowledge: Towards a Post-Critical Philosophy*. Chicago, IL: University of Chicago Press.

PORTAL, Magda
1933 *El aprismo y la mujer*. Lima: Atahualpa.

PORTOCARRERO, Felipe
1995 *El imperio Prado, 1890-1970*. Lima: CIUP.

PORTOCARRERO, Gonzalo
1983 *De Bustamante a Odría: el fracaso del Frente Democrático Nacional, 1945-1950*. Lima: Mosca Azul.

PORTUGAL, Ana María
1986 «El retorno de las brujas». En *Movimiento Feminista en América Latina y el Caribe: balance y perspectivas*. Santiago de Chile: Isis Internacional.

POWER, Margaret

2002 *Right-Wing Women in Chile: Feminine Power and the Struggle against Allende, 1964-1973*. University Park, PA: Pennsylvania State University Press.

QUEVEDO, Emilio; Catalina BORDA, Juan Carlos ESLAVA, Claudia GARCÍA, MARÍA DEL PILAR GUZMÁN, Paola Mejía, y Carlos NOGUERA

2004 *Café y gusanos, mosquitos y petróleo: el tránsito desde la higiene hacia la medicina tropical y la salud pública en Colombia, 1873-1953*. Bogotá: Universidad Nacional de Colombia.

QUIJANO, Aníbal

1967 *La emergencia del grupo cholo y sus implicancias en la sociedad peruana*. Lima: IEP.

RABÍ CHARA, Miguel

2006 *De la Casa de Maternidad de Lima al Instituto Nacional Materno Perinatal, 1826-2006*. Lima: Hospital Nacional San Bartolomé.

RAM, Kalpana y Margaret JOLLY (eds.)

1998 *Maternities and Modernities: Colonial and Postcolonial Experiences in Asia and the Pacific*. Cambridge: Cambridge University Press.

REAGAN, Leslie

1991 «"About to Meet Her Maker": Women, Doctors, Dying Declarations, and the State's Investigation of Abortion, Chicago, 1867-1940». *Journal of American History* 77, 4: 1240-1264.

1997 *When Abortion Was a Crime: Women, Medicine and the Law in the United States, 1867-1973*. Berkeley, CA: University of California Press.

REBER, Vera Blinn

1999 «Blood, Coughs and Fever: Tuberculosis and the Working Class of Buenos Aires, Argentina, 1885-1915». *Social History of Medicine* 12, 1: 73-100.

REHER, David y Pedro IRISO-NAPAL

1989 «Marital Fertility and Its Determinants in Rural and Urban Spain, 1887-1930». *Population Studies* 43: 405-427.

RENNE, Elisha

1996 «The Pregnancy that Doesn't Stay: The Practice and Perception of Abortion by Ekiti Yoruba Women». *Social Science and Medicine* 42, 4: 483-494.

REYES, Esperanza

2000 «"No somos bultos para ser tratados así": el Programa de Planificación Familiar, 1996-1998». *Allpanchis* 31, 56: 107-128.

RIVIALE, Pascal

2008 *Una historia de la presencia francesa en el Perú, del Siglo de las Luces a los Años Locos*. Lima: IEP.

RODRÍGUEZ, Gustavo y Sandro VENTURO

2009 *Ampay mujer! Lo mínimo que debemos saber sobre las peruanas de hoy*. Lima: Aguilar.

RODRÍGUEZ, Julia

2006 *Civilizing Argentina: Science, Medicine, and the Modern State*. Chapel Hill, NC: University of North Carolina Press.

RODRÍGUEZ BERUFF, Jorge

1983 *Los militares y el poder: un ensayo sobre la doctrina militar en el Peru, 1948-1968*. Lima: Mosca Azul.

RODRÍGUEZ PASTOR, Humberto

1989 *Hijos del Celeste Imperio en el Perú, 1850-1900*. Lima: Instituto de Apoyo Agrario.

ROHDEN, Fabiola

2003 *A Arte de Enganar a Natureza: Contracepção. Aborto e Infanticídio no Início do Século XX*. Rio de Janeiro: Fiocruz.

ROSEMBLATT, Karin

2000 *Gendered Compromises: Political Cultures and the State in Chile, 1920-1950*. Chapel Hill, NC: University of North Carolina Press.

ROY, Krishna

1969 «Aspectos saltantes del estudio de fecundidad en El Agustino». *Estudios de Población y Desarrollo* 3, 4: 1-8.

RUGGIERO, Kristin
2004 *Modernity in the Flesh: Medicine, Law and Society in Turn-of-the-Century Argentina*. Palo Alto, CA: Stanford University Press.

SÁENZ, Tula
2000 *Partos y parteras en la cuenca del río Marcará*. Huaraz: Asociación Urpichallay.

SAINZ DE LA MAZA KAUFMANN, Marta
1997 «Contraception in Three Chibcha Communities and the Concept of Natural Fertility (Guaymi, Hueter, Bribri, and Cabecar Indians)». *Current Anthropology* 38, 4: 681-687.

SALAVERRY, Oswaldo
2005 «Los orígenes del pensamiento médico de Hipólito Unanue». *Anales de la Facultad de Medicina* 66, 4: 357-370.

2006 «El inicio de la educación médica moderna en el Perú: la creación de la Facultad de Medicina de San Fernando». *Acta Médica Peruana* 23, 2: 122-131.

SÁNCHEZ, Abelardo; Raúl GUERRERO, Julio CALDERÓN Y LUIS OLIVERA
1979 *Tugurización en Lima metropolitana*. Lima: DESCO.

SAPORTA STERNBACH, Nancy; Marysa NAVARRO-ARANGUREN, Patricia CHUCHRYK y Sonia ÁLVAREZ
1992 «Feminisms in Latin America: From Bogotá to San Bernardo». *Signs* 17, 2: 393-434.

SATER, William
2003 «The Politics of Public Health: Smallpox in Chile». *Journal of Latin American Studies* 35: 513-543.

SCHNEIDER, Jane y Peter SCHNEIDER
1996 *Festival of the Poor: Fertility Decline and the Ideology of Class in Sicily, 1860-1980*. Tucson, AZ: University of Arizona.

SCHNEIDER, William
1986 «Puericulture, and the Style of French Eugenics». *History and Philosophy of the Life Sciences* 8: 265-277.

SCHWARTZ, Ronald

1981 «The Midwife in Contemporary Latin America». *Medical Anthropology* 5, 1: 51-71.

SHARPLESS, John

1997 «Population Science, Private Foundations and Development Aid». En Frederick Cooper y Randall Packard (eds.). *International Development and the Social Sciences*. Berkeley, CA: University of California Press.

SHERWIN, Susan (ed.)

1998 *The Politics of Women's Health: Exploring Agency and Autonomy*. Filadelfia, PA: Temple University Press.

SHORTER, Edward

1982 *A History of Women's Bodies*. Nueva York, NY: Basic Books.

SILVA COLMENARES, Julio

1973 *No... más... hijos!: genocidio preventivo en los países subdesarollados*. Bogotá: Paulinas.

SINGH, Susheela y Deirdre WULF

1996 *An Overview of Clandestine Abortion in Latin America*. Nueva York, NY: Alan Guttmacher Institute.

SKIDMORE, Thomas

1998 *Black into White: Race and Nationality in Brazilian Thought*. Durham, NC: Duke University Press.

SOBRINHO, Délcio da Fonseca

1993 *Estado e Populaçao: Uma História do Planejamiento Familiar no Brasil*. Rio de Janeiro: Rosa dos Tempos.

SOLINGER, Rickie

1996 *The Abortionist: A Woman Against the Law*. Berkeley, CA: University of California Press.

SOTO LAVEAGA, Gabriela

2009 *Jungle Laboratories: Mexican Peasants, National Projects and the Making of the Pill*. Durham, NC: Duke University Press.

SOWELL, David

2003 «Contending Medical Ideologies and State Formation: The Nineteenth Century Origins of Medical Pluralism in Contemporary Colombia». *Bulletin of the History of Medicine* 77: 900-926.

STAVENHAGEN, Rodolfo

1964 Social and Demographic Research in Latin American Universities». *Milbank Memorial Fund Quarterly* 42, 2 (part 2): 148-174.

STEPAN, Alfred

1976 «The New Professionalism of Internal Warfare and Military Role Expansion». En Abraham Lowenthal (ed.). *Armies and Politics in Latin America*. Nueva York: Holmes and Meier.

STEPAN, Nancy

1981 *Beginnings of Brazilian Science: Oswaldo Cruz, Medical Research and Policy, 1890-1920*. Nueva York: Science History Publications.

1991 *The Hour of Eugenics: Race, Gender, and Nation in Latin America*. Ithaca, NY: Cornell University Press.

2012 *Eradication: Ridding the World of Diseases Forever?* Ithaca, NY: Cornell University Press.

STERN, Alexandra

1999 «Buildings, Boundaries and Blood: Medicalization and Nation-Building on the US-Mexico Border, 1910-1930». *Hispanic American Historical Review* 79, 1: 41-81.

STERN, Steven

1995 *The Secret History of Gender: Women, Men and Power in Late Colonial Mexico*. Chapel Hill, NC: University of North Carolina Press.

STEVENS, Evelyn

1973 «Marianismo: The Other Face of Machismo in Latin America». En Ann Pescatello (ed.). *Female and Male in Latin America*. Pittsburgh, PA: University of Pittsburgh Press.

SUMMERS, Carol

1991 «Intimate Colonialism: The Imperial Production of Reproduction in Uganda, 1907-1925». *Signs* 16, 4: 787-807.

SYMONDS, Richard y Michael CARDER

1973 *The United Nations and the Population Question, 1945-1970.* Londres: Sussex University Press.

SZRETER, Simon

1993 «The Idea of Demographic Transition and the Study of Fertility Change: A Critical Intellectual History». *Population and Development Review* 19, 4: 659-701.

TEITELBAUM, Michael

1975 «Relevance of Demographic Transition Theory for Developing Countries». *Science* 188, 4187: 420-425.

THE FIRST FORTY YEARS

1994 «The First Forty Years». *IPPF/WHR Forum* 10, 1: 36-41.

THIERY, M.

1997 «Pioneers of the Intrauterine Device». *European Journal of Contraception and Reproductive Health Care* 2, 1: 15-23.

THURNER, Mark

1997 *From Two Republics to One Divided: Contradictions of Postcolonial Nationmaking in Andean Peru.* Durham, NC: Duke University Press.

TONE, Andrea

2001 *Devices and Desires: A History of Contraceptives in America.* Nueva York: Hill and Wang.

TRAPASSO, Rosa Dominga

2005 «Romper la invisibilidad». En Gaby Cevasco (ed.). *25 años de feminismo en el Perú: historia, confluencias y perspectivas.* Lima: Flora Tristán.

TSUI, Amy Ong

2001 «Population Policies, Family Planning Programs, and Fertility: The Record». *Population and Development Review* 27: 184-204.

UGARTE TABOADA, Claudia

2000 «Historia de los servicios de emergencia de Lima y Callao». *Revista Médica Herediana* 11, 3: 97-106.

URÍAS HORCASITAS, Beatriz

2003 «Eugenesia y aborto en México (1920-1940)». *Debate Feminista* 14, 27: 305-323.

USBORNE, Cornelie

2007 *Cultures of Abortion in Weimar Germany*. Nueva York, NY: Berghahn.

VALLE PRIETO, María Eugenia del

1980 «Parto y aborto en algunas "ciudades perdidas" de México». *Anales de Antropología (México)* 17, 2: 197-222.

OS, W. A. A. van

1999 «The Intrauterine Device and Its Dynamics». *Advances in Contraception* 15: 119-132.

VARGAS, Rosana y Paola NACCARATO

1995 *Allá, las antiguas abuelas eran parteras*. Lima: Flora Tristán.

VARGAS, Virginia

2005 «Los feminismos peruanos: breve balance de tres décadas». En Gaby Cevasco (ed.). *25 años de feminismo en el Perú: historia, confluencias y perspectivas*. Lima: Flora Tristán.

VIDAL AMAT Y LEÓN, Jorge

2004 *Historia de la obstetricia y ginecología en el Perú*. Lima: MAD.

VIEL, Benjamin

1967 «Family Planning in Chile». *Journal of Sex Research* 3, 4: 284-291.

1976 *The Demographic Explosion: The Latin American Experience*. Nueva York, NY: Irvington.

VILLANUEVA, Víctor

1972 *El CAEM y la revolución de las fuerzas armadas*. Lima: IEP.

VILLAVICENCIO, Maritza

1992 *Del silencio a la palabra: mujeres peruanas en los siglos XIX y XX*. Lima: Flora Tristán.

WARSHAW, Mat

2005 *The Encyclopedia of Surfing*. Nueva York, NY: Harcourt.

WARWICK, Donald

1982 *Bitter Pills: Population Policies and Their Implementation in Eight Developing Countries*. Cambridge: Cambridge University Press.

WARREN, Adam

2010 *Medicine and Politics in Colonial Peru: Population Growth and the Bourbon Reforms*. Pittsburgh, PA: University of Pittsburgh Press.

WATKINS, Elizabeth

1998 *On the Pill: A Social History of Oral Contraceptives, 1950-1970*. Baltimore, MD: Johns Hopkins University Press.

WEIGEL, George

2003 «The Church's Social Doctrine in the Twenty-First Century». *Logos: A Journal of Catholic Thought and Culture* 6, 2: 15-36.

WEISMANTEL, Mary

2001 *Cholas and Pishtacos: Stories of Race and Sex in the Andes*. Chicago, IL: University of Chicago Press.

WICHT, Juan Julio

1996 *Dinámica demográfica y política de población en el Perú: reflexiones personales*. Lima: Centro de Estudios y Publicaciones.

1980 «La situación demográfica del Perú». En *Reunión Nacional sobre Población: Problemas Poblacionales Peruanos*. Lima: AMIDEP.

WILDE, Melissa

2007 *Vatican II: A Sociological Analysis of Religious Change*. Princeton, NJ: Princeton University Press.

WILMOTH, John y Patrick Ball

1992 «The Population Debate in American Popular Magazines, 1946-90». *Population and Development Review* 18, 4: 631-668.

WOODHAM, John

1970 «The Influence of Hipólito Unanue on Peruvian Medical Science, 1789-1820: A Reappraisal». *Hispanic American Historical Review* 50, 4: 693-714.

WULF, Deirdre

1983 «Overcoming Circumstances». *International Family Planning Perspectives* 9, 1: 2-8.

YAM, Eileen, Ingrid DRIES-DAFFNER y Sandra GARCÍA

2006 «Abortion Opinion Research in Latin America and the Caribbean: A Review of the Literature». *Studies in Family Planning* 37, 4: 225-240.

YON LEAU, Carmen

2000 *Hablan las mujeres andinas: preferencias reproductivas y anticoncepción*. Lima: Manuela Ramos.

ZÁRATE, Eduardo

2005 *Los inicios de la Escuela de Medicina de Lima: Cayetano Heredia, el organizador*. Lima: Asamblea Nacional de Rectores.

ZÁRATE, María Soledad

2007 *Dar a luz en Chile, siglo XIX: de la «ciencia de hembra» a la ciencia obstétrica*. Santiago de Chile: Universidad Alberto Hurtado.

ZÁRATE, María Soledad (ed.)

2008 *Por la salud del cuerpo*. Santiago de Chile: Universidad Alberto Hurtado.

ZEGARRA, Margarita

2006 «María Jesús Alvarado y el rol de las mujeres en la construcción de la patria». En Scarlett O'Phelan y Margarita Zegarra (eds.). *Mujeres, familia y sociedad en la historia de América Latina, siglos XVIII al XXI*. Lima: CENDOC-Mujer.

2007 «Roles femeninos y perspectivas sociales en las décadas iniciales de la República». En Carmen Meza y Teodoro Hampe (eds.). *La mujer en la historia del Perú, siglos XV al XX*. Lima: Congreso del Perú.

ZULAWSKI, Ann

2007 *Unequal Cures: Public Health and Political Change in Bolivia, 1900-1950*. Durham, NC: Duke University Press.

Periódicos, revistas y sitios de internet citados

Acción Católica Peruana
Actualidad Médica Peruana
Anales de la Academia Nacional de Medicina de Lima
Anales de la Cruz Roja Peruana
Anales de la Facultad de Medicina de la Universidad de San Marcos
Anales de la Universidad Nacional Mayor de San Marcos
Anuario de la Academia Nacional de Medicina
Boletín CEPD
Boletín de la Academia Nacional de Medicina
Boletín de la Dirección General de Salubridad
Boletín de la Secretaría de Prensa de la Unión Popular de Mujeres Peruanas
Boletín de Noticias del Instituto Nacional de Planificación
Boletín del Departamento de Protección Materno Infantil
Boletín del Enfermero de la Sanidad de Gobierno y Policía
Boletín del Instituto Nacional del Niño
Boletín del Ministerio de Fomento
Boletín Informativo de la Unión Popular de Mujeres Peruanas
Caretas
Educación Sanitaria
El Comercio
El Peruano
El Universal
Expreso
Fémina
Intima
La Acción Médica
La Crónica Médica
La Prensa
La Reforma Médica
La República

La Temperancia
La Tortuga
La Unión Médica
New York Times
Oiga
Patricia: Para la Mujer Moderna
Perú Indígena
Revista 7 Días
Revista de la Facultad de Farmacia y Bioquímica
Revista de la Sanidad Militar del Perú
Revista Farmacéutica Peruana
Revista Médica del Hospital Central del Empleado
Revista Médica Peruana
Sígueme
www.unfpa.org.pe
worldbank.org

Entrevistas y correspondencia (por carta o correo electrónico)

Obstetriz Manuela Araujo.

Dr. Jorge Ascenzo Palacios, gineco-obstetra, exmédico del Proyecto de Apoyo Laico Familiar.

Sra. Luciana Biseo, exmiembro de la Comisión de Lineamientos de Política de Población de 1976.

Dr. Hugo Calle, gineco-obstetra.

Dr. Helí Cancino, gineco-obstetra, exdirector del Proyecto de Apoyo Laico Familiar.

Dr. Nazario Carrasco, gineco-obstetra.

Sra. Consuelo Castillo, exmiembro del Movimiento Familiar Cristiano.

Dr. René Cervantes Begazo, exdirector del INPROMI y exmiembro de la Comisión de Lineamientos de Política de Población de 1976.

Dra. Doris Chang León, gineco-obstetra.

Dr. Augusto Chávez, gineco-obstetra.

Padre John Coss, orden de los Hijos de María.

Dra. Carmen Delgado de Thays, antropóloga, exdirectora de Educación de la APPF.

Sr. James Dette, exvoluntario de la Association for International Development.

Dr. Víctor Díaz, gineco-obstetra.

Dr. Miguel Exebio, gineco-obstetra.

Dr. Luis Fernández, gineco-obstetra.

Sr. Carlos García San Martín, exjefe de Ventas de Schering Perú.

Dra. Marie-Françoise Hall, exprofesora del Programa de Salud Internacional, Facultad de Medicina de la Universidad de Johns Hopkins.

Dra. Luz Jefferson, exdirectora de la clínica de Breña de la APPF y exmiembro de la Comisión de Lineamientos de Política de Población de 1976.

Dr. Joseph Kerrins, ginecólogo y exvoluntario de la Association for International Development.

Dr. Alfredo Larrañaga Leguía, gíneco-obstetra y exdirector del Instituto Marcelino.

Sra. Martha de Laudi, trabajadora social y educadora familiar, extrabajadora del Proyecto de Apoyo Laico Familiar.

Sra. Elsa Lescano, educadora familiar.

Dr. Walter Llaque Dávila, exdecano de la Universidad Nacional de Trujillo.

Sra. Emperatriz Matallana, trabajadora social y educadora familiar.

Dra. Delia Moreno, gíneco-obstetra.

Sra. Rosa Motta, educadora familiar.

Dr. Hugo Oblitas, gíneco-obstetra, exmédico del Proyecto de Apoyo Laico Familiar.

Dr. Duncan Pedersen, exconsejero de la OPS para Perú y Bolivia.

Sra. Luisa Parra, obstetriz.

Sr. Sal Piazza, exvoluntario de la Association for International Development.

Dr. Miguel Ramos Zambrano, exdirector de la Asociación Peruana de Protección Familiar.

Sra. Natalia Romero, trabajadora social.

Dra. Irene Santolalla Silva, educadora familiar.

Dr. Guillermo Tagliabue, gíneco-obstetra, exdirector del Proyecto de Apoyo Laico Familiar.

Hermano Francisco Tanega, orden de los Hijos de María.

Sr. Oswaldo Vásquez Cerna, exmiembro de la Junta de Asistencia Nacional.

Dr. Ramiro Yanque, gíneco-obstetra.

Made in United States
North Haven, CT
10 November 2026

22091530R00192